NBA 教练员训练指南

——技术、战术和教学要点

美国篮球教练员协会

[美] 乔治欧·甘多尔菲 主编

郑旗 王玉峰 译

刘慧 校

人民体育出版社

序 一

很高兴您能阅读由美国篮球教练员协会（NBCA）和全美职业篮球联赛合作编著的《NBA教练员训练指南》。在接下来的内容中，您将有机会领略到许多与当今世界最好的篮球执教理念有关的知识。

NBA教练员和其他国际顶级篮球教练员，是篮球运动最好的指导老师和战术决策者。在整个赛季中，他们是促成我们所目睹的杰出个人、团队发挥的关键组成部分。

无疑，包含了篮球教学内容且有着独到见解的《NBA教练员训练指南》将会被每一位篮球教练员珍藏于私人书橱，并将成为一本被频繁使用的训练手册。

感谢每一位为此书付出了时间和精力的工作人员，同时感谢全美教练员协会，感谢他们为"NBA教练员关怀"项目的进展所做的贡献。"NBA教练员关怀"项目是NBA教练员协会和全美青少年俱乐部共同设立的为贫困青少年购买球赛入场券的计划项目。

这本书以清晰而又有益的方式提供给我们一些经验和知识。我希望大家能够抓住这次难得的机会深入学习。我相信在接下来的NBA赛季中，每当你的球队有出色的表现时，你一定会为曾研读过本书而感到庆幸。

NBA总裁
大卫.J.斯特恩

序 二

篮球是我个人生涯中重要的一部分。自1982年起，我就以全部热情投入了这项运动。多年以来已在高中、大学和职业联赛中执教了33个赛季，到世界各地进行执教培训，也曾作为评论员参与电视转播。

当我在执教培训或进行电视转播评论时，总是试图和大家分享我对篮球运动的钟爱和认识。篮球运动不仅是两队有天分的球员的对抗，而且还是一场精彩的战略性竞赛。全队球员为战胜对手而需要进行超凡的训练和竞争，以及必须拥有技战术、空间意识、敏捷行动和战术理解的能力。

无论是进行高中教练组的培训，还是面对数百万观众进行转播时，我从未低估过观众对于篮球的了解。相反，我总是以我年轻时在新泽西的伊丽莎白第一次打篮球时就开始积累的知识经验来激发观众对篮球运动的热情。

人们因为挑战而学习。如果你能认真阅读和思考《NBA教练员训练指南》，你就会学到新的知识。这本优秀的篮球著作包含了大量对于篮球运动的见解和教学知识。任何严厉的教练员、运动员乃至球迷都会发现，该书既引人入胜又富有教益。

每一位为此书付出了努力的教练员都令我非常感动，书中展示了他们专业的篮球知识。同样，我也惊喜地发现，由于他们不同的背景和年龄，教练员们为我们了解篮球运动提供了一个深入的、全方位的视角。

无论是教练员还是球员，都会从本书中找到珍贵的篮球技巧和教学要点及策略，这会极大地促进你熟谙篮球运动。我希望你能受到我的激励，学习书中提供的概念和内容，这样你的执教技能或参赛技巧都有可能得到提高。这是一个难得的机会——等同于学习了21节世界级的篮球训练课程——它能够提升你对于篮球运动的见解，并且令你和你的团队在下次步入球场时更加令人印象深刻。

胡比·布朗
1978和2004年两次获得NBA年度最佳教练员，2005年入选篮球名人堂

译者序

由全美篮球教练员协会乔治欧·甘多尔菲主编的《NBA教练员训练指南》是一本非常优秀的NBA经典著作，它所蕴涵的执教理念、技术介绍、战术体系、训练方法和手段，以及教练员的指挥技巧和艺术，读后令人称羡不已。

本书汇聚了众多当今NBA大师和精英俊才的智慧，主要内容包括六个部分：第一部分陈述了NBA球员的个人进攻技术；第二部分阐释了团队进攻的体系；第三部分介绍了快攻实施和训练方法；第四部分精辟分析了NBA采用的特殊战术；第五部分论析了个人和团队防守；第六部分提供了NBA教练员的执教之道。纵览全书，会使您仿佛置身于NBA赛场，领悟NBA教练员的战场谋略，感受到博大精深的NBA文化，仿佛有着光辉业绩的NBA教练大师正在带着我们步入辉煌的世界篮球殿堂。

本书由山西师范大学体育学院翻译，郑旗任主译。参与翻译的还有研究生王玉峰，以及体育学院李向前老师（第14章、第15章），外国语学院刘慧老师对全书作了译校。翻译初期，研究生郭霞、苏敏、安小花、陆云生、刘菲、梁东欢等也做了部分工作，他们将翻译看做是一次再学习和再提高的过程。译校工作从着手到完稿，历经艰辛的文字磨炼，借此机会对他们致以由衷的感谢，正是各位辛勤的劳动才使这本书的中文版得以与读者见面。

由于本书涉及诸多NBA教练员的写作风格及球队的特定战术体系、代号、习语，尽管我们花费了很多的时间和精力对其进行理解和翻译，但仍有部分战术配合以原代号形式出现，难以做到译文的形神兼备，由于翻译水平有限，译本中的错误在所难免，错讹之处肯定存在，希望读者指正和批评。

山西师范大学体育学院　郑旗
2010年12月于平阳

NBCA 简介

NBCA（全美篮球教练员协会）创立于 1976 年，其成员由在职教练员组成，即联盟中的每一位教练员。在过去的 25 年内，经过 20 世纪 80 年代凯尔特人队与湖人队的王者之争、1992 年美国国家队——梦之队的奥运夺冠，以及 20 世纪 90 年代迈克尔·乔丹空前精湛的篮球技艺和巨大的市场推动力，NBA 成为当今世界最著名的体育运动联盟，其教练员代表着世界篮球运动最顶级的训练指导和竞赛技术水平。他们不仅深谙世界顶级运动员训练之道，而且知道在与其他世界级运动员、教练员的对抗中如何运筹帷幄决胜千里。

主编简介

乔治欧·甘多尔菲，国际篮球联合会（FIBA）主要刊物《Assist magazine》（《国际篮联推广杂志》）主编。任全美教练员协会（NBCA）欧洲顾问，于 1974 年加入意大利篮球联盟教练员协会。他与 NBCA 合作编著了《NBA 教练员训练指南》一书，与美国篮球协会合作编著了《篮球运动：美国篮球协会官方指导手册》一书的两个版本。

编著者简介

卡里姆·阿卜杜拉-贾巴尔（Kareem Abdul-Jabbar）

卡里姆·阿卜杜拉-贾巴尔是洛杉矶湖人队的特殊助理教练员，负责训练内线球员。在位于亚利桑那州白河流域的印第安人居留地阿帕切地区的Alcheasy高中，他以一名志愿教练员的身份开始了职业生涯。其后，他成为联盟中洛杉矶快船队的助理教练员和俄克拉荷马风暴队的主教练。在教练员生涯开始之前，他始终在为成为一名学院和专业水准的篮球运动员而不懈努力。1971年皈依伊斯兰教之前，他以路易斯·阿尔辛多（贾巴尔1971年前的曾用名）的名字为人熟知，在参加加州大学洛杉矶分校的3次学院赛季中，他3次拿下美国大学生篮球联赛总冠军并获得了全美第一阵容的殊荣。在20多年效力于密尔沃基雄鹿队和洛杉矶湖人队的NBA生涯中，他6次赢得了最有价值球员称号、6次获得NBA总冠军并创下了一系列的纪录。1995年被载入篮球名人堂。

约翰·巴赫（John Bach）

约翰·巴赫是NBA教练员中最受人尊敬的助理教练员之一。26岁时，在母校福德汉姆大学得到了自己的第一份主教练员工作，在那里他度过了18个春秋。此后，他在宾夕法尼亚州立大学执教10个赛季，并在1972年巴塞罗那奥运会中作为美国国家篮球队助理教练员之一参与了比赛。巴赫以金州勇士队助理教练员身份开始了他的NBA执教生涯，1983年升任该队主教练。1986年起，他在两名助理教练员的辅助下首次执教芝加哥公牛队。在他执教的12个赛季中，作为公牛队攻防战略的设计师，带领球队3次获得NBA总冠军。巴赫也曾作为助理教练员任教于夏洛特黄蜂队、底特律活塞队和华盛顿奇才队。

皮特·卡里尔（Pete Carril）

皮特·卡里尔起初是一位在大学中执教的传奇式教练员，其后转入 NBA 继续他的职业生涯。卡里尔在宾夕法尼亚州高中水平的比赛中总计执教 12 个赛季。直到 1967 年接受普林斯顿大学教练员工作之前，他在里海大学作为主教练员执教一个赛季。在此后的 30 年中，他的常春藤盟校队因使用了基于稳定的传接、基础的掩护和背后切入的普林斯顿进攻战术而赢取了三分之二的赛事。1997 年，卡里尔入选篮球名人堂。作为助理教练员，卡里尔在萨克拉门托国王队执教 9 个赛季。在 2007 年退休之前，他作为一名志愿助理教练员在华盛顿奇才队执教。

里奇·达拉特里（Rich Dalatri）

里奇·达拉特里是新泽西网队的助理教练员，负责球员的力量、体能、柔韧训练。1987—1992 年，他成为 NBA 第一位全职的力量和体能教练员；1997—1998 年，达拉特里以同样的全职体能教练员身份开始了他第二次在网队的执教。除在网队任职以外，在赛季后达拉特里投入大量的时间为遍及欧洲的篮球俱乐部和夏令营做演讲和指导。他也曾效力于克里夫兰骑士队，在意大利职业联赛中效力于意大利国家队。

麦克·德·安东尼（Mike D'Antoni）

麦克·德·安东尼是纽约尼克斯队的主教练员，在 NBA 和欧洲有 30 多年的专业执教和比赛经验。安东尼在意大利米兰队开始了自己的主教练生涯，他带领该队夺得了欧洲克拉克杯，并两度荣获年度最佳教练员。其后，他转投贝纳通特雷维索队，带领球队赢得意大利国内联赛冠军、意大利杯和欧洲杯冠军。1997 年，他受丹佛掘金队雇用成为其球队人事主管，之后出任该队主教练。在波特兰开拓者队的助理教练员工作结束后，他回到贝纳通特雷维索队，又一次带领球队赢得意大利国内联赛冠军。其后，安东尼成为菲尼克斯太阳队主教练，并于 2005 年获得 NBA 年度最佳教练员殊荣。

编著者简介

麦克·邓利维（Mike Dunleavy）

麦克·邓利维是洛杉矶快船队现任主教练，是NBA历史上率队获胜次数排名前9位的教练员之一。在长达11年的NBA球员生涯结束之后，邓利维转入教练工作，1986年首次以助理教练员身份执教密尔沃基雄鹿队。1990—1991赛季，在洛杉矶湖人队他得到了第一份主教练工作并率队打进NBA总决赛。在湖人队任教一年多之后，他回到密尔沃基任雄鹿队的主教练和运营副总经理。1997年，邓利维转投波特兰开拓者队，并获得1999年度NBA最佳教练员。2001年，他出任洛杉矶快船队主教练，并在2005—2006赛季率队取得该队最佳赛绩。

凯文·伊斯特曼（Kevin Eastman）

凯文·伊斯特曼是波士顿凯尔特人队的助理教练员，负责球员的培养发展工作。伊斯特曼积累有长达二十多年的学院水平球队执教经验，这其中包括1994—1999在华盛顿州立大学执教的五个赛季。他也曾作为主教练任教于威尔明顿的北卡罗来纳大学、贝尔蒙特大学，作为助理教练员任教于陶沙大学、弗吉尼亚联邦大学、科罗拉多州立大学，以及他的母校瑞奇蒙大学。暑假期间，伊斯特曼在NIKE篮球俱乐部工作，1999年起开始经办属于自己的"凯文·伊斯特曼篮球夏令营"。

吉姆·艾恩（Jim Eyen）

吉姆·艾恩是NBA资深助理教练员，现效力于由麦克·邓利维任主帅的洛杉矶快船队。1988年，艾恩以快船队助理教练员身份开始了自己的职业生涯，其后以同样身份在洛杉矶湖人队执教3个赛季。在2003年邓利维邀请他重回快船队之前，吉姆·艾恩曾在密尔沃基和波特兰从事助理教练员工作。1979年，艾恩在圣巴巴拉城市学院投身助理教练员行列。1988年加入快船队之前，他在母校——位于圣巴巴拉市的加利福尼亚大学做助理教练员工作。

劳伦斯·弗兰克（Lawrence Frank）

2004年，劳伦斯·弗兰克被任命为新泽西网队主教练。此前，他在该队任助理教练员，执教3个赛季。NBA职业生涯伊始，弗兰克就率队取得了13连胜的佳绩，这是NBA历史上由新任教练员执教所创下的最长连胜纪录。加入网队之前，他在温哥华灰熊队担任助理教练员。弗兰克的篮球生涯开始于印第安纳大学，担任主教练鲍伯·奈特手下的球队经理，在这个位置工作4个赛季。在NBA教练员生涯开始前，他曾在马凯特大学、田纳西大学任助理教练员。

麦克·弗拉特洛（Mike Fratello）

麦克·弗拉特洛最近的执教经历是在孟菲斯灰熊队担任主教练。弗拉特洛的NBA职业生涯开始于亚特兰大鹰队，在接手主教练工作之前，他作为助理教练员辅助1986年被提名为NBA年度最佳教练员的胡比·布朗执教8个赛季。其后，他在克利夫兰骑士队继续他的职业生涯，带领球队征战6个赛季。进入NBA前，弗拉特洛的执教生涯始于新泽西的哈科萨肯高中，其后在罗德岛大学、吉姆斯麦迪森大学和维纳诺瓦大学执教。

阿尔文·金特里（Alvin Gentry）

阿尔文·金特里目前在菲尼克斯太阳队执教，他在NBA的执教生涯已逾20年。1977年，金特里在科罗拉多大学以研究助理身份开始了执教生涯。其后，金特里在贝勒大学做全职助理教练。之后他重返科罗拉多大学作为助理教练员执教4个多赛季。1988年在拉里·布朗手下做助理教练员时，他率队夺得NCCA冠军。布朗接替圣安东尼奥马刺队主教练工作之后，他继续出任其助理。在担任新奥尔良队和菲尼克斯太阳队助理教练员之前，金特里分别在迈阿密热队、底特律活塞队和洛杉矶快船队担任过主教练。

编著者简介

德尔·哈里斯（Del Harris）

德尔·哈里斯从事教练员工作将近 50 年，现任芝加哥公牛队助理教练员。1976 年，哈里斯在休斯顿火箭队得到其第一份助理教练员工作，3 年后升任该队主教练并于 1981 年率队杀入 NBA 总决赛。其后，他转投密尔沃基雄鹿队，起初担任助理教练员，之后任主教练执教 4 个赛季。此后，哈里斯在洛杉矶湖人队任 5 年主帅，在达拉斯小牛队执教 7 个赛季。哈里斯指导过各种水平的篮球赛事，拥有广博的国际执教经验。他在教科书中分享了自己的知识和经验，并对防守打法给予高度重视。

莱昂内尔·霍林斯（Lionel Hollins）

莱昂内尔·霍林斯是密尔沃基雄鹿队的助理教练员。加入雄鹿队之前，他曾在温哥华灰熊队、菲尼克斯太阳队任助理教练员。在孟菲斯灰熊队任职时，他曾在 2004—2005 赛季任临时主教练。他的执教生涯始于他的母校亚利桑那州立大学，在那里担任了两个赛季的助理教练员。当霍林斯还是一名球员时就被选入波特兰队，并在 1977 年开拓者队 NBA 夺冠中发挥了不可或缺的作用。他以紧逼防守而著名，3 次入选 NBA 最佳防守阵容。

马克·拉瓦罗尼（Marc Iavaroni）

2007 年，马克·拉瓦罗尼成为孟菲斯灰熊队主教练。此前，他分别担任过菲尼克斯太阳队、迈阿密热队和克利夫兰骑士队的助理教练员。在热队时，拉瓦罗尼直接负责球员培养工作。在骑士队时，他重视培养内线球员，并把自己在这方面的执教经验，归功于载入篮球名人堂的皮特·纽尔维教练手下作学生和指导教员的 20 年学习所得。在 7 年的 NBA 球员生涯之后，拉瓦罗尼在其母校弗吉尼亚大学以研究助理身份开始了执教生涯。1992—1994 年，拉瓦罗尼在博林格林州立大学担任助理教练员。

菲尔·杰克逊（Phil Jackson）

菲尔·杰克逊，洛杉矶湖人队主教练。1999年加入湖人队之前，杰克逊在芝加哥公牛队任主教练。他率领湖人队和公牛队9次获得NBA总冠军，与波士顿凯尔特人队前任主教练奥尔巴赫并列为NBA历史上率队获得冠军次数最多的教练员。杰克逊在奥尔巴尼地主队任主教练执教5个赛季并率队夺得美国大陆篮球联盟总冠军，他的执教生涯即由此而始。此后，他接任芝加哥公牛队助理教练员工作并于1989年升任主教练。在成为教练员之前，杰克逊在NBA打了13年篮球。20世纪70年代早期，是纽约尼克斯队的全盛时期，杰克逊效力于该队主帅里德·霍尔兹曼手下。在北达科塔大学做学生时，他受到后任NBA教练员比尔·菲奇的指导。

艾弗里·约翰逊（Avery Johnson）

艾弗里·约翰逊是达拉斯小牛队现任主教练。他将该队常规赛得胜率提升到73.5%并连续4年杀入季后赛。2005—2006赛季，他被提名为NBA年度最佳教练员，并在其后的赛季中率领达拉斯小牛队平了历史上最佳的67胜战绩。在NBA成功的16年球员生涯中，他效力于许多俱乐部，包括1999年夺得NBA总冠军的马刺队。2004年，约翰逊任小牛队助理教练员开始了其执教生涯。他以"小将军"的绰号闻名。开始其职业生涯之前，约翰逊积累了将近6000次助攻经验，是美国最顶级的大学生助攻球员，在南方大学的比赛中平均每场助攻13次以上。

菲尔·约翰逊（Phil Johnson）

菲尔·约翰逊是犹他爵士队的助理教练员，20年来一直是主教练杰里·斯隆的得力助手。2004—2005赛季之前，约翰逊被联赛总经理们选举成为NBA最佳助理教练员，他的专业知识在NBA广为人知。约翰逊的执教生涯开始于犹他州立大学，那时他是迪克·莫塔的研究助理，4年之后成为该校主教练。27岁时，约翰逊在堪萨斯城国王队得到了他的第一份NBA主教练工作，在此后的赛季中他被提名为NBA年度最佳教练员。除了爵士队之外，约翰逊也曾在芝加哥公牛队和萨克拉门托国王队担任过助理教练员工作。

编著者简介

埃迪·乔丹（Eddie Jordan）

埃迪·乔丹自 2003 年起担任华盛顿奇才队主教练。乔丹早前在 NBA 的执教经历是 1997、1998 年在萨克拉门托国王队执教，他曾为该队做过 5 年助理教练员。在加入奇才队之前，乔丹是新泽西网队的助理教练员。在结束长达 7 年的 NBA 球员生涯之后，在母校罗格斯大学以志愿助理身份加入执教队伍。在进入 NBA 执教前，他跟从主教练汤姆·杨在老道明大学做兼职教练员，其后在波士顿大学任助理教练员，之后又重返罗格斯大学。

乔治·卡尔（George Karl）

乔治·卡尔，丹佛掘金队主教练。19 个赛季以来，卡尔的团队共取得了 834 场比赛胜利，是 NBA 历史上第 6 位最快取得 700 场胜利的教练员。1980 年，卡尔在美国大陆篮球联盟的蒙那达金砖队得到了第一份主教练工作，在这之前他在后来隶属于 ABA 的圣安东尼奥马刺队担任助理教练员并以此开始了其执教生涯。他也曾在美国大陆篮球联盟的奥尔巴尼地主队和西班牙皇家马德里队执教。在 2005 年接受现任掘金队主教练职位前，他曾在克利夫兰骑士队、金州勇士队、西雅图超音速队，以及密尔沃基雄鹿队任主教练。

鲁本·马格纳诺（Ruben Magnano）

鲁本·马格纳诺现任阿根廷甲级职业联赛球队雅典科尔多瓦队主教练，1992 年在此队开始了自己的职业生涯。马格纳诺率领雅典科尔多瓦队 3 次夺得甲级联赛冠军、3 次南美锦标赛冠军，以及 1 次泛美锦标赛冠军。2000 年，马格纳诺出任阿根廷国家男篮主教练，并率队夺得 2003 年国际篮联世界锦标赛银牌和 2004 年雅典奥运会金牌，这使他享誉国际篮坛。他也曾任意大利甲级联赛球队瓦雷泽队和西班牙甲级职业球队塞利维亚队的主教练。

布兰登·马龙（Brendan Malone）

布兰登·马龙，奥兰多魔术队助理教练员。马龙在纽约市著名的 power memorial 高中开始了他的执教生涯。在学院级比赛中，他曾任福德汉姆大学、耶鲁大学、雪域大学助理教练员，后接任罗得岛大学主教练职位。他以担任纽约尼克斯队助理教练员开始了 NBA 职业生涯。其后，马龙加入查克·戴利任主帅的底特律活塞队，率活塞队连续两次夺得 NBA 总冠军。马龙曾任多伦多猛龙队主教练，以及尼克斯队、步行者队、骑士队助理教练员，最近出任魔术队助理教练员。

道格·莫尔（Doug Moe）

道格·莫尔，丹佛掘金队助理教练员，赛场上的常胜将军。1974 年，作为拉里·布朗的助理教练员，莫尔于掘金队开始了他的执教生涯，那时掘金队还是 ABA 联盟（美国篮球协会）的一员。他在圣安东尼奥马刺队任主教练执教 4 个赛季，1980 年重返丹佛掘金队任主帅。莫尔以快节奏进攻为特征，率掘金队连续 9 次杀入 NBA 季后赛，于 1988 年被提名为 NBA 年度最佳教练。1992—1993 赛季，他最后一次以主教练身份执教费城 76 人队。

吉姆·奥布莱恩（Jim O'Brien）

吉姆·奥布莱恩，印第安纳步行者队现任主教练，执教大学级别及职业联赛的经历已逾三十载。在与瑞克·皮特诺共同执教肯塔基大学之后，1997 年奥布莱恩出任皮特诺的专业助理教练员执教于波士顿凯尔特人队。在执教步行者队之前，他曾任凯尔特人队、费城 76 人队主教练。奥布莱恩执教大学级别联赛的经验非常丰富，包括任代顿大学、威林耶稣大学主教练，以及俄勒冈大学、圣约瑟夫大学、马里兰大学和彭布罗克州立大学助理教练员。

• 编著者简介 •

斯科特·斯凯尔斯（Scott Skiles）

在9个赛季的NBA主教练执教经历之后，2008年斯凯尔斯又被任命为密尔沃基雄鹿队的主教练员。斯凯尔斯的执教生涯开始于希腊球队雅典塞萨洛尼基，他在该队中任主教练。其后，被菲尼克斯太阳队雇用，在主帅丹尼·安吉手下任助理教练员。两个赛季后升任太阳队主教练，直到2001年。2003年，斯凯尔斯任芝加哥公牛队主教练，并立即将他以进攻性和韧性为特征的打法注入公牛队，超越前一赛季比赛得胜次24次之多，这是仅次于公牛队历史上最佳战绩的空前大逆转。

斯坦·范甘迪（Stan Van Gundy）

斯坦·范甘迪，奥兰多魔术队现任主教练。范甘迪早先的NBA执教经历是在迈阿密热队，2003—2005年，他首次担任助理教练员。他也曾在学院水平球队中执教，曾担任卡斯尔顿学院和麻省大学主教练；威斯康星大学助理教练员和主教练；佛蒙特大学、凯尼休斯学院和福德汉姆大学助理教练员。范甘迪出身篮球教练世家，他的父亲比尔是知名的大学教练员，弟弟杰夫·范甘迪曾任休斯顿火箭队和纽约尼克斯队的主教练。

特克斯·温特（Tex Winter）

特克斯·温特执教近60年，他以教授三角战术而闻名——20世纪40年代在南加利福尼亚大学，他从自己的教练员萨姆·巴里身上学到这一战术。他的执教生涯由南加利福尼亚大学开始，并在堪萨斯州立大学得到了助理教练员工作。他在马凯特大学任主教练两年，之后的15年重回堪萨斯州立大学任主教练。此后他曾在华盛顿大学、西北大学、长滩州立大学任主教练。1972年进入NBA，在休斯顿火箭队执教两个赛季。1985年，他出任芝加哥公牛队助理教练员，并率队6次夺得NBA总冠军。其后，他转投菲尔·杰克逊任主帅的洛杉矶湖人队并得到另外3枚总冠军戒指。

哈尔·威塞尔（Hal Wissel）

在过去的 50 年中，哈尔·威塞尔一直执教于大学和专业水平的篮球联赛，且始终是最令人称道的投篮训练教练员之一。威塞尔曾任亚特兰大鹰队、金州勇士队、孟菲斯灰熊队和新泽西网队助理教练员。他也曾在许多大学球队中担任主教练，包括位于夏洛特市的北卡罗莱纳大学、春田学院、福德汉姆大学、拉斐特学院、特伦敦州立大学（现称新泽西学院），以及南佛罗里达大学，并在南佛罗里达大学带领球队赢得国家乙级联赛冠军。除在球队执教以外，威塞尔创立了极富教育意义的篮球世界有限公司，主要推出篮球夏令营、培训班，以及相关影像和图书资料。

戴夫·沃尔（Dave Wohl）

在担任波士顿凯尔特人队助理教练员工作之后，戴夫·沃尔现任该队总经理助理。在 7 年的联赛球员生涯之后，沃尔在洛杉矶湖人队主帅帕特·莱利手下开始了他的 NBA 执教生涯。他两次任职于湖人队，即 1982—1985 赛季该队取得 NBA 冠军，以及 1998—1999 赛季。在两次任职于湖人队之间，他曾任新泽西网队主教练。除此之外，沃尔曾任萨克拉门托国王队、洛杉矶快船队、奥兰多魔术队助理教练员，以及迈阿密热队助理教练员和球探。

目 录

第一部分　个人进攻 …………………………………………………（1）

第一章　投篮技术 ………………………………………………（3）
第二章　外线技术 ………………………………………………（20）
第三章　策应技术 ………………………………………………（38）
第四章　掩护和掩护战术 ………………………………………（56）

第二部分　团队进攻 …………………………………………………（79）

第五章　攻击性进攻 ……………………………………………（81）
第六章　三角进攻 ………………………………………………（94）
第七章　普林斯顿进攻 …………………………………………（116）
第八章　折区进攻 ………………………………………………（141）

第三部分　快攻 ………………………………………………………（153）

第九章　快攻原则 ………………………………………………（155）
第十章　首次与二次快攻 ………………………………………（168）

第四部分　特殊战术 …………………………………………………（183）

第十一章　高成功率战术 ………………………………………（185）
第十二章　掷界外球战术 ………………………………………（198）
第十三章　最后时刻得分战术 …………………………………（221）

第五部分　个人和集体防守 …………………………………………（237）

第十四章　有球紧逼 ……………………………………………（239）
第十五章　全场紧逼 ……………………………………………（252）
第十六章　防守策略 ……………………………………………（266）

第六部分　执教要点 …………………………………………………（285）

第十七章　高效训练方法 ………………………………………（287）
第十八章　赛前准备 ……………………………………………（302）
第十九章　队员的提高 …………………………………………（313）
第二十章　队员和教练员的激励 ………………………………（328）
第二十一章　现代体能训练方法 ………………………………（338）

图 例

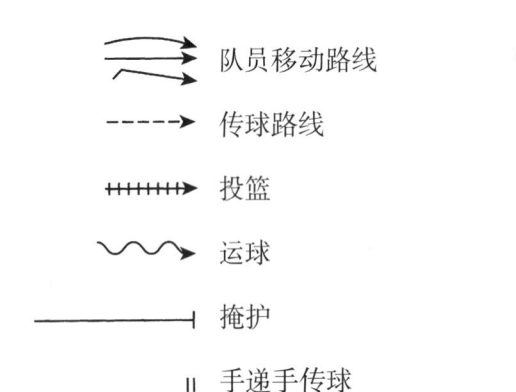

⇉	队员移动路线	○①②③④⑤ 进攻队员
----→	传球路线	X X₁X₂X₃X₄X₅ 防守队员
┼┼┼┼┼→	投篮	① 1号持球进攻队员
∿→	运球	ⓒ 教练员
——┤	掩护	ⓡ 抢篮板球队员
=	手递手传球	

【右侧图示为：一个标准篮球场全场】

读者须知

在贯穿于全书的球场图示中，省略了许多球场的标志线，这样是为了使球员的移动与传球路线在图示中尽可能清晰地呈现出来。图示中的NBA三分线只是到球篮的参考距离。我们希望这种流线型的处理不会影响你建造中学、大学或国际级的标准球场。

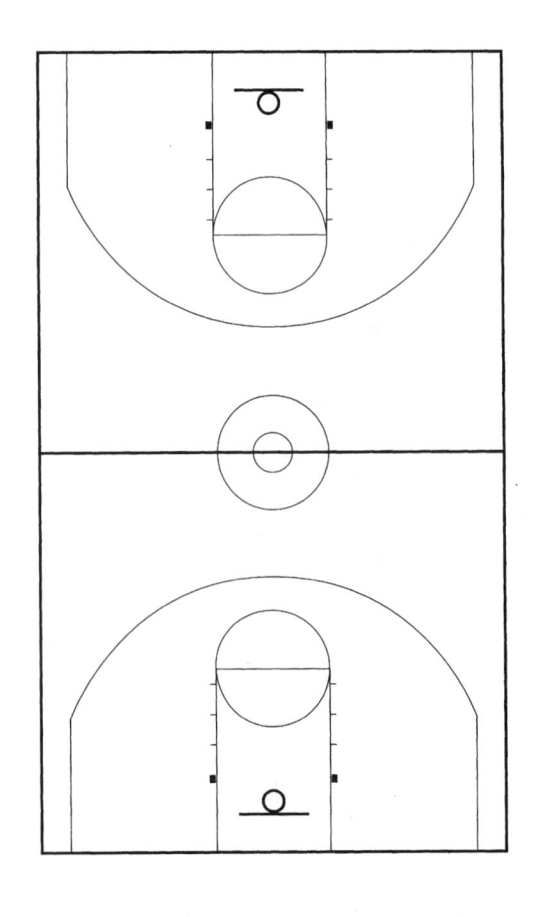

第一部分

个人进攻

第一章 投篮技术

哈尔·威塞尔（Hal Wissel）

投篮是最重要的篮球技术。传球、运球、抢篮板球和防守能为高命中率的投篮创造机会，但是这些努力必须要转化为投篮得分才达到目的。只有很少情况下，拥有异常运动天赋或一定技术特长的运动员，虽然不擅长于投篮，但仍然可以为球队在另外方面作出特别的贡献。所有篮球运动员必须练就准确、稳定的投篮技术。一名优秀的投手能迫使防守者对其紧逼防守，从而为进攻拉开空当。

全队进攻的一个关键原则是间距的把握。合理的间距能够避免防守队员在防守一名对手的同时帮助其他队友进行协防。然而，如果防守队员对不稳定的外线投篮、向内线传球和向内线突破进行后撤防守，合理的空间也不会起到什么效果。但是，一支球队想要像进攻人盯人防守那样成功地进攻区域联防，就必须具备稳定的外线远投得分能力。为了使精准的投篮能够得到有效发挥，进攻队员之间必须保持合理的间距。总之，精准的投篮能够迫使防守队员对外线进攻产生顾虑并且严加防守，这样就使得防守更容易被攻破。

出色的投手在投篮时动作流畅且手感柔和，有些人认为投手是天生的，但这是一个错误的观念。神投手是练出来的，而不是天生的。他们的投篮动作如此流畅、自然以至于让人们感觉这些天赋是与生俱来的，但这些"天赋"其实是来自勤奋的练习和正确的心态。出色投手在投篮时不会刻意思考自己的投篮动作，而是把注意力集中在队友和防守队员的位置与移动上。例如，前波士顿凯尔特人队的拉里·伯德、现役凯尔特人队的雷·阿伦、新奥尔良黄蜂队的斯托亚科维奇，以及菲尼克斯太阳队两次MVP得主史蒂夫·纳什，在这方面做得非常出色。优秀投手需要考虑的是假动作投篮、为队友提供传球、向篮下突破或转移球到外线重新组织进攻。对于纳什和其他著名的NBA投手来说，他们的投篮技能动作已自动化。正如其他具有天赋的运动员一样，优秀的投手不需要任何刻意的思考就可以把这项技能发挥到极致。然而，他们曾经都是新手，经过了无数次专心致志地练习才练就了精准的投篮。每一次练习都会促进球员投篮技能的提高，增强自信心。投篮自信心有助于赢得比赛，胜利又促进参与练习，这就是常见的那些著名球员走向成功的循环。

投篮技术可以自己单独练习。当一名球员自己明白了如何正确运用投篮技术，他仅仅需要一个篮球、一个球筐和一颗渴望提高的心。但他可以找一名队友为自己提供防守的压力，使自己在比赛的情境中练习，这对于投篮技能的提高是很有帮助的。

自信心

精准的投篮不仅需要很好的技术，良好的心理和身体素质同样重要。培养良好的心理素质对于投篮和其他基础技术至关重要。一名投手在每次投篮时都要对自己的能力有信心，自信的投手可以很好地控制思维、感觉和投篮技术动作。

为了增强自信心，设想篮筐很大是很重要的，而且篮筐如此之大以至于需要三个半篮球才能使其触及到整个篮圈。这一设想使得许多球员惊讶不已，同时也使他们大受鼓舞。当三个篮球被互相紧挨着放入篮圈时，每两个球之间还有足够的空隙可以让你把手伸进去翻转（图1.1）。

在球出手后直到触及篮圈的这段时间里，球员向上充分伸展手臂的动作有助于建立自信心，这不仅是因为这个投篮动作是正确的，更重要的是，这样做能够体现出球员的动作更专业。自信心来自于不断的成功，而成功则是一次次练习和比赛临场表现的积极反馈。有些球员因为高估了自己的投篮能力和投篮范围而降低了投篮练习的量，以致于最后对自己的投篮能力丧失信心。许多球员犯的一个严重错误，就是当他们投失一些球时想得太多了，这种情况出现的明显标志是投篮节奏变慢了。

图1.1 一个篮筐至少能放下三个篮球

优秀的投手在经历状态低迷或者连续投篮不中时，他们也不会悲观沮丧，相反，他们会有意识改正错误，并想象出一个好的投篮。喊出一些积极肯定的话可以增强投篮时的自信（如"我是投手！""空心球！""进了！"）。高命中率的投手如果在上半场或者连续几场状态失常时，他们会使自己去想过去成功的经验。

自信的球员相信自己的实力，并且不会让一次投篮失常而影响到自信。投篮成功与自信心之间的直接关系是著名投手取得成功的稳定要素。

节　奏

　　篮球技术动作要平稳、流畅并具有节奏感，投篮时更是如此。投篮时关系到腿部、背部、肩部和投篮肘的伸展，以及手腕、手指屈曲的同步性。稳步向上起跳，进球的机会就更大。投篮时最初的发力和节奏的调整是从腿部屈伸动作开始的。以下从细节上对这些技术动作进行分析：

- 以膝关节微屈开始。先屈膝，然后充分伸展，双腿和投篮臂要同时做出动作，即蹬伸腿部的同时伸展手臂。
- 当腿部完全蹬伸时，背部、肩部和投篮臂向上自然连贯地伸展。持球点要高且正对篮圈，要靠腿部的屈伸动作来调整节奏，而不能降低球的高度。保证球的高度可以培养快速的投篮出手速度以及减少失误的发生。降低球的高度会使投篮手偏离球中央，在出手时经常导致球的侧旋。投篮动作持续的时间越长，球出手的速度就越慢，失误的几率就越大。如果你想靠降低球的高度来控制节奏，则要注意保持投篮手处于球的顶部。
- 当手臂上举时，由保持平衡的手（非投篮手）持球换到投篮手持球，一个好的建议是，当投篮手的前臂和手腕之间的皮肤上出现横纹时再开始拨球的后部。
- 使投篮臂、手腕和手指以 45°~60°角正对着球筐，手臂的肘关节要充分伸展。这种角度有利于使球快速出手和出手后随球动作的稳定。
- 最后用力和投篮的控制来自于曲屈的手指、手腕对球向前方篮筐的拨送。球出手时食指的指尖轻柔地拨球使球回旋，从而使投篮动作柔和，直到出手的一刹那平衡手才脱离对球

基于无数次的练习和在比赛中的高投篮命中率，拉里·伯德在投篮时有着极大的自信心。

的接触。

投篮所用力量的大小依据投篮距离而定。近距离投篮主要由手臂、手腕和手指发力；远距离外线投篮的发力主要来自于腿部、背部、肩部，流畅的节奏及完整的随球动作也有助于增大投篮距离。

内线跳投涉及到起跳和在跳起最高点时出手这两个环节，投篮的大部分力量来自手臂、手腕和手指；而对于外线跳投，要在伸展腿部、背部和肩部的同时将球投出。

技术动作

投篮的技术细节十分重要，你如果想要有出色的技术动作，投篮时就不能机械呆板。如前所述，投篮动作的所有环节应该有节奏地连贯进行（图1.2）。为了练就流畅而精准的投篮，一次应只专注于练习一两个动作。

图1.2 投篮技术：a. 将球置于肩部上方不高于耳朵的位置，投篮手正对篮筐，眼睛注视篮筐的前沿，膝关节微屈。投篮动作从屈膝开始，然后自下而上完全伸展以获得投篮节奏和距离。b. 双腿和投篮臂同时做出动作——腿部蹬地向上发力、上臂向上伸展。当腿部完全伸展时，背部、肩部和投篮臂也流畅、连贯地向上方充分伸展。当球出手离开食指时，手腕、手指向前屈并指向篮筐。

瞄准点

眼睛要注视篮筐，除了擦板球所有的投篮都瞄准篮筐的前沿。擦板球应与篮板成 45°角，45°角擦板可使球落在罚球区两侧的分位线与矩型框之间的距离内。投篮者离篮圈越远，擦板角的角度就越大。投擦板球时，应该瞄准篮板中心方块的上角。

在进球之前尽可能早地集中注意力盯着球篮。眼睛不要一直盯着球的飞行路线或防守队员的手，注视篮筐有助于排除外界干扰，诸如巨大的喊叫声、观众挥舞着的毛巾、防守者的手、甚至是恶意的犯规。

身体平衡

良好的平衡有助于投篮的发力与节奏的控制。站姿，即双脚的站位是身体平衡的基础，保持头部稍向前倾略超过脚也有助于保持平衡。

- 两脚自然开立与肩同宽，脚尖指向正前方；使脚趾、膝部、髋部、肩部处于一条线上且正对篮筐。
- 保持投篮手同侧的脚在前（如右手投篮，右脚在前）。使后脚的脚趾与前脚（即投篮手同侧脚）的脚后跟处于一条线上（脚趾对脚跟的关系）。
- 通过屈腿来为投篮提供力量。新手和疲劳的队员经常做不到这一点，为了弥补腿部力量的不足，这些队员在投篮时往往从头后将球抛出，或者从髋部将球推出去，这些都会导致技术动作不正确。
- 头部略前倾于腰部和腿，以控制平衡。
- 肩部放松，稍微倾向篮筐。

腿部动作

要用腿部屈伸的动作来获得投篮的节奏和距离，而不能降低球的高度或垫步投篮。

- 开始时，膝关节微屈。
- 屈膝，然后蹬地并充分伸展膝关节。
- 从投篮开始到球出手过程中，用口语强调关键词"蹬伸"，可以使腿部的蹬伸动作为投篮提供力量和节奏。
- 腿部和投篮臂要同时做出动作，当腿蹬地起跳时，投篮臂也向上伸出。当腿充分蹬伸时，背部、肩部和投篮臂在一个流畅连贯的方向上伸展且向前方指向球篮。

要用腿部的屈伸动作而不是以降低球的高度来控制节奏。保持球的高度可以加快球的出手速度并减少失误的发生。垫步投篮可能会增加投篮的距离，但投篮动作就变成了两个动作，而用腿部屈伸的方法投篮，可以使投篮动作一步完成。当做接球投篮时，在接球之前屈膝，接球后腿部直接向上蹬伸进行投篮，这样会获得更快的出手速度。

手部姿势

手部姿势是投篮技术中最容易让人领会错误的部分。投篮手应当直接放在球后，持球点要高并正对篮筐，而非投篮手应当放在球的下方以保持球的平衡。总之，我们称这个姿势为挡球或托球。投篮手仅用于投篮的发力，而不能既用于扶球又用于投篮发力。

- 持球时两手之间要有一段适当的距离，两手放松，五指自然分开。投篮手的拇指要放松，不要过于张开（以避免手和前臂紧张），手部放松形成一个自然的拱形，用手指的指垫儿而不是手掌触球。
- 非投篮手要轻轻地置于球下，至少靠两根手指来承担球的重量（无名指和小拇指）。平衡手的手臂放在一个较舒服的位置，肘部指向后侧方。
- 将投篮手直接放在球的正后方，食指处于球的中间，球出手时最后离开食指。在罚篮时队员有时间将食指放在球气嘴处或球中央标志处，手指对球的控制和触摸可以更柔和并精准地将球投出。
- 在投篮侧肩部的前上方耳和肩部之间以较舒适的姿势持球。

肘部内收

要保持投篮臂的肘关节内收。当投篮臂的肘关节内收时，球和球篮就处于一条直线上。某些球员在将投篮手置于球后部或者内收肘部正对前方时缺乏灵活性，如果的确是这样的话，就必须在保证灵活的基础上尽可能地内收肘部。

随球动作

精准且稳定的投手即使在球出手后飞向篮圈时仍然保持着漂亮的动作姿势。
- 在球离开食指出手后，要使投篮臂向上充分伸展，食指指向篮筐。
- 投篮手的手掌稍下压，平衡手的手掌稍向上。
- 保持目光注视篮筐。
- 在球出手后保持手臂向上伸展的随球动作直到球进入篮筐。

左撇子球员迈克尔·里德，在防守队员的防守压力下跳投出手时，保持两眼注视篮圈，平衡手轻轻地置于球下部，投篮动作非常漂亮。

关键词

自信心和技术同样重要，只有两者结合在一起时投篮才能成功。精准的投篮需要将积极的思维和正确的技术相结合。积极地自我提示可以将两者结合在一起，这种自我肯定也有助于投篮技术的提高。

积极地自我提示是球员通过一些关键词（称为暗示性或启发性词语）来加强表现力的，应该选择与投篮的正确技术动作、节奏、信心等有直接联系的词语，关键性词语应该是简明且个性化的（最好是一个音节），下面是一些常见的例子：

- 高度！——以较高点出手投篮，避免降低球的出手高度。
- 伸直！——使投篮手向上伸直指向球篮，不能翻转手腕。
- 朝前！——协调投篮手正对篮筐。
- 拨指！——协调出手时食指正确的拨球动作。
- 向上！——提高出手的弧度。
- 随球动作！——协调头部、肩部、手臂、手腕和手指等全身各部分的随后动作。
- 收住（头部）！——协调头部和肩部朝前的随后动作，避免身体后倾或者后退。
- 双腿！——协调腿部的动作。
- 蹬伸！——协调腿部的屈膝与蹬伸动作，为控制节奏和距离创造条件。

球员应该把个人的激发性词语和正确的技术动作联系起来，在找到某个对自己有效的自我激励词之前，可能需要尝试使用很多激励性词语。

有规律地喊出个性化的关键词有助于保持投篮动作的节奏，改善投篮技术，增强自信心。给人印象深刻的球员会花时间对这方面的意识进行训练，在投篮时想象出投篮的节奏或者看着球飞入球网时放松自己并喊出关键词，这样的确能帮助在场上完成动作。

某些球员会使用一些"定心"之词来强化对成功进球的渴望。此类的词可以是"穿过""进了""好""中篮""空心球""嗖"和"正投"。这些词语也有助于防止球员由于对投篮想得太多而"思维停滞"。过度思考的一个明显的信号是球员投篮时动作变慢、节奏失调。

一个暗示性或启发性的词和一个定心之词结合起来是最有效果的。首先球员可以试着用三个押韵的词（每个词都是单音节），从开始投篮念这个词到球出手离开食指时结束。例如，如果"蹬腿"和"随球"是启发词，而"好"是定心之词。球员可以在投篮时有节奏地喊出"蹬腿—随球动作—漂亮！"这三个词，大声喊出来效果最好。

启发和定心之词是具体化的词，说这些词语可以减少刻意的想法并且促进投篮动作的自动化。启发词可以提示队员运用合适的技术动作，定心之语能够增加完成动作的成功性。当投篮技术动作熟练掌握以后，一个简单的启发词就足够了。在其他情况下，一个简单的定心之词是一名球员保持积极思维和成功结果的来源。

球触篮后的反应

学会正确的投篮技术，然后每天动脑筋练习，从而了解自己的投篮水平。如果有一名教练员在你旁边观察你的投篮动作并给予反馈，你会极大地获益，只是大多数情况下，进行投篮练习时教练员不在旁边。因此，你需要通过其他方式对自己的投篮效果进行反馈，三个较好的反馈来源是：观察球接触篮筐后的反应、体会自己投篮时的感觉、从录像中观看投篮动作。

分析出手后球接触篮筐后的反应可以强化正确的投篮动作，找出错误的动作及其可能产生的原因。不要忘了球的走向是由投篮臂、手和手指的指向支配的。如果投篮不

佩贾·斯托亚科维奇，不但有着教科书式的投篮动作，而且有着一名出色投手的心态，这就是在联盟比赛中他属于被重点盯防的外线球员之一的原因。

中且向右偏出，那么投篮臂、手和手指就可能是指向那个方向，也可能是身体是面对着投篮偏出的方向而不是正对着球篮，或者是投篮侧肘关节向外展，导致随球动作指向右侧。

如果你看到球击中篮圈后转出来，就要清楚你投出的球是侧旋的，这种情况通常是由于投篮时投篮手开始在球侧，后来才移到球后部。如果投篮手过度旋转，球将侧旋触篮圈右侧向左弹出，如果投篮手没有充分旋转，球将触篮筐左侧，向右弹出。其他导致球滑筐而出的原因是，球出手时的拨球是用无名指而不是投篮指、把手放在球上部，或将球贴在手掌上，或非投篮手的拇指触到球。

投篮时的感觉也可以带来一些线索，你可以感到投篮手向右侧旋转，或球是从无名指上出手的（而不是投篮手指），每一个这样的错误都会使球侧旋。培养投篮感觉的一个很好的方法是闭上眼睛投篮，同伴会接篮板球并告诉你投篮动作是否正确。投失之后，同伴会转告你偏出的确切方向以及球在触篮后的反应。通过分析投篮动作，在错误动作没有形成习惯之前，你可以及时发现并纠正错误动作。

从思想上纠正投篮失误

只有在动作上和感觉上像一名投手，你才能真正成为一名投手。很多队员对自己的失误感到不安，尤其是在投篮不中时，他们总是念念不忘自己在关键时刻的失误从而影响随后比赛的发挥。如果在投篮失误后每次都大声念叨消极的言语、作出消极的动作，或存在消极的思想，大脑就会习惯性地引导你重复上一次的错误动作。你必须学会像个优秀投手一样地完成动作，而不是总想着失误。

我们用计算机来做类比。当人们在键盘上打字犯了个错误，那他们会怎么办，他们会再次犯同样的错误吗？当然不会。他们会删除这个错误并改正它。同样的过程应该运用到对待投篮动作中的失误上。在一次投篮失误后，通过观察球在触篮后的反应和投篮的感觉来弄清楚为什么没有投中，然后立即用一个有助于完成正确动作的积极性语言来纠正这个错误。例如，你感觉投篮短了，因为你没有借助腿部蹬伸的动作，你就可以在做动作时同时说出启发词"蹬腿"来协调腿部动作。

一个很好、很成功地训练投篮动作的办法是，将一个积极的定心之词和正确的心理表象，以及对成功投篮动作的想象结合起来，选一个定心之词帮助你想象一个中篮过程（"穿过""进了""漂亮""入网"）。在一次投篮失误之后，立即用一个积极性的启发性言语来纠正动作，然后，边想象成功的投篮动作，边说出定心之词。这样有利于阻止那些消极的、会扰乱注意的、导致更多投篮不中的思维出现。学会通过想象成功的投篮动作去应对投篮失误，就会使你在动作上和在感觉上像一名投手，并且真正成为一名投手。

跳 投

跳投时将球置于肩部上方，即肩和耳之间。投篮手正对球篮，平衡手轻轻地置于球的下部，投篮手的前臂与地面成直角，眼睛盯着球篮，起跳时充分伸展踝关节、膝关节、背部和肩部，垂直起跳，落地要稳稳地落回起跳点，而不向前、向后或向侧偏移。

起跳的高度由投篮的距离而定。当被严防时，双腿要用力跳得比防守队员更高，当然持球点也要更高一点。在起跳的最高点时，主要由手臂、手腕和手指提供投篮的力量，应该在感觉自己仿佛悬滞于空中时出手。

投篮假动作

每一名队员都要掌握出色的假动作投篮技术。假动作的作用是使防守队员相信在这次投篮动作中自己是真的要去投篮。逼真的投篮假动作能在防守者面前创造跳投的空间。假动作必须具有迷惑性，仅仅将球向上晃动一下是不足以骗过防守者的，我们常说，假动作投篮就是没有将球投出去的真投篮。因此，在做假动作时要屈膝，同时有威胁地将球举到额前上方。

一次逼真的投篮假动作可以使防守队员的双腿伸直，这样可以使投篮队员跳得高于防守队员，获得一次没有防守压力的投篮机会。要留给防守队员对假动作作出反应的时间，在投篮、突破或传球之前要观察防守队员的反应，它是一次成功行动的基础。

三分球投篮

准备投三分球时，要远离三分线以免担心踩线。要集中注意力于篮筐，跳投中掌握平衡，动作过程不能僵硬。优秀的三分球投手会注意以下几点：

- 动作流畅有节奏；
- 腿部、背部、肩部依次发力；
- 正确的技术动作，如投篮手正对篮筐；
- 肘部内收；
- 保持随球动作，直到球接触篮筐。

对于大多数远距离的跳投，投篮队员通常有较长的出手时间，因而没必要跳得高于防守队员去投篮。因此，远投时可以更多地凭借腿部力量进行投篮而不是跳的更高，此时垫步甚至可以发力更大。你应该感觉跳投时不是在跳到最高点时出手，要稳定地跳起，力求投篮动作不变形。起跳过程中身体的平衡和控制远比跳得高更为重要，流畅的节奏和完整的随球动作对于远距离跳投也非常重要，出手后要稳定地落回起跳点。

快速出手

篮球比赛的目的就是得分，绝妙的传球能使投手在其投篮范围内以合理的姿势接球投篮得分。这一范围是指一名队员能够稳定地在外线投球入筐的距离。

为了快速出手投篮，手和脚要做好准备。接球队员在一个有利于投篮的位置上，将手上举超过肩部要球，从而给传球队员一个明确的目标，同时，两膝微屈。好的传球是正好传到你要球的那只手里，使你在合适的位置快速出手投篮。好的传球可以创造好的投篮机会，当球被传出时，迅速调整到合适的位置面对篮筐，准备接球投篮。

好的接球技术也可以造就好的投篮，采用放松的姿势去接球，但不要用力抓球。接球时要用手迎球而不是伸手去抓球，要一手挡球、一手托球，即出手前投篮手置于球后正对篮筐，非投篮手置于球下的持球姿势。不要用双手在球两侧接球后再移回正确位置，如果那样做，将会在出手时使球发生侧旋，要用投篮手在球的后方持球且正对篮筐的前沿，将另一只手置于球的下部。

在篮球比赛中有许多投篮都是在获得空位的情况下进行的（成功突破后投篮、接突破分球投篮、接受夹击队员的传球投篮、接进攻区域联防或协防时球的转移后投篮、掩护后切入接球投篮、做挡拆后切入接球投篮、抢得篮板球后接长距离一传投篮等）。对于没有防守的投篮，传球者要以投篮者的远端手，即挡球的那只手为传球目标，面对篮筐接球然后用一个连贯的动作完成投篮。接球前保持屈膝姿势，接球后立即快速、有节奏地向上蹬伸，投篮手保持正对篮筐持球，并且持球点要高。为了快速出手并减少失误，必须使球保持在一定的高度，要靠双腿的屈伸动作来保持动作的节奏，而不能降低球的高度。

在球传出后稍有偏离时作出快速调整。接球后如果手和脚没有做好投篮准备，不能有节奏地出手时，可以在投篮之前先做一个假动作，假动作可以为手和脚的调整及把握节奏赢得时间，当被严密防守时，仅仅用一个垫步和转身即可。

用启发词来帮助自己学习正确的技术动作，把握节奏、建立信心。快速出手和调整腿部动作节奏的启发词的例子是，用"蹬伸"一词来强调腿部屈膝蹬地动作的节奏，以获得更远的投篮距离，通过喊"高度，进球！"来保持投篮时的出手高度，预防降低球的高度。

接球投篮

当接球投篮时，要做好不作任何调整就直接投篮的准备，否则会影响投篮效果，耽误时间。

接从前面传过来的球（从内线传出）。 当球从前面传来时，用投篮手挡球并正对篮筐前沿，再用非投篮手在下面轻轻地托住球。

接从强侧手一侧传来的球。 当球从强侧手一侧传来时，用非投篮手挡球，并将投篮手置于球后正对篮筐前沿，然后重新把非投篮手置于球下部（图1.3）。

图1.3 接球投篮：对于从强侧手一侧传来的球，用非投篮手挡球，并置投篮手于球后正对篮筐前沿，然后再将非投篮手置于球下部。

接从弱侧手一侧传来的球。 对于接从弱侧手一侧传来的球，要用投篮手挡球，将非投篮手置于球下，然后将投篮手重新置于球后，正对篮筐前沿持球。

运球后投篮

当在运球后空位投篮，将球运至投篮侧膝关节前方将球举起面对篮筐投篮。不要伸手够球，而是在投篮侧膝关节前方将球拿起，并要屈膝防止向前、向后或向侧倾斜以保证身体平衡。

用投篮手持球并置于球顶部，非投篮手置于球下部。将球举起投篮时，投篮手的位置变为球后并对着篮筐前沿以使球在出手后后旋。不能用双手在两侧抓球然后再旋转回正确位置，如果仓促地去做，则会使投篮手转动过度或不足，从而使得球出手后发生侧旋。

向强侧手一侧运球。 向强侧手一侧运球时，用外侧手运球同时保持眼睛注视篮筐，并观察防守队员的站位。用中枢脚蹬地，外侧手向前猛地推球来做一个大幅度的运球拉开与防守队员之间的距离，超越防守者。要朝着防守队员身后的某一位置运球，眼睛盯着篮筐，用内侧手和身体护球，在最后一次运球后起跳投篮。投篮时要在膝关节前用投篮手将球拿起，投篮手在球上，平衡手在球下，直起跳投，然后稳定地着地。

向弱侧手一侧运球。 向弱侧手一侧运球时，用外侧手运球，眼睛看着篮筐，观察防守队员，用中枢脚蹬地，外侧手向前猛地推球来做一个大幅度地运球，制造与防守队员之间的距离，超越防守者。运球时眼睛看着篮筐朝着防守队员身后的某一位置运球，用内侧手和身体护球。然后再运一下球（换手运球）使其到投篮侧膝关节前方，在最后一下运球后起跳投篮。投篮时要在膝关节前用投篮手将球拿起，投篮手在球上，平衡手在球下，直起跳投并稳定地着地。

后撤步跳投

首先观察防守情况，做出假动作使防守队员认为你想要运球突破，然后做一个快速的后撤步摆脱防守，同时用外侧手向后运球，与防守队员拉开距离，投篮手要放在球的顶部，另一只手置于球的下部，在投篮侧的膝关节前方将球拿起，起跳投篮（图1.4）。通过用在膝关节处拿球，或用肩部、头部以及投篮手伸向篮筐等充分地随球动作来避免投篮后头和肩部向后倾斜。

图1.4 在做完看起来很有威胁的假动作之后，外侧脚迅速后撤一步与防守队员拉开距离，用外侧手向后运球。

假动作后跳投

首先你必须做出一个逼真的假投篮动作，对对方的球篮造成威胁。如果防守队员贴身防守，就停下来观察其手的位置，如果防守队员的手在球的同侧且上举，就向防守队员的臂下摆头、探肩，内侧脚向前跨一步超越防守队员的前脚（图1.5）。

图 1.5 在有威胁的投篮假动作后，观察防守者。如果他的上臂举起，就跨步超越防守者的前脚，将头和肩探到防守者的胳膊下面。

用头部和身体来护球，并使球远离防守队员，从而在跳起投篮时使对方无法封盖。投篮动作要强硬，做好出手时遭遇犯规并坚持打三分的心理准备。

投篮技术错误动作纠正方法

错误动作：投篮时力量偏小。

纠正方法：通过建立内部感觉，决定在投篮时腿部是否要运用更大的蹬伸力量、是否保持投篮臂的随球动作直到球进入篮筐、是否用快而稳定的节奏投篮。

错误动作：投篮时力量偏大。

纠正方法：投篮时将投篮臂举得更高些，以更高的弧度出手（45°~60°），在投篮的随球动作中肩部和头部伸向前上方并正对篮筐。

错误动作：投篮力量不稳定，或大或小。

纠正方法：在出手后的随球动作中要靠充分伸直肘关节来伸展手臂，而不是向后倾斜肩部。

错误动作：投篮时经常击中篮筐右侧沿（以右手投篮队员为例）。

纠正方法：这个问题可能是投篮臂没有正对着篮筐，或者是在开始做投篮动作时将球放在了头部的前面且肘关节向外撇，导致在投篮时投篮臂向右伸展。投篮开始时，身体要正对着篮筐，将球置于投篮侧头、耳和肩之间，投篮手正对篮筐的前沿，这就使得手臂、手腕、手指垂直向着篮筐移动。

错误动作：投篮时经常击中篮筐左侧沿（以右手投篮队员为例）。

纠正方法：这个问题可能是身体没有正对篮筐，或是在开始做投篮动作时，球被放在右侧腰部或过于偏向右侧，从而导致在投篮时球被从右侧推到左侧。这种"推球"情况在双腿没有充分蹬伸发力时出现。投篮开始时，身体应正对着篮筐，将球置于投篮侧头、耳和肩之间，投篮手正对前方，肘关节内收，注意使投篮臂、手腕、手指垂直伸向篮筐。

错误动作：投篮时缺乏距离感和对球的控制及稳定性，力量不是偏大就是偏小，或者向两侧偏出。

纠正方法：将球置于投篮侧的头、耳和肩之间，投篮手朝前，强调两腿的蹬伸动作和完成投篮后保持手臂伸直直到篮球接触球篮的随后动作。

错误动作：投篮击中篮圈后球直接旋出，或球从篮筐的前沿滑向后沿然后旋出，而不是击中篮圈后直接中篮。

纠正方法：要避免使球发生侧旋。为了使球后旋而不是侧旋，在开始做投篮动作时，使投篮手正对篮筐，出手点要高，平衡手在球下以一手挡球、一手托球的姿势持球。不要为了调整节奏而向下放球，这样容易导致投篮手偏离球中心，在投篮时发生球侧旋。你持球时间越长，你的出手就越慢，出错的可能性就越大。如果你喜欢向下放球来获得节奏，要注意保持投篮手位于球上部。要确定投篮前投篮手已经做好准备，出手时食指拨球出手，以及要强调球出手后手臂在做随球动作时要充分伸展。练习投篮时，尽量使用单手练习，并保持非投篮手的食指和拇指并拢，且强调是只用单手投篮（投篮手）。

错误动作：尽管投篮技术动作看起来似乎是正确的，但球仍缺乏控制，生硬地砸向篮筐。

纠正方法：球很可能在手掌里滞留了。应放松投篮手的大拇指，用手指的指垫触球，掌心空出。这样使得手指指垫受控制地、柔和地触球，后旋投出。

错误动作：尽管技术动作似乎很正确，仍然投篮不中。

纠正方法：让你的同伴来监视你眼睛的反应。如果你的眼球动了，你的眼睛很可能是随着球的飞行路线而不是盯着篮筐，这样注意的目标就高于篮筐的前沿。要注视着篮筐直到球接触篮筐，不要看球在空中的飞行路线。

错误动作：接球位置不好，不能接球就投，而是要伸手抓球。

纠正方法：当有空位投篮机会时，在合适的投篮位置伸出双手做出明确的要球手势。当球被传出时，迅速调整位置，面对球篮准备接球投篮。让球主动飞到你手里，不要伸手去抓球。

错误动作：接传球后投篮前降低了球的高度，导致出手速度缓慢。

纠正方法：在合适的位置接球投篮时要保持球的高度，接球就投。

错误动作： 接从侧面传来的球时转身去面对传球者抓球，从而导致投篮出手很慢。

纠正方法： 身体正对篮筐，转过头看传来的球，并且迅速调整位置让球主动来找你，接球就投。

错误动作： 双手在两侧接传来的球，然后再往正确持球位置移动，导致出手后球发生侧旋。

纠正方法： 用远端手挡球，将非投篮手置于球下，投篮手在投篮之前要始终处于球后部。当接来自强侧手一侧的传球时，远端手就是非投篮手，在接球后，非投篮手移到球下。当接来自弱侧手一侧的传球时，远端手是投篮手，接球时用投篮手挡球，然后把投篮手从球侧移动到球后，从而对准篮筐前沿。

错误动作： 当运完球投篮时，在运球侧拿球并且在身体的一侧投篮，球向右或向左偏出。

纠正方法： 当获得空位投篮机会时，运球到投篮侧膝关节的前部，在合适的位置将球拿起正对篮筐投篮，但不要伸手去抓球。

错误动作： 运球后拿球时双手在球的两侧持球，然后再将双手移到正确的持球位置，导致出手后球发生侧旋。

纠正方法： 在投篮侧膝关节前用投篮手在球的上部，非投篮手在球的下部拿球。这样，你的投篮手就会在球上部持球，当你拿起球准备投篮时，投篮手将会正对篮筐前沿，这样就使得投出的球后旋。

错误动作： 当运球后投篮时身体向前、后或两侧倾斜。

纠正方法： 把向前、向后或向侧的动力变为向上的力量。在投篮一侧膝关节前将球拿起，膝关节弯曲来获得投篮的平衡，防止身体向前、向后或向侧倾斜。

投篮技术训练技巧

- 了解你所指导的队员，更多地学会倾听而不是去说。队员们希望和教练员在一起时感到很舒服并且信任教练员。有时你会指导一名对自己的投篮没信心的队员，但要从队员做得好的地方着手。

- 区别对待每一名队员。不要希望一名队员学会所有你掌握的投篮技能，应该让每个人去练习提升其投篮水平所需要的技能。

- 鼓励队员和你交谈，让他们告诉你他们喜欢什么，不喜欢什么。要告诉一名队员"我希望你投篮时更自信、有节奏。希望你在练习时致力于最有助于提高自己投篮的技术"。这样，队员就会调整自己。你要说："我会在这里指导和帮助你，但首先你要学会自己指导自己。"

- 通过询求问题找到队员的需求，从他的回答中能得到很多答案。当你真正地聆听队员们的回答时，你会调整自己来适应他们的某些特定需要。你问队员:当你投篮动作很棒时，你是怎么做到的？这个问题不会有错误答案。队员们的回答简单地表明他的信心水平和对自己投篮的了解。如果他说："我就是将球投了出去。"这大概可以表明他有信心或者在投篮时并没多想。如果他回答："当我投篮很棒的时候，我的肩膀就朝着球篮。"你就会知道他了解自己在投篮时需要做什么。如果他回答说："球就是要进了。"这应该表明他对自己的投篮不是很了解。

- 保持简单。保持讲授内容简单易懂，并且使人感兴趣。如果你的指导过于冗长、过于详细或者很无趣，队员们就会失去兴趣。多数情况下，并不是你讲解后队员们的水平就提高了，还是让他们练习去吧。

- 力求保持较高的自信心。要表现出对队员的信心，不断鼓励他们，让他们知道自己有能力并且将会实现自己的目标。不断激励他们去做实现目标所需要做的事情，不要让他们认为自己很难成功。要不断地告诉你的队员们："你投篮很棒。"

- 当一名队员不需要帮助的时候，就不要个别地去指导。事实上，只有少数人乐意接受大量的指导。一旦你对一名或多名队员的指导成功了，其他人也会对你如何帮助他们变得感兴趣。

- 永远不要停止指导。队员们想知道你是关心他们的，做到积极、热情、充满精力、坚持不懈，这些将鼓励他们去向新的高度努力。首要的是，要使这项运动成为一件让人快乐的事。当队员们看到你拥有饱满的精神、灿烂的笑脸、充满幽默感时，他们便会觉得你是一名优秀的教练员。

第二章　外线技术

斯坦·范甘迪（Stan Van Gundy）

篮球是一项需要团队配合的运动，但每一名进攻队员也必须具备与防守队员进行一对一对抗的能力。首先要学会如何摆脱防守，然后需要掌握基本的一对一持球进攻技术。一旦熟练掌握了基本技术，就可以加入一些高级的技术。这些技术必须扎实牢固，以便在比赛中的瞬间进行选择，并正确地完成任何一种技术动作击败防守队员。

当我在迈阿密时，非常荣幸地执教过像德怀恩·韦德这样的球员。韦德擅长于外线接球并在获得球权时创造得分机会。现在我执教的奥兰多队的拉沙德·刘易斯和希度·特科格鲁，这些身材高大的锋线队员，也具备在外线出色的突破和高超的竞技能力，以及精准的外线投篮技术。

摆脱接球

让我们从最基本的摆脱防守技巧、制造空位接球机会开始。

- 当队友持球在某个位置准备传球时，再开始移动摆脱防守。
- 在你可以有效的传球、运球或投篮的位置接球，并清楚自己的投篮距离。
- 用不超过2~3秒的时间拉开空当。摆脱的时间越长，防守队员的回防时间就越充足。
- 用常规的脚步动作向防守队员移动，并且眼睛不要看着传球队员。如果你迈着小碎步向传球队员靠近，防守队员就会明白你要做摆脱接球。
- 用内侧肩膀与防守队员进行接触（对抗），但不要用前臂推，这样可将其限定在原地，然后，快速后撤，制造出与防守队员之间的空当。另外，应使摆脱路线在不同的角度上进行，不要在一条直线上来回移动，要使防守队员需要较长的时间来回防。其间要保持屈膝降低重心，准备好接球后持球进攻。
- 当快速拉出外线接球时，伸出远端的手给传球者以提示，接球后双手持球。
- 接球后立即双脚着地正对球篮，这样就可以立即进行一打一并且可以观察到场上情况。

现在，让我们学习 5 个在外线摆脱防守的基本方法，然后再学习一种特殊的移动技术。

V 形切入

V 形切入是最常用的摆脱防守的方法，在场上任何位置都可以运用。这项技术之所以被称为 V 形切入，是因为摆脱队员的跑动路线呈现出一个 V 字形。为了在高位接球，要先将防守队员带到低位然后突然拉出到高位；为了在场上低位接球，先将防守队员带到高位，然后突然移动到低位去接球。

V 形切入是以面对篮筐开始的，再次强调的是，在某个可以进行传球、突破或者跳投的位置摆脱防守非常重要，但同样需要兼顾到队友的位置。

让我们假设球在中路时你要在右翼摆脱接球，防守队员以 3/4 绕前的姿势进行防守，我将会用 1～2 个连续的步骤来描述这些移动技术，但这个过程仅仅发生在一瞬间，不容许有半点停顿。

> ### "三威胁"姿势
>
> 这种姿势被称为三威胁是因为由此姿势你可以传球、运球突破和投篮。要做到三威胁姿势，我们需要将投篮手置于球后部，手腕后屈并屈肘，另一只手在球前部稍向下，前臂约弯曲 45° 以保护球。将球置于体侧、胸部与髋关节之间，屈膝，身体稍向前倾（但要保持平衡）。这几乎是所有一对一对抗的开始姿势。

第一步：为了在高位摆脱防守，你要向防守队员跨 1～2 步，肩部与篮筐垂直，然后，将内侧脚（离底线最近的那只脚，如果你想在低位摆脱防守时就用外侧脚）插在防守队员的双腿之间，用右手前臂和肩膀靠住对手，但不要推对方。然后以外侧脚为轴转身并用右腿在防守队员的前脚做一个交叉步使其定住不能移动。

第二步：用内侧脚前脚掌转身，外侧脚在保证身体平衡的前提下跨大步拉开距离。做一个跨步急停，左脚先着地（作为中枢脚），然后右脚随后跟上，与此同时，伸出距防守队员较远的手要球。接到球后转身并以"三威胁"姿势正对篮筐，准备一对一单打。

后转身

后转身可运用于比赛中的不同阶段，如有球进攻或无球进攻（防守也是，如在遭到阻截时）。现在让我们回顾一下在摆脱接球时如何做后转身。

第一步：向防守队员移动 1~2 步，然后，将外侧脚插在防守队员的双腿之间，用左前臂和肩部倚住防守队员的胸部，但不要推他。然后再用外侧脚做中枢脚转身后立即"坐"在防守队员前腿上使对方不能移动。

第二步：向前一步与防守队员拉开空当，接球后做一个前转身以"三威胁"姿势面对篮筐，准备一对一单打。

V 形切入接后转身

这种移动技术是 V 型切入和后转身的结合。

第一步：开始时就像前面描述的那样做 V 形切入，但是防守队员仍然防守很紧。

第二步：如上所述，做一个后转身。

L 形切入

在这个技术动作中队员是以背对底线开始的。

第一步：在限制区附近面对中场分界线开始。球在中场，防守队员正面防守，往前向球场的中场分界线用常规步伐移动 1~2 步，然后将内侧脚（离限制区最近的脚）靠近或跨过防守队员的外侧脚，同时用内侧肩和前臂倚住防守队员的胸部，但不要推对方。

第二步：将身体重心转移到内侧脚的前脚掌，向侧跨跳一步，双脚分两拍跨步着地，接球后做一个前转身以"三威胁"姿势面对篮筐，准备一对一单打。

L 形切入接后转身

这个移动技术是 L 形切入紧跟着做一个后转身。

第一步：开始做 L 型切入，但是防守队员仍然防守很紧。

第二步：紧接着做一个如前所述的后转身。

特殊技术：围绕

当防守队员几乎是面对面地防守时，伸出双手并在头上方张开将防守者带到低位。当靠近底线时，放下双手（但保持它们是伸展的，像在游泳一样），在防守队员的髋关节内侧使其不能即刻移动。然后转身，快速拉出到开始时的位置要球，不要推对方，要绕着对方的身体移动。

有球技术

现在讲述需要掌握的接球后直接进攻的基本技术，以便能够在事先没有假动作或运球时与对手进行一对一对抗。在此都是按用右手完成这些技术动作来描述的，这一系列技术用左手完成时同右手一样。

跳 投

如果你在自己的投篮范围内，而对方防守又很松懈并且没有举手，或者没有突破对手的机会，你就可以立即进行跳投。

直接突破

如果对方的防守留有可直接突破的空间，就直接向篮下强行做直线突破。以下为直接突破的技术细节。

脚步动作：第一步要大步跨出，但步幅不要过大以保持身体平衡和突破的力量。内侧肩要和防守队员的髋部处于同一高度，当跨步超越对手时将非运球侧的肩转到内侧以保护球，动作要敏捷。准备放球的一刹那脚要触及地面以避免运球走步。

运球后的第二步要快速有力，屈膝降低重心，在运球后不要减速，要保持脚步速度的灵活多变。

运球动作：直接突破的第一次运球对于成功完成技术动作至关重要。第一次运球时运球手（右手）将球用力地推向地面，运球手跟随着球并且手指尽可能低地指向地面，随后球反弹回来继续保持控制球。球必须反弹到防守队员的臀部后面，稍微靠近

一对一攻防要点

在了解各种移动技术之前，先清楚一对一攻防的技术要领。

- 设法观察防守队员的移动和相应的反应。许多队员事先已经想好了如何去处理球，这大错特错。相反，在一对一时要根据对手的移动和反应来做出相应移动。
- 移动时要屈膝，持球要低，然后突然起来进行跳投、上篮或者传给队友。
- 运球不超过3次后投篮——运球2次最好，这样就避免了留给防守队员回防的时间。
- 所有向篮下的突破都要直线突破，不要进行弧线突破。
- 当在对抗中上篮时，在投篮前的最后一步，要用内侧肩膀和前臂倚住防守队员的胸部（不要推他），同时用内侧髋部和腿靠住对方，这样就避免防守队员回防而封盖投篮。

德怀恩·韦德有着出色的从外线突破到篮下的运球技术。

你的右脚边、左脚前方。第一次运球时不要看着地面或球,要抬头看着球篮或球场上所有其他防守队员及队友,并保持左臂弯曲约成 45°像栅栏一样保护球。

交叉步运球

如果防守队员防得很紧无法向篮下直线突破时,就用交叉步运球从对方的前脚突破。以下为交叉步运球突破。首先是"挥摆球",即将球迅速地从身体一侧挥动到另一侧。

挥摆球:掌握挥摆球技术在一对一单打时非常关键。如果你右手持球并且防守队员右脚在前,就将球从身体右侧以尽可能快的速度挥摆到左侧,即屈膝降低重心,将球从胸部或髋部由右侧转移到左侧,并迅速将球移到膝部以下,这是一个从高到低的过程。当球挥摆到另一侧时,将右手移到球侧,左手腕向后屈置于球后(图 2.1a 和 b)。

脚步动作： 只要你一挥摆球就将重心放在左脚的前脚掌上，右脚超越防守队员的前脚做一个大的交叉步，并保持身体平衡。用左脚蹬地的力量使身体向前（图2.1c）。与此同时用左手做一个大幅度运球，脚步步幅要大，但要保持平衡并控制住身体。

运球动作： （左手）运球时，球必须落在体侧左脚前并超越防守队员的臀部（图2.1d）。

图 2.1 交叉步：（a 和 b）将球从身体的右侧挥摆动到左侧，持球点要低于膝关节；（c）做一个大幅度的交叉步超越防守队员的前脚；（d）运球时，球必须触及体侧的地面、前脚掌之前。

这是最常见的挥摆球技术，但是许多 NBA 球员有着自己挥摆球的方式。例如，蒂姆·邓肯喜欢将球从一侧肩挥摆到另一侧肩；阿伦·艾弗森是将球从一侧脚踝挥摆到另一侧脚踝后再反回开始的那一侧；科比·布莱恩特挥摆球的位置是从肩头到髋部。

以下为跨大步和运球的技术细节：
- 做完交叉步后，在右脚做跨大步的同时必须转右肩，轻触防守队员的右侧髋部，并使肩膀超越（或者几乎是超越）右髋以防其回防。侧转肩部使身体更容易超越防守队员。

• 右脚的脚趾必须内转并指向球篮以使身体直线向球篮移动而不是侧向球篮，这一点很重要。如果右脚的脚趾指向某一侧，身体就会朝着那个方向移动而不是笔直地朝向球篮。

• 右臂要弯曲约45°来保护球。

后转身（或转身）运球

当在右翼接球后遭到防守队员在高位侧严防时，立即做一个后转身（内侧脚作为中枢脚），转向球篮在不超过1~2次运球后攻篮。

脚步动作： 用内侧脚（离底线最近的那只脚）作为中枢脚，以前脚掌为轴转动，降低重心，非中枢脚朝着一个新的方向跨一大步，对于这个动作，尽可能地使非中枢脚朝向球篮以避免偏离球篮移动。

运球动作： 在最后一次体侧运球的同时，将运球手移动到球侧，前臂弯曲约45°（将胳膊弯曲到这个角度运球能使球落在身体附近而不至于过远）。使球保持在身体附近，最后在转变运球方向时，要用力将球推向地面从而使球能够快速弹回。

在做动作之前要将头转向新的移动方向，这样能使你基于防守队员的反应做出瞬间的变化动作，以免带球撞人。

基础组合动作

迄今为止，我们学习的这几个相对简单的动作有时候可以击败对手，但有时仅用这些动作是不行的，还需要一些组合动作与对手拉开距离或迫使对方做出反应。

试探步和假动作

在谈及基础组合动作之前，先了解这些动作的起始动作，即试探步，然后再描述如何做假动作。

试探步

假设你在右侧持球面对防守队员，他的防守姿势极佳使你不能投篮或者突破，首先你必须制造与防守队员之间的空间，然后迫使对方作出反应。试探步（这么称呼是因为它和拳击运动员的前进步很相似），即以脚步和球的移动来迫使对方作出反应从而制造空间。这一脚步动作是所有组合动作的基础。

• 第二章 外线技术 •

脚步动作：以球在身体右侧"三威胁"姿势持球开始，右脚向前有力且攻击性地跨一小步（以右手持球为例）并用前脚掌着地。左脚脚跟离开地面，这样有助于迅速起动做下一动作。做试探步时，右肩稍向内侧转以保护球，给防守队员要突破的感觉。右脚要在左脚前6~7英寸（15~20厘米）处着地，两腿微屈以保持平衡，头部与躯干保持正直（或稍向前倾），眼睛不能盯着地面而是要盯着防守队员身后的某一处位置，从而使对方以为你要向此方向突破，同时也能使你观察整个球场的情况。

图2.2 试探步有助于球员创造与防守队员之间的空间

球的移动：在右脚迅速迈出一小步的同时，球要具有攻击性地稍向右侧膝关节处移动（以此为例），用右手做一个运球假动作，但不要在防守队员面前过分伸展持球手臂，或使球过分暴露出来（以保持平衡）。

假动作

在做假动作的过程中，要给防守队员一个真的要做某个动作的感觉，实际上你要根据他的反应去做另一个动作。因此，如果你想结合试探步做传球、突破或投篮等假动作，就必须真实地开始做这个动作。许多队员的假动作不逼真是因为动作太快，你需要给防守队员作出反应的时间，迫使他们失误。例如，双脚交叉、身体向某一侧倾斜或直立起身体。然后你根据防守队员的反应决定如何做一个动作，这便是我们将要在下文讲到的组合动作。

拉沙德·刘易斯从"三威胁"姿势开始做试探步进行运球突破、传球或投篮。

试探步接顺步突破

在用右脚（以此为例）做完一个逼真的试探步和右手做完假突破动作后，如果防守队员没有对试探步作出足够的反应，就用右手运球、右脚跨一大步（但别过大以免失去平衡）超越防守队员的髋部，使左侧肩与对方髋部同高，左臂在其髋部高度弯曲 45° 保护球。

运球时要用力将球推向地面，必须屈肘，手腕向后屈并变换到球后向前推进球，做完试探步后第二步要改变速度。

这一系列动作是由同一只脚先快速地跨一小步紧接着再跨一大步所组成，整个动作过程不能减速。

试探步接交叉步突破

如果在做完试探步后防守队员向做试探步的方向移动，就做一个交叉步，然后运球突破。这一连续的动作要以先做一个逼真的试探步后紧接着右脚做交叉步开始。

试探步接跳投

如果做完试探步后防守队员向后撤，就跳投（如果在投篮距离内）。像往常一样，试探步要小而具有攻击性，膝关节要保持屈曲。再次强调，做试探步时不要使球离身体过远，投篮手的手掌必须置于球后并使手腕向胸部弯曲以便快速出手投篮。只要试探步触及地面时防守者向后退，就立即将球举到最佳出手点，跳投。

假动作投篮后顺步或交叉步运球突破

为了在防守队员面前将假动作做得逼真，就要将球置于额前上方就像将要投篮一样。将球举向额前上方时，双腿的弯曲幅度要变大，当防守队员由于假动作投篮而直起双腿时，用同侧手突然向篮下突破，或者根据防守队员的位置与相应的反应做交叉步运球突破。

试探步、假动作投篮接突破

这是两个假动作的组合动作，但不能做得过快。再次强调，做假动作要慢，要逼真——这是一个三拍完成的动作。为了观察防守队员的反应，每一个动作都要在合理的时刻完成。不要事先决定如何做出动作，而是要根据防守队员的反应来做动作。

试探步、假动作投篮、假突破接跳投

这个动作与上述动作不同（相反），在这里并不进行突破，而是以突破的假动作跳投。在做假动作时屈膝降低重心，然后突然垂直地跳起投篮。这些组合动作应在不超过 3 秒的时间内完成，时间再短效果更好。

假传球接突破或跳投

假装双手向侧传球,但不要过于伸展双臂。与此同时,向假传球的方向跨一小步且将身体重心稍向前脚的拇指转移。然后身体迅速转向另一个方向突破上篮或者跳起投篮。

运球技术

要完成进攻,你必须要掌握各种运球技术。这部分我们陈述当你要运球或者向防守队员推进时可能要用到的运球动作。如上所述,要观察防守队员的反应。

同侧手变速运球

首先让我们来看同侧手直线运球动作。这些动作是用于迫使防守队员做出反应(横向或纵向移动)然后突破他。如前所述,这些动作是由速度的突然变化连接起来的。对于这些运球技术动作,要尽可能地走直线,不要绕弧线,以免留给防守队员时间回防。

"曲棍球式"运球

脚步动作: 双脚保持接近平行,并来回地用碎小且错乱的步子使对手僵住,这些步子看起来就像在冰上滑行。为了使防守队员不知所措,用头和肩部的假动作与曲棍球式的运球结合起来,在做突然凶悍地向篮下直线突破之前将对手从身体一侧晃动到另一侧。屈膝以更快的速度向篮下突破,在移动过程中要注意护球。

运球动作: 为了更好地控制球,运球手在球上方用力推拨球,在最后一次运球时,为了向篮下突破,运球手转移到球后用力地、低低地将球推向防守队员的身后。在做曲棍球式步法过程中,身体重心要均匀地分布到双脚各脚趾,然后,为了突破,身体重心要转移到与运球手同侧的脚上来为推动身体突破防守队员提供更大的力量。

变速运球

以中等的、有节制的速度运球接近防守队员,尽量使对方防守松懈。当防守队员的膝关节伸直或者当你看到他开始松懈时,突然迅速地降低重心并跨大步向前突然运球突破。

脚步动作: 不要迈着碎小而紧张的步子向防守队员推进,因为这样会给对方一个

第二章 外线技术

你要蓄意突破的信号，头和肩部向相反方向的假动作会帮助你战胜对手。突破时，身体重心要转移到与运球手同侧的脚尖上使你的身体能够超越对手。

运球动作：在向防守队员推进时，运球手保持在球上面。当你运球向篮下突破，将手转到球后用力把球向下推超越对手时，尽可能使球在第一次击地反弹起来时就超越防守队员的臀部。

快速运球：急停与急起

朝向防守队员快速运球，突然保持活球急停片刻（不要持球），稍微抬起头直起腿，当防守队员直起双腿或者防守松懈时，突然用同侧手加速运球。这一连续动作就是有控制地快速运球，停顿一下，然后再加速。不要使球停下来——而是先减速，然后再加速。

后撤步运球

当防守队员严密防守并且没有机会直接突破超越对方时，做一个后撤步运球重新获得机会，来决定下一个动作。

脚步动作：当右手（以此为例）运球接近防守队员时，左脚向其强有力地跨出一步，将身体重心全都落在前脚的脚尖上，同时抬起右脚后撤一步，左脚蹬地抬起，从而制造出与防守队员之间的空间。

运球动作：在做后撤步前的最后一次运球中左脚向前跨步时，右手的手指由球后转移到球的前部把球拉回来。然后，当防守队员试图接近时，突然用同侧手运球。

贯穿整个动作都要保持低重心，所有假动作都要用全身的动作去骗过对方，而不是仅仅用球去做假动作。如果你在投篮距

布兰顿·罗伊用左手做后撤步运球来创造传球、投篮或做其他动作的空间。注意，他在做后撤步时保持抬头并观察场上情况。

离内且身体保持平衡，做完假动作后就跳投。

假交叉步运球

这是一个假的交叉步运球动作。在做假动作前最后一次运球的同时，如果是右手运球，左脚向外跨出一步，将手稍向球上侧移动，然后即刻将球移动到身体中央，此时防守队员可能会认为这是一个交叉步运球，但在最后一刹那，当防守队员的身体开始向那一侧移动时，将球拉回开始时的位置，再次用右手运球。与此同时，向右跨一大步超越防守队员。身体重心必须落在左脚的脚趾上，然后左脚发力，使身体向右移动，走直线不绕圈。同往常一样，整个运球过程重心要低，头和肩部也要向做假动作的方向倾斜。

换手变向运球

这些动作由变换运球手，通常还要结合变向和变速。

交叉步运球

这是最简单的换手运球技术，但也是最危险的换手运球，因为这是在防守队员面前完成的。几乎任何队员都能完成交叉步运球，但是没有多少人能在又快又安全的前提下完成它。

脚步动作：将身体重心转移到右脚（以此为例）内侧，接着身体转向，然后左脚踏一大步，脚跟要稳。这是完成被有些球员称之为"脚踝终结者交叉步运球"的关键所在。对于前脚，左脚要朝向而不是侧向球篮，以此避免偏离直线运球，远离球篮。

运球动作：在最后一次侧向运球后，当球反弹回右手时，右手在不高于膝关节的位置用力推送球侧，此时球离地面越近越好（为了加快动作，防止球被断掉）。与此同时，左脚向前一步，反弹回的球应当位于左脚侧前方，然后左手在此瞬间在侧面控住球，当球刚一接触到手指，手立即在球后向后屈准备快速运球。

肩部转向新的移动方向将有助于完成此动作。像往常一样，这个动作必须与速度的变换相结合，整个移动过程中保持低重心，然后以跳投、上篮或者传给队友结束。

背后运球

这种运球方式和胯下换手运球比体前交叉步运球更为安全，因为这些动作并不将球置于防守队员的面前。

两脚前后开立：在用右手做背后运球前的最后一下运球且左脚向前跨出时，右手转到球的前部将球拉到背后，当球到左侧臀部附近之前要保持对球的控制，然后将球用力推向地面。使球弹到身体左侧、低于臀部且左脚脚尖的前侧方，左手控球后跨一大步快速运球，整个运球过程要保持屈膝降低重心。向往常一样，变向、变速直线上篮。

两脚平行站立：在用右手做背后运球前的最后一下运球时，屈膝降低重心，但背部要挺直，两脚平行开立。右手在球侧从身后用力将球以低于臀部的高度从身体一侧运到另一侧。球应当弹到体侧，超过左侧臀部，左手手掌稳稳地在瞬间将球停住，指尖指向地面；然后手掌立即转到球后完成快速运球，突破对手。

胯下运球

在右手做最后一下横向运球，左脚向前跨步时（以此为例），右手转动到球侧，将球从两腿间推送到身体左侧，球横向在左脚脚趾前击地反弹，左手（手指向下指向地面）在瞬间将球停住，然后将手转到球后，快速推运球。

后转身（或转身）

右手运球时（以此为例），左脚向前一步，右手转到球侧，前臂弯曲约45°。当以左脚脚尖为轴使身体转向一个新的方向时，右手手指迅速用力地将球推向地面后弹起。应当尽可能使球快速地弹回以便更好地控制球，并且要使身体处于球与防守队员之间以保护球。

头部应该在身体转动之前先转向新的方向，预先观察防守队员的右肩以观察其反应，在球弹回、完成转身时，继续朝篮下运球。

这是一个较难掌握的动作，所以严格按照以下细节去做非常重要：

● 屈膝保持低重心——不论是在做动作过程中，还是在连续快速运球中。

● 转身时双腿不要靠得过近，两腿开立，略比肩宽，屈膝以获得一个更快、更具爆发力的动作。

● 不要过于伸展手臂，保持双臂靠近身体且略高于腰部，大概成45°弯曲。如果角度过大，球在击地弹回时会远离身体，从而减慢动作的速度以及影响对球的控制。

● 运球的手在身体几乎完成转身后再离开球，这只手一定要将球用力地、低低地"扔"向地面后，迅速重新恢复对球的控制。

● 在转身完成后再用左手（以此为例）运球，而不是转身之前——过早运球会有使球暴露在防守队员面前的危险，容易被防守队员从背后打掉。

● 在转身后，前脚掌必须朝向正前，而不是侧向，以此避免接下来偏离球篮的移动。

半后转身（或转身）

半转身的一系列动作和转身一样，但是在这里，一旦防守队员已经成功回防并挡住转身的移动路线，就重新运球回到原姿势，并沿着刚开始的移动方向继续运球。整个动作过程一直是同一只手运球，并时刻用身体护球。总之，就是你做了转身的一半动作，如同全转身一样，在半转身中提前把头转向预期的方向观察防守队员的反应是非常重要的。

高级组合运球技术

在掌握了基础的一对一处理活球技术与运球技术后，我们可以在自己的技术系统中加入一些高级组合运球技术。所有这些动作都是由两种需要连续完成的运球动作组成，它们可以由各种变速、变向动作结合完成。

这些动作在 NBA 中很普遍，它们并不是给观众留下深刻印象的杂耍动作，而是相当有效的、根据防守队员的反应作出回应并突破对手的高级动作组合。诸如科比·布莱恩特、阿伦·艾弗森、迈克·毕比、史蒂夫·纳什、勒布朗·詹姆斯、德怀恩·韦德、麦克格雷迪等，这些队员在完成这些技术动作方面是所有球员中的典范。

运球、后撤步接跳投

假定防守队员防得很紧，我们没有足够的空间去完成进攻。在投篮距离内，右手运一下球并且左脚跨出一步，这使得防守队员以为你要向篮下突破，从而引诱其身体向运球突破的路线倾斜，随后将身体重心全部置于左脚上，蹬地使身体回撤，在此轻轻跳跃之后，右脚和左脚依次落地，在防守队员面前将球拉回，跳起投篮。整个动作过程保持屈膝降低重心。你也可以在右手运球后左脚跨出一步，仅仅左脚蹬地撤回，右脚保持不动作为中枢脚，同时将球拉回跳投。

运球、后撤步、转身接跳投

科比·布莱恩特已经掌握了这项技术动作的精髓。开始部分与前一动作组合相同，右手向前运球，左脚迈出一步，使防守队员以为你要突破上篮，同样，他的身体会向突破路线倾斜，这时以右脚为中枢脚将球拉回，做一个后转身，使身体面对球篮并跳投。

• 第二章　外线技术 •

作为对手的重点盯防对象，特雷西·麦克格雷迪必须要运用多种组合动作以突破防守队员的多重防守。

运球、后撤步接交叉步运球突破

在做后撤步的同时，以右脚为中枢脚将球拉回做交叉步运球，然后突破上篮或跳投。注意一个小细节，即在做交叉步运球之前的一刹那，头部做一个虚晃假动作（但要屈膝降低重心）迫使防守队员伸直双腿，然后做交叉步运球突破。

运球、后撤步接转身运球

在做后撤步的同时将球拉回，以右脚为中枢脚转身，面对球篮，完成一个转身运球后突破上篮或者跳投。

运球、后撤步、交叉步运球接后转身

在这个动作中,做完后撤步后,结合两个动作——交叉步运球和转身运球。同样,总是要根据防守队员的反应作出决定,然后做突破上篮或者跳投。

运球、后撤步、停顿接快速运球

在做完后撤步后稍停顿,并稍抬头直膝从而使防守队员认为你要停下来。当防守队员直起身或稍有松懈时,就用快速有力的运球突破对方,做直线突破或做一个交叉步或后转身运球上篮,也可以直接跳投。

以下为一些其他运球组合技术动作,这些动作全是由变速、变向动作相结合而成:

- 假交叉步运球接交叉步运球。
- 交叉步运球接胯下运球。
- 交叉步运球接运球后转身运球。
- 急停急起运球接交叉步运球。
- 胯下运球后做后转身再接一个交叉步运球。
- 胯下运球接背后运球(两脚平行或前后开立)。
- 两次胯下运球。
- 侧跨步并用同侧手直线快速突破运球。
- 侧向运球接一个交叉步运球或假交叉步运球。
- 曲棍球式运球接交叉步运球。
- 曲棍球式运球接侧跨步运球再接同侧手的向前快速运球或交叉步运球。

所有这些动作技术组合都能以突破上篮或跳投结束。

在复杂境况中投篮

假如,一名队员在球场右翼接到球,并已经突破了防守队员,但是在他用左手朝向罚球区运球时,有两名防守队员——一个在罚球区,另一个从弱侧过来协防,并处于球篮附近。对此有两种可行的上篮方案:

后转身运球

如果第一名在罚球区内的防守队员在罚球区内原地站着并且内侧脚在前,就朝他

运球，做一个后转身运球，再向篮下的第二名防守队员靠近并用内侧肩膀和臀部靠住对方上篮。

先停顿再变速运球

如果第一名防守队员在罚球区内双脚平行站立，运球时停顿一下，用肩膀和头做虚晃动作，然后突然用左手向另一侧快速运球直线向篮下突破。同上，用内侧肩膀和臀部靠住第二名防守队员上篮。

执教要点

- 为了掌握一对一单打技术，需要进行大量的控球练习。例如，先进行原地和移动中控球练习、运一个或同时运两个球练习、运球基本技术练习，然后再进行高级运球技术学习。
- 在运球中不仅要将球推向地面，而且要低的、用力地向地面推球。行进间快速运球一定要比原地运球低。
- 教练员要循序渐进地教授这些动作。首先应专注于最基础、最简单的动作，然后再教组合的、较难的动作。开始时可以不设防守，以中等速度练习，然后用一半的防守压力进行练习，最后在比赛强度的防守下进行练习。但不要着急，一步一步地教授这些技术动作。
- 要让队员学会根据防守队员的反应运用各种技术动作，要学会观察并作出相应的反应，而不是在事先就决定作出何种行动。

第三章　策应技术

卡里姆·阿卜杜尔·贾巴尔（Kareem Abdul-Jabbar）

虽然我掌握着各种有效的进攻手段，但是当我篮球职业生涯的视频片段被展示出来时，那些视频几乎都是对我进行"天钩"投篮动作的特写。球迷们忘了我还是一名优秀的传球手，而且他们也忽略了在我的篮球职业生涯中，曾11次被选为NBA第一或第二最佳防守阵容。

我的成功无疑应归功于我的策应技术，而且这些技能也使许多中锋队员在职业生涯过程中脱颖而出。

但是这些技能并不是那么容易就掌握的。我曾经进行了无数次的苦练才熟练掌握了"天钩"投篮。因此在通往成功的路上，我们会面临无数次失望与困惑，怀疑这种技能是否值得我们付出那些时间和努力。对我来说，很高兴我坚持做到了。

我很幸运地认识到（教练员们也经常提醒我），即使是再有天赋的球员也不能仅凭一项突出的技能就有不俗的表现。从我开始职业生涯直到现在，这一点一直被历史所证明——当今的篮下对抗需要更加全面的技能。

的确，那些大个子球员，像我们所说的中锋和前锋，人们仍然寄希望于他们去干一些如掩护、抢篮板球、封盖投篮和向外线分球之类的蓝领工人做的"体力活"，但越来越多的锋线球员要能够在距离球篮15~20英尺（1英尺=0.3048米。下同）的距离投篮得分，以威胁对方球篮，并且在远离对方球篮时给对方防守施加压力。

事实上，考虑到当今篮球运动的比赛、对抗形式，我建议每一名球员，甚至是后卫和小前锋，都要学习如何打内线并掌握一些策应技术。这不仅使他们具备更全面有效的进攻技术，也使得他们对内线位置打法的各方面更具有深刻理解，从而提高防守的效果（例如，当他们盯防的队员进入限制区时，或者在限制区内队友进行绕前防守和被突破请求协防时）。我曾花费很长时间指导湖人队的中锋安德鲁·拜纳姆练习各种策应技术，由于他的努力使自己得到了很大提高，我特别为其感到骄傲。

掌握策应技术要比学习外线技术所需要的时间更长。对于中锋队员，最重要的就是如何正确地看待努力掌握技术的过程。打策应对队员的要求很高，诸如进取精神、强壮和坚持不懈。因此，队员态度比其身高更为重要。策应队员要做好抢位、限制区内碰撞、实施掩护，以及连续起跳争抢篮板球，在这些过程中，要时刻做好与防守队员猛烈冲撞的心理准备，这是弱者所无法胜任的角色。

策应技术也有助于提高队员的篮球聪慧性。我是指通过学习掌握策应技术可以培养在投篮触及篮筐偏出后，对球的反弹位置作出敏锐的判断、预先判断对手如何做出防守或进攻，并且机动地移动到最有利的位置去接球、做掩护、传球，或防守等方面的能力。

作为一名策应队员每年都要自觉地去练习以掌握新的技能或精练已经掌握的技能。蒂姆·邓肯就是一个很好的例子，尽管他已经4次获得NBA总冠军，两次获NBA最有价值球员称号，但每年夏天他都要学习一项新的面对或背对球篮的技术动作。

打策应所需的基本身体素质（速度、灵敏、耐力、弹跳、协调、强有力的双手，以及强壮的上下肢等）也是策应队员所必须具备的。一个不在状态的策应队员在场上是一只跛足的鸭子，如果不是陷于困境，也一定会在场上很早地现眼。看看奥兰多魔术队的德怀特·霍华德，你就会清楚地明白适合打策应的队员需要什么样的身体条件。

这些身体上的优势，还有前面所提到的一系列技术——从基础的脚步动作到精湛的技术——都是每一名想成功打策应的队员所值得拥有的。本章后面的内容将会对队员们学习和提高主要的策应技术大有帮助。

即使拉尔夫·桑普森身高7英尺4英寸，他发现飞跃勾手投篮仍难以防守。

策应技术的运用原则

在我们深入了解策应技术及对抗之前，首先了解策应技术运用的基本原则。

脚步的运用

策应队员要使自己占据强有力的位置并保持身体平衡。身体平衡在篮下对抗中尤

39

为重要，因为在内线有着更多的身体对抗。保持平衡的最好的办法就是屈膝降低重心，两脚开立略宽于肩。接球时要双脚着地，这样左右脚都可以作为中枢脚，两脚必须尽可能地接触地面以保持身体姿势、向某一方向滑步或投篮。例如，如果队员要想不依靠双脚起跳就强行投篮，那么防守队员会很容易地让其失去平衡。

与防守队员进行身体对抗

一个极其重要的在低策应区要位的方法，就是有效地与防守队员进行身体对抗。当低位中锋到达篮下某一位置时，他必须清楚防守队员在哪里、对方是怎样移动的。因此，必须运用一切可利用的移动技术获得最佳的站位并确定防守队员的位置（例如，当防守队员完全在自己的身后，或者在高位、低位对自己绕前防守时）。

中锋策应队员必须通过接触来感知对方的防守队员。通过接触感知对方的存在并确定对手的位置，根据自己判断到的防守队员的位置采取相应的进攻方式。但臀部、腿和手臂等部位所有的身体对抗都必须在规则规定的范围内合理对抗。同样，中锋队员必须根据防守队员作出反应，并保持自己的姿势2~3秒来为队友提供合适的为自己传球的目标，同时他还必须具有强烈的与防守队员对抗的意识，但要谨记身高和块头对于中锋队员来说并不是最重要的，最重要的是意志和勇气。

接球技术

当接球时机出现时，中锋队员要通过喊"球！"，或者用头或手的移动作出信号要球。这时候他要给传球者一个明确的目标——通常是伸出离防守队员较远的那只手，手臂张开或者弯曲成45°。我建议内中锋不要试图伸直双手或双臂去接球，除非防守队员离你很远，因为伸直双臂接球，防守队员更容易从后面断球或将球打掉。接着中锋队员要根据防守队员的移动不断调整自己的姿势，保持自己有2~3秒的时间去接球。通过身体不断地向3秒区内后退的动作，迫使防守队员在限制区内保持固定的姿势。这种移动要分散防守队员的注意力，然后随时准备从篮下拉出来，在最小的防守压力下接球。

中锋队员的手只要一触到球，另一只手就立即紧紧拍按并用手指紧握住球。一只手在球下，一只手在球上（以防止球被从下面拍掉），前臂在胸前弯曲，肘部朝外与身体成T形。只要一接到球，就立即转头观察限制区内防守队员的确切位置以及是否有队友向限制区内切入。

接传球顺步进攻

每一名教练员都应建议传球队员"传球到距防守队员较远的一侧"，这一准则在给中锋队员传球时已被证实是有效的。中锋队员一接到球，一定要立即从其接球的一侧攻篮，因为正常情况下防守队员在此方向上是留有空当的。只有当该队员意识到此进攻方向被阻断，才应该向相反的方向进攻。在作出任何进攻动作之前，他要查看有没有双人包夹，如果意识到要遭到包夹，就稍作停顿，等待包夹的形成，然后，将球传给因为包夹而获得空位的队友。

洞察防守

无论是球场上的外线队员还是内线队员，必须贯彻"洞察防守"这一有效的原则。中锋队员要洞察防守队员在做什么，然后根据对方的行为作出相应的反应，迫使对方防守出现失误。例如，跳起来做假动作，或者是身体倾斜、或向身体两侧移动。有时候依靠身体力量去攻篮得分是个不错的选择，但是，最出色的中锋队员是利用防守者的错误，而不仅仅是依靠自己的力量与大块头去攻篮得分。

像蒂姆·邓肯那样优秀的内线队员，在洞察防守、作出行动之前会紧紧地将球持握在手中。

快速作出反应

篮球是一项集速度与反应于一体的体育运动。对于防守队员来说，最危险的事情莫过于让中锋队员在篮下持球进攻了。然而，如果该队员在这个位置持球时间过长，就会留给防守队员轮转包夹中锋队员的机会。所以，当中锋队员在合适的位置接到球后，必须在很短的时间内（不超过 3 秒）单"吃"对方，或者传球给外围的同伴，或者传给由于篮下包夹而获得空位和切入内线的队友。

41

做出逼真的假动作

假动作就是声东击西，如果要想骗过对方，中锋队员就必须真实地将动作做出来。正如为了做一个逼真的投篮假动作，就必须将球置于额前上方并两手紧紧控住球，给防守队员一个自己要出手投篮的感觉，并且眼睛要看着篮筐或盯着假装要突破的方向。与此同时，屈膝做好突然投篮或突破的准备。

有些队员做假动作过大或不到位，如中锋队员假动作过大表现在持球时胳膊在前额处过于伸展，这样他的双腿也将是伸直的，因而影响直接出手投篮或向前突破的力量。假动作不到位是指球的晃动幅度不够，因此不足以引起防守队员作出相应的反应。

在身体接触中投篮

如果防守队员在篮下攻方队员的一侧，那么进攻队员要将其内侧腿置于防守队员的双腿之间，并身体倾斜以肩膀与将要起跳或被晃起后刚落下的防守队员胸部发生接触，此时的进攻队员要用外侧手投篮。用身体接触使防守队员定住，从而降低对方封盖投篮的机会，但要注意不要顶肩或用非投篮手推对方。

做一名出色的罚球手

经常被中锋队员忽视的一项很有用的技术就是罚球。所有在球篮附近发出的"砰砰"声和限制区内被裁判员吹出的犯规，使得中锋队员不得不努力使自己成为一名优秀的罚球手。"砍鲨战术"就是一个关于沙奎尔·奥尼尔的典型例子，即防守队员倾向于对像他那样的罚球命中率不高的中锋队员犯规，且这种战术不仅在 NBA 比赛中被运用，而且在各种水平的比赛中都被采用。因此，教练员必须花时间传授正确的罚球技术动作。罚球命中率高于普通水平的中锋队员，如姚明和梅米特·奥库，他们都是球队中靠罚篮得分的好手。

上述中锋策应技术运用的原则，将在下文中锋队员的移动和投篮技术中具体陈述。

摆脱防守

当中锋队员被防守队员单人盯防时，应根据球的位置和防守队员的防守方式摆脱接球。

在强侧低位时

当防守者3/4绕前防守时。中锋队员在要球之前,首先通过两脚和臀部抢位,再利用手臂和双手的动作获得一个稳定的位置。假定他以内侧前臂45°弯曲与地面平行面对传球队员的姿势站位,最简单的接球方法就是用内侧前臂即刻抵住对方,但不能推他,然后,略伸外侧脚并伸出手臂给队友一个传球目标。不过,这种简单的做法不是每一次都能成功。下面是一些当防守者3/4绕前防守时,中锋队员可以运用的技术动作。

• 后转身(面对防守队员)

脚步动作:抬头面对防守队员(或头部向防守者胸部倚靠以制造空间)。将距离中线较近的脚置于防守队员的双脚之间,然后做后转身,转身时跨一大而沉稳的步子迈过防守队员的前脚,然后空出要球的空间,与此同时,"坐"在防守队员的前腿上伸手要球。

手臂动作:后转身时要用双手"定"住对方,使其不能跳起拦截传来的球。双臂举起并弯曲约45°,手掌向上张开。如果防守队员试图伸手越过你的肩膀进行防守时,将一只前臂放在他的肘部下面将其胳膊架起(但不要犯规),用另一只手要球。如果防守队员将胳膊放在你的腋窝与弯曲的肘部下防守时,要把他的手臂按下去,并用另一只手去要球。

• 跨越对手(面对传球队员)

脚步动作:这一动作包括前脚一个小而坚实的迈向中场的假动作,接着跨一大步超越防守队员的前脚,"坐"在对方前腿上,伸手要球。

手臂动作:做假动作的同时,将内侧手臂放在防守队员内侧手臂的前臂上片刻,然后,像游泳时用手划水一样(把胳膊抬高再划下)的动作把防守队员的胳膊按下去,但注意不要因动作过大而被吹犯规,然后伸手要球。

当防守者完全绕前防守时。很多情况下防守队员完全位于中锋队员的前面防守,在这种情况下,有多种摆脱接球的方法。

• 保持要位姿势。如果球在半场的右侧,中锋队员在篮下要球时,首先,使自己的身体与底线平行,其次前腿(离边线最近的那条腿)置于防守队员的两腿之间,用自己的臀部抵住对方的髋部,相应的胳膊45°屈肘置于防守队员的肩上,另一手臂伸直、手掌高举要球。这样运用外侧手臂,就避免了犯规,反之,如果将手放在对方背上,可能会造成为了摆脱而推对方。

• 球的转移。如果防守队员获得了一个好的位置,控球队员不能直接传给内线队友,中锋队员要做出手势信号使队友将球传到球场的弱侧。在这段时间内,他要用身体卡住对方然后在另一侧接球(或接处于罚球区顶部的队友的球)。

要想安全的接球,在之前的动作中,即球在空中飞行和处于防守队员头部上空

图3.1 跨越对手：a. 第一步和第二步；b. 将防守队员的前臂按下去；c. "坐"在防守队员的腿上，伸手要球。

时，保持放松的姿势十分重要，不要提前做出动作。

• 后撤并转身。中锋队员也可以先向后迈出一小步然后转身到防守队员的身前。在转身过程中，要跨一大步超越防守队员的前脚，然后"坐"在防守队员的前腿上。

• 摆脱中的迂回。中锋队员可以采用向限制区中间迈步放弃与防守队员的对抗，然后一旦防守队员重新获得正常防守位置时再恢复对抗，此时有两个选择：如果防守队员用身体感知或面对面防守，他可以绕防守队员做转身；如果防守队员用内侧脚在前的协防姿势防守时，他可以做一个V形切入，即朝着一个方向迈出一步，第二步朝另一个方向迈出。

低位要位接球（内线球员在弱侧低位要位时）

在罚球区的顶部向低策应区传球，或者从高位向低位传球是篮下投篮得分的最有效方式之一。然而，当球在某些位置时中锋队员必须要摆脱防守，且把防守队员挡在身后，这种在篮下摆脱的动作通常称为"篮下要位"。从罚球区的顶部摆脱接球有两种方法，而选择哪一种又取决于防守队员所采取的防守方式。

背对或面对防守者时。 如果防守队员在适当的防守位置时，中锋队员将前脚置于防守队员的双脚之间做一个转身，接着做又快又大且具有攻击性的跨步越过防守队员的前脚，同时对防守队员的前侧手臂做一个类似"划水"的动作。如果防守队员试图用抬高胳膊抢断传球时，中锋队员就要依靠前臂弯曲抵住对方前臂的中部，把防守队员的手臂架起片刻；如果防守队员试图从中锋队员的腋窝下伸手将传球断掉时，要把对方的前臂按下去。

防守者以 3/4 绕前防守时。 当防守队员处于这种位置时，中锋队员可以用前脚虚跨一步来缩小与防守队员之间的距离，然后立即抓住防守队员前臂的手腕，将其按下去并像做"游泳"动作一样将其推到后面，再在防守队员的前脚前攻击性地跨一大步，"坐"在防守队员的前腿上要球。

高位要位接球

如果在罚球区的一角或罚球线上，即在高位落位，中锋队员可以利用在低位时所运用的动作来摆脱接球。当面对防守队员的时候他可以做一个后转身，或者当背对球篮时可以做一个跨步超越对方。

在弱侧低位时：沿底线切入

如果内中锋在球场的弱侧低位距球较远而要切入接球时，同样，他必须要观察防守队员正在做何动作、有何反应。对于中锋来说，从弱侧切入到强侧的关键是在其踏入限制区时，必须迫使防守队员做出某种反应。当他在篮下或离球较近时，如果开始移动就没有足够的空间来反应，从而被迫离开球篮很远去接球。

背对或面对防守者时。 此时中锋队员要将靠近中场线的脚置于防守队员的双腿之间，做一个后转身将其卡在身后，要球。

防守者以 3/4 绕前防守时。 中锋队员做一个 V 形切入，即向一个方向跨一步，然后向另一个方向移动。与此同时，要将防守队员伸展开的双臂按下去，然后跨一大步越过防守队员的前脚。

两次摆脱防守者。在对中锋队员的 V 形切入做出相应的反应后，防守队员可能会由原来的 3/4 绕前对抗型防守变为面对面防守。在这种情况下，中锋队员要采用下述由两个动作组成的组合动作：首先 V 形切入后，防守队员被吸引到了高位，然后用离中场线最近的脚为轴做后转身面对底线，将对方卡在身后，准备接球。

球的转移。如果中锋队员试图切入要球，但被防守队员防得很紧，控球队友不能直接将球交给他，在这种情况下要将球转移到球场的另一侧翼或者另一角。当球在空中飞行的过程中，中锋队员要纵深进入限制区，在篮下用一个横跨步或后转身将防守队员卡在身后，然后伸手要球。

运用掩护

掩护是一种具有攻击性地使一名队友得以摆脱的战术。绝大多数情况下都是一名中锋队员为外线队员做掩护。然而，在这些具有攻击性的战术中，中锋队员也能使自己获得空位机会。

- 横向掩护。在沿底线所做的掩护中，被掩护的队友做出切入动作后，中锋队员可以通过跨步超越防守队员或做后转身卡住防守队员来要球。
- 纵向掩护。当中锋队员以背对己方控球队友向端线方向做出掩护，并在被掩护的队友拆切之后，中锋队员立即做后转身"背"住防守队员获得空位，然后要球。
- 假掩护。除了可以做横向、纵向掩护之外，中锋队员还可以做假掩护。一旦接近队友，他所做的不是为队友掩护，而是自己摆脱防守并要球。

策应与投篮技术

以下介绍的技术动作对于一名中锋队员来说并非一定具备。有些技术对队员能有所帮助，但也可能收效不大。在全队配合中，教练员应该找出这些动作中哪些是中锋队员最有用的技术，鉴于此，拥有全面的技术的确是一种有利条件。中锋队员必须清楚，任何一个动作都不能依靠侥幸完成，他也必须清楚自己会做什么和不会做什么。

以下是中锋队员背对和面对球篮的策应技术。

在低位背对球篮时

中锋队员必须掌握撤步转身。撤步转身的训练越来越不受重视，但它是在篮下背对球篮所做的一切动作的基础，尤其适用于在中—低位时，在高位时同样有用。

根据防守队员的位置，中锋队员可以向底线或限制区中间做一个大幅度的撤步转身。其动作要点是，如果中锋队员在低策应位置，就必须使自己在阻区之上有足够的向底线或限制区中路的移动空间。在整个动作过程中，当球在空中飞行时就开始后撤步，但并不解除与防守队员的身体接触（因为解除身体接触可能会使防守队员断到球）。在后撤步之后与篮板平行站立，这样就给了中锋队员利用篮筐保护投篮的有利时机（强力投篮或暴扣），防止了防守队员在弱侧的协防。

掌握撤步转身技术最好的球员是凯文·麦克海尔，他是20世纪80年代波士顿凯尔特人队的中锋。麦克海尔除了拥有优秀的撤步转身技术外，还拥有一套全面的基于防守队员的反应与其进行对抗的技能。当传给他的球还在空中飞行的时候，他就会用后撤步技术"钩"住防守队员的后脚。当今的球员可以通过观看麦克海尔当时的移动步法录像学到很多中锋策应技术。

凯文·麦克海尔并不是身材最高的中锋队员，但是他长长的手臂和灵活的移动技术常使防守者防不胜防。防守者米卡尔·汤普森只有靠勾住他才得以限制其发挥。

向底线做撤步转身

在做完撤步转身后，中锋队员要基于防守队员的反应做出移动和投篮动作。

防守队员在中锋队员高侧防守——运一下球投篮或直接投篮。 假设球在球场侧翼，中锋队员在强侧中位或低位，而且已经通过用两臂弯曲45°挤靠在对方胸前或胳膊肘上，将防守队员卡在高侧（距中场线较近那侧）。

当球在空中飞行时，中锋队员用靠近底线的那只脚做一个较长的后撤步，脚尖尽可能地指向底线，脚跟先着地，然后脚掌着地。这一步实际上是用自己的后脚"钩"住了防守队员的后脚，然后前脚转到底线，并转动身体与篮板平行。这一动作以大力灌篮或投篮结束。做后撤步转身时，臀部一定要挡住防守队员，使自己的身体处于球篮和防守队员之间，使得防守队员不能回防。

根据与球篮之间的距离，这一动作可以在运一下球后完成。在这种情况下，中锋队员要在双腿之间运球并用身体护球，以避免防守队员回防。运球时要用力将球推向地面，同时屈膝，全力跳向球篮。需要注意的是，如果在后撤步之后，中锋队员将防守队员甩在身后强行投篮，万不可在头上伸直两臂、身体直直地投篮，而是要让躯干和两臂向前倾斜，以免遭到防守队员从身后封盖。

防守队员在身后时，向中路做假动作，强行运球后投篮。 在这种情形下，中锋队员已经持球且将防守队员卡在身后，处于自己和球篮之间。此时他应用双手紧紧抓住球，肘部朝外，头扭向限制区内观察防守队员的位置，以及是否有机会传球给切入的队友。然后将球举向外侧肩部（靠近中场线的那侧肩），转头朝向限制区给防守队员一个想要向中路进攻的感觉。只要防守队员对假动作做出反应或者向假动作的方向移动，中锋队员就做一个朝向底线的后撤步，"钩"住防守队员的后脚并卡住对方，做后撤步脚的脚尖要指向球篮，同时做一个强而有力的运球，强行投篮或扣篮。

防守队员在底线回防。 如果在中锋队员做完朝向底线的后撤步后，防守队员回防到底线并封住向篮下进攻的路线，就做前转身，向限制区的中路移动，在稍运球后，进行跳起勾手投篮、原地勾手投篮、跳投或虚晃后运球突破上篮。让我们来看一下这些动作：

• 跳起勾手投篮。在做完底线后撤步转身后，中锋队员用同一只脚向限制区跨进一步，运一次球（通常是靠近身体运球），脚尖指向边线，然后，双脚起跳，进行跳起勾手投篮。投篮时要使球在远离防守队员一侧的头部上方，用自己另一只手的前臂和肩部保护球，当球在头上方时，用手腕轻抛将球投出。当在限制区内做脚步动作和运球时，必须屈膝保持低重心，如果腿是直的或没有充分弯曲时，就会失去爆发力和力量，防守者就会很容易地将其撞开或推开。落地的瞬间立即准备争抢篮板球。

• 原地勾手投篮。如果有足够的空间就可以选择原地勾手投篮。虽然现在很少有队员使用这个动作，但这个动作几乎是防不住的，甚至高大强壮的防守者也不行。用这种方式投篮你可以运球也可以不运球，但前脚的脚尖必须尽可能地指向球篮。当开始用前脚发力时，将球移动到外侧手上，在稍高于投篮侧肩的上方开始勾手投篮，并使相应的腿屈膝抬起。非投篮手应弯曲约45°并指向球篮，将球举起在肩部高度将球投出。当投篮手在头上伸展时，球由手腕手指轻柔地投出，在做投篮动作时手指应指向篮圈正中央。

需要牢记的是，当你转身准备投篮时要提前转头看着篮筐，这样有助于确定防守队员的位置并集中注意力于篮筐。同样，如果抬高腿的那只脚朝着球篮，你就会自动向着那个方向移动；如果是朝着另一个方向，那么身体移动就会偏离篮筐，这样会出现两种负面的影响，一是球离篮筐更远，加大了投篮的难度；二是投篮后因身体距离球篮更远而影响到抢篮板球。

• 跳投。如果进攻队员正对篮筐，身体保持平衡并且有足够的空间，若与防守队员之间的距离足够使自己安全跳投就可以进行跳投。

• 投篮假动作后运球上篮。如果防守队员在篮下完全占据了位置并做好封盖投篮的准备，中锋队员可以做投篮假动作，用双手持球向上略高于前额，屈膝看着篮筐似乎要准备投篮（图3.2a）。只要防守队员一跳起来，中锋队员就用外侧脚（距中场最近的那只脚）做一个大而稳的跨步超越防守队员，同时将球从一侧耳旁移动到另一侧耳旁（图3.2b），此时，不能将球移动到胸前，因为没有空间使他这么做，而且这样会浪费时间。然后在防守队员的身体下投篮（图3.2c）。当做跨步超越对方时，中锋队员要扭转身体使其尽可能灵巧，以便更容易、更快地超越防守队员。

图3.2 假动作后攻篮包括以下技术环节：a. 假动作投篮；b. 在防守队员张起的双臂下跨一大步；c. 上篮。

以安德鲁·拜纳姆的身高、灵敏和力量素质，如果其持续努力提高要位、脚步移动等一系列技能的话，他将会成为一名极为出色的NBA中锋。

向中路做撤步转身

防守者在低位——运一下球投篮或直接投篮。 一旦中锋队员将对手卡在低位，他就要在端线向中路做一个撤步转身（运用向端线做后撤步转身同样的技术动作），然后可以接如下动作，即大力扣篮、强行投空心篮、跳起勾手投篮、原地勾手投篮、跳投或者做假动作后突破上篮。

防守者重新获得防守位置——向底线做后撤步，运球后投篮。 如果防守队员向上移动并封住向中路做后撤步的路线，中锋队员则先向中路做后撤步后，以靠近底线的脚为中枢脚转身，运一下球（在体前运球以保护球）后跳起投篮或投空心篮。

转　身

如果中锋队员被其身后的防守队员用前臂推，一个不错的选择就是迅速转身绕过防守队员后立即投篮，此时最好不要运球。大多数转身是转向底线但也可以向中路转身。这个动作的关键是重心要低，并以距底线或中线最近的脚为中枢脚，脚跟转动，脚尖指向球篮，另一只脚则跨一大步。要避免防守队员从身后触球或拍到球，在整个转身过程中保持球在身体中部、胸前的高度。火箭队的奥拉朱旺做这个动作是最好的，他有着出色的脚步动作、敏捷和速度。

高位背对球篮

高位给予了中锋队员跳投，以及将球传给成功摆脱对手切入的队友的机会。处于高位的队员同样可以在三分线附近为后卫队员做掩护，挡拆战术在这部分也是应该掌握的（例如，在距篮 4~5 米的距离攻篮或跳投）。

当中锋队员背对球篮接球后，因为距球篮较远，基本上有两种可供选择的迅即反应方案，即后撤步突破和转身后突破。

撤步转身后突破。动作方法和前面描述的一样，向篮下大而快地跨一步，运一次球后空心投篮，用单脚或双脚起跳投篮或大力扣篮。

转身后突破。在一侧做假动作后转身，或接球后直接转身，转身后不运球投篮或用力地运一次球后投篮。

在动作过程中要确保限制区有空间做这些动作，因为这些动作是如此之快，以至于如果一名防守队员在限制区内就很难有机会（或没有机会）改变动作。

正对球篮的移动和投篮

中锋队员必须能够面对球篮并掌握一些基本的面对篮筐的移动和投篮。出色的控球技术是有效实施这些动作的基础，不论是在低位还是高位，中锋队员必须做前转身或后转身来面对篮筐，只有面对篮筐才能观察防守队员的位置并决定作出何种动作来攻篮。

低位前转身

面对球篮可以向限制区中路或底线做前转身。一旦是背向球篮接球，并且防守队员完全位于背后防守，而且没有机会做后撤步或原地转身时，中锋队员首先要创造与防守队员之间的空间。这么做就要有一个漂亮的持球假动作，如果想要移动到底线或限制区中路，就要将球摆动到距中场线较近的肩的上部。与此同时，转过头盯着防守队员的两脚，以误导对方要向某个方向移动。转身时以距底线较近的脚为中枢脚，脚跟先着地，紧接着迅速转身面对篮筐。在整个前转身过程中，必须屈膝降低重心，手腕弯曲在体侧胸部持球，头部几乎与地面保持垂直，眼睛注视篮筐。如果头向前伸的话，身体也会随之前移，从而影响身体平衡。要想动作做得更快，就要在做持球假动作时开始前转身，使自己离球篮更近。

• **跳投**。如果防守队员对假动作做出预期反应，并留有中锋队员所需要的足够空间，最简单的投篮方式就是跳投。转身时，保持屈膝，在额前上方持球，投篮手在球后弯曲，做好投篮姿势。保持两脚朝向篮筐以保持平衡，立即跳起投篮，如果前转身到底线时可以擦板投篮。

• 投篮假动作后运球上篮。如果防守队员回防，并处于中锋队员和球篮之间准备封盖投篮，中锋队员就可以做投篮假动作后运球上篮，即朝限制区内跨足够大的一步超越防守队员，如果是在球场右侧则用左手上篮，如果是在球场左侧则用右手上篮。

• 后转身投篮。以常用的头部和球假动作开始做前转身，当防守队员上前防守并靠近进攻移动路线时，就朝着相反的方向做后转身，然后勾手投篮。

低位后转身

在 NBA 里，防守队员通常是站在中锋队员和球篮之间，并试图用前臂抵住中锋队员的后背或髋部以将其推出限制区。在这种情况下，将自己的背部转至与底线平行，内侧臂（距离限制区最近的那只臂）弯曲成 45° 抵住防守队员的胸部，用另一只手要球。接球后用距离防守队员较远的脚为中枢脚转身，与防守队员拉开空间，面对球篮，其间脚跟要先着地，并准备好移动，前脚掌发力进行突破或跳投。在整个后转身过程中保持屈膝降低重心，手腕弯曲在体侧胸部高度持球，头部几乎与地面垂直以保持身体平衡，眼睛盯着篮筐，如果头朝前伸，则身体也会向前移，导致失去平衡。

就像本章开始所谈及的，尤其是当中锋队员面对球篮时，他必须有能力进行三种运球，即交叉步运球、转身运球和后撤步运球。但一定要注意在投篮前的进攻中不要运球过多（不超过两下）。当面对球篮时，中锋队员有许多投篮的选择：

• 跳投。如果中锋队员做完后转身后，防守队员采用后退来防止其突破，那么他们之间就有足够的空间，此时就应跳投。投篮时要将球高高举起，在这种情形下，投篮假动作通常对投篮十分有利。

• 投篮假动作后运球上篮。如果做完后转身后，防守队员仍然在中锋队员和球篮之间并试图封盖投篮，那就做一个投篮假动作后运球上篮(运用前面讲述的技术)。

• 挥摆球假动作后突破。如果在底线防守队员留有可向篮下突破的空间，或位于限制区的中路时，将球在膝部高度从身体的一侧挥摆到另一侧，然后利用球所在的对侧脚，跨一大步来超越防守队员的髋部。运球时及时放球以防止走步，非运球手在髋关节高度弯曲以保护球，最后大力扣篮或强行投篮。

• 交叉步运球。如果防守队员没有留下可直接突破到篮下的空间并一只脚在前时，运球的同时做一个交叉步，然后在膝关节部位迅速将球从身体一侧换到另一侧，跨一步超越防守队员的前脚向篮下突破。要使非中枢脚的脚尖朝向篮筐，如果朝向其他方向，身体也会朝向那个方向而不是朝向篮筐移动。非运球手要在防守队员的髋部高度弯曲以保护球。

• 突破接转身运球。如果在第一次突破后遭遇防守队员回防并切断从底线或限制区中路直接向篮下突破的路线时，就做转身运球（也称后转身运球）并向另一个方向突破。在转身运球时，球速要非常快以使球能迅速地从地面弹回，然后快速拿球投篮。

• 突破、后撤步运球接投篮或交叉步运球。做这个组合动作前必须要掌握后撤步。如果直线向篮下突破被防守队员防下时，就要做一个后撤步运球来创造空间，然后进行投篮或做交叉步运球向篮下突破。为了做好后撤步，要用中枢脚的蹬地力量向后跳，同时用同一只手将球拉回。

• 西格玛式跳投。这个动作是以杰克·西格玛命名的，他于20世纪七八十年代在超音速队和雄鹿队时曾7次入选全明星阵容的中锋。在背对球篮接球后，在额前上方持球，然后用任意一只脚作为中枢脚，向前跨一步，转身面对球篮，同时将球举过头顶跳起投篮。事实上这样的投篮是封盖不住的，因为球被高高地举起并且在球出手前看起来似乎是在头后。很多球队对此手足无措，甚至有时让后卫放松外线的防守以试图从其身后将球拍下，但是这些举措都收效甚微。

高位前转身和后转身

从高位进攻时，中锋队员可以使用很多之前所叙低位面对球篮所做的前转身或后转身投篮技术。

• 前转身接跳投。一旦中锋队员接球，或在两侧做假动作后，防守队员留有可以立即做前转身的空间时，就可以做前转身后跳投。

• 前转身接假动作突破上篮。这与之前所述的低位动作一样，但在这里似乎向球篮运一下球很有必要。

• 挥摆球接运球突破。这个技术动作和在低位时一样，但在这里运球动作和脚步一定要更大，因为此时中锋队员距离球篮比防守队员更远。

• 交叉步运球。当防守队员封堵中锋队员向篮下突破的路线时，就要挥摆球虚晃然后做一个交叉步运球来超越防守队员。由于与球篮之间距离的缘故，位于高位的中锋队员只能向球篮运一下球，以避免遭遇另一名防守队员协防。

附加技术

之所以称为附加技术，是因为队员们只有充分提高自己的身体控制、脚步动作和控球技能，才能练习和使用这些技术动作。

跳步急停。跳步急停通常在诸如撤步、投篮假动作后运球突破，或转身后使用的高位（无论是面对还是背对球篮）动作，中锋队员一定要在跳起的瞬间持球。当他在限制区内开始做上述动作之一时，看到防守队员拦在自己攻篮的路线上，就可以用双手抓球，一脚反向蹬地，使身体侧向移动，另一只脚跳步并用力着地于投篮线的对面，这样就远离防守队员并在其对面。中锋队员可根据防守队员的位置进行跳投、强行投篮、跳起勾手、做假动作后投篮、投篮假动作后运球突破或其他有把握完成的动作。

强行滑步。这个动作需要队友拉空低位，使得中锋队员有空间面向底线或限制区中路单打，而不会遭遇双人包夹。只要一接到球，就用自己的内侧肩靠住防守队员的胸部，与此同时向限制区做强行滑步运球，用离防守队员远端的手大力运球迫使对方向限制区内后退。在一下（最多两下）运球后与防守队员进行身体对抗（不要推人或冲撞）挤开空间后投篮。如果防守队员重点防守强侧，可以使用我们已经讲过的任何一种技术动作和投篮方法。例如，后撤步接强行投篮、跳起或原地勾手投篮。开始做动作时中锋队员的背部通常与底线平行，在中锋队员比防守队员更高大或更强壮时这样做会带来极大优势，如果不这样做，他的动作将会被高大强壮的对手通过猛烈的推挤而失去攻击力。

策应技术的教与学

当我还是职业球员的时候，教练员的工作很轻松，因为队员们在训练过程中都很用心，就像渴望知识的学生听教授讲课一样。而如今由于队员们未经苦练就上场比赛，并且在比赛中总是难以集中注意力，教练员需要说服队员们，告诉他们自己所传授的知识与指导的内容将有助于提升他们的技能和场上表现，以此来使队员们在训练时做到全身心地投入。当队员们看到所学的技能使自己提高时，他们就会更加信任和尊敬自己的教练员。

要强化这些观点，教练员如果能找出一些视频来证明这么做会收到成效时，对于自己的执教则很有帮助。教练员可以给队员们看一看他们在学习与提高之前在球场上的表现，然后用最近的视频片段突出说明他们在具体技战术方面的明显提高。教练员必须要肯定和强化队员们所做的正确方面。

年轻的中锋队员往往比场上其他队员稍高（有时高很多），但却缺乏信心，对是否能打败周围的对手没有把握，这会对他们产生消极影响。所以，执教身材高大的队员时，与队员的关系要开明、积极友善以便纠正他们的错误，但首要的是要强调队员们所取得的进步和正确的行为，这样可以促进与激励他们努力训练，发掘自己的潜力。

在本章开头我就谈到中锋队员要想取得成长和提高需要付出大量时间和精力。确实，在这里没有足够的篇幅让我一一说出，一名中锋队员要在球场上有所作为所需要付出的全部努力。例如，这部分未涉及中锋队员要想成功地拼抢篮板球需要如何做出判断、练就何种技能等。但这并不意味着抢篮板球对于一名优秀的中锋队员来说不重要，请在其他的策应技术学习资源里找一找这方面相关的信息。

在本章结束前，我希望无论是教练员还是运动员都要特别重视一点，即要有耐心。大多数中锋队员提高成绩所需要的时间要比其他队员长，而且由于身高的缘故，他们的协调能力可能会在较长时间内跟不上，但不要冒进，一点点地提高。首先教他们正确的步法，因为这是取得所有进步的基础，然后由于中锋队员通常是在一个限定的拥挤的空间内移动，因此掌握获取空位的能力是相当重要的。我称这个阶段为学习策应技术的缓慢爬行阶段。

当摆脱防守获得空位已经不是什么难事时，就可以学习初级的内线动作了，例如，撤步转身、前转身和后转身。要勤奋地去练习面对和背对球篮的基本投篮动作，要练习强有力的移动技术、跳投、勾手投篮和投篮假动作后运球上篮，这个阶段可称为学习策应技术的行走阶段。

最后，当中锋队员已经熟练掌握了成功打内线的脚步动作、获得空位技术、基本带球移动技术和投篮技术时，就要学习更有难度的动作并改善已学会的动作。反跑、高级移动、传球和掌握迂回移动是中锋队员成长的跑步阶段。

如果教练员和运动员都去按照这种方式不断挑战策应技术的高峰，则每个人都会受益。尽管其他位置一样非常重要，但每一支有夺冠实力的球队如果都有卓越的或起码很有能力的中锋队员，那么在下一次投篮得分时一定要将这一点牢记在心。

第四章 掩护和掩护战术

菲尔·约翰逊（Phil Johnson）

掩护（也称之为挡拆配合）是进攻战术中必不可少的内容，因为如果进攻队员合理运用所有可用的掩护配合的话，防守队员几乎是难以防守的。任何一名教练员都要讲授并训练所有的队员如何根据防守者的反应去做掩护和利用掩护。

在我的职业生涯中很幸运与一些篮球史上最好的掩护组合合作过，包括著名的约翰·斯托克顿和卡尔·马龙组合。现在，我很高兴能够执教最出色的掩护组合之一：德隆·威廉姆斯和卡洛斯·布泽尔。看着这些队员掌握着如此精湛的技术、对搭档的行动有着如此敏锐的意识、能够在瞬间根据防守队员的企图堵截调整行动等，是我在执教过程中最欣慰的事情之一。

掩护的原则——挡住对手使其不能盯防自己所防守的队员——这是很容易理解的。然而，要学会如何在球场的不同位置以多样的方式，并且在对手是一名很精明、优秀的防守队员时有效地实施掩护

卡尔·马龙为队友约翰·斯托克顿设置了一个教科书式的掩护。在他俩的职业生涯中进行过多次此类的配合。

是很困难的。

掩护的基本原则

让我们以简便易懂甚至没有经验的队员经过合理指导也可以掌握的技术开始。有球掩护，即一个队员为一个控球的队友做掩护，这是学习掩护的入门选择。在这种情况下，我们来看有关做掩护和被掩护的原则。

掩护原则

- 观察控球队友，选择最佳时间做掩护。
- 在合适的角度以稳定的姿势（宽而低）为控球队员建立一个有效的掩护来对抗防守。
- 在掩护完成后，转身面对球为控球队员建立一个传球目标。

合适的角度是首要的，因为掩护的角度直接影响防守队员能否破坏掩护。按惯例讲，尽量以与对手成90°角来做掩护，这样就在防守队员盯防被掩护队员时，留给防守队员一个最宽大的屏障。

被掩护原则

- 观察掩护队员，保持静止或移动帮助掩护队员进行高质量掩护。
- 充分利用掩护的角度和位置——获得空位投篮机会或向篮下突破的机会。
- 观察防守。是防守队员将球拦下还是其被掩护拦住了、是不是本来防守掩护队员的对手帮助队友来换防了，无论是什么情况，都要注意防守队员的反应并相应地做出行动。

在接受掩护时，不要在掩护做好之前就移动，也不

德隆·威廉姆斯利用队友卡洛斯·布泽尔的掩护分球给他来投篮。

要全速利用掩护摆脱。有时候被掩护队员能利用速度摆脱对手，但在很多时候要观察防守情况，利用步速的变化，向着与防守队员相反的方向移动才是利用掩护的最好方法。

通常利用掩护的控球队员会遭到协防队员的协防，或遭遇掩护后迅速回防上来的原防守队员封堵，在这样的情况下，空位投篮或突破已经不大可能，所以这时候控球队员就变成了传球者。

传球原则

- 观察全场和队友，并要特别觉察掩护队员的状态。
- 观察遭到掩护战术的防守队员做何反应。
- 传球要远离防守队员，做到巧妙、干净利落。
- 如果需要的话传高吊球。

解读防守

我们需要深入地探析有效实施掩护战术所需要的战术决定和行动。篮球比赛中由于攻防的节奏、队员间的配合、运用的防守策略和其他因素的发展而瞬息万变。因此，进攻队员必须不断地分析球场上的形势，然后根据实际情况选择战术。

这就是当你要决定如何根据防守队员在场上的位置和行动来最好地设置和利用掩护战术。敏锐的临场判断意识和接下来合理地、相应地移动将会大大地增加掩护成功的机会。

被掩护队员须知

设置掩护，然后根据防守队员对掩护做出的反应去行动，常常未得到充分的重视。让我们来看几个利用掩护的例子：

绕切。如果防守队员追防，被掩护队员就从掩护队员身后绕切或绕圈，然后切向篮下接球（图4.1）。切入时要尽量贴近掩护队员（与其擦肩而过）以避免防守队员有机会挤过掩护。

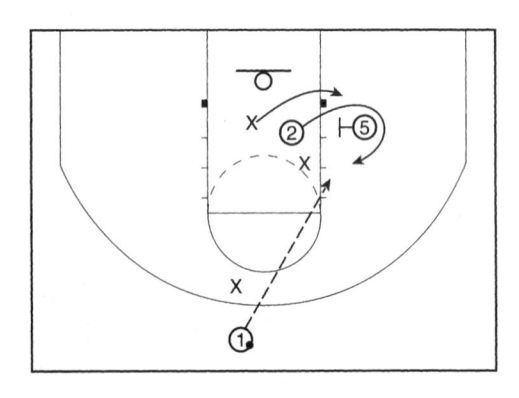

图4.1 如果防守队员追防，被掩护队员就从掩护队员身后绕切。

第四章 掩护和掩护战术

绕切后摆脱。如果被掩护队员贴掩护队员绕切时遭到原防守者追防，而掩护队员看到自己的防守者离开自己去协防时（图4.2），就迅速向篮下切入（摆脱）接队友传球。

用手去推掩护者的后背或髋部后拉出。如果在围着掩护队员绕切时，被掩护队员看到原防守队员要绕过掩护击破自己时（图4.3），掩护队员就通过撤步转身来调整原地掩护，被掩护队员就通过用手去推掩护者的后背或臀部，并跨一步或迅速拉到外线，以此避开防守队员。

用手去推掩护者的后背或髋部后摆脱。如果被掩护队员利用去推掩护者的后背或髋部拉出接到球，掩护队员的防守者突然出来（也称做出现或堵截）防守被掩护队员（图4.4），掩护队员⑤就快速溜向篮下接被掩护队员的传球。

掩护队员须知

在所有的掩护中，掩护队员无论是转身切向篮下、拉向外线，还是向着与被掩护队员移动方向相反的方向移动，都必须要为给自己传球的控球队友创造机会。因此，在观察自己和队友的防守者的同时，掩护队员必须要观察被掩护队员的反应，依照他的行动采取相应的行动。一般来讲，掩护队员移动的方向应该是与被掩护队员的移动方向相反。例如，被掩护队员向底线移动，掩护队员就要向反方向的高位移动。以下是在不同的无球、有球掩护类型中，掩护队员应该如何移动。

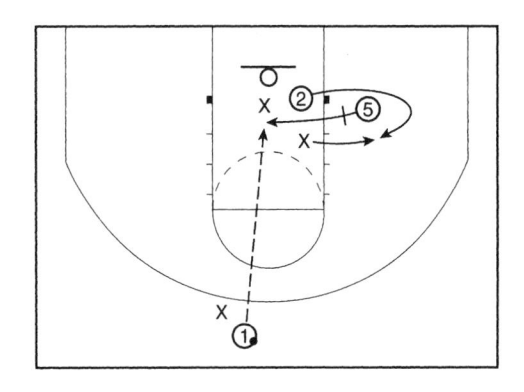

图4.2 如果掩护队员的防守者对绕切进行协防，掩护队员⑤就溜向篮下。

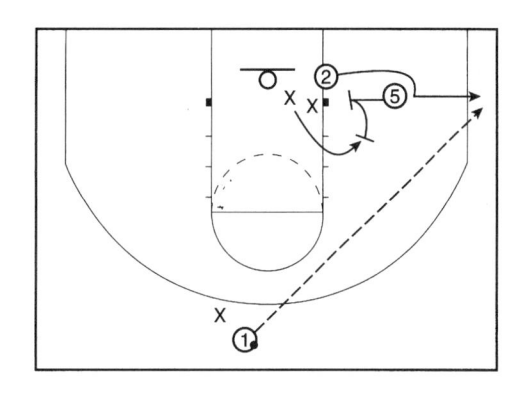

图4.3 如果防守队员绕过掩护进行防守，被掩护队员通过用手去推掩护者的后背或臀部后迅速拉到外线。

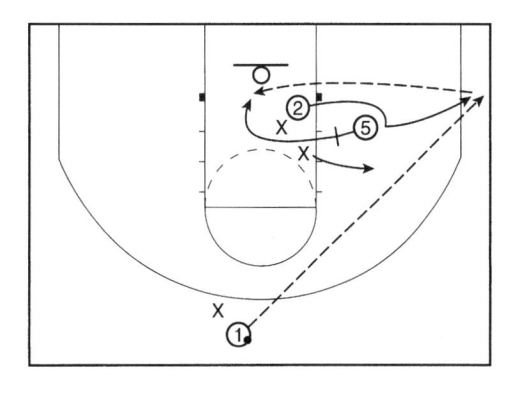

图4.4 如果掩护队员的防守者突然上前封堵被掩护队员的移动路线，掩护队员就溜向篮下接被掩护队员的传球。

掩护的形式

如何恰当的选择掩护取决于队员在场上的位置和参与进攻队员的人数。有四种掩护可供选择：无球掩护、有球掩护、高位摆脱掩护和特殊掩护。

无球掩护

这些掩护涉及到三名进攻队员，即传球队员、掩护队员和被掩护队员。

背后掩护

这种掩护也称为隐蔽性掩护，因为掩护队员从防守队员的后面进行掩护，对方根本不知道有掩护的存在。以下为被掩护队员根据防守队员的反应可选择的后掩护类型：

- 如果掩护队员⑤为队友②掩护成功时，控球队员①就为被掩护队员②高吊传球（图4.5），同时⑤向控球队员移动。
- 如果防守队员在做掩护时向高位移动（图4.6），被掩护队员就向低位切入，同时掩护队员在做完掩护后快速向外线拉出。
- 如果在做掩护过程中防守队员向低位移动（图4.7），被掩护队员就从掩护的上面切入，同时掩护队员做完掩护后快速向外线拉出。

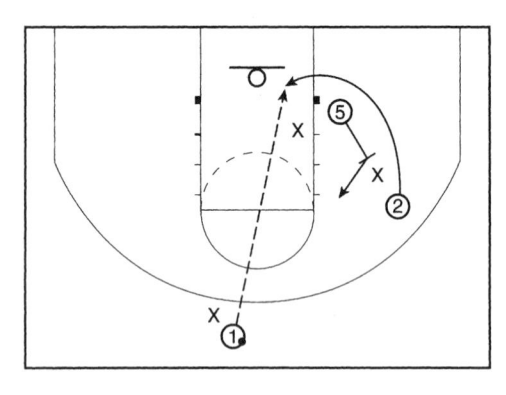

图4.5 如果掩护成功，被掩护队员就切入到篮下接高吊传球。

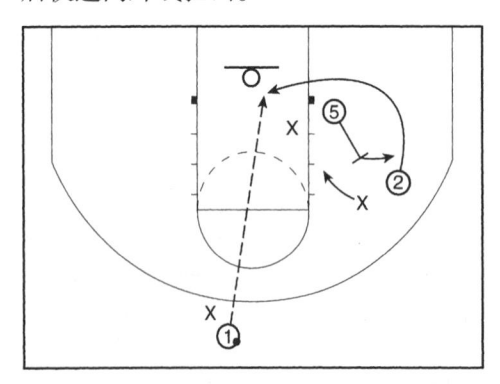

图4.6 如果防守队员向高位移动，被掩护队员就向低位切入。

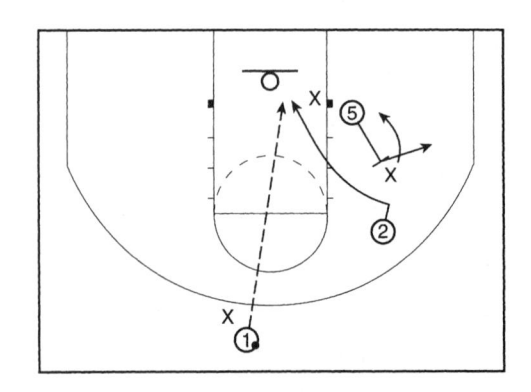

图4.7 如果防守队员向低位移动，被掩护队员就从掩护的上面切入。

- 如果防守队员提前封住了切入路线（图4.8），被掩护队员就用手去推掩护者的后背或髋部后突然向外拉出，同时掩护队员转身切向篮下。
- 如果控球队员不能直接将球传给被掩护队员（图4.9），掩护队员就突然拉开接球，再传给在篮下做策应的被掩护队员。

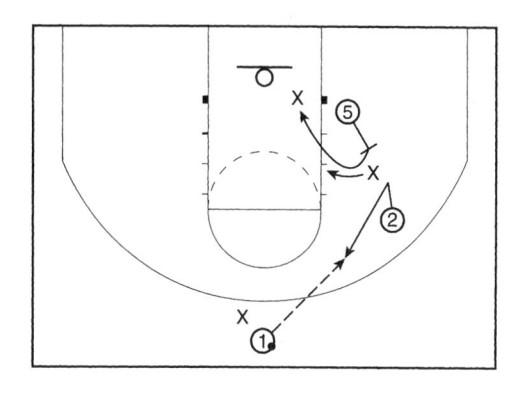

图4.8 如果防守队员提前封堵被掩护队员的切入路线，被掩护队员就用手去推掩护者的后背或髋部后快速向外拉出。

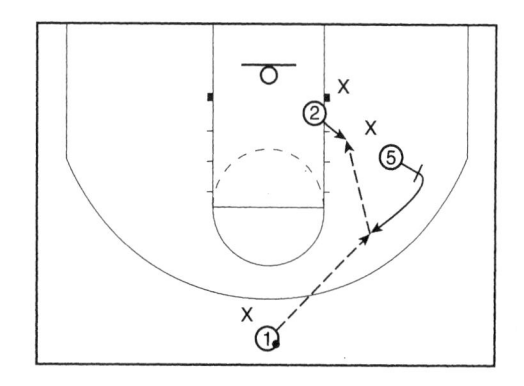

图4.9 如果被掩护队员不能接传球，掩护队员就快速拉到外线接球，再传给在篮下做策应的被掩护队员。

向下掩护

这种掩护是在端线附近进行的。接受掩护的队员待时机成熟时利用跑动将防守队员带入掩护战术。下面是根据防守队员的反应所运用的进攻选择：

- 如果防守队员追防被掩护队员（图4.10），被掩护队员就围掩护队员绕切，而掩护队员则快速向底角拉出。
- 如果防守队员提前封堵被掩护队员的切入路线（图4.11），被掩护队员就从掩护队员的后面切入篮下，同时掩护队员向高位移动。

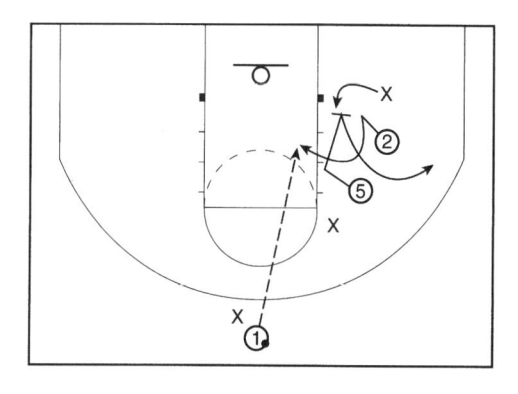

图4.10 如果防守队员追防，被掩护队员就绕切，掩护队员快速拉向底角。

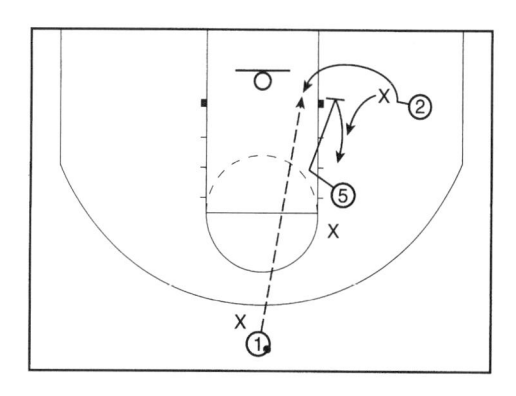

图4.11 如果防守队员提前对切入进行封堵，被掩护队员就从掩护队员的后面切入，同时掩护队员向高位移动。

- 如果防守队员移动到掩护队员的下面（图 4.12），被掩护队员就快速向底角拉出，同时掩护队员切入限制区。

横向外撤掩护

当持球队员位于罚球线的延长线上时，外中锋就可以背对边线站立为队友做侧掩护。下面例举几种横向外撤掩护策略以应对防守队员的反应：

- 如果防守队员移动到掩护队员的后面，被掩护队员就利用掩护横向拉出（图 4.13），同时掩护队员切向篮下。
- 如果防守队员提前堵截被掩护队员的切入路线（图 4.14），被掩护队员就直接切到篮下，同时掩护队员快速向外拉出。
- 如果防守队员移动到掩护队员上面（图 4.15），被掩护队员就绕开掩护队员切入限制区，同时掩护队员快速向外拉出。

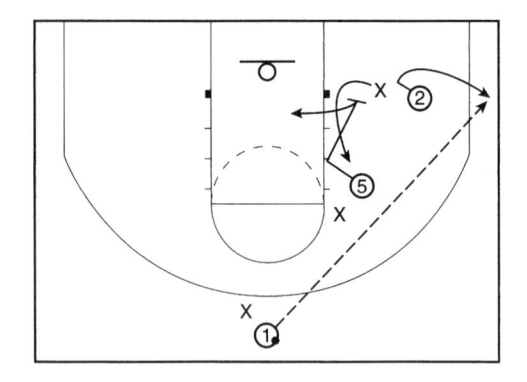

图 4.12　如果防守队员移动到掩护队员的下面，被掩护队员就用手去推掩护者的后背或臀部并快速拉到外线，同时掩护队员切入限制区。

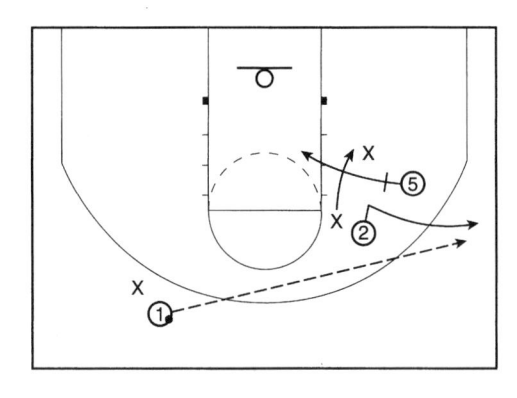

图 4.13　如果防守队员移动到掩护队员的后面，被掩护队员就横向拉出，同时掩护队员向篮下切入。

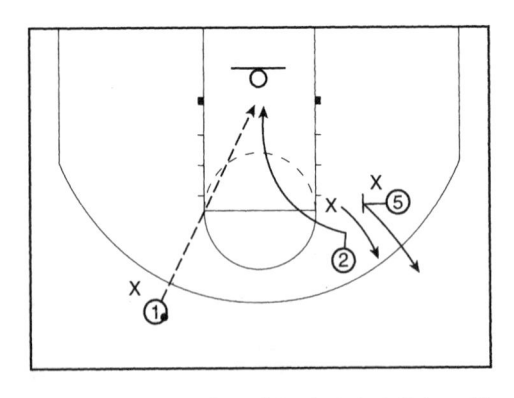

图 4.14　如果防守队员提前封堵被掩护队员的切入路线，被掩护队员就直接向篮下切入，同时掩护队员快速向外拉出。

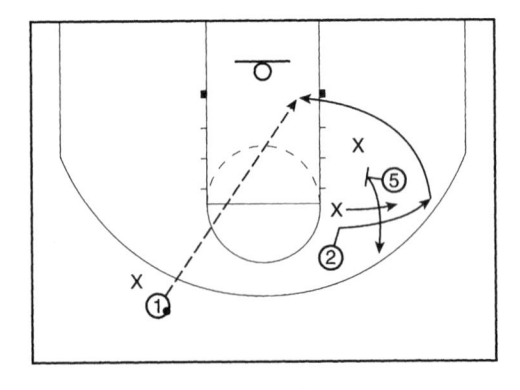

图 4.15　如果防守队员移动到掩护队员上面，被掩护队员就绕开掩护并切入限制区，同时掩护队员快速向外拉出。

交叉掩护

交叉掩护是由两名队员在限制区两侧给防守队员设置阻碍。下面是一些根据防守队员的反应所做的交叉掩护：

- 如果防守队员移动到掩护队员的下面（图4.16），被掩护队员就向高位绕掩护队员切入，同时掩护队员朝向与被掩护队员相反的方向移动，拉开空当接球。
- 如果防守队员移动到掩护队员的上面（图4.17），被掩护队员就沿着底线在低位摆脱，同时掩护队员朝着与被掩护队员相反方向的高位移动，拉开空当接球。
- 如果防守队员提前封堵切入路线（图4.18），被掩护队员就停在篮下准备接队友的高吊传球，同时掩护队员朝与被掩护队员相反的方向移动，拉开空当准备接球。

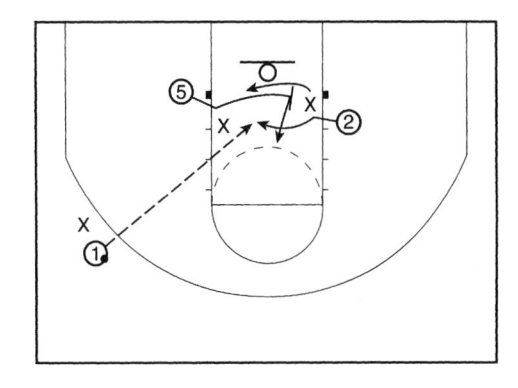

图4.16 如果防守队员移动到掩护队员的下面，被掩护队员就切向高位，同时掩护队员向相反方向移动。

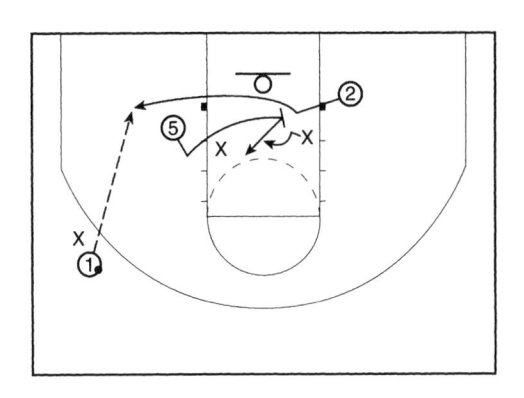

图4.17 如果防守队员移动到掩护队员的上面，被掩护队员就向低位切入，而掩护队员就从相反的方向移向高位。

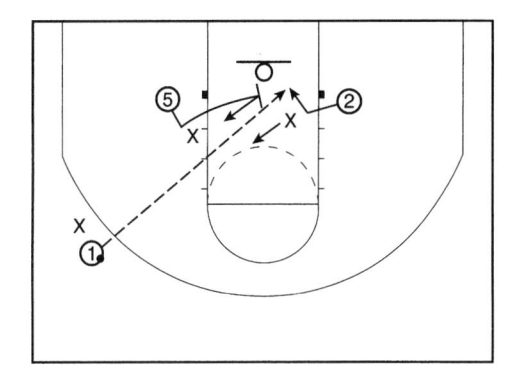

图4.18 如果防守队员提前封堵切入路线，被掩护队员就在球篮附近停住接高吊传球，同时掩护队员向着相反的方向移动。

折区掩护

我们之所以称这种掩护为折区掩护，是因为它是由折区进攻开始的。从根本上说，折区掩护其实就是沿着底线做的后掩护（图4.19）。掩护与被掩护队员的观察与

63

抉择通常根据防守队员的反应而定，就像前面所提到的后掩护一样，只是这里的掩护是沿着底线设置的。

底角卡位掩护

这种掩护是一名位于球场中策应区的队员为一名在底角的队友做的掩护。掩护队员与被掩护队员的观察与抉择通常是根据防守队员的反应而定的，就像前面所提到的掩护一样，只是这种掩护是在球场底角完成。

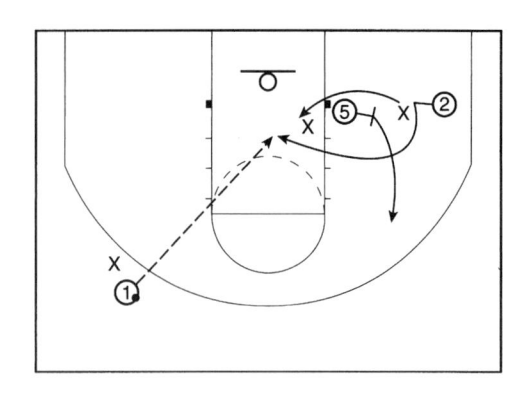

图 4.19 折区掩护就是沿底线做的后掩护。

有球掩护

这些掩护直接涉及到两名队员，即控球队员和掩护队员。

侧掩护

掩护队员在做掩护时面对或背对边线称为侧掩护。下面是一些侧掩护的例子：

• 如果控球队员的防守者追防时（图 4.21），控球队员就绕掩护队员并在其上面突破，同时掩护队员转身切向篮下。

• 如果运球队员的防守者移动到掩护队员的下面（图 4.22），控球队员就急停跳投，同时掩护队员转身切向篮下。

• 如果防守队员提前封堵利用掩护突破的路线（图 4.23），控球队员就向底线运球突破，同时掩护队员转身切向篮下。

• 如果掩护队员的防守者没有及时上前防守（图 4.24），控球队员就摆脱两名防守队员直接向篮下突破，

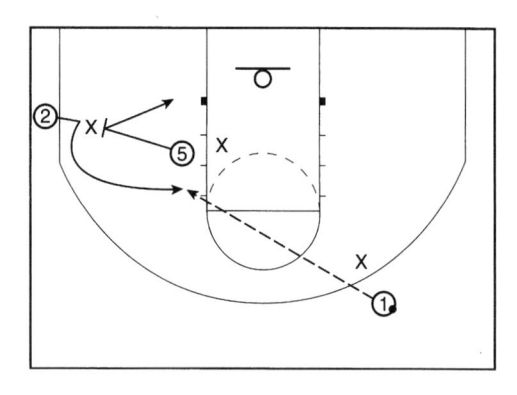

图 4.20 底角卡位掩护是从球场底角开始，在中策应区进行的掩护。

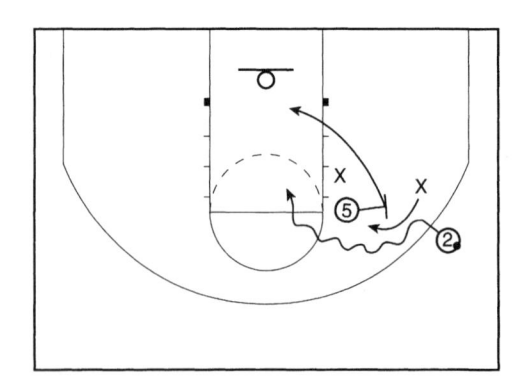

图 4.21 如果防守队员追防，控球队员就从掩护队员的上面进行突破，同时掩护队员转身切向篮下。

第四章 掩护和掩护战术

同时掩护队员转身切向篮下。

• 如果防守队员对控球队员进行双人包夹时（图4.25），控球队员就运两下球远离掩护队员，然后传球给转身切向篮下的掩护队员，或传给因防守队员协防掩护队员而获得空位的队友。

• 如果控球队员的防守者迫使其向端线运球，控球队员有三种选择（图4.26）：

其一，向中路突破后跳投。

其二，传球给切到篮下的掩护队员⑤。

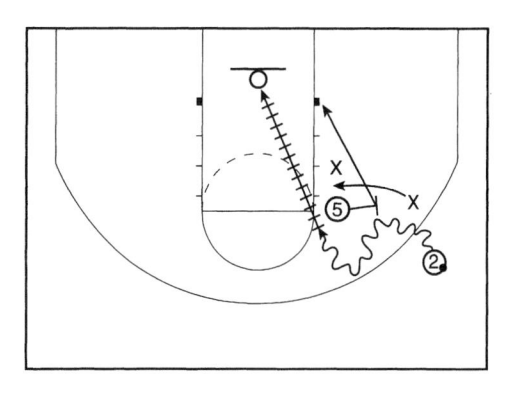

图4.22 如果防守队员移动到掩护队员的下面，运球队员就跳起投篮，同时掩护队员转身切向篮下。

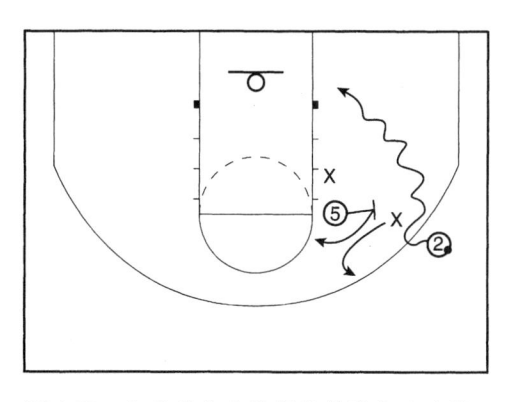

图4.23 如果防守队员提前封堵突破路线，被掩护队员就向底线运球突破，同时掩护队员转身切向篮下。

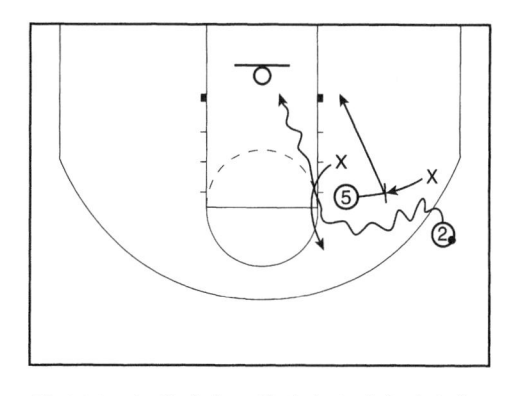

图4.24 如果防守队员没有及时上前防守，控球队员就甩开两名防守队员直接向篮下突破，与此同时掩护队员转身切向篮下。

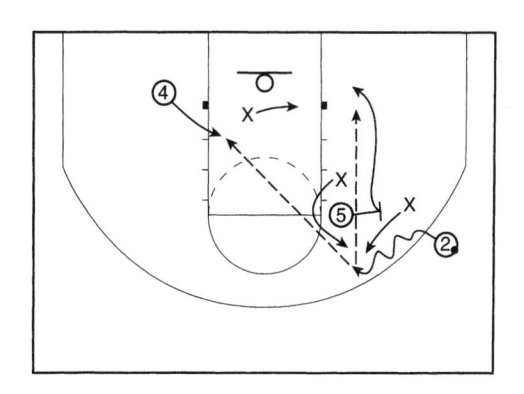

图4.25 如果控球队员遭到双人包夹，就朝远离掩护队员的方向运两下球，然后传球给掩护队员或因防守队员协防而出现空位的队友。

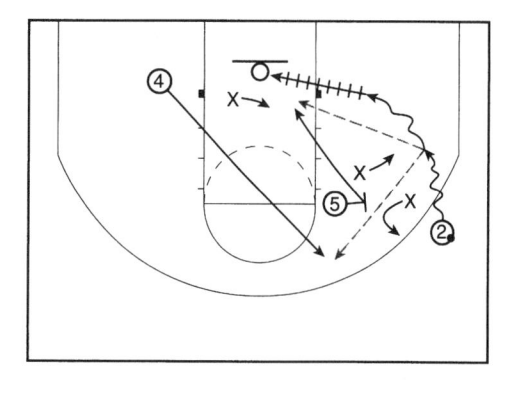

图4.26 如果控球队员的防守者迫使其朝底线运球，他就可以朝中路运球突破，或传球给切到篮下的掩护队员，或传球给闪切到肘区的队友。

65

其三，传球给开始处于助守一侧低策应位置，随后闪切到强侧肘区的队友。

高位掩护

高位掩护也称为中路掩护，设置在球场中部的三分线外。下面是一些高位掩护的例子：

- 如果防守队员追防控球队员（图4.27），控球队员就利用掩护突破，同时掩护队员转身向篮下移动。
- 如果控球队员的防守者退防到掩护队员的下面（图4.28），控球队员就进行跳投，同时掩护队员转身切向篮下。
- 如果防守队员迫使控球队员在外线运球（图4.29），控球队员就可以将球传给做完掩护后转身切到篮下的掩护队员。

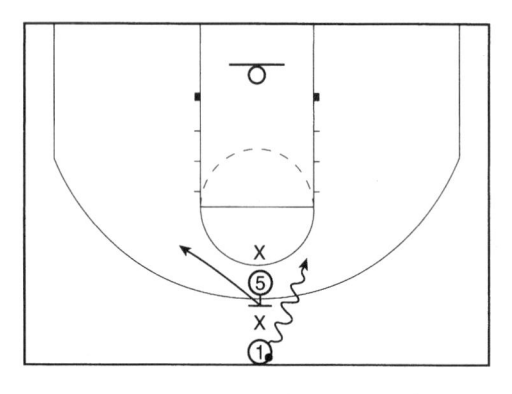

图4.27　如果控球队员遭到防守队员追防，就可以利用掩护进行运球突破，同时掩护队员转身向篮下移动。

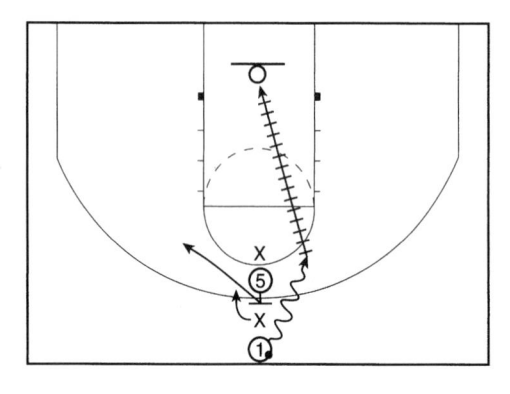

图4.28　如果防守队员移动到掩护队员的下面，控球队员就可以跳投，同时掩护队员转身切向篮下。

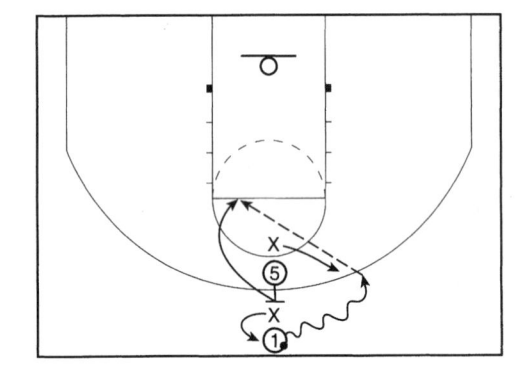

图4.29　如果防守队员迫使控球队员在外线运球，控球队员就可以传球给转身切到篮下的掩护队员。

"号角形"掩护

这种掩护是进攻战术的一部分，称为号角形掩护（也称为V形掩护），实施中运用到中路掩护和切入。这种有球掩护要有一个次高位的掩护队员参与，控球队员利用掩护从两侧向罚球区内突破提供了机会（图4.30）。

除要根据掩护战术的实施情况采取行动外，临场观察和行动选择同前述高位掩护一样。如果掩护队员向篮下移动时，非掩护队员从篮下撤出；如果掩护队员向外线拉出来时，非掩护队员就向篮下移动。

高位摆脱切入

这些掩护战术涉及到三名球员，即掩护队员、被掩护队员和传球队员。

UCLA 掩护（译者注：UCLA 大学是指加利福尼亚大学洛杉矶分校）

这个在罚球区一角实施的纵向后掩护，是从曾率球队获 10 次 NCAA 冠军的约翰·伍登创造的 UCLA 进攻体系中而来的（NCAA 是指美国全国大学生体育协会）。这种掩护是控球队员传球给位于侧翼的队友，然后利用掩护摆脱防守者切入（图 4.31）。做完掩护之后掩护队员切向篮下或向外拉出。如前所述，掩护队员和切入队员的观察和行动选择，要根据防守者的反应来决定，只是此掩护是在上述位置上设立的。

"鹰式"掩护

这种斜向掩护曾经在 NBA 比赛的进攻战术中十分常见，由当时在亚特兰大鹰队任主教练的胡比·布朗创建并普及的。这种掩护是当球转移到侧翼时在罚球线附近设置的（图 4.32）。当位于高位的队员⑤给②做后掩护时，控球队员①就向侧翼突破，然后队员⑤从与控球队员突破方向相反的方向朝篮下移动。如前所述，掩护队员和被掩护队员

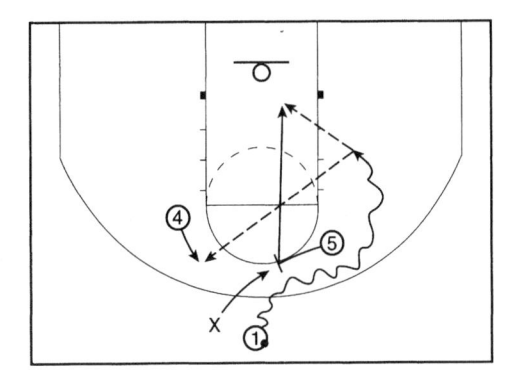

图 4.30 控球队员在做号角形掩护的战术选择与做高位掩护时相同，非掩护队员的移动方向要与掩护队员的移动方向相反。

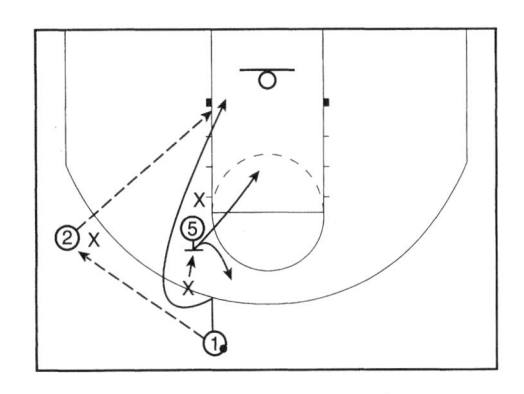

图 4.31 UCLA 掩护是在罚球区角设置的纵向后掩护。

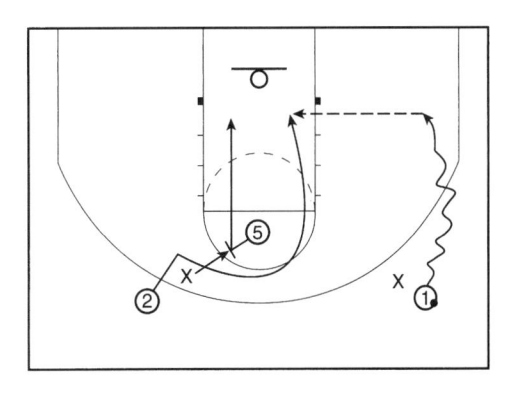

图 4.32 "鹰式"掩护是当球在侧翼时所设置的斜线掩护，掩护队员从与被掩护队员相反的方向朝篮下切入。

67

的观察分析和行动选择,总是要根据防守队员的反应而定,只是此掩护是在上述位置上设立的。

特殊掩护

以下是四种涉及多于3名队员参与的特殊掩护战术。

为掩护队员做掩护

这种掩护是由一个在底线的掩护和一个内线掩护结合而成。因为此时要同时防守两个类型的掩护,接二连三地做掩护,给防守者带来极大的压力。此掩护配合是以控球队员①向球场另一侧的后卫②传球,然后向下做掩护开始,③先利用④的底线掩护溜底线,然后④再利用①的掩护拉到外线(图4.33)。

队员②首先尝试给利用底线掩护摆脱或者做策应的③传球,②也可以给策应队员⑤喂球(图4.34)。如果③不能空位接球,②就传球给利用①的向下掩护摆脱后拉到外线的队员④,或者传给做完内线掩护后切向篮下的①。队员②传球给④后为③做内线掩护(图4.35),⑤利用③的底线掩护向篮下摆脱,然后③利用②的内线掩护向外拉出,同时队员①向底角拉空防守。

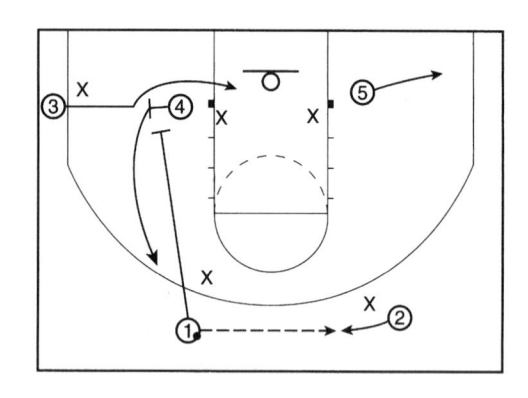

图4.33 掩护掩护队员是指为刚刚做掩护的队员做掩护。

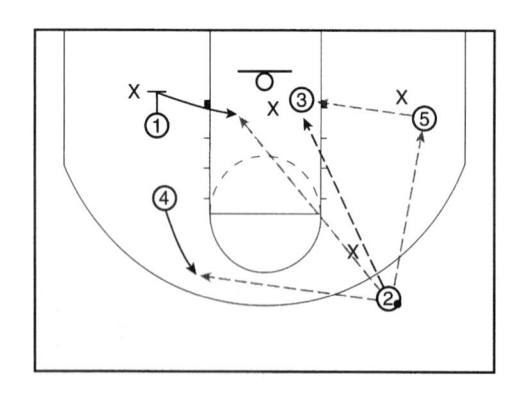

图4.34 控球队员②可以传球给队友③、⑤、④或①。

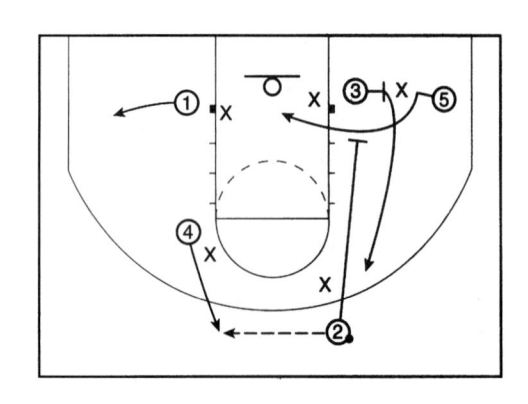

图4.35 在球场另一侧也可以进行同样的配合。

双人掩护

在双人掩护中，典型的设置方式就是两名队员肩并肩地平行于罚球线或垂直于底线做掩护。

横向双人掩护。队员④和⑤做与罚球线平行的横向双人掩护。控球队员①朝侧翼运球，②利用④和⑤做的掩护摆脱，如果防守队员追防，②就在双人掩护下绕切篮下接①的传球投篮（图4.36）。如果防守队员要绕过掩护防守，②就拉到外线并接球跳投。

如果队员⑤的防守者避开或绕过掩护出来防守，⑤就溜到篮下接球（图4.37）。如果④的防守者对⑤进行协防，④就切向篮下接队员①的高吊传球。⑤还可以为④做掩护，然后④切向篮下接①的传球（图4.38）。

纵向双人掩护。队员④和⑤为②做垂直于底线的纵向双人掩护。①在限制区的顶部落位，②利用④和⑤做的双人掩护沿底线切出（图4.39），如果②的防守者追防，②就在掩护下绕切向篮下接球。如果防守队员要绕过掩护进行防守，②就后撤接球投篮。

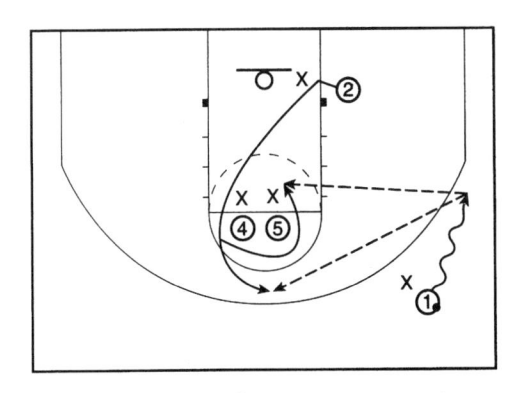

图4.36　控球队员①可以传球给移动到弧顶或利用双人掩护绕切后摆脱的②。

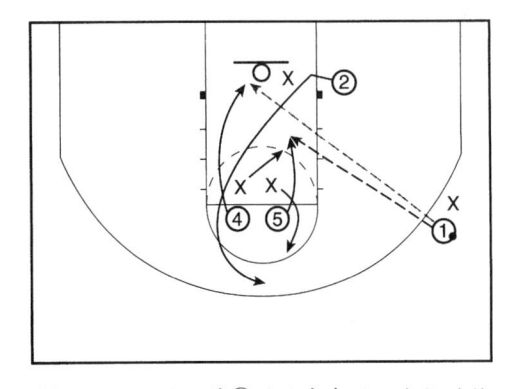

图4.37　如果队员⑤的防守者避开或绕过掩护出来防守，⑤就溜向篮下接队友①的传球，如果队员④的防守者协防⑤，④就向篮下移动接①的传球。

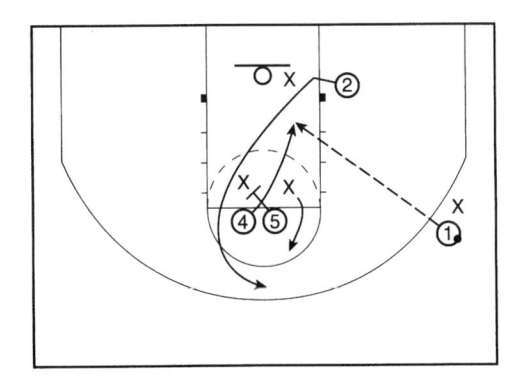

图4.38　队员⑤还可以为④做掩护，然后④切向篮下接①的传球。

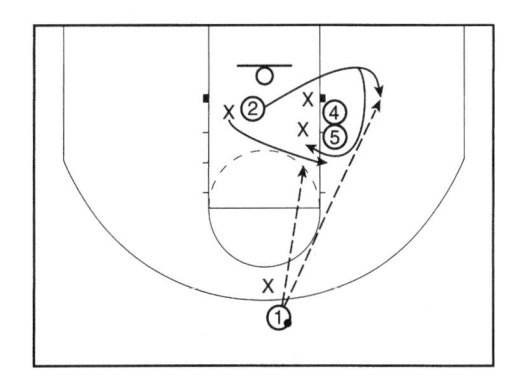

图4.39　如果队员②的防守者追防，②就绕切向篮下，如果该防守队员向上绕过掩护进行防守，②就后撤摆脱，接①的传球投篮。

如果⑤的防守者出来交换防守，⑤就溜向篮下投篮（图 4.40）。如果④的防守者去协防⑤，①就给④传高吊球。⑤也可以给④做掩护，④就向篮下切入（图 4.41）。

双人交错掩护。这是一种利用一系列内线掩护使投手获得空位的特殊掩护配合，通常是以大个子在外线，投手在内线站位开始的。这个双人交错掩护是以队员③为投手、队员②在底线做交叉掩护开始的，然后②继续利用⑤的内线掩护进行摆脱（图 4.42）。控球队员①寻找时机传球给从内线掩护中摆脱出来的②，或者防守队员换防时，传球给向篮下切入的⑤。

如果②和⑤没有获得空位接球的机会，队员①就寻找时机传球给从球场另一侧④的内线掩护中摆脱后向外拉出的③（图 4.43），如果防守队员交换防守，①就寻找时机传球给在内线的④。

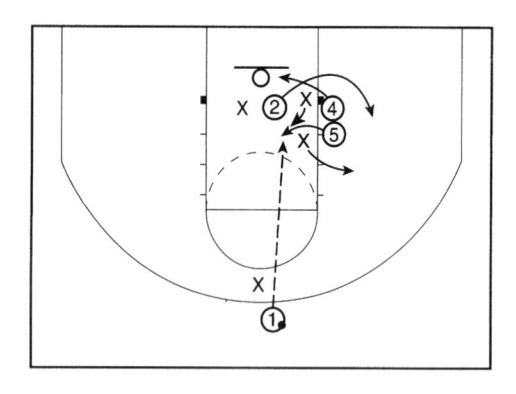

图 4.40　如果⑤的防守者上前或进行交换防守，⑤就溜向篮下。如果④的防守者协防⑤，④就向限制区内切入接①的传球。

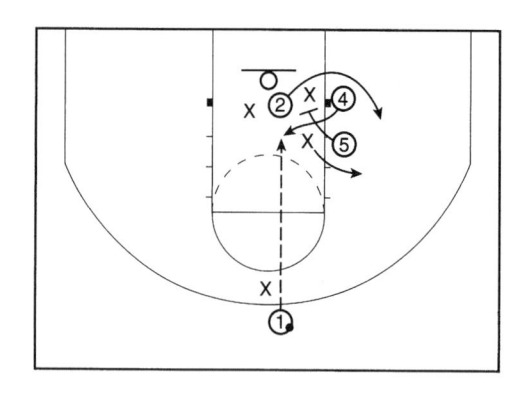

图 4.41　队员⑤也可为向篮下切入的④做掩护。

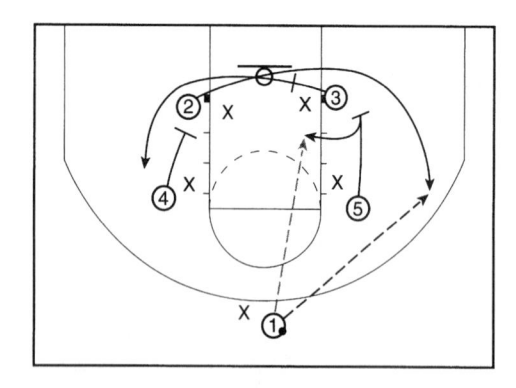

图 4.42　如果防守队员换防，队员①就寻找时机传球给②或切向篮下的⑤。

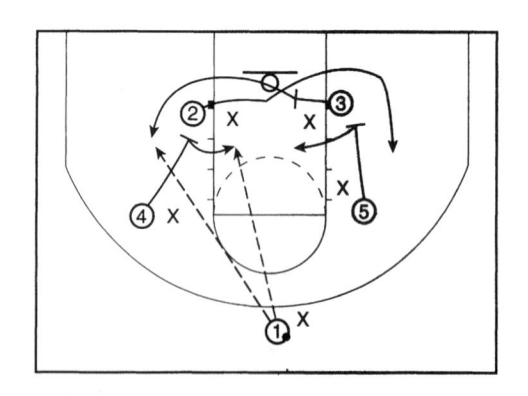

图 4.43　如果队员②和⑤不能空位接球，①就传球给利用④向下掩护摆脱的③，或传给切向篮下的④。

第四章 掩护和掩护战术

单人/双人混合掩护。单人/双人混合掩护和交错掩护很相似,但在这里投手是从篮下开始,即利用队友③和⑤在限制区一侧做垂直于底线的双人掩护,或④在限制区另一侧做内线掩护进行摆脱(图4.44),然后②利用任一掩护切向外线摆脱防守。

如果队员②是利用③和⑤做的双人掩护摆脱,③就利用对面④做的单人内线掩护摆脱(图4.45)。①可以传球给利用双人掩护摆脱的②,也可以传球给做完掩护后切向篮下的⑤,或者传给利用④向下掩护摆脱的③,或者传给为③做完掩护后切向篮下的④。

如果队员②决定利用④的单人向下掩护摆脱,③就利用⑤的内线掩护快速向外拉出(图4.46)。此时①可以传球给②或③,或切向内线的④,或者如果防守队员交换防守,也可以传球给位于内线的⑤。

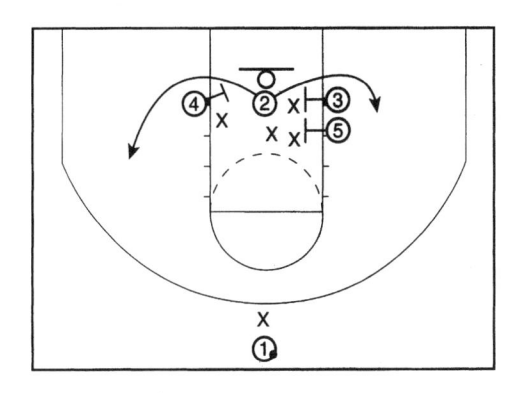

图4.44 队员②可以利用单人/双人混合掩护向球场的左侧或右侧快速拉出。

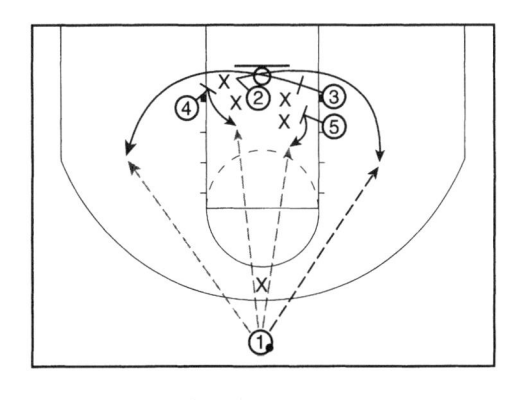

图4.45 队员①有多种传球选择:传球给利用双人掩护摆脱的②;向篮下切入的⑤;利用④的掩护摆脱的③,或为③做完掩护后切向篮下的④。

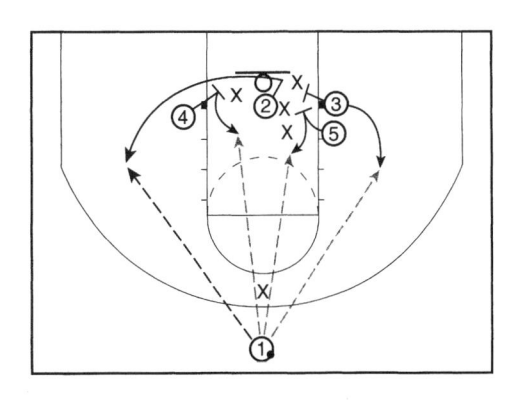

图4.46 如果队员②利用④,以及③利用⑤所做的掩护突然拉到外线,①就可以传球给②、③、④,或防守队员换防时传球给⑤。

根据防守做出行动

在某个特定区域没有直接参与掩护的进攻队员同样要保持集中注意力。以下是一些给这些队员的建议，并指导他们如何根据防守队员对掩护作出的反应采取有效的行动。

防守者堵截和穿过时。如果队员④的防守者 X_4 穿过掩护进行堵截，并且①的防守者 X_1 穿过掩护时，①有两种选择：

- 运球远离掩护，避开上来堵截的防守队员 X_4，然后传球给切向低位的掩护队员④（图4.47）。
- 如果防守队员 X_4 的堵截不够及时并留有运球突破的空间，①就在两名防守队员（X_1 和 X_4）之间运球穿过（图4.48），然后可以传球给④、⑤（如果 X_5 协防）、③，或在外线落位的②。

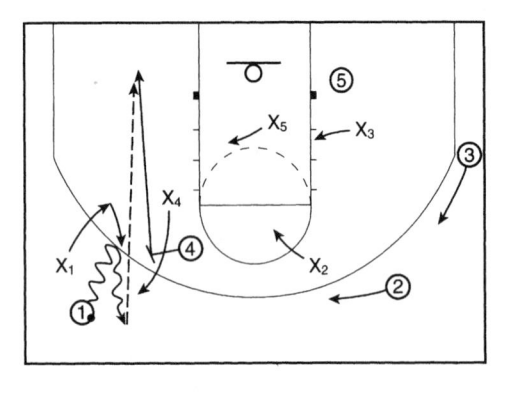

图4.47 由于 X_4 的堵截，①运球远离掩护，然后传球给转身切向篮下的④。

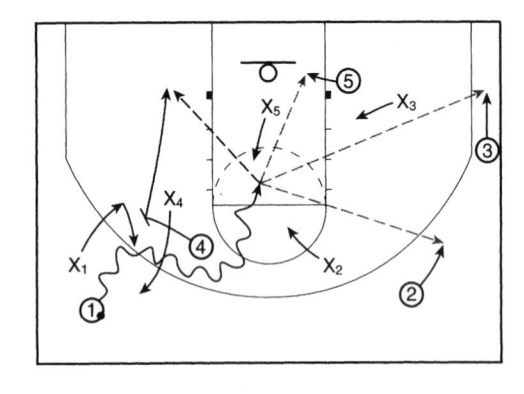

图4.48 队员①可以从两名防守之间运球突破，然后传球给④、⑤（如果 X_5 协防的话）、③，或在外线落位的②。

在这两种情况下，关键是当远离掩护运球时要保持运球。在此期间，其他3名队员要分散落位准备接该队员的分球。如果进攻队员能保持一个很好的间距就会迫使防守队员进行轮换，从而增大空位投篮的机会。

防守者堵截并绕过时。如果 X_4 上前堵截，X_1（被掩护队员的防守者）从下面绕过掩护（通常被掩护者并不善于投篮），①可以尝试着向限制区内突破来为自己或队友创造投篮机会（图4.49）。

第四章 掩护和掩护战术

防守者包夹与换位时。如果防守队员 X_1 和 X_4 包夹控球队员①，其他进攻队员就分散在整个半场。①运球突破包夹，同时④及时撤消掩护向篮下切入。这样就会由于防守队员的重新落位而给④传球创造机会，也可以为在内线或外围的队友创造空位机会（图 4.50）。如果④接球后防守队员 X_5 上前协防，④就可以将球传给在篮下的⑤（图 4.51）。

防守者向底线逼防时。当防守队员迫使控球队员①向底线运球突破时，④就在做完掩护后转身切向篮下，此时距离①最近的队员闪切到罚球区（在这个例子中是②）（图 4.52），此时①可以传球给④或②。

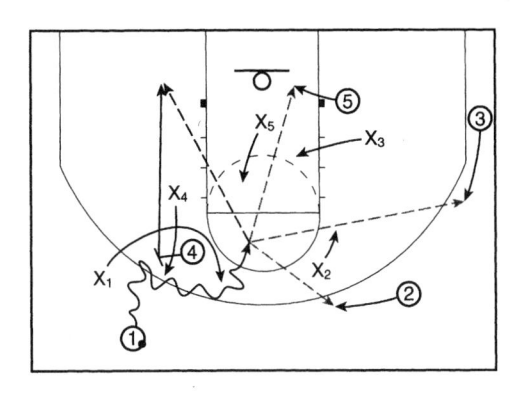

图 4.49　如果防守队员 X_4 进行围堵并且 X_1 从下面绕过掩护，①可以尝试着向限制区内突破创造投篮机会。

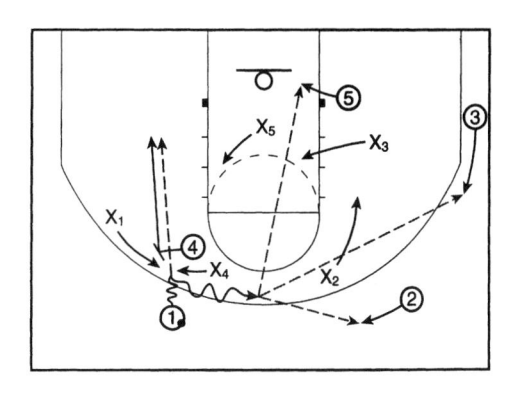

图 4.50　队员①运球突破包夹，④及时撤销掩护接①的传球，同时其他队员分散落位为①创造传球机会。

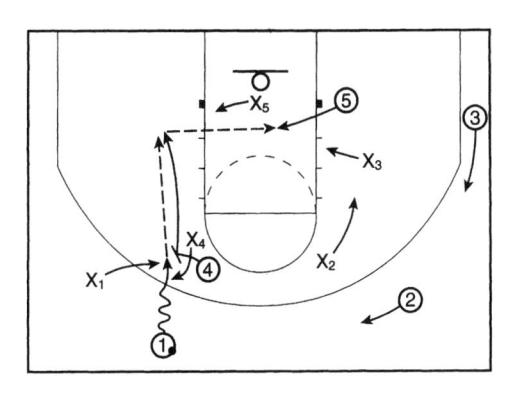

图 4.51　如果队员④接球并且 X_5 进行协防，④就传球给⑤。

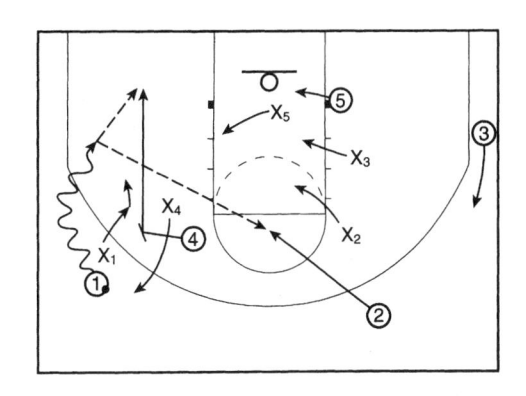

图 4.52　如果①在掩护后被迫向底线运球突破，掩护队员④就转身切向篮下，同时②闪切到罚球区。

爵士经典配合

NCAA 和 NBA 比赛的计时钟或高中球队快节奏的战术风格能够迫使一名教练员去建立速战速决的打法。多年来，犹他爵士队一直依赖着半场进攻与对手对抗。由于缺乏具有顶级一对一单打能力的队员，因此队员们需要不断地进行无球跑动、设置掩护，并尽可能精确地执行战术配合。我们花费大量的时间执行不同的进攻战术，并斟酌每一个细节——战术实施成功与失败的差别之处就在于有没有注意到战术的细节。合适的切入角度、正确的掩护时机以及什么时候向哪里传球，这些都是得分的关键要素。

如果没有在第一时间实现投篮得分，那么在每一个位置都要努力将球向前场推进，并且采用快攻为进攻赢得时间。我们曾因能够执行任何一个想要执行的全队进攻而闻名，并致力于寻找好的投篮机会，使自己处于有利的抢篮板球位置。

通过小个子球员为大个子球员做掩护可以使大个子队员移动到好的策应位置。在许多进攻配合中我们也用过由大个子球员为小个子球员做内线掩护。

无球跑动、设置掩护以及根据防守队员的行动做出相应的反应至关重要。为了达到这些目标，队员需要做到以下几点：

- 洞悉防守和做出相应的反应（做与对手相对的行动）。许多队员总是提前决定采取某种进攻方式，而不是根据面前防守队员的反应去行动。
- 保持充沛的体能。篮球运动是一项剧烈的运动，无论你参加的是何等水平的比赛，有着强壮块头的队员通常会很占优势，尤其是在比赛很疲劳的最后关头。
- 集体配合。要多传球，为位置更好的队友传球，通过设置掩护为队友缓解防守压力——这些都能增加团队的凝聚力。
- 掌握出色的传球能力，具体包括如下技术和倾向：

给策应队员传球——知道如何、什么时候、向哪儿给策应队员传球是战术配合能否成功的关键。

外围传球——以在外线迅速并稳定地转移球来牵制防守，由此创造投篮、突破和向内线传球的机会。

传策应球——发现切入队员和其他空位队友是策应队员的一项很重要技能，因为在正常情况下，从他的位置可以看到整个球场上的情况。因此，他就能为其周围切入的队友，以及在为其传球后到外线落位准备接球投篮的队友创造机会。

- 在每一次比赛对抗中教练员都要强调的两个概念，即保持队员在球场上站位的平衡和间距。球场站位平衡较差主要体现在进攻球员站位太集中、太分散，或由于其他方面的原因使进攻很容易被限制住，或进攻站位对防守不能构成威胁。

队员在球场上合理的站位能使进攻战术有效地执行，并抓住对方的防守弱点进行进攻。

现在就与大家分享我们创造的具有爵士风格的四种实用基础掩护战术。

交叉掩护配合

在这种战术中运用到一个交叉掩护和一个两人平行于罚球线的掩护。首先进行四角站位：队员②在左侧低位、⑤在外策应区或罚球区左侧角、队员④在右侧低位、③在罚球区右侧角。

然后控球队员①朝左侧翼运球，为②给④做交叉掩护发出信号，④切入限制区后做策应（图4.53）。在做完掩护后②根据④的移动情况，利用⑤和③在罚球线附近做的双人掩护切向高位（图4.54），①再传球给②。

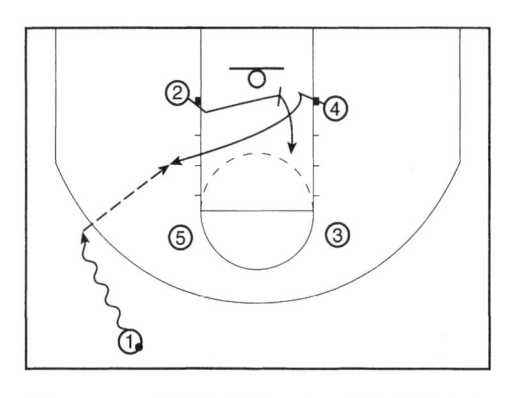

图4.53　队员①向侧翼运球，②为④做交叉掩护，④利用掩护到篮下做策应。

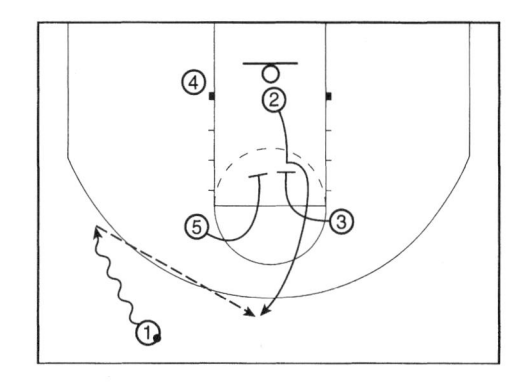

图4.54　队员②根据④的移动，利用⑤和③做的双人掩护切向高位接①的传球。

向上掩护

这个配合涉及到一个后掩护和一个内线掩护。我们仍以四角站位开始，但这次当控球队员①向球场左侧运球时，②为向篮下切入并在准备低位做策应的④做后掩护（图4.55）。此时①可以传球给位于低位的④，也可以传给在做完掩护后正对球篮、无人防守的②。

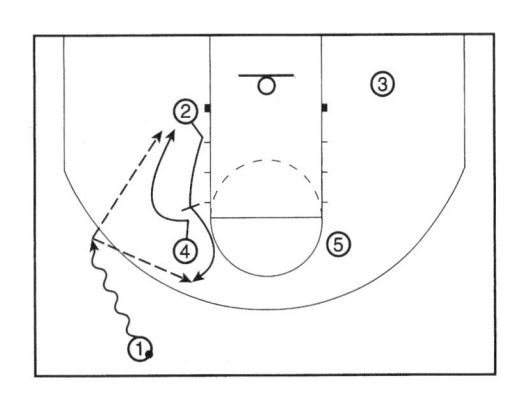

图4.55　队员①向侧翼运球突破，同时②为④做后掩护，①可以传球给做策应的④，也可以传球给做完掩护后的②。

如果队员①传球给位于限制区角的②，但②接球后没有出手投篮的机会，⑤就为③做向下掩护，然后转身切向篮下（图 4.56）。此时②可以将球传给③、⑤，或在篮下要位准备接球的④。如果②传球给③但其不能出手投篮，③就传球给转身切入篮下做策应的⑤。

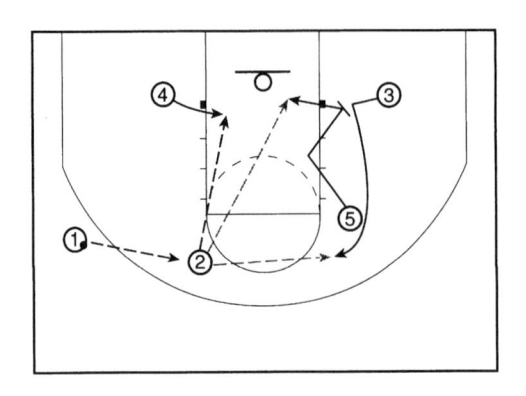

图 4.56　如果队员②接①的传球后不能投篮，⑤就为③做掩护，然后转身切向篮下，②可以传球给③、⑤或④。

斜线掩护配合

这个配合是以一个斜线掩护开始，然后接一个斜线后掩护，再接一个掩护掩护队员的掩护。首先控球队员①在球场左侧向左侧翼运球，②利用⑤做的斜线掩护到低位做策应（图 4.57）。①传球给②，⑤在做完掩护后从限制区内拉出。

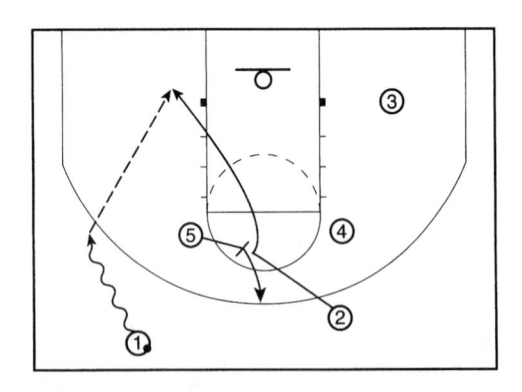

图 4.57　队员①向侧翼运球，⑤为②做斜线掩护，当⑤从限制区内出来时，①传球给到低位做策应的②。

第四章 掩护和掩护战术

如果队员②不接球，他就为④做斜线后掩护，④利用掩护移动到强侧低位（图 4.58）。做完掩护后，⑤为向下为②做掩护的队员做掩护。①可以传球给在低位的④，也可以传球给利用⑤的掩护摆脱防守的②，或传球给做完掩护切向篮下的⑤。

另一种解决方案是③放弃在弱侧的接应紧贴着④切向球场底角，然后接队友①的传球（图 4.59）。

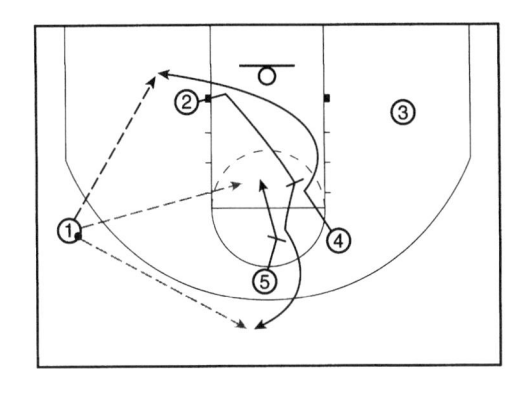

图 4.58 如果队员②不接传球，②就为④做掩护，然后⑤为②做掩护。此时①可以传球给④、②或⑤。

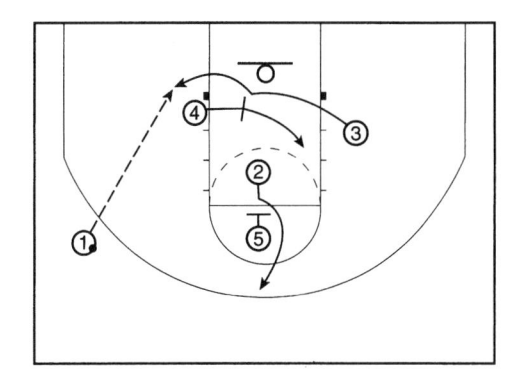

图 4.59 队员③沿底线切入，④为③做贴身掩护，然后③接①的传球。

挡拆配合

这种打法采用一个高位贴身切入和一个侧掩护，再接一个位于底线的双人纵向掩护。站位：两名后卫队员①和②与两名中锋队员④和⑤分别在罚球区左右角、一名前锋③在罚球线延长线的下面。①在球场左侧运球，②利用④的高位贴身掩护切向篮下，然后在低位做策应（图 4.60）。

队员④离开限制区为队友①做侧掩护（图 4.61），然后根据自己的投篮能力和防守队员的反应选择切向篮下或者撤到外线。如果②没有在限制区接球，他可以利用④和⑤做的双人掩护摆脱防守（图 4.62）。此时①可以传球给④、②、⑤或③。

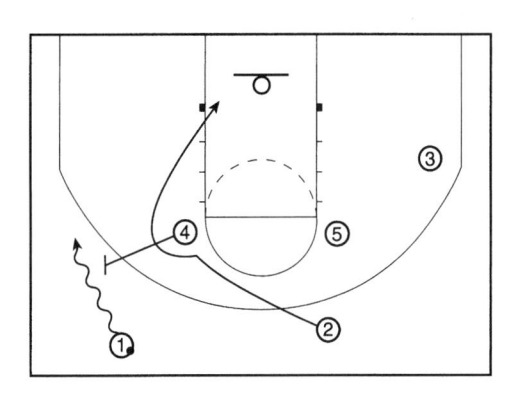

图 4.60 队员①在球场左侧运球，②利用④的高位摆脱掩护切向篮下，然后在低位做策应。

77

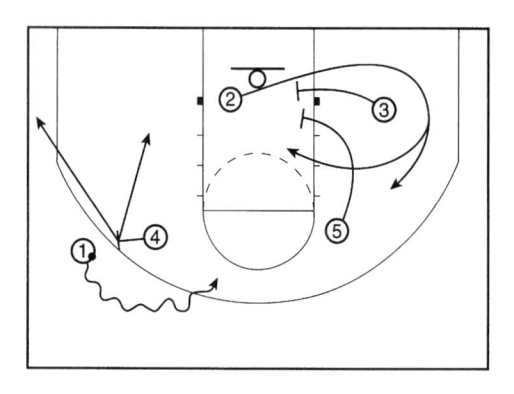

图 4.61 队员④为①做掩护后切向篮下或外撤。

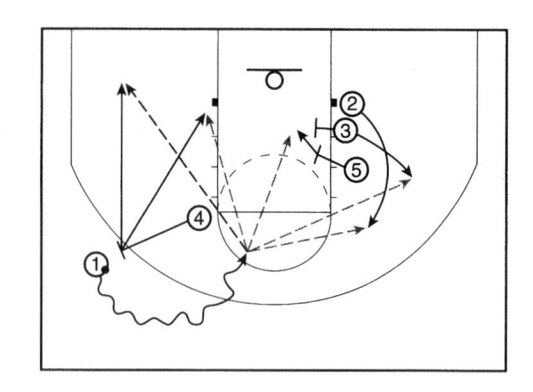

图 4.62 如果队员②不能接球，就利用⑤和③做的双人掩护摆脱，①可以传球给④、②、⑤或③。

结 语

掩护就像一把双刃剑，因为如果进攻队员不能根据防守队员的反应去观察并做出合理的行动，掩护就会出现失误并打乱进攻的流畅性。在未能完全把掩护行动和战术选择融入到自己的进攻体系之前，一支球队需要集中大量的精力进行练习。我的建议是，各种掩护方式在练习的最初阶段都要练习，但不设防守；然后，加入五成的防守强度去防守；最后，当队员掌握了战术实施的足够要领，就让防守队员像在比赛中一样全力进行防守。

第二部分

团队进攻

第五章　攻击性进攻

埃弗里·约翰逊（Avery Johnson）

在 NBA 打了 16 年的球，经历了不同的球队和教练员，以及不同风格的打法，我已经认识到了自己喜欢执行何种风格的进攻。我渴望执行的攻击性进攻，源于在比赛中作为主动攻击者而非反应者的进攻理念。这种战术体系一旦确定，紧接着就是制定计划以发展这一体系中的各个基本要素，从而使球队和我们的组织拥有坚实的战术基础。继而，可以进一步研究战术细节并做相应调整，诸如在特定情况下的进攻配合和个人打法，以能够从容地应对不同情况下各种类型的防守。

成功执行一个战术体系的关键，在于所有的队员、教练员的全身心地投入和责任感，并能在各自承担的角色上作出贡献，为球队的成功尽自己最大的努力。拥有一个明确清晰的战术体系和全体成员百分之百地为之付出努力，这两个要素是任何一支球队成功的关键。

攻防转换时的进攻

我们的进攻风格是只要一抢到防守篮板球就立即组织进攻。当对方投篮未中我们获得球权时，就快速发动进攻，当然，要组织进攻首先且最重要的就是不能让对手抢到进攻篮板球，这就意味着每名队员都要尽可能地将自己所盯防的对手挡开。虽然不同的教练员热衷于不同的挡人抢位技术，但每名防守队员所必须做到的就是阻止自己盯防的队员抢到进攻篮板球。

投篮未中时的进攻

只要队员一抢到篮板球，立即一传，迅速转入进攻。不能总是寄希望于控球后卫上前接抢篮板球队员的一传，当控球后卫不在最佳接球位置时，得分后卫和小前锋也要主动上前接一传。

因此，攻防转换过程的一个重要观念就是要有多名队员准备接球参与进攻。在组织进攻时我总是用"攻击"这一词，因为这个词能提醒队员我们在比赛中所追求的是攻击性的进攻风格。当一传传出时，其他（没有抢到篮板球的队员）大个子队员要快速冲到前场篮下，两名边锋沿边线跑动，组织后卫迅速带球向前场推进。

后卫杰森·特里在后场发动进攻时观察前场，看是否有位于边路的队友能够接球后快速得分。

现在来看在进攻人盯人防守时我所划定的三个区域：传向前场区、决定进攻区和战术执行区。

- 传向前场区。当接一传的队员发现前面有一名空位队友，就要立即将球传给对方。如果该队员不能将球传到前场，就必须带球向前场快下，但不能靠边线过近以避免对手利用边线夹击。球在向前传球区停留的时间要尽可能的短，因此我们会快速而有控制地向前场推进（图5.1）。

- 决定进攻区。一旦球过了中场线，无论是哪名队员控球都必须在短时间内做好如何处理球的决定。

假定当时控球队员仍在图5.1所示的区域控球，此时，该队员必须立即决定最好的传球选择是将球传给篮下的大前锋，还是位于侧翼的空位边锋，或者传球给正在朝篮下做摆脱切入的队员。另外一种选择是利用高位掩护与队友做挡拆配合（图5.2）。在任何情况下，控球队员在没有决定如何处理球之前必须保持运球。无论该队员作出何种进攻选择，都必须坚决执行并牵制防守。

- 战术执行区。当球向前推进到罚球区附近时（图5.3）开始建立三角进攻阵型。

队员⑤与①做一个低位的挡拆配合，由于合适的角度是掩护成功的基础，因此掩护队员⑤要做一个跳步急停，以合适的角度将队员①的防守者挂住，同时①要以合适的角度切入，这样就能避免①的防守者轻松攻破掩护。不同的教练员有不同的表述方

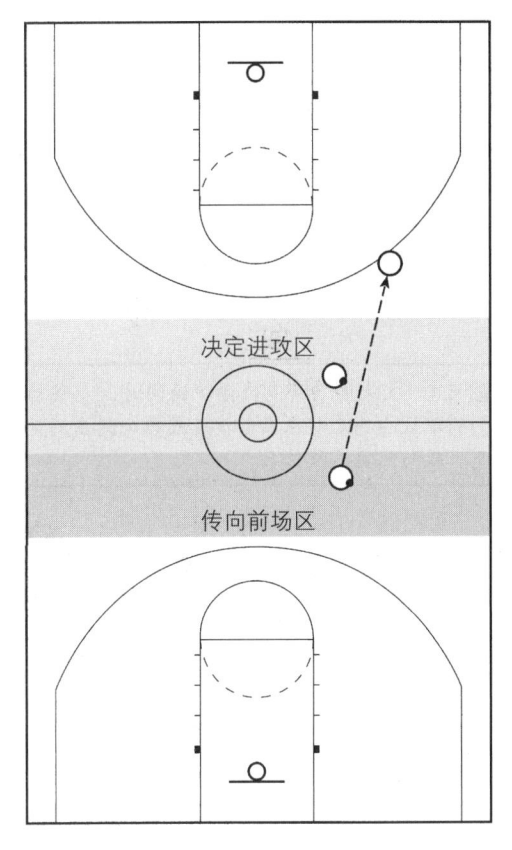

图 5.1 传向前场区和决定进攻区。

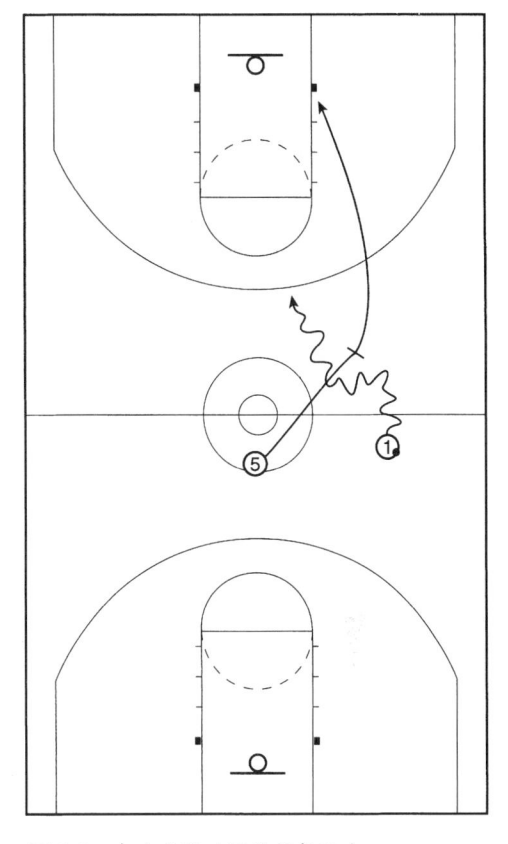

图 5.2 在决定进攻区的挡拆配合。

式（有些教练员称之为挡住防守者或侧掩护），但道理都是一样的。

此时，队员④可以移动到罚球区右侧要位准备接球，或者移动到左侧低位，也可以与⑤换位，⑤然后移动到篮下（图5.4）。

对于球队而言，绝对不能将球停留在半场同一侧。如果没有很好的进攻机会，就要将球转移到球场另一侧，转移中可采用一切可能的方式，诸如通过策应传球或挡拆配合，但无论如何必须使球转移。

如果没有得到所谓的"80%把握性投篮得分"的机会，也就是说不能直接突破上篮时（在出色的防守面前很少有这样的机会），就必须将球转移到球场另一侧。

我们重新回顾一下这次进攻的整个过程。队员①利用⑤的掩护摆脱后传球给③，⑤在做完掩护后与④换位。传球后①既可以向强侧移动也可以向弱侧移动（图5.5）。

我们假定队员①移动到强侧。根据自己的技术特点，在低位的⑤可以：

- 在队员④为③做掩护的同时，快速切向控球队员（图5.6）。
- 做有球掩护然后转身切向篮下或后撤（图5.7）。
- 向高位闪切（图5.8）。

将球转移到球场另一侧的另一种方式是通过拉链战术（图5.9）。队员②绕④切向

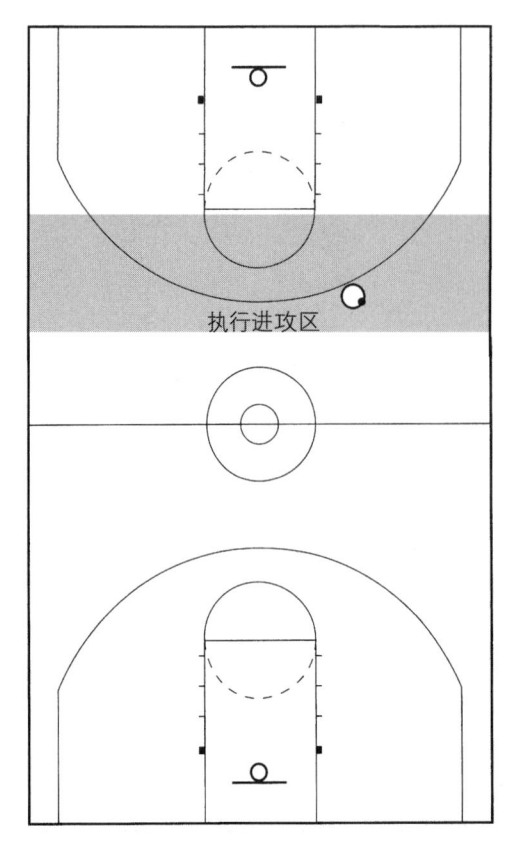

图 5.3 执行进攻区：控球队员向前运球突破时，暂停行动建立三角阵型。

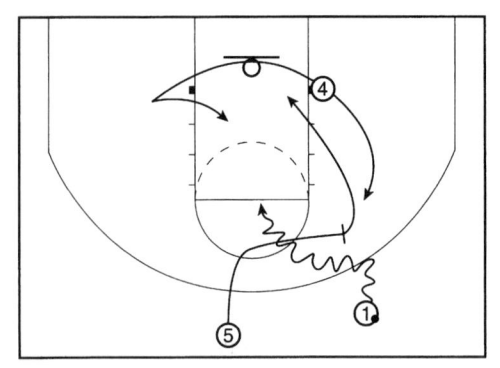

图 5.4 在队员⑤做低位掩护的同时，④移动到罚球区右侧后要位准备接球或移动到左侧篮下，或与队员⑤换位。

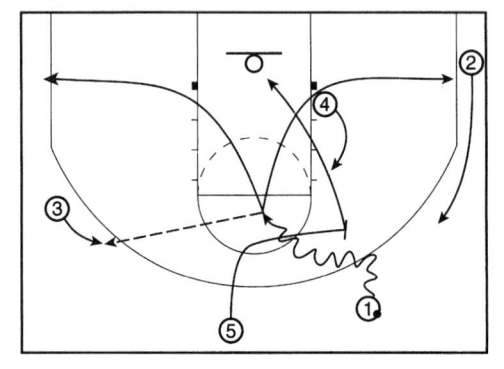

图 5.5 对整个进攻过程的回顾：队员⑤为①做掩护；①传球给③；⑤与④换位。

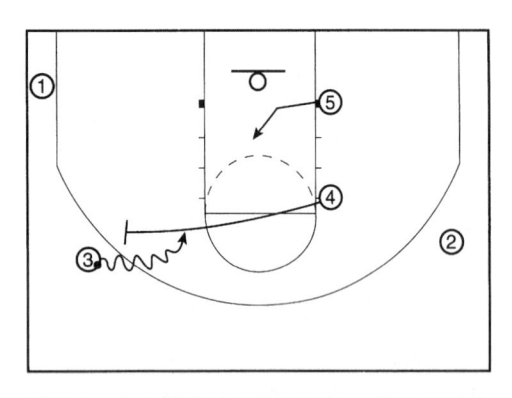

图 5.6 当队员④为③做掩护时，⑤快速切向控球队员。

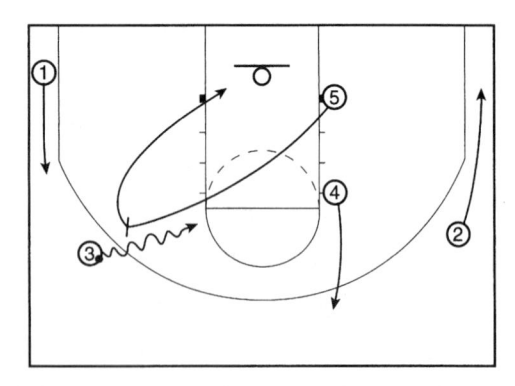

图 5.7 队员⑤可以做挡拆配合或掩护后向后撤。

第五章 攻击性进攻

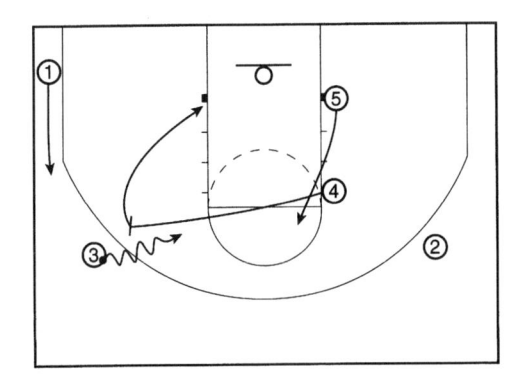

图5.8 队员⑤闪切到高位。

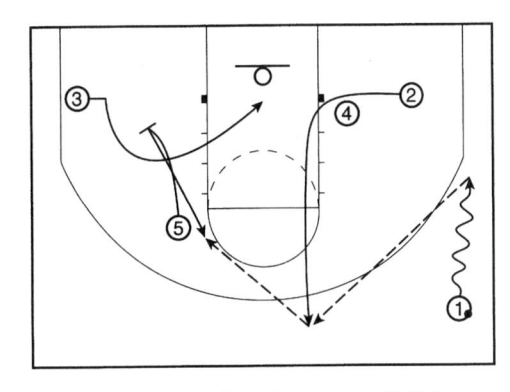

图5.9 运用拉链战术转移球：队员②绕④切向高位接①的传球，然后传球给为③做完掩护后快速撤回的⑤。

高位，稍微停顿一下，以麻痹防守队员并避免遭到堵截，再突然向外拉出接①的传球，然后再将球传给为③做完掩护后突然快速撤回的⑤。

队员③利用⑤的掩护摆脱后继续围①和④所做的双人掩护进行绕切，同时队员⑤将球传给②（图5.10）。通过轮转球就移动到了我们所希望到达的投篮命中率较高的位置。事实上，在轮转球的时候你会创造出很多空位投篮或向篮下突破的机会，因为防守队员要不断根

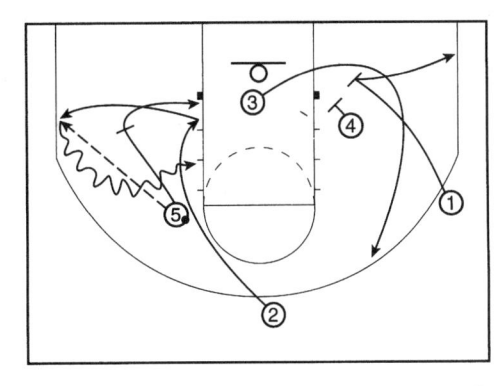

图5.10 队员⑤传球给②并为②做掩护，③绕①和④做的双人掩护摆脱。

据球的转移迅速进行轮转换位与调整，从而大大地增加了防守的难度。

总之，如果没有得到至少一次80%把握性投篮得分的机会（即直接上篮），或防守队员盯防得很紧，就要用一切可能的办法将球转移到另一侧，这样就能有效地牵制防守队员，为投篮得分创造机会。一般会通过策应、挡拆配合或拉空一侧等方法来转移球。无论采用何种战术打法，都可以将进攻理念融入到你的进攻体系中，并按照你所习惯的方式来实施。

对手得分后的进攻

下面来看另一种情形下的进攻，即对手投篮得分后，我们如何掷球入界。通常情况下队员⑤的防守者（X₅）将会上前防守以破坏掷球入界，因此⑤就要到适当的位置为①做掩护，①利用掩护做弧线切入去接球（图5.11）。所以，我们会用一些带人掩护来帮助接界外球的队员摆脱防守。

如果在向前场推进的过程中，接球的队员①遭遇包夹，其他队员就要迅速成正方形落位。要求其他 3 名队员（以队员④、③、②为例）与①的站位形成一个正方形阵型，从而为控球队员提供多种行动选择（图 5.12）。好的传球与落位是成功破解包夹的关键。如果控球队员很难将球传出，阵型中的一名队员就移动到正方形中央来接应队友传球。

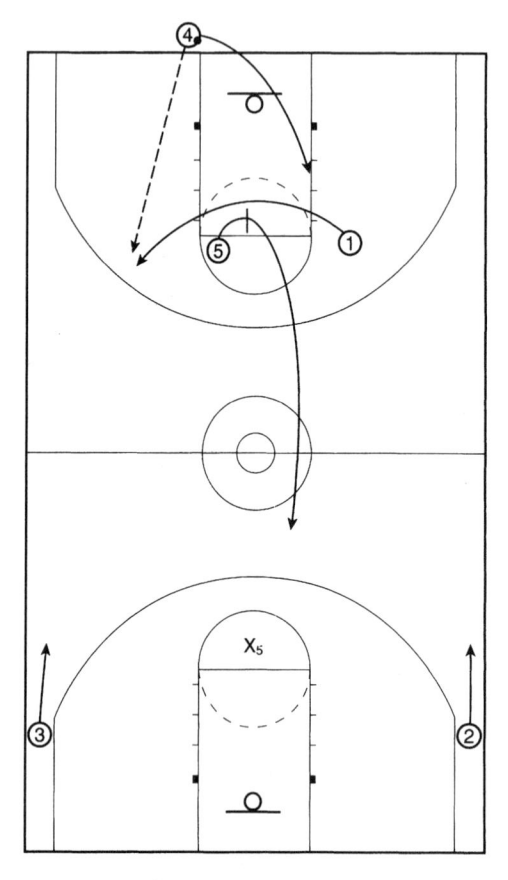

图 5.11　当在掷球入界时遭遇紧逼防守，队员⑤就为①做掩护，然后向前场移动。

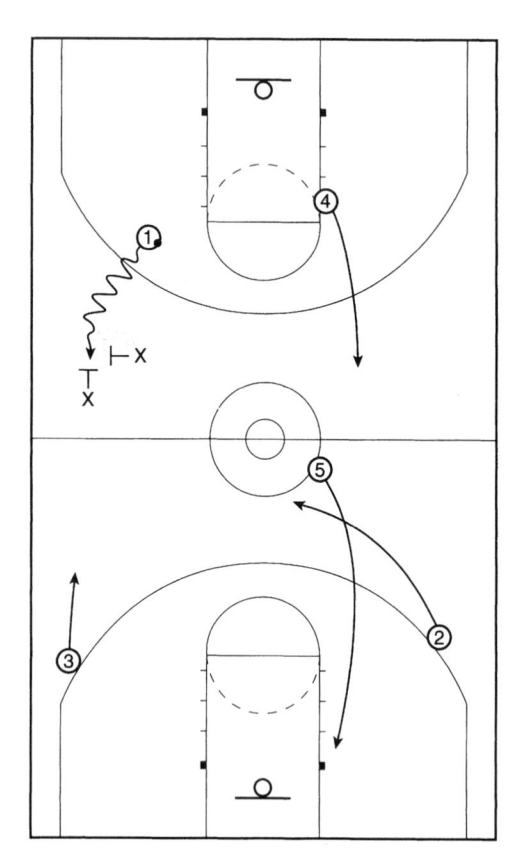

图 5.12　当控球队员遭到包夹时，队员④、③和②就与控球队员形成一个正方形阵型。

如果在半场掷球入界后防守队员利用边线进行包夹，可以再次使队员在合适的位置成正方形落位来帮助队友破解包夹。

从图 5.13 可以看出，队员②不会与①在同一水平位置落位，而是会高于①，因此可以为队友减轻防守压力，并为①提供更好的传球角度，同时也尽可能地扩展了进攻的区域。

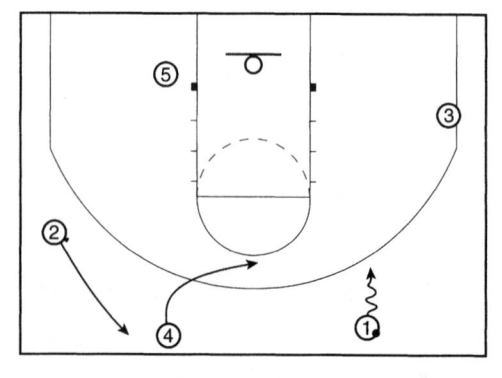

图 5.13　队员②向高位落位，为队友减轻防守压力。

当控球队员在运球时遭遇包夹后如何处理，此时队员必须保持好位置并伺机将球传出，他可以强行在两名防守队员之间跨步穿过，或者在转身运球将对手摆脱后将球传出。被包夹的队员千万不能使自己陷入被动，如将球举过头顶或害怕丢球等。

半场进攻

当球推进到执行进攻区，也就是在半场区域时采用攻击性进攻的战术配合。

向内线突破

假设在前场控球队员①已经摆脱了自己的防守者并带球向底线突破。根据对方教练员的防守理念，他们可能会有3名队员来瓦解控球队员，这样就为在底角的④传球留出空当（图5.14）。

但是，许多球队通常会用两名防守队员建立防守屏障（如 X_5 和 X_1）堵截向底角的传球。在这种情况下，正在向底线突破的控球队员①能否作出正确的行动选择就显得非常重要，当然队员之间保持适当的间距也同样重要。此时安排一名队员在"扣篮区"即在篮下落位，在这种情况下，队员⑤溜到罚球区中部，③向底线移动面对控球队员①落位，为其创造另一条好的传球路线（图5.15）。

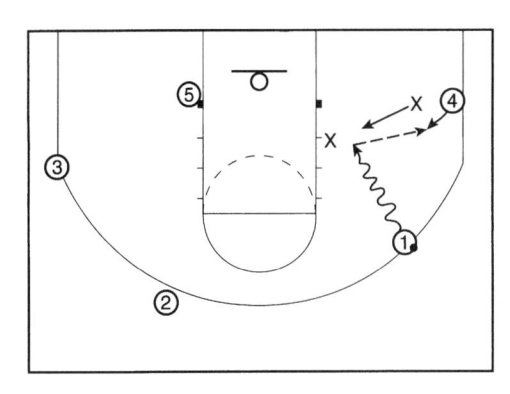

图5.14　队员①向底线突破。如果防守队员上前紧逼，①就将球传给底角的④。

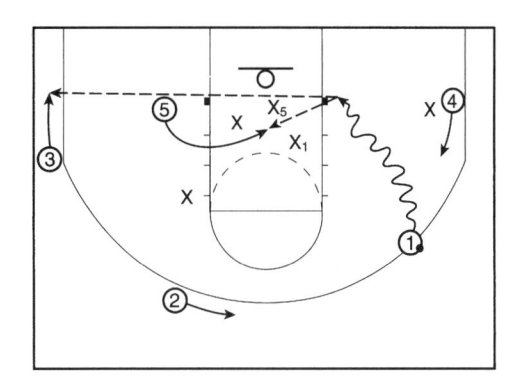

图5.15　队员①向底线突破，如果防守队员堵截其向底角传球，那么就为他创造两条传球路线。

一个重要的细节是，队员⑤要在篮下举起双手并尝试在限制区中部接球，他这样做也有助于在沿底线传球时，拉空传球路线上的防守。

当控球队员沿底线突破时，不能"贸然出手"，即该队员不能在突破后就立即跳投，尤其是在面对善于补防的对手时。在运球过程中，控球队员一定要注意不能带球撞人或失去对球的控制。

当控球队员①遭遇包夹，且防守队员举起双手进行防守时，他可以通过做一个跨步跨越防守队员将球传给球场另一侧的③。如果防守队员的双手没有举起，他可以用我称之为"耳旁传球"的方法传球，即在防守队员的耳旁附近将球传出。

如果遭遇包夹的控球队员①无法将球传给对侧底角的队友，他可以利用转身摆脱，然后传球给位于外线防守压力轻松的队员②（图5.16）。

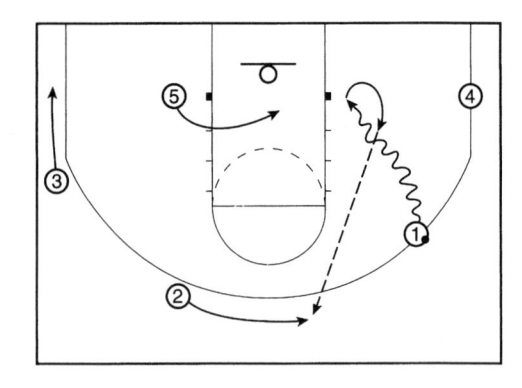

图5.16 如果①在向底线运球突破时遭遇包夹且无法将球传到球场对侧，就向外传出给②。

另外，我非常强调基本功和细节，细节之一就是一定要把失误率和丢球次数降到最低。我在指导他们时会强调如何避免丢球，以及在底线遭遇包夹时如何用各种方法将球传出。概括起来，控球队员可做如下几种选择：

- 做跨步穿过传球。
- 做耳旁传球。
- 做转身后传球。
- 保持运球并突然后撤。此时，就算运球过多也比失误丢球要好。

对手防到高位时的进攻

现在我们已经成功地将球转移，接球队员的防守者在高位进行迎前紧逼。在这种情况下（图5.17），队员⑤快速从限制区内拉出与控球队员做挡拆配合，但是防守队员迫使控球队员③向边线运球，然后X₅和X₃对③进行包夹。

下一步做何行动取决于队员⑤的投篮能力。假设他不是一名好的投手，这样，在做完掩护后⑤转身切向限制区内的篮下扣篮区，然后要球。与此同时，另一名大个子队员④迅速拉到外线，因为我们希望大个子队员能排成一列（图5.18）。④必须拉到三分线以外，转身面对球篮。同样①要为④让出位置并成为防守压力轻松的队员，接④的传球并将球转移到球场另一侧。但为了达到这

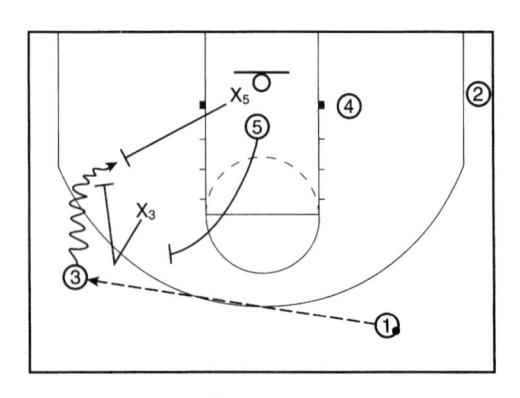

图5.17 当队员③接到①的传球，防守队员X₅从高位迎前紧逼，队员⑤做挡拆，然后X₅与X₃包夹③。

种设想，队员必须迅速地将球转移到球场另一侧，以迫使防守队员进行轮换。

也许队员⑤的篮下技术并不是很好，我们要根据队员的特点来制定自己的战术方案，做到扬长避短。在这种情况下，就要让④移动到底角，组织后卫①成为接应队员，②参与进攻（图5.19）。

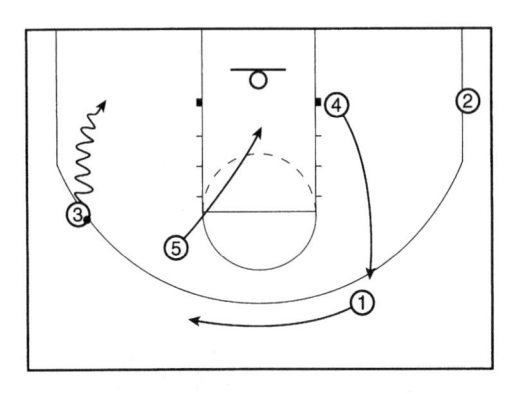

图5.18 在这种防守情况下，如果队员⑤不是好的投手，就转身切向篮下，然后队员④向三分线外拉出。

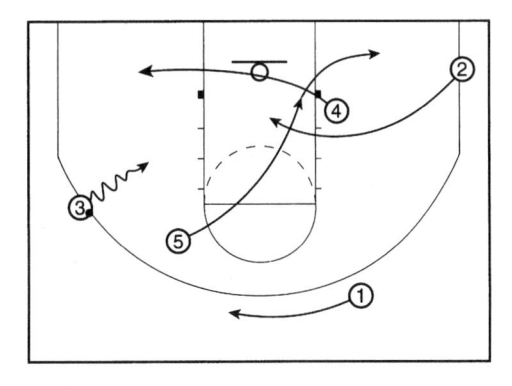

图5.19 在同一防守情况下，如果队员⑤的篮下技术不是很好，他就移动到低策应区，④闪切到底角，②切入限制区。

这就是我们如何做到正方形落位。的确，我们喜欢让队员④和⑤在一条线上，但可以做出调整。如上所述，要适应队员的特点和比赛形势。

现在，退一步来看队员①被防守队员X_5和X_1包夹时，⑤为①做掩护的情况。此时，关键是要⑤在掩护后"折分"，如果他距离两名实施包夹的防守者很近就很容易受到包夹，并且此类情况经常发生。在做完掩护后，大个子队员必须向低位移动远离包夹，从而给防守队员轮换防守制造压力。然后队员②成为防守压力轻松的队员，④到篮下扣篮区，③上提牵制防守（图5.20）。再次强调，控球队员必须时刻保持警惕以避免丢球。当成功地将球转移后，教练员一定要告诫接球队员不要停球延误时机，而是必须接球后就投篮、突破或传球——不能持球、不能让防守队员重新回防。

接球后投篮
接球后运球
接球后传球

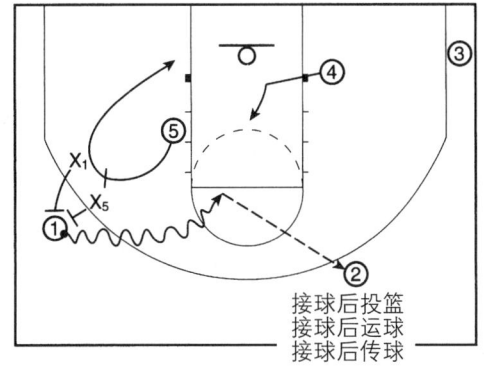

图5.20 队员①被包夹时，⑤远离包夹点向篮下移动。

攻击性策应

有些球队在内中锋接球后，当其在第一次或第二次运球时对其进行夹击；而有些

德克·诺维斯基在低位转身运球突破凯尔特人队的包夹后带球上篮。

球队会在球被传到限制区，或球在空中飞行将要传到内中锋手中时进行夹击。在这种情况下，同样需要其他 4 名进攻队员分散落位。

当内中锋控制球时，其首要任务就是稳定以避免失误。他必须通过任何可以利用的方式——无论是运球突围还是将球传到球场另一侧。如果内中锋接到来自罚球区弧顶的传球后遭遇 X_1（传球队员的防守者）和 X_5 的包夹，我会喊出关键词"角度！"提示包夹来自强侧，这意味着队员有突破包夹立即得分的机会。内中锋就要观察包夹形成的角度，寻找从包夹中突入限制区投篮得分的机会（图 5.22），或者他也可以将球传出。

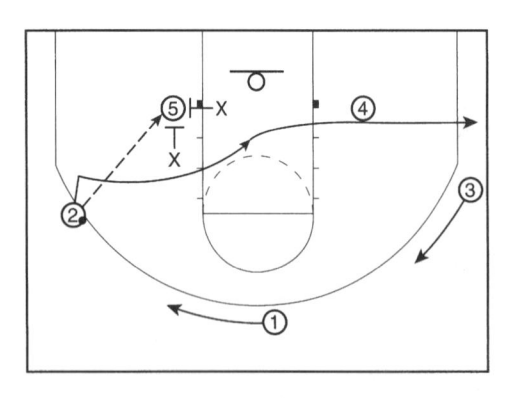

图 5.21 当球传到内中锋手中时，其他 4 名队员分散落位，准备破解对内中锋的包夹。

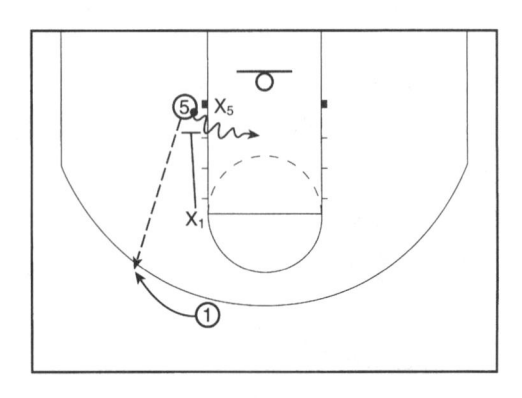

图 5.22 当包夹来自强侧时，⑤从包夹队员之间突破或者将球传出。

如果包夹来自弱侧，那么从包夹中突破的难度就会很大（由于角度的关系），并且还有可能带球撞人犯规。当包夹来自强侧时更容易从包夹中切入，这都基于角度而定，并且队员必须要有洞察角度的能力。当你的核心队员遭遇不太凶悍的包夹时一定不能陷入被动，因为这会留给对手抢断的机会，他必须努力从夹击中突破并争取得分。

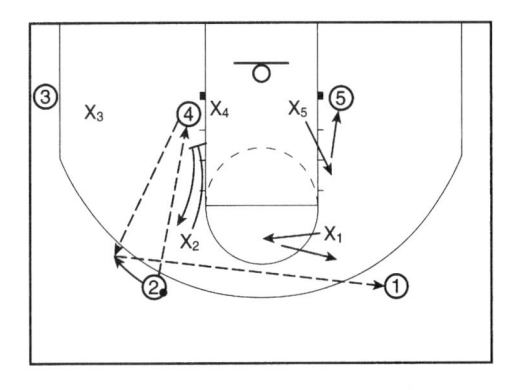

图 5.23 对进攻强侧包夹的回顾：队员④将球回传给②，②再将球转移给弱侧的①。

以下是内中锋在遭到来自罚球区顶部的包夹时队员是如何实施进攻的（图 5.23）。队员②传球给④，X_4 和 X_2 对④进行包夹，然后④将球回传给②，②再将球转移给①。⑤为①做掩护后转身切向篮下（图 5.24）。①再将球转移给②，②将球传给位于弱侧的③，③接球后攻篮或将球传给④（图 5.25）。

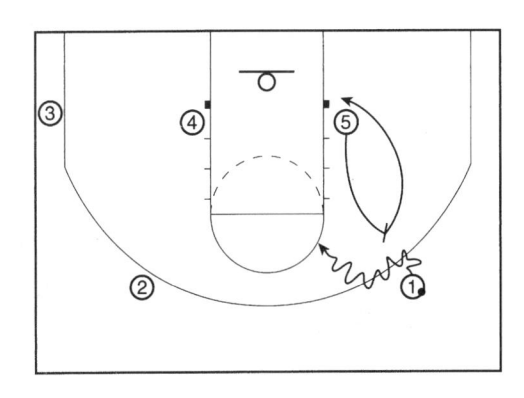

图 5.24 做完掩护后队员⑤转身切向篮下。

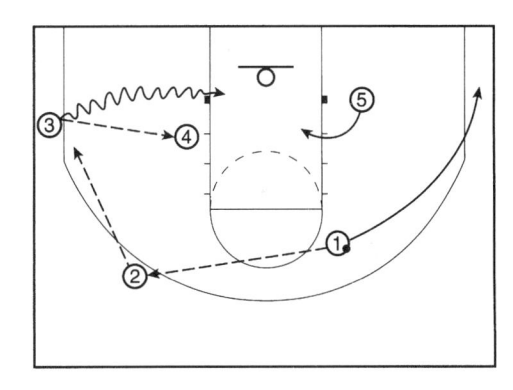

图 5.25 球从①转移到②，再从②转移到③，③接球后运球突破或传给④。

需要再次强调的是，当向弱侧转移球时攻势不能有丝毫地减弱，希望队员们要不断地寻找机会进攻而不是纯粹地倒球。在弱侧接球的队员必须"显示进攻和移动"，或快速向篮下运球，但绝不能消极进攻！

中路挡拆配合

另一个面临的情况是，如何根据防守队员对中路挡拆配合的反应进行进攻。假定掩护队员的防守者突然提前上前进行包夹，或者等掩护做成后再突然上前进行协防或包夹。同样，最重要的是掩护队员要根据防守的形势在做完掩护后进行"拆分"和合理地落位。

在拆分之后，队员⑤接①的传球，此时内线队员必须要避免两件事，一是向边线运球并停球，二是原地持球。

如上所述，我们希望只要一将球转移到弱侧就发动进攻，因此⑤必须攻击性地向篮下突破以给对方防守制造压力（图5.26），然后投篮或突破后分球给空位的队友。

如果中锋队员不擅长运球突破，则可以这样进攻，即队员⑤切到篮下，④作为防守压力较轻松的队员（同样他要尽可能快地与⑤处在同一条线上，因为我们需要一个比⑤速度更快的控球队员）上提接①的传球后，快速依上述方式进攻（图5.27）。同样，我们需要清楚队员的技术水平，然后根据他们的优势和弱点进行换位。

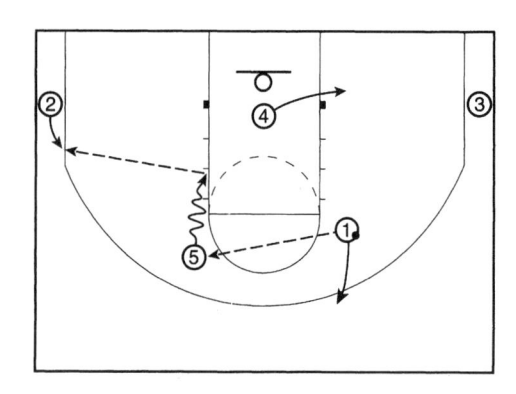

图5.26 当队员⑤接①的传球后，可以向篮下突破或传给位于底角的②。

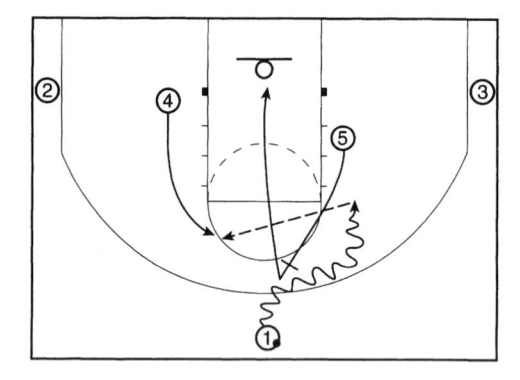

图5.27 如果队员⑤的控球技术不是很好，他就转身向篮下移动，此时④成为防守压力较轻松的队员。

如果球队在某场比赛中某个队员的状态非常好，我们就会让队员④和⑤在低位落位，队员②和③在两侧翼落位。防守队员想要抢断状态很好的队员①的球，就会试图包夹①。此时解决的方法还是使队员分散落位。队员②上提牵制防守，⑤闪切到位于罚球区弧顶的外策应区，④移动到底角。①运球后撤以扯开包夹，然后传球给②，但是②可能被严防，所以①必须快速观察防守形势，然后传球给⑤以破解包夹（图5.28）。但①不能发生失误或陷入被动。

当队员②接到①的传球后立即向篮下突破，以迫使防守队员轮换防守（图5.29），然后可以选择投篮或将球传给⑤或其他空位的队友。

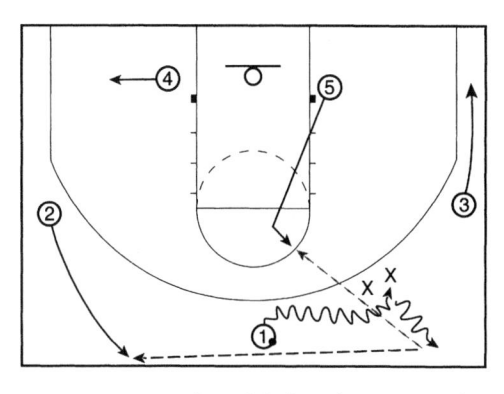

图 5.28 如果防守队员包夹状态很好的队员，②则成为防守压力较轻松的队员，同时⑤闪切到强侧高位。

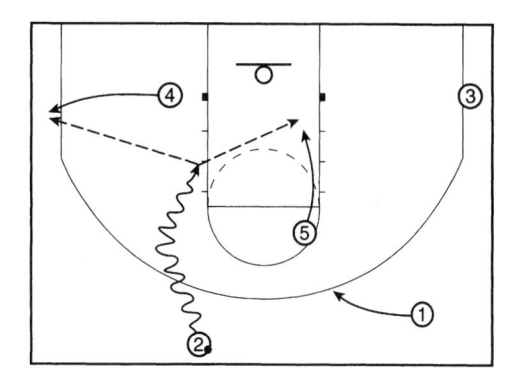

图 5.29 队员②一接到球就发动进攻，他可以投篮或传球给队友。

结　语

如果你的球队经历了艰难的赛期，队员非常疲劳，那么在训练中就很容易发生懈怠。要时刻注意避免这一情况发生，因为训练时缺乏进攻意识将会在比赛中体现出来。我曾经在比赛后仍开着灯进行高强度的投篮练习。在我的战术体系中，队员要有攻击性才能有所作为，如果他们想要在比赛中做到攻击性进攻，则要求他们在练习中做到这一切。

攻击性进攻需要花费时间和全力跑位，但如果坚持下去，你的努力就会得到丰厚的回报。在结束本章之前，让我们总结所述及的战术原则：

- 要把一个完整的战术体系分离成个别的组成部分。掌握这些基本部分并在细节上下工夫，诸如一些特定的打法和在特定环境下的战术配合。
- 进攻的主要原则就是主动攻击。队员不能消极进攻或持球不攻。防守压力越大，防线就越容易被攻破。
- 运球的速度再快也比不上传球的速度，因此尽量快地寻找机会传球，特别是向弱侧传球，弱侧得分的机会更大。
- 通过分散落位扯开防守。
- 做完挡拆配合之后掩护队员必须要"拆"。
- 场上其他 4 名队员必须时刻做好接应控球队员的准备。

每一名队员和教练员必须对进攻体系负责——无一例外。运气的好坏会随着时间的推移而改变，但致力于一个战术体系的努力永远也不能变，要对你的战术体系抱有信心并不断地为之努力。

第六章　三角进攻

菲尔·杰克逊（Phil Jackson）、特克斯·温特（Tex Winter）

我和特克斯从1989年开始就一起执教芝加哥公牛队，我是主教练，他是助理教练。特克斯是三角进攻战术的始创者，并在建立该战术体系以及在整合前场进攻方面起着极其重要的作用。

这一战术体系不仅是一系列战术打法，而且也是战术理念，是每一次获得球权时始终都要考虑并执行的战术思想和方法。在攻防转换反击时，队员要自然地、有目的地跑动，从而使在前场推进时跑位合理和节奏适当。

多年来这种风格的打法被称为三角进攻，也称三角策应进攻或边线三角进攻。特克斯并没有宣称是其发明了这一战术体系，但是他精通讲授这一战术体系并开始实施它。他不仅传授战术行动的顺序，而且还建立了一系列指导进攻的概念和规则。

为了描述这一进攻战术体系，我们把它看做是由在球场一侧沿边线建立的一个三角阵形，和在另一侧的两名队员所组成，队员根据防守队员的站位和反应采取相应的进攻方式。但是，三角进攻体系绝不是这么简单，为了简便我们称之为三角进攻，事实上，这是一个可应用于任何水平比赛的进攻体系。

这是一个旧式学院派打法，它的基础是保持恰当的间距，执行基本原则，队员和球依据确定的规则不断地转移。一支球队想要取胜需要5名队员共同努力，当队员正确地做到这些时就能赢得胜利。

对这种进攻方式的主要误解是，认为它是为有天赋的球员而设计的。的确，迈克尔·乔丹、斯科蒂·皮蓬、沙奎尔·奥尼尔和科比·布莱恩特都曾得益于这一进攻体系而获得成功，但历史上这4位最优秀的队员在任何进攻体系中都能得分并表现得非常出色。三角进攻体系的真实作用是帮助那些不具备良好天赋的队员能在进攻一方获得成功。这一战术体系，或者特克斯教练喜欢称之为这一打法，其独特之处就在于要求队员在进攻过程中作为整体无私地配合，但队员仍然可以发挥自己的个性。

三角战术要求队员依靠自己并控制比赛。这一战术体系为队员提供了一个自由发挥的空间，在比赛过程中教练员在很多情况下也不必一直在场边布置特定的战术，或部署某一队员单吃对方的打法。我并不希望，当然最好也不要在每次获得球权时，就命令迈克尔·乔丹或科比·布莱恩特利用他们过人的能力来得分。

我认为高度程式化、行动不自主的篮球打法很难获得冠军。迄今为止，我一直相信一支球队在场上要十分知晓比赛的形势，队员必须坚信自己能够解读防守并作出相应的反应。但是，这种风格的打法要求队员训练有素并愿意使个人利益服从集体利益，这是三角进攻体系获得最佳结果的基础。

同样，当队员具备全面的技能而不是仅仅在一两方面很出色时，这一战术体系会运作得更好。精通移动原则、控球、做掩护和投篮的队员，在进攻中将能有效、稳定地完成任务的要求。在篮球比赛中根据对手的反应采取行动才能获得最佳的效果，我希望球队打得流畅、自然、全身心地投入比赛。

我不接受仅仅依靠一名组织后卫将球由后场带到前场，并作出所有控球决定的主张，主要是因为一支防守出色的球队会对单一后卫进行紧逼与破坏。两名后卫进攻就可以相互分担控球和传球的责任，并防止对方采用多人包夹一名后卫队员。

在1996年总决赛中，像迈克尔·乔丹、罗恩·哈勃、斯科蒂·皮蓬这样出色的球员都非常适合三角进攻。

合理进攻的七个要素

我认为有效的进攻包括下述几方面的特征：

1. 突破。队员必须突破防守，其最好的方式是快攻，因为篮球比赛是从一条端线到另一条端线进行的全场对抗。

2. 间距。我非常重视队员在进攻端是如何分散站位的。他们必须拉开间距，使自己难于防守、包夹或协防。队员之间必须保持一定距离站位，在高中阶段我建议队

员间保持 12～15 英尺的间距（1 英尺 =0.3048 米，下同），在大学阶段是 15～18 英尺，而在 NBA 是 15～20 英尺的间距。适当的间距不仅能使单个防守队员的防守漏洞暴露出来，而且也确保了在每次防守队员进行包夹时，一定有一名进攻队员处于无人防守状态。

　　3. 球和队员的移动。队员必须要移动，并要有目的地转移球。无球队员有效移动的重要性要远远超出很多球迷和队员的想象，因为他们太习惯于仅仅注视球的动向和控球的队员，但球仅有一个，而队员却有 5 人，这就意味着每名队员的控球时间仅仅是本队获得球权时间的 20%或者更少。

　　4. 控球队员的行动选择。一名聪明的队员拥有进攻防守者的选择越多，其成功的概率就越大。当队友都在靠移动（或在队友的掩护下）进行摆脱时，控球队员的选择将会极大地增多。

　　5. 进攻篮板球和防守平衡。在进行任何一次投篮时，队员都必须奋力争抢篮板，同时保持场上防守平衡并时刻提防对方打快攻。

　　6. 多形式站位。任何队员在进攻时都要有不受角色的支配移动到其他位置上的自由，任何位置都应是可以互换的。

　　7. 发挥队员个人天赋。一支球队在进攻中只有利用自己最好队员的一系列技能才行得通。这并不妨碍执行以上 6 条所强调的团队配合原则，但不能不承认，确实有一些队员有着某种类型与水平的天资，我们在进攻中应该发挥他们的这些过人之处，迈克尔·乔丹使我明白了这个道理。

　　最后，我希望进攻从抢篮板球到快攻、到进攻体系的执行都很流畅。NBA 比赛中的防守是很严密的，因为队员都身材高大、速度快，而且受过系统地训练。24秒规则的运用为进攻队员寻求好的投篮机会增加了压力，这对防守更加有利。

　　即使面临着诸多阻碍，当队员致力于执行这一进攻体系时，三角进攻也能充分有效地发挥。这一进攻体系关键在于队员不仅要注意战术打法，而且要注意战术打法中潜在的基本技术细节，当队员掌握了自己在执行战术时所需要的个人技术，就在一起练习团队配合。做到这些之后，一个好的进攻体系就有了稳固的基础，球队就可以带着必胜的信念和自信走向成功。

　　这种打法很早之前就已经有了。三角站位可以根据队员的不同特点进行调整，但调整不能使进攻体系的本质发生改变。唯一需要从一个赛季到另一个赛季作出调整的是，依据每位队员个人才能的特点作出不同的选择。现在我和特克斯详细介绍三角进攻，以及球队在运用此战术时的具体变化和最佳选择。

对称性落位

　　适当的间距可以为控球队员创造足够的空间对协防和包夹作出反应，并使防守队

• 第六章 三角进攻 •

员不得不扩大防守的范围，这就使进攻队员能够利用更多的角度实施进攻。因此，在开始进攻时，队员要对称落位在半场的两侧建立三角阵型（图6.1）。

在三角进攻中，队员的站位可以互换。后卫、前锋、中锋不必在自己的典型位置上落位——场上队员可以到任何位置落位。一旦完成落位，进攻就从球所在的位置和根据防守队员的移动开始。

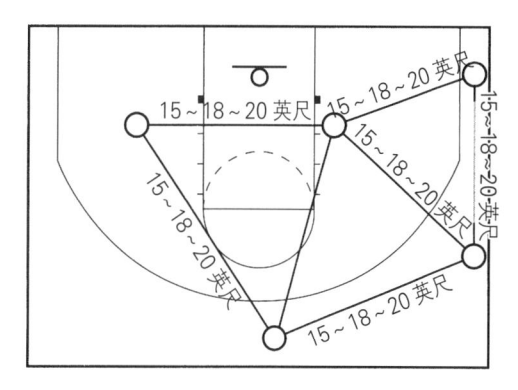

图6.1 半场适当间距的三角站位。

部署线

三角进攻的优势之一就是留给中锋队员单吃对手的机会。我们现在来了解"部署线"这一基本概念。部署线是我们假想的一条通过持球前锋、内线中锋、中锋的防守者和球篮的线。

只要中锋站在部署线上，防守队员要在中锋和球篮之间形成一个标准的防守站位，就必须站在中锋的后面（图6.2）。但这样防守中锋，前锋就能很容易地将球传给中锋。

如果防守中锋的队员想阻止这一轻松传球，他必须在端线一侧或高位一侧对中锋队员进行绕前防守，这样就不能与中锋队员在一条线上，所以前锋可以快速朝着中锋空出的一侧传球。中锋队员必须掌握在低位要位接球的技术，利用部署线进攻。接到传球后中锋可以投篮或将球传给在适当位置、有助于进攻的队友（图6.3）。

间距和球的移动是有效进攻的关键因素。在低位持球时，如果沙奎尔·奥尼尔无法投篮得分，他可以将球传给在罚球线区弧顶的科比或边锋，或位于弱侧的空位队员。

97

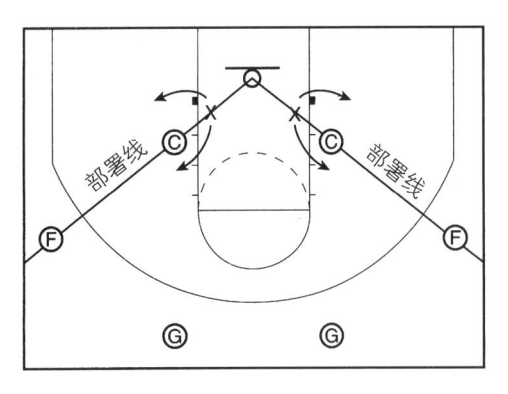

图 6.2 部署线。

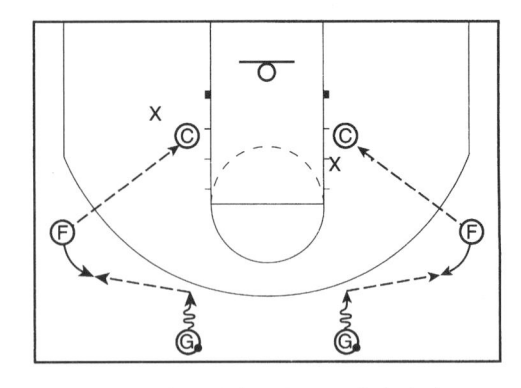

图 6.3 强调部署线会很成功地将球传到低位。

> **传球的原则**
>
> 在深入讨论三角进攻之前，必须强调进攻的基本技术。如今，传球的作用没有得到应有的重视，但它却是执行三角进攻的关键。传球时队员必须理解并遵守以下原则：
>
> - 当防守队员距球 3 英尺或更近时传球。防守队员距离进攻队员越近，其所拥有的对传球作出反应的时间就越短，但这一传球原则最不被人们所理解。
> - 传球时要看传球路线和接球队员，不能盲目传球。但不要盯着接球队员，要用眼睛的余光看。
> - 有目的、合理地利用假动作。有目的的假动作能够使传球队员根据防守队员的反应做出传球。传球队员在做假动作时，应保持镇定自然、机智灵敏。
> - 不做多余动作。手腕和手指要快速做出动作，并尽可能地简化传球的动作。
> - 快速传球给空位的队友，该队友接到球后往往有不到 3 秒的时间进行进攻。在接球后 3 秒内作出行动的篮球队员，是比较优秀的队员，超过 3 秒就是比较差的队员。快速地传球使得防守队员不断作出调整并可能迫使其失去防守位置，从而增加了传球的选择和得分机会。
> - 将球传到队友空出的一侧，是被优秀队员所忽略的又一传球原则。传球队员不但要观察自己的防守者，还要观察传球路线以及接球队员的防守者。接球队员要建立好的传球目标，并通过有效的封堵使防守者远离传球路线来协助传球队员。
> - 预判如何接球并考虑好接球后向哪（传给哪个队友或传向哪个位置）传球，一流队员都能掌握这一技能。如果队员没有这种传球能力，你就要建立一个进攻阵型来保证快速传球，从而打乱防守阵型。

通过向队员透彻地灌输部署线理论，在实战中就能够成功地将球传给中锋队员。事实证明，在对手全神贯注地防守时这种进攻方式也能将球传给策应队员。

建立边线三角阵型

大部分进攻战术都是从球传进内线开始，但是在三角进攻中却没有必要这么做。三角进攻能够根据防守阵型的调整及其进攻的策略以任何形式的传球开始。

像科比·布莱恩特这样的天才边锋队员能够利用三角阵型的空间发挥优势突破自己的防守队员，吸引对方协防，然后将球传给空位的队友来投篮。

第一传（强侧落位）

以下是强侧落位后第一次传球的方法。

后卫切到侧翼

- 外切。控球队员①从正面向限制区运球，将球传给边锋③并从其外侧切到底角，与队员⑤和③建立一个三角阵型。在此必须再次提到间距，即队员③必须与边线有一个合适的距离以保证①能从其身后切入（其他切入同样如此，下文将会解释）。
- 内切。队员①将球传给③并朝③移动，然后突然移动到底角（图6.4）。
- 假掩护切入。队员①将球传给③后向内线切入，擦过队员⑤移动到底角。
- 向篮下切入。队员①将球传给③后切到篮下，然后从队员⑤身边摆脱后移动到底角（图6.5）。

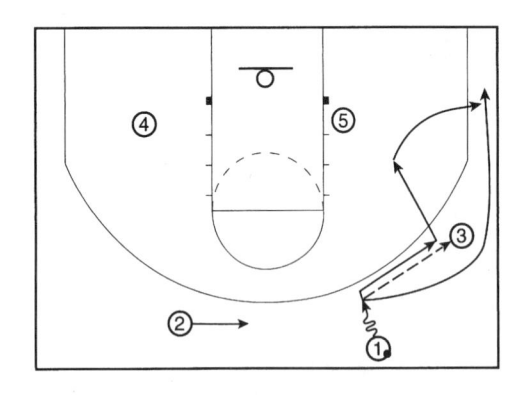

图6.4 强侧落位：后卫的外切和内切。

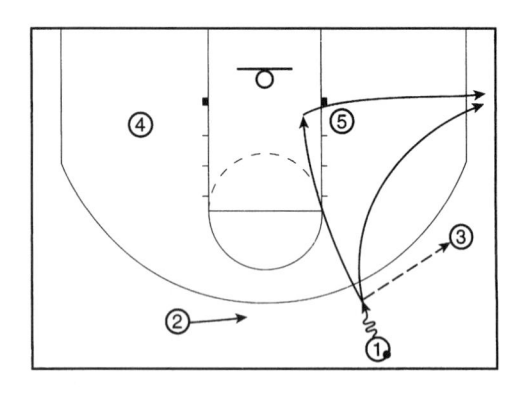

图6.5 强侧落位：后卫的假掩护和向篮下切入。

每一次后卫队员①在强侧进行切入时，另一名后卫②都要移动到场地的中路牵制防守，然后在弱侧形成2对2。

侧翼运球进攻

队员①朝③运球，暗示③向篮下移动，然后③再移动到底角；同时⑤移动到高位，②到球场中路。然后④向限制区切入到中锋的位置，⑤切向弱侧到侧翼与④换位（图6.6）。

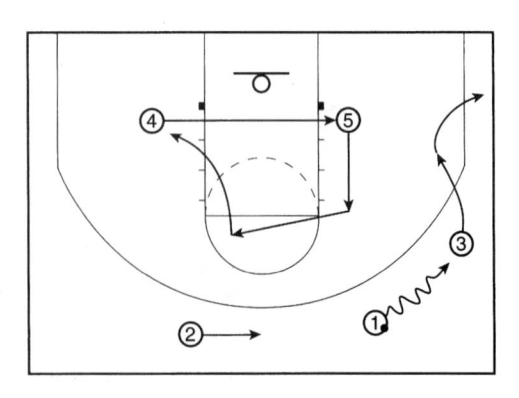

图6.6 强侧落位：队员⑤到弱侧边翼，④移动到中锋的位置。

中锋底角落位

- 队员①将球传给③，⑤移动到底角，④沿底线或从限制区顶部切入限制区取代中锋位置；而②切到弱侧的侧翼，取代④的位置（图6.7）。①移动到三分线弧顶，这样队员间就保持着合适的间距。
- 另一种选择：队员①传球给③，⑤移动到底角，队员①（或②，二者中较善于打策应的队员）取代在策应区的⑤的位置（图6.8）。

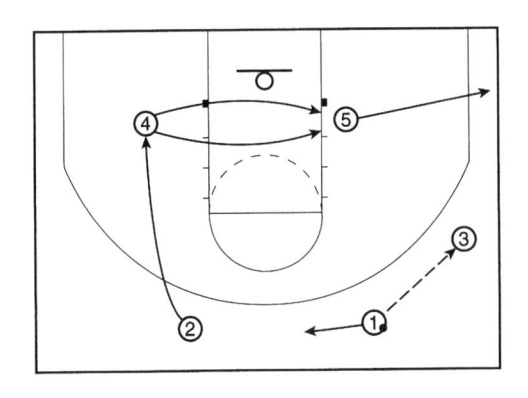

图6.7 强侧落位：队员⑤移动到底角，④取代⑤的位置。

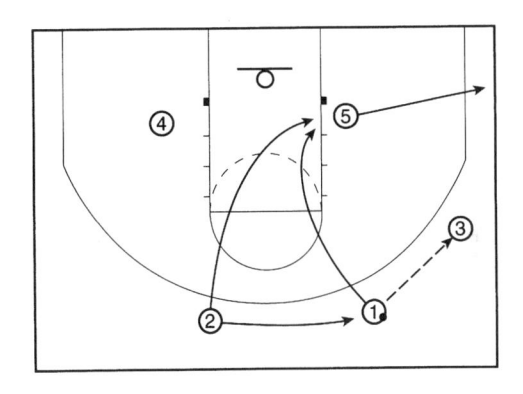

图6.8 强侧落位：队员⑤移动到底角，①（或②）取代⑤的位置。

第一传（弱侧落位）

以下是在弱侧落位后第一次传球的方法。

弱侧后卫落位

队员①传球给③，位于弱侧的后卫②可以采用两种方式移动到底角（图6.9）：

- 经篮下快速切入，或
- 利用边锋④所做的后掩护摆脱切入。

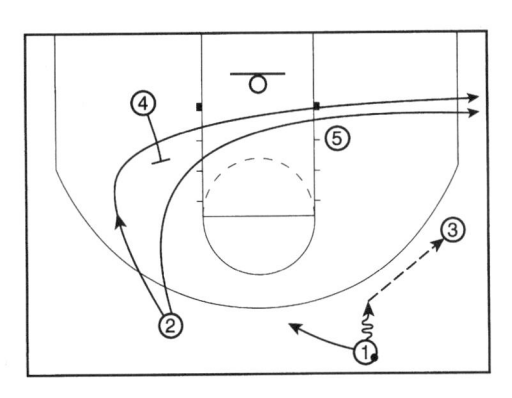

图6.9 弱侧落位：后卫经篮下切入或利用弱侧边锋的掩护切入。

弱侧前锋落位

队员①传球给③，④沿底线切入或绕限制区顶部切入到底角，②取代边锋④的位置（图6.10）。场上站位再次平衡。

第二传

在强侧建立三角阵型后，位于强侧的边锋有四种传球选择，我们称之为"第二传"。因为，这次传球是在发动进攻时第一次向侧翼传球之后。场上有4个可以直接传球的点，在每个传球点都有多种进攻选择。

假设队员①传球给③后到底角落位，③观察防守并采用以下的方法传球（图6.11）：

方法一：传给中锋队员⑤。

方法二：传给在弱侧中路、三分线弧顶的后卫队员②。

方法三：传给做背后切入的弱侧边锋④。

方法四：传给位于强侧底角的后卫队员①。

方法一：传球给中锋

现在来看一个最简单的进攻选择，这种方法早已被人们所运用，但至今仍相当有效，它被称为摆脱切入，或从策应队员身边切入，或称为利用中锋切入。进攻从传球开始，队员①传球给③后，从外线切到底角建立边线三角阵型，同时队员②移动到球场的中路（图6.12）。

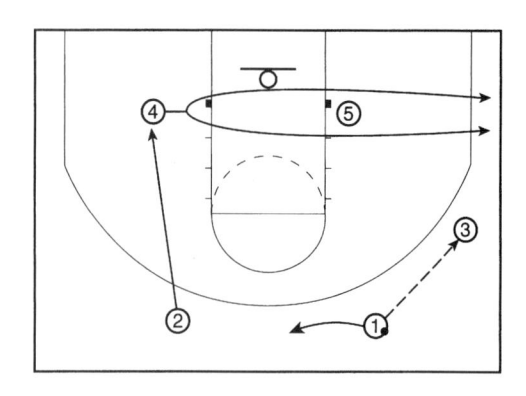

图6.10 弱侧落位：前锋沿底线或绕限制区顶部切入。

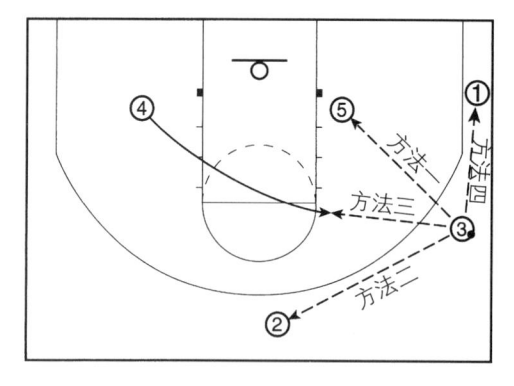

图6.11 方法一，传球给中锋；方法二，传球给弱侧的后卫；方法三，传给做背后切入的弱侧边锋；方法四，传给位于强侧底角的后卫。

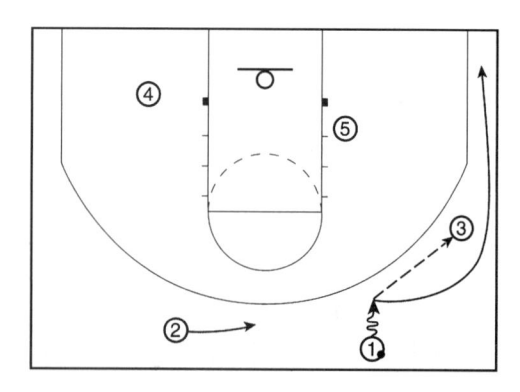

图6.12 建立边线三角阵型：传球给中锋。队员①传球给③后移动到底角。

第六章 三角进攻

选择一，队员③传球给⑤，然后做摆脱假动作，沿⑤的底线一侧切入限制区内，同时队员①尽可能地靠近③的背后切入。传球队员是先切入者，并切到队友⑤的旁边，寻找空位（图6.13）。

队员③也可以做变速切入并尝试为①做掩护（图6.14）。②到对侧"扇形区"落位，④移动到限制区附近准备抢篮板球。③在传球给中锋⑤后也可以快速切入，然后为②做掩护（图6.15）。③也可以做切入后给④做掩护，同时①沿端线快速切入（图6.16）。

中锋⑤也可以向外分球给在弱侧"扇形区"落位的②，扇形区也叫做"花园区"，因为如果当防守队员试图夹击中锋时，它是场上一个很好的空位投篮点（图6.17）。

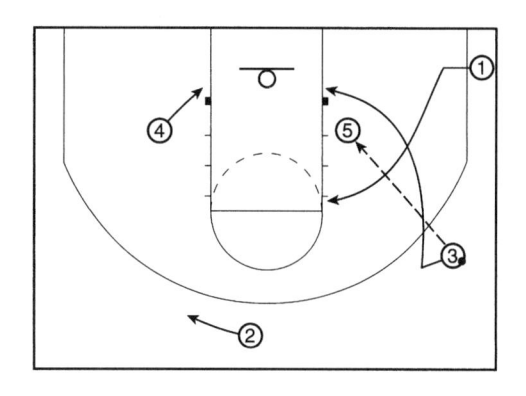

图6.13 队员③和①的摆脱切入。

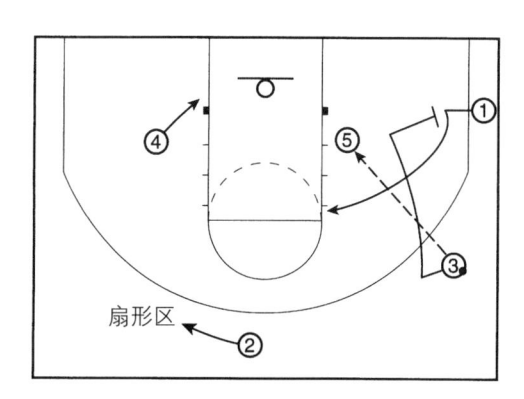

图6.14 队员③也可以为①做掩护。

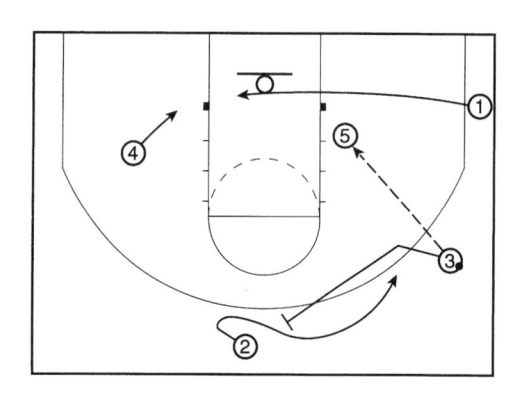

图6.15 队员③快速切入后为②做掩护。

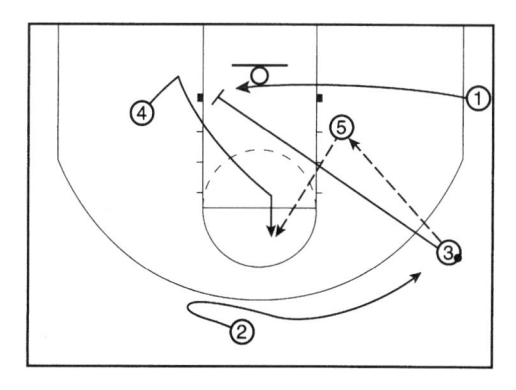

图6.16 队员③快速切入后为④做掩护。

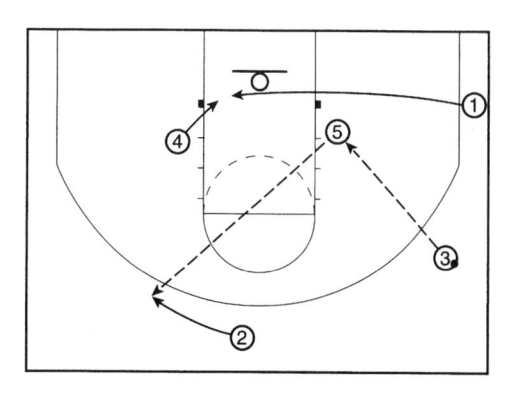

图6.17 队员⑤可以将球传给位于"花园区"的②。

选择二，队员③传球给⑤，①快速切向端线，如果无人防守就接⑤的击地传球；③绕限制区顶部快速切入（这种行动称为区域快速切入）。在③传球给⑤的同时，②到"花园区"落位接⑤的传球，④从防守队员身后切到"威胁区"（图6.18）。威胁区是进攻队员在此等待掩护时，防守队员会感到慌乱的区域。

如果队员①、②或③都没有空位，①继续向前切，利用④的掩护摆脱防守，然后移动到外线牵制防守，同时③切入到限制区为④做掩护（掩护掩护队员配合）；队员②则取代③的位置（图6.19）。④利用掩护后突然拉出到罚球区接⑤的传球，或如果④没有摆脱防守，⑤也可以传球给做完掩护后转身切到篮下的③。如果没有其他选择的话，⑤可以传球给②。如果③没有接到⑤的传球，就移动到弱侧的底角（图6.20）。

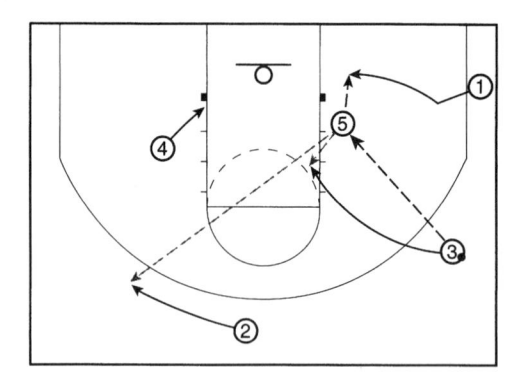

图6.18 队员①快速切入，③绕限制区顶部快速切入。④从其防守者身后切入，移动到对方的视线外，并深入篮下准备接传球或抢篮板球。

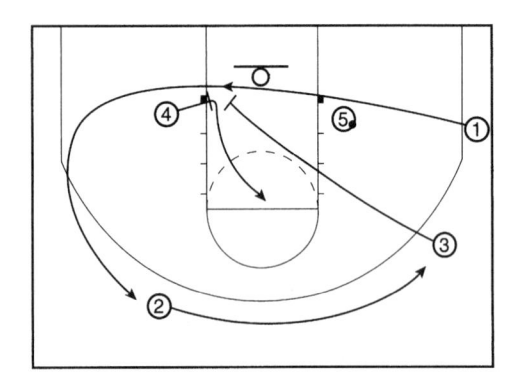

图6.19 队员③为④做掩护掩护者的战术。

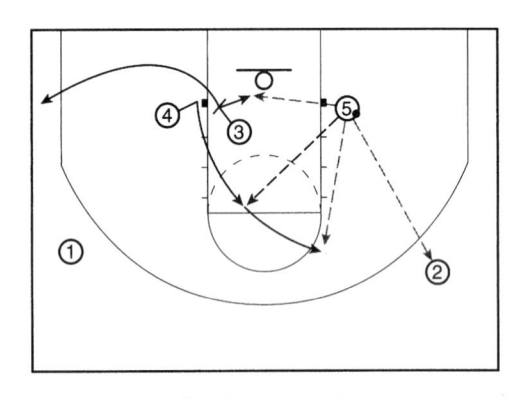

图6.20 队员⑤所有的传球选择。

队员②传球给④（或回传球给⑤）后移动到三分线弧顶。如果④无法出手投篮，就传球给①后切向低策应区，同时⑤到弱侧翼落位（图6.21）。此时在球场的另一侧建立了三角阵型，重新开始三角进攻。就像我们常说的："我们一直在组织并随时准备进攻！"

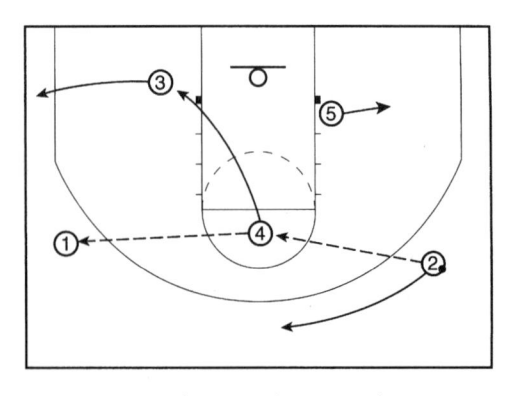

图6.21 当没有进攻选择时，就在场地弱侧建立一个新的三角阵型保持进攻的连续性。

选择三，队员③将球传给⑤后做抢篮板球式掩护切入（起动时看上去就像要到限制区内抢篮板球，事实上却是去做掩护），同时①向端线做跨步假动作骗过防守队员，然后利用③的掩护摆脱后移动到⑤的前面；队员②和④在球场另一侧落位（图6.22），然后⑤传球给无人防守的②或④。

如果队员②和④都没有获得空位，①就继续移动到罚球线附近，然后他可以切入到限制区为折回接球的②做掩护，然后转身切向篮下或迅速向外拉出（图6.23）。⑤可以传球给①、②或做完掩护后迅速拉到底角的③。

方法二：传球给弱侧弧顶的后卫

选择一，如果队员⑤被严密防守，③可以传球给三分线弧顶的②；如果②无人防守则可以直接投篮，或传球给在限制区要位准备接球的⑤（图6.24）。

如果⑤在限制区要位时遭到严防，③将球传给②后做抢篮板球式掩护切入，同时①向底线做跨步假动作骗过防守队员，然后在折回牵制防守的路线上利用③的掩护摆脱。如果①无人防守，②就传球给①（图6.25）。队员④像⑤一样做切入假动作后返回。这就使防守队员难以抢断传球。

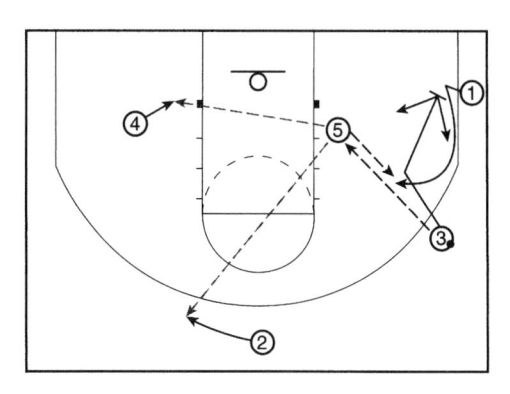

图6.22 队员③传球给⑤后做抢篮板球式掩护切入。如果有机会③就直接切向篮下，或者有防守队员被中锋队员挡在身后，③就后撤（或撤到外线）。

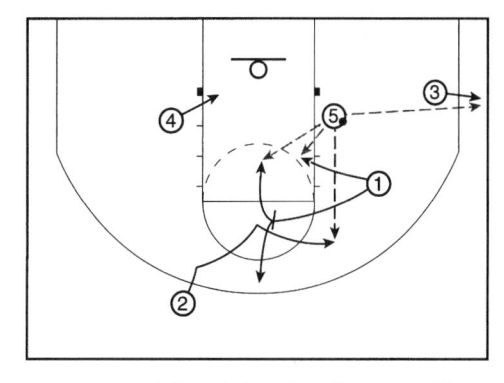

图6.23 队员①的战术配合和⑤的传球选择。

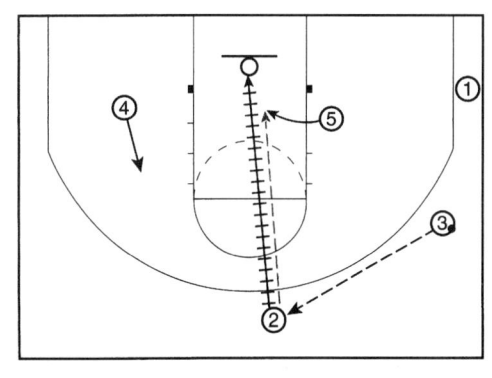

图6.24 队员③传球给弱侧三分线弧顶因防守队员进行后撤或夹击防守而无人盯防的后卫。

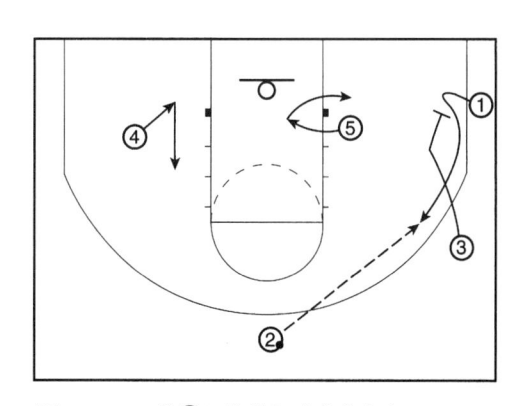

图6.25 队员③做抢篮板球式掩护切入。

如果队员①无人防守，②就传球给①；如果防守队员后撤防守，②就运球与①交叉换位，②在运球换位时将球传给①或者直接将球传给①，①再传给做完掩护后退回底角的③（图6.26）。在队友做运球交叉换位的同时，④向篮下折回并移动到有利于抢篮板球的位置，队员⑤深入篮底做策应或者有队友投篮时准备抢篮板球。

选择二，我们称这种打法为策应性牵制配合。当队员②接到③的传球后，④突然向外拉出，但防守队员对其进行绕前防守，因此他就（利用背切）折回到篮下接②的高吊传球。同时，队员①返回原位以牵制防守，⑤利用不断在限制区内进出准备抢篮板球，或在篮下准备接传球牵制防守队员（图6.27）。然后②传球给④。

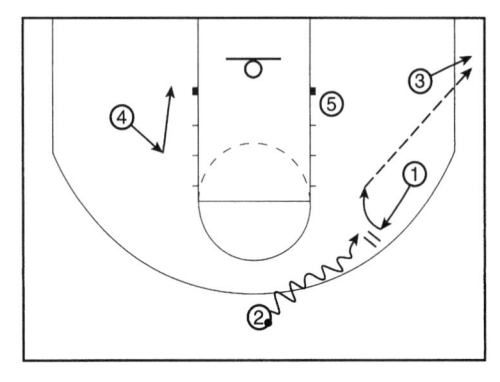

图6.26 队员②传球给①（或运球与①交叉换位）。

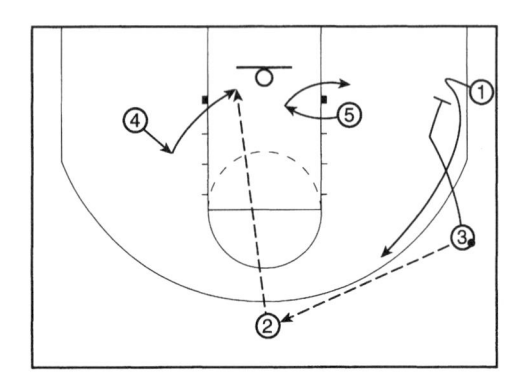

图6.27 策应性牵制配合：队员④进行背后切入。

如果队员④在背切后不能接球，就迅速向外拉出至肘区附近的外策应区接②的传球，②传球后快速从④身边切过，接④从身前传回的短传球（图6.28）。在这个两人配合中，②要伸出双手做好接球准备。同时③要为①做掩护，做完掩护后退到底角，①返回来牵制防守，⑤要一直牵制防守队员，然后在分位区停留片刻。

队员②向篮下突破，同时④做后转身面对球，观察防守并做出相应的移动。如果可以沿直线切到篮下，就直接切向篮下接②的回传球。如果②遭到夹击，④就做后转身面对球，站在原地准备接②的回传球（图6.29）。队员⑤在分位区准备接可

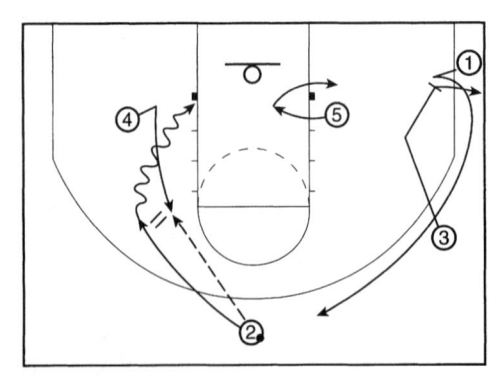

图6.28 队员②和④之间的两人配合。

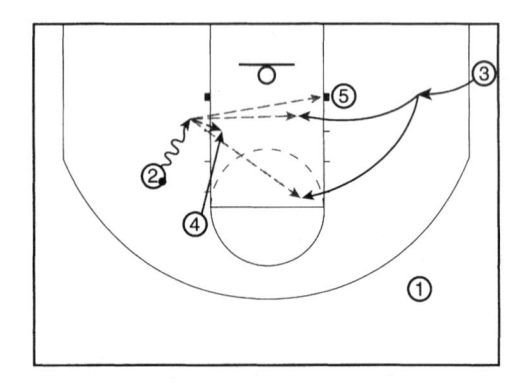

图6.29 向篮下突破后队员②的传球选择。

能从②传来的球，③到外线落位接可能出现的外线分球或切入到球篮前接可能的传球或抢篮板球。

方法三：传球给在弱侧做背切的边锋

选择一，队员③传球给闪切到强侧肘区附近外策应区的④，②快速向篮下做背切。如果②的头部和肩膀已经超越了防守队员，④就快速击地传球给②（图6.30），此时②应该迎上去在膝关节高度接球。

队员③在传球给④后做抢篮板球式掩护切入，同时①朝底线做跨步假动作后利用③的掩护摆脱，然后返回到原位牵制防守。③根据比赛形势移动到球篮前面做好抢篮板球的准备。由于②向篮下突破，⑤的防守者可能会去协防②，⑤就在阻区站定并准备接可能从②传来的球（图6.31）。此时④做后转身并观察防守，随球跟进或深入到篮下准备接当自己的防守者去防守②时，②传来的球。

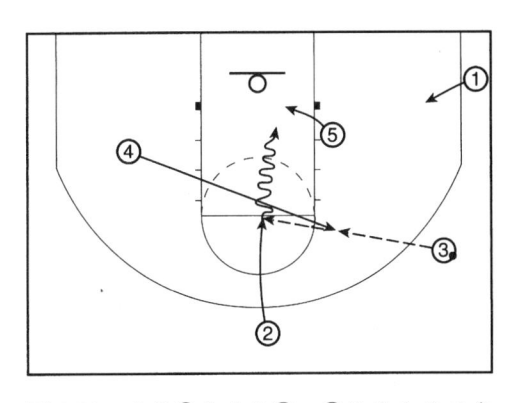

图6.30　队员③传球给④，②快速向篮下背切，接球并向篮下突破。

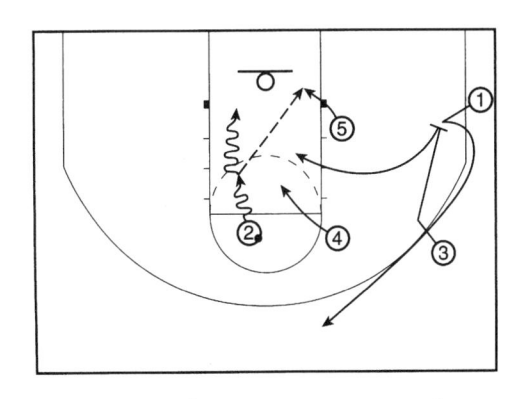

图6.31　队员②向篮下突破后的行动选择。

选择二，队员③将球传给闪切到强侧肘区附近外策应区的④，②快速向篮下背切。如果②遭到严密防守，就一直切到底角，随后③在②之后切入接④的传球（图6.32）。③可以向篮下突破后上篮，或向篮下突破后分球给位于阻区的⑤及在底角落位的②。

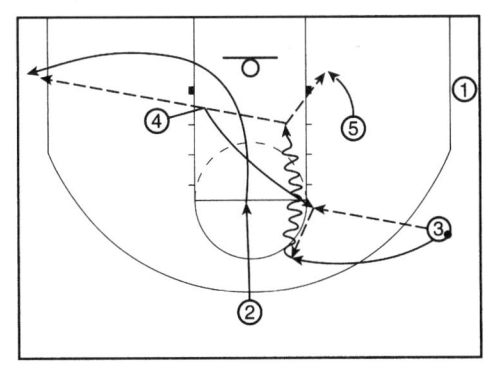

图6.32　队员③接球后向篮下突破或突破后分球给⑤或②。

如果队员②被严防，③也不能接球，④就向从底角上来的①运球并与①交叉换位后手递手传球，或直接传球给从底角拉出再拉回的①（图6.33）。如果①在交叉换位后接到传球，可以直接向篮下突破，或跳投或向扇形区传球给在侧翼和底角落位的②或③，同时⑤向另一侧低位闪切（图6.34）。

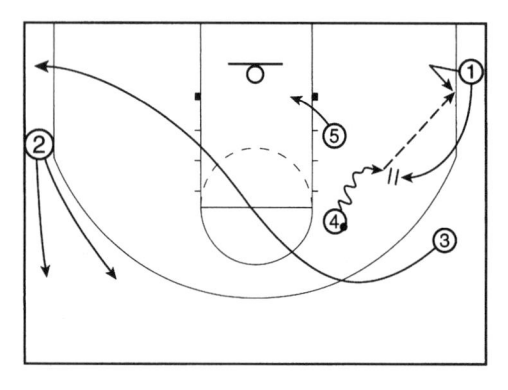

图6.33 队员④向①运球交叉换位时手递手传球或直接传球给①。

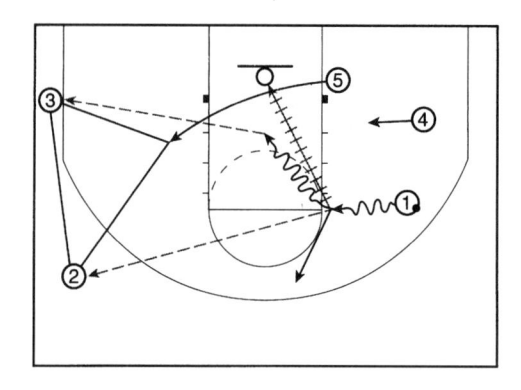

图6.34 队员①在向篮下突破后的战术选择。

如果将球传给队员②后进攻没有打成，队员②、⑤和③已经在场地的另一侧建立了三角阵型，①在罚球区的弧顶，④在弱侧翼的位置，这样就创造了连续性进攻。

方法四：传球给强侧底角的后卫

队员③传球给位于底角的①，①注视篮筐做出投篮姿势。传球后，③做弧线向篮下切入并尝试接回传球，同时⑤移动到强侧肘区附近的外策应区（图6.35）。

在队员③切入后，①利用⑤的掩护运球突破到罚球区弧顶，然后可以传球给做完掩护后转身切向篮下的⑤；③利用④的掩护继续切向弱侧（图6.36）。当①将球运出底角时，②移动到球场对侧扇形区落位。

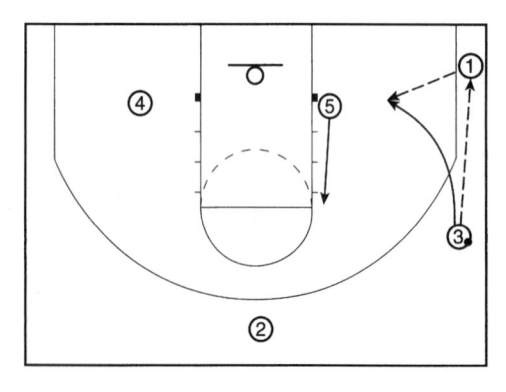

图6.35 方法四：传球给强侧的后卫。

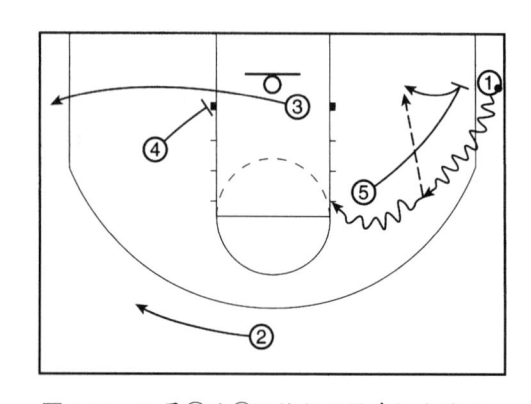

图6.36 队员⑤为①做掩护后转身切向篮下。

第六章 三角进攻

队员①可以投篮或向篮下突破，或传球给在外围落位的②（图6.37）。如果有利于在篮下渗透，①也可以传球给④或⑤。如果效果不好，队员③、④和②已经在球场的另一侧建立了三角阵型，同时⑤充当弱侧的边锋，①在罚球区的弧顶落位。

图6.37 队员①的战术选择和球场另一侧的三角阵型。

单人切入系列

队员①传球给③后，并不切到底角来建立三角阵型，而是如果有机会就快速切到罚球线附近或篮下接球（图6.38）。队员④移动到距篮筐15~18英尺的位置落位，而②移动到三分线弧顶落位。

队员③以"三威胁"姿势站位，观察正在策应的队员⑤并准备传球，而①到对侧的底角落位。③传球给⑤后单人切入到⑤的任意一侧（图6.39）。②在远离球一侧以"花园式"落位，同时④向下为①做掩护，①快速拉出到底角。

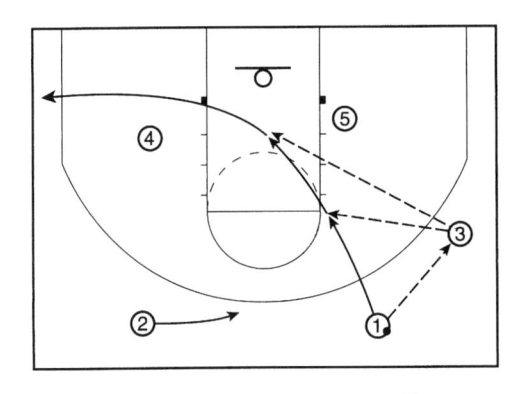

图6.38 单人切入战术配合：队员①传球给③后快速切入。

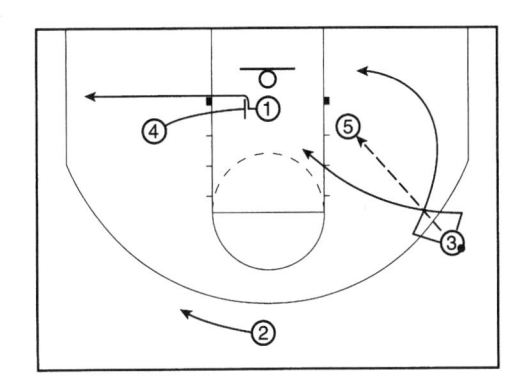

图6.39 队员③传球给⑤，做单人切入或前切入。

当队员③从⑤的两侧切入时，⑤就有空位投篮的机会，②就移动到有利于投篮位置的"甘点"（类似于扇形区和花园区）。如果③在切入时没有接到球，就为向罚球线附近移动或向篮下切入接⑤传球的④做掩护（图6.40），⑤也可以传球给②。

假设队员③不能传球给⑤。③就传球给在三分线弧顶的②，然后在⑤的掩护下摆脱切入，同时⑤上步做策应性牵制以协助③的切入。在弱侧，④为①做掩护，①可以迅速向外平移到底角或移动到外线再上提。此时②有多种传球选择（图6.41），他可以传球给③、①或为①做完掩护后转身切到篮下的④，以及做策应性牵制的⑤。

109

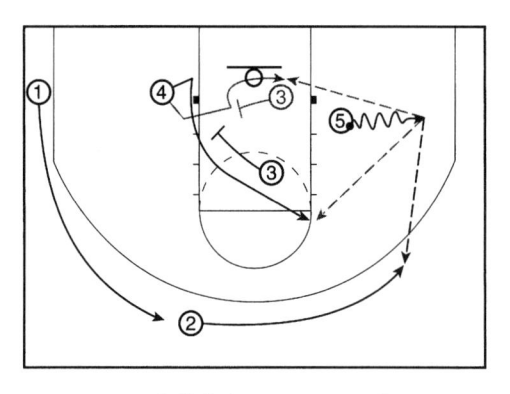

图 6.40　队员③在高位或低位为④做掩护，以及⑤的传球选择。

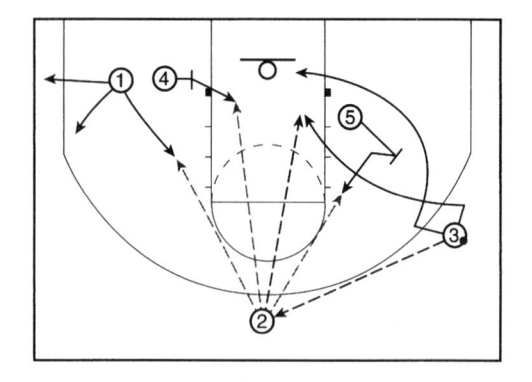

图 6.41　如果队员②接到球，他将有多种传球选择。

缓解防守压力

我们必须能够克服防守队员给进攻带来的压力。以下是一些缓解防守压力和突破第一道防守的方法。

关键时刻

我们对"关键时刻"的定义是：队员③在盯防控球队员的防守队员的前面。①已经做好了将球传给③的准备，此时的①就处在关键时刻。当①处在关键时刻时，③必须同时迅速向外拉出在侧翼接①的传球（图 6.42）。

因此，我们称这条横穿球场的、距控球队员的防守者身前 3 英尺的虚拟线为关键线（图 6.43）。

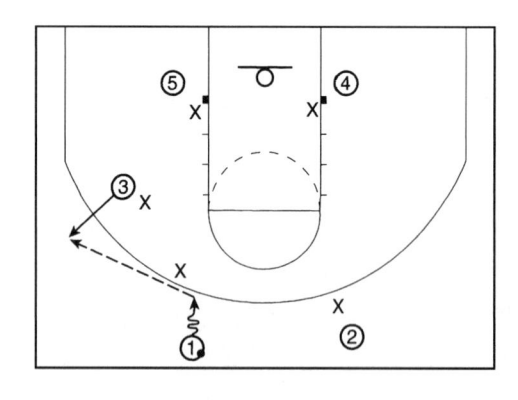

图 6.42　关键时刻就是，当队员①在距离防守队员 3 英尺的地方持球，边线队员在强侧迅速拉出准备接后卫①的传球时。

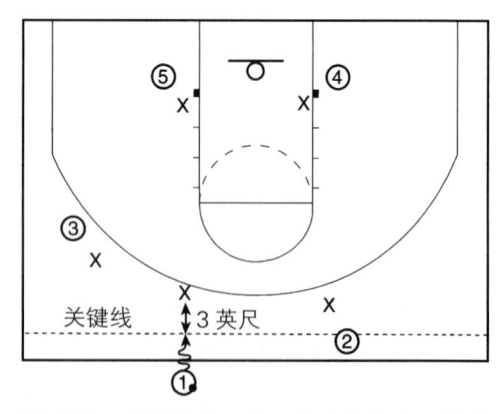

图 6.43　关键线是一条距离防守控球队员的防守者身前 3 英尺的线。

拖延原则

如果队员①到了关键时刻，而③在向外拉出后没有甩开防守队员，则可以使用"拖延原则"，即后卫与后卫之间进行传球。当②在关键线的后面至少有3英尺的距离作为安全线时，①就传球给他。然后②将球传给突然向外拉出接球的④（图6.44）。参与到这两次快速传球的三名队员必须互相协调地移动，以及选择好时间点，以使边线队员成功——合理执行这一行动的需要多次运球。

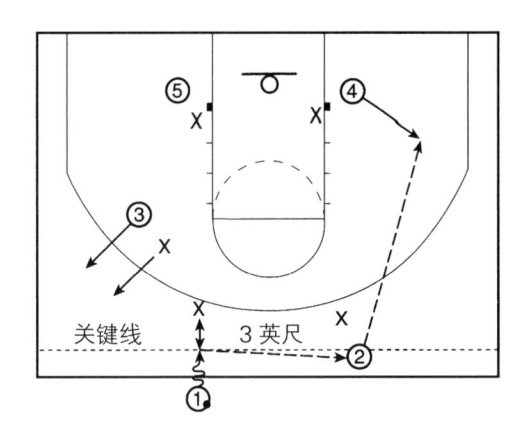

图6.44 拖延原则：如果队员③没有甩开防守队员，另一名后卫②移动到关键线后作为缓解防守压力的队员。①来执行延缓传球。当球没有突破前场防守时，可以多次传球。

背切配合

如果接缓冲传球的队员②被绕前防守，④就闪切到罚球区弧顶，①快速传球给④，②快速从后侧进行背切，如果无人防守就在切入的过程中接④的击地传球（图6.45）。

如果队员②没有获得空位接球机会，就继续切入到弱侧"威胁区"，而①从④的上面切入并接④的传球（图6.46）。接球后①向篮下突破或向两翼及底角的"战术执行区"运球。

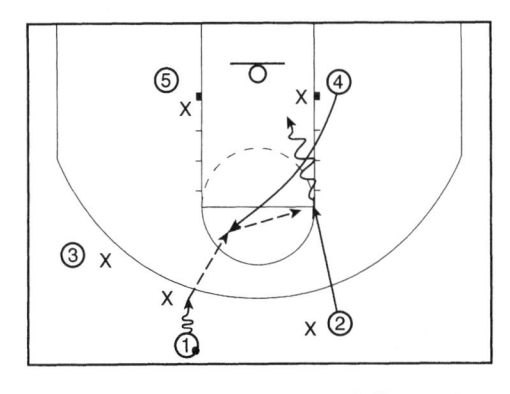

图6.45 背切配合——如果队员②被绕前防守，④快速移动到高位，接到①的传球后再传给②。

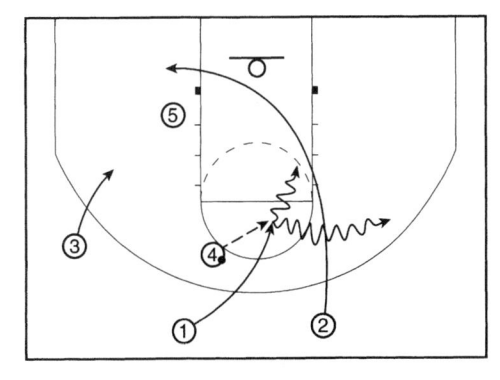

图6.46 如果队员②没有空位接球机会，就继续切入，①从④的前面切入。

如果队员①在切入时没有获得空位接球机会，就继续移动到篮下后向外拉出，并站定位置准备接④的传球。然后④向球场另一侧运球与利用③的向下掩护摆脱的②做交叉换位手递手传球（图6.47）。传球后，④移动到球场中路，到另一侧参与进攻。④也可以直接传球给利用③的掩护拉到底角，在侧翼落位建立三角阵型的②。

　　队员④的行动选择：④传球给③后不为③做掩护，而是为向三分线弧顶移动的①做向下掩护（图6.48）。②在侧翼站定并观察场上形势，同时③不为②做向下掩护，而是在侧翼位置站定。如果④到另一侧为①做掩护，②就快速拉出到底角，此时队员③、⑤和②就建立了一个边线三角阵型。④也可以传球给①并为其做掩护（图6.49）。

　　队员①可以做如下行动选择（图6.50）：

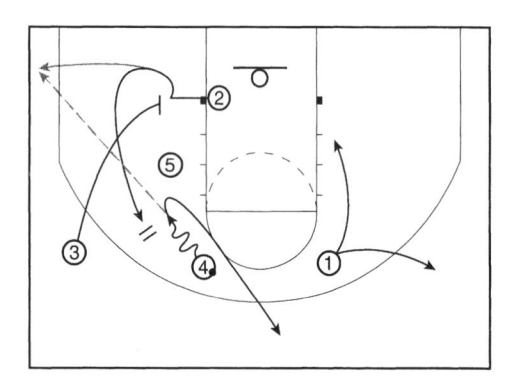

图6.47　如果不能传球给切入队员，④向球场另一侧运球，并通过手递手的方式将球传给②。

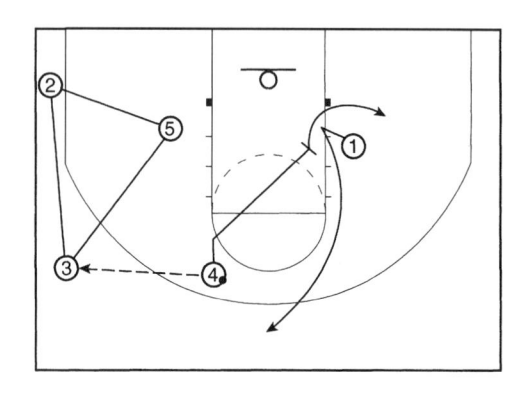

图6.48　队员④传球给③后为①做掩护，在这种情况下，②快速拉出与队友建立三角阵型。

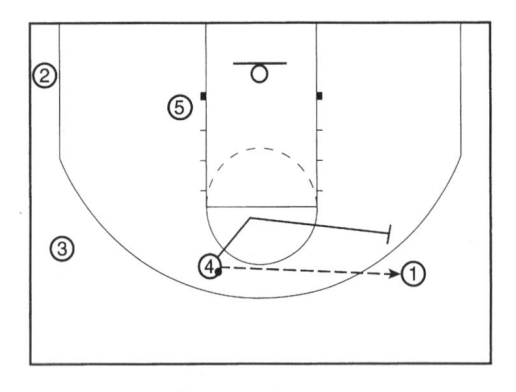

图6.49　队员④传球给①并为其做掩护。

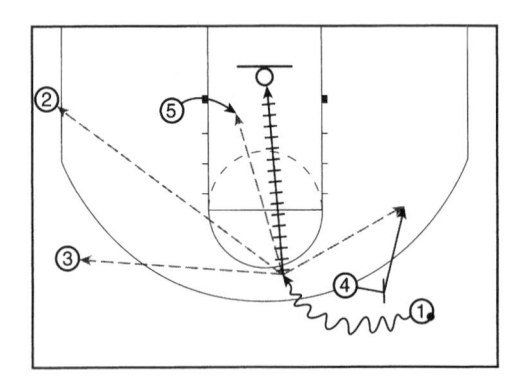

图6.50　队员①有多种传球和投篮选择。

- 在队员④做完掩护后转身切向篮下时，击地传球给④（两名队员间的挡拆配合）。
- 直接向篮下突破。
- 运球突破到空位后进行跳投。
- 突破后分球给在阻区的队员⑤，或在弱侧位置的③，或位于底角的②。

如果没有空位接球的队友，我们可以在边线以队员③、⑤和②建立三角阵型。队员①可以传球给③，然后移动到三分线弧顶，④可以移到侧翼。

做完背切配合（图 6.45）以及队员②完成切入后，在三分线弧顶的控球队员④将球回传球给①后移动到其他位置（图 6.51）。

队员②首先利用③的掩护从限制区内摆脱出来，然后④再为②做第二个掩护（交错掩护）。①可以在将防守拉空的另一侧进行一对一单打，同时利用③和④掩护摆脱的②如果不能空位接球投篮，就回到球场中路牵制防守（图 6.52）。

如果队员①未能摆脱自己的防守者，他可以将球传给其他 4 名队友中任意一个在弱侧拉开空位的队友。队员④、⑤和③再次在边线形成三角，同时②在三分线弧顶落位，①在弱侧翼落位。

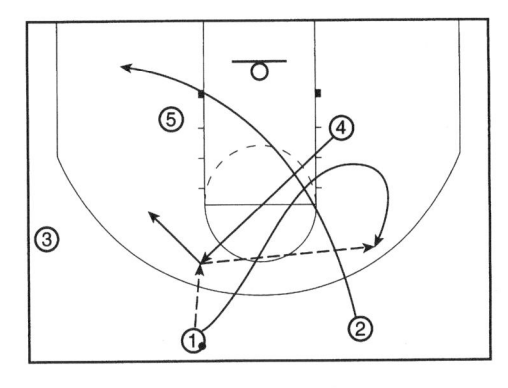

图 6.51　队员④将球回传给①后移动到其他位置。

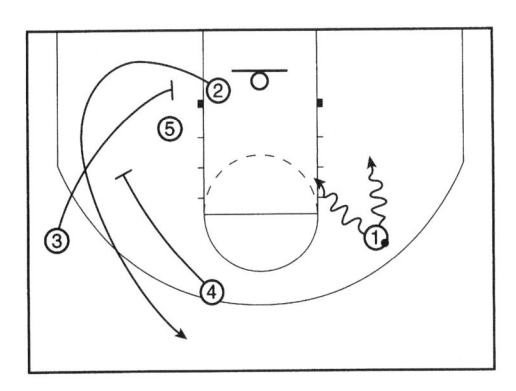

图 6.52　队员③和④为②做交错掩护，①在球场另一侧进行一对一拉空单打。

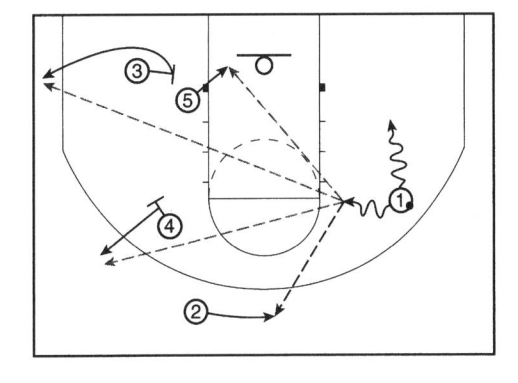

图 6.53　队员①的多种传球选择。

侧翼队员背后切入

队员④已经闪切到三分线弧顶，②快速切入到罚球区后再继续切到底角。但这次①无法将球传给④，于是就传给③，然后利用④的后掩护切入。③看准机会高吊传球给①（图 6.54）。此时应注意球场右侧的防守已被拉空。

在为①做完掩护后，队员④继续为绕过自己向罚球区运球突破的③做侧掩护（我们称之为侧翼挡拆）。①拉到底角或到侧翼落位，也可以返回与③做交叉换位手递手

113

传球。④在为③做完掩护后,再为从底角上提牵制防守的②做第三次掩护(图 6.55)。⑤在弱侧策应区站位。

队员④做完掩护后,继续移动到弱侧有利于抢篮板球的位置。③将球分给①后移动到篮下做策应(图 6.56)。⑤移动到限制区内准备在①投篮后抢篮板球。

如果队员②被绕前防守或者没有参与调整性传球就切入,同时④紧贴着②的身后切出(我们称之为模糊掩护)。①将球传给④后从其背后快速切入。③为上提牵制防守的②做掩护。如果②切到篮下时获得空位,①可以利用高吊传球将球传给②(图 6.57)。

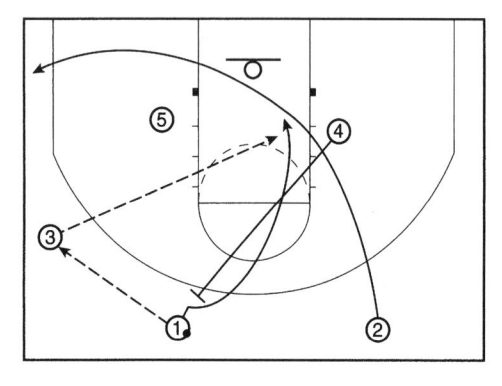

图 6.54　侧翼队员背后切入:队员①传球给③,④为①后掩护进入拉空防守区。

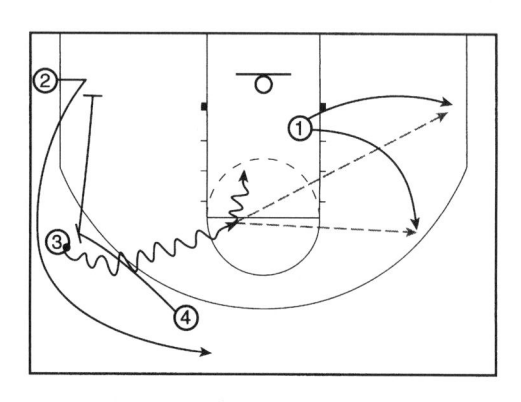

图 6.55　队员④连续为③和②做掩护。

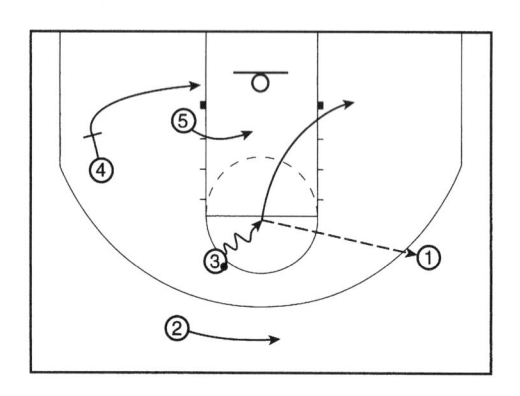

图 6.56　队员④和⑤到利于抢篮板球的位置落位。

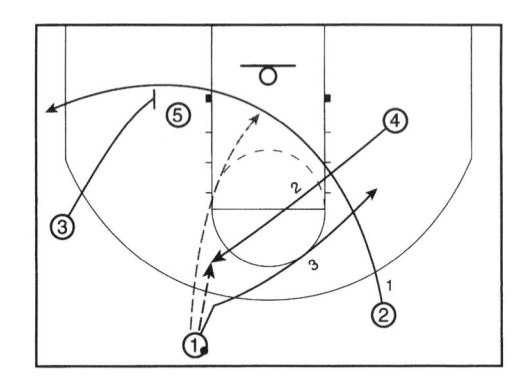

图 6.57　如果无法将球传给队员②,②就先切入,④随后切出,然后①传球给④后再切入。

侧翼队员背切配合

如果队员①无法传球给②或③,则可以将球传给在强侧肘区附近外策应区的⑤,

此时，同往常一样与队友保持一定间距站位。当①传球给外中锋⑤时，③做背切（我们称之侧翼锋背切），如果③的头部与肩部已经超越了防守队员时，⑤就给③做击地传球（图 6.58）。

如果③在切入过程中不能接球，①就为②做掩护（我们称之为"后卫挤进配合"）。②利用①的掩护快速切入到距离⑤3 英尺的地方，如果②无人防守，⑤就将球传给②。做完掩护后①转身移动到罚球区准备接⑤的传球（图 6.59）。

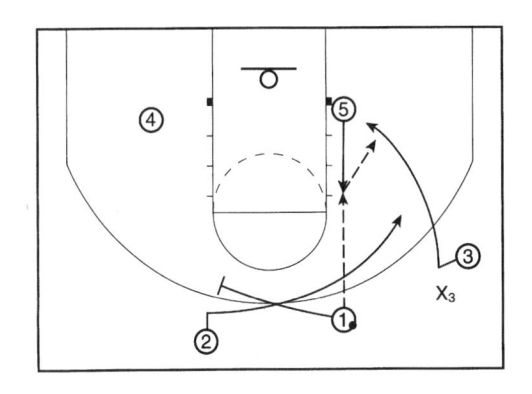

图 6.58 侧翼背切：队员①也可以传球给⑤并为②做掩护，而⑤可以传球给做背切的③。

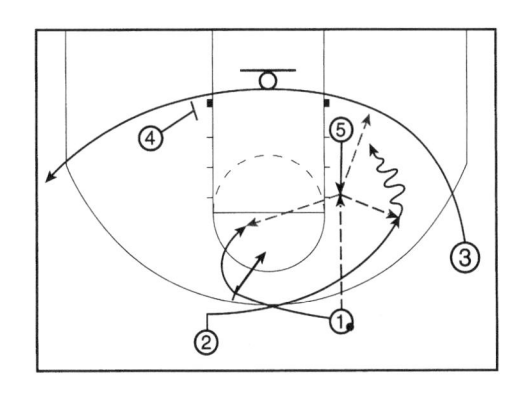

图 6.59 队员⑤可以传球给②、③或做完掩护撤回的①。

结　语

要想在篮球比赛中获胜就必须依靠基本功和细节，同时也需要坚定的信念。跟以前相比，现在的球员速度更快、块头更大，而这种基于基本技术的战术体系在近 60 年来被证明是非常有效的。这一战术体系曾在 20 世纪 60~70 年代的大学比赛中帮助球队取得胜利，也在 NBA 两个不同时代的比赛中帮助球队获胜——一个是乔丹和皮蓬的"公牛时代"，另一个是科比·布莱恩特和奥尼尔的"湖人时代"。总之，三角进攻已被证明是永恒有效的战术体系，我们希望本章可以使您对篮球运动有更深层次的理解。这种风格的打法使篮球比赛回到教学层次，同时提升了队员的个人技能和团队配合水平。我们恳请您要注意基本技术细节并将其作为实施三角进攻战术的基础，要时刻谨记："付诸行动才是最重要的"。

第七章　普林斯顿进攻

埃迪·乔丹（Eddie Jordan）、皮特·卡里尔（Pete carril）

篮球进攻包括五个要素，即切入、传球、运球、掩护和投篮。进攻的目的是使 5 名队员一起根据比赛的形势，在适当的时机，以最有效的方式运用这些要素。这就是建立普林斯顿进攻或外策应进攻的前提。

1967 年在普林斯顿大学，我们采用了一套基于背切、掩护和大量无球跑位的进攻体系。这种风格打法吸引人的地方，在于它确实依赖 5 名队员的共同努力，而不是仅靠一两名队员。这种进攻体系也非常灵活且难以预测，它能以多种形式发动进攻。

这一体系的基本思想是，在球场上以较高的位置分散站位，除了向篮下切入时，队员要在罚球线延长线以上的位置落位。所有 5 名队员都要不断地跑动，根据防守队员的反应决定最佳的进攻方式。这就避免了防守队员在弱侧协防，并使防守在许多方面出现漏洞。进攻体系常见的效果就是在比赛过程中拖垮防守队员，因此我们会尝试最大限度地利用跑动优势进行进攻。

我们并不是要寻找投篮的机会，而是希望队员在持续不断的移动中创造投篮机会，并在很小或根本没有防守压力的情况下，在高命中率的范围内出手投篮。

进攻的基本要素

队员在执行进攻时只有保持耐心、沉着、无私才能取得成功。每一名进攻队员必须与其他 4 名队友协同努力，在思想意识上达成共识并与技术互补，来建立多种战术选择的进攻体系。为了达到这个目标，每一名队员都必须掌握扎实的基本进攻技术。

切入技术

在多数情况下，防守队员的反应决定着进攻队员的切入方向。防守队员是否在堵截传球，如果是，进攻队员就做背后切入。背切时，首先做一个向控球队员移动或远离球篮的假动作，然后从防守队员的背后切入以创造一条传球路线。如果防守队员的防守位置靠下或防守距离较大，进攻队员就切向高位接球。

在任何形式的进攻中，队员在切入时都要意识到其他队友在做何行动，并判断他们将要如何切入和移动。如果 4 名无球队员同时切向篮下或进行背切，那么他们就会挤在限制区内，谁也不能获得空位接球的机会。为了保证切入的效果，队员必须具有良好的临场意识并熟悉队友的行动意向。

最后，当进攻队员开始任何形式的切入时，都要将切入做完整，从而使传球队员能够预测到切入队员将要切到哪个位置并做出精准的传球。因此，即使是在某次背切时防守队员回防堵截，进攻队员也要继续将切入做完整，以至利于控球队员传球。如果切入队员在切向篮下的半途中停下来，而其队友将球传到了他将要切到的点，其结果一定是失误。

传球技术

在进攻时没有什么能比快速、精准、无私的传球更能培养队员的团队精神。反之，如果在获得球权时队员总是毫无目的地运球、毫无把握地出手投篮，球队的氛围肯定会很不融洽。

优秀的传球队员有着极好的篮球运动直觉，他们能及时发现传球的空当，能在合适的时间、以适当的方式将球传到恰当的位置。当可供控球队员选择的传球机会很少时，就很难传出好球，而在进攻中意图明确的传球才是具有威胁的传球。

不见得每一次极好的传球都得是助攻。通常正是创造助攻的传球比助攻本身对得分更为重要。在曲棍球比赛中，这种能创造助攻的传球是很受重视的，而大多数篮球教练员对其也很重视。

当所有队员都意识到进攻的目标就是要获得最好的投篮机会时，队员间的传球意识就会互相感染。即使是球队中最好的得分手也必须认同这一点，不要忘了传球质量决定着投篮质量。

运球技术

我们希望5名队员在进攻时都能运球，但更希望他们都能选择性地、灵活地应用运球。运球过多是很低效的，实际上还会延误进攻的时机。我们要求队员在放

卡隆·巴特勒跳起准备投篮时发现队友有更好的投篮机会，他就给队友传球助攻。

球之前就要有决定好运球的目的。

运球是创造或保持合适进攻间距的有效方式。调整性运球为给队友传球提供一个好的角度。运球也是将球从球场一侧向另一侧转移的方式之一（但并不是最好方式）。进攻队员也可以利用向篮下运球制造威胁，从而使防守队员因担心其利用突破后投篮或上篮而不敢过于逼近防守。

掩护技术

要长时间保持进攻的效果，掩护配合必不可少。掩护是一流球队进攻手段的重要组成部分，甚至在拉空一侧单打、一对一进攻和快攻打法很流行的时候仍是如此。

掩护能保证团队协作、配合流畅，在应对对方的防守时获得特别的优势。例如，为一个特别出色的投手做掩护，可以提供其所需要的空间来投三分球；在限制区为策应队员做掩护，能够使其获得在篮下空位接球轻松得分的机会。

掩护技术非常重要，因为无效的掩护不仅不能协助进攻，还由于浪费时间以及不必要的移动和犯规而降低进攻的流畅性。掩护并不是通过与防守队员推拉与冲撞来帮

战术原则

在不专业的人们看来，普林斯顿进攻要求队员在整个半场没有任何固定模式的跑动，看起来似乎有些慌乱。虽然这个进攻体系的成功有些是源于它无固定组织形式且不可预测，但队员在执行时却有一些原则可依。

- 如果防守队员对无球队员的防守很松散，该队员就可以朝球移动并接传球或手递手传球。这是在获得球权时发动进攻的好办法，也是牵制防守队员寻找进攻空当的有效方法。
- 在任何进攻体系中队员都必须保持合适的间距，在普林斯顿进攻中更应如此。因为5名队员都要参与进攻，他们必须保持合适的间距。保持合适的间距能够为一对一单打，以及突破和穿插跑位创造机会。
- 当一名队员被严密盯防、绕前防守或防守队员盯着球防守时，进攻队员可以做背切。在成功地做完一两次背切后，防守队员就不会如此侵略性地防守了。在这里讲的是无球队员如何靠移动摆脱防守压力，而不是站在原地或者与防守队员进行硬抗。
- 控球队员在运球时应该用单手传球，当传给做背切的队友时通常是进行击地传球。单手传球的速度更快、防守队员更加难以防范。
- 队员不能提前决定做何行动，而是要根据防守队员的行动来做决定，要不断地观察场上的比赛形势。

助队友获得空位这么简单。事实上，做好掩护是一门艺术。

篮球运动是一项细腻的运动，做掩护必须要像传球或投篮一样精确。掩护队员和被掩护队员之间的时机把握十分关键，掩护队员必须以最佳角度靠近防守队员，这样既可以防止防守队员突破掩护，又能为队友创造机会让其接球、传球、突破或投篮。

投篮技术

就像传球和切入一样，当一名队员决定投篮时要果断出手，因为投篮时最忌讳的就是犹豫不决。我们希望队员在投篮前不要进行不必要的运球，过多的运球会使队友在周围停下来看着控球队员，而不是继续移动来获得空位投篮的机会。

在三分线外投篮得分或尝试投篮，可以迫使防守队员拉出来防守，而扩大整个半场的防守会变得很薄弱，从而弥补了个子小或速度慢的进攻队员的不足。

队员应该只在自己有把握的时候出手投篮。就这一点而言，每名队员都必须对个人能力有一个敏锐的知觉。的确，知道什么时候不能投篮同知道什么时候可以投篮一样重要。

当跑动很有效时，进攻队员能创造出背后切入得分的机会，安托万·贾米森即是如此。

初始站位

初始站位是两名后卫、两名侧翼队员和一名在低位的内线队员排成的2-3型站位（图7.1）。打外策应进攻时，就需要一名能够传球、运球和投篮的外策应队员，因为他的角色就像是一个大个子组织后卫。如此设计是因为这样能在球场任一侧以无论是传球还是运球等多种形式发动进攻。

另一种站位是使3名队员在外线、2名队员在低位（图7.2）。或者是4名队员在外围、1名队员在低位（图7.3）。这些站位没有一个是永恒的，而是不断变化的。

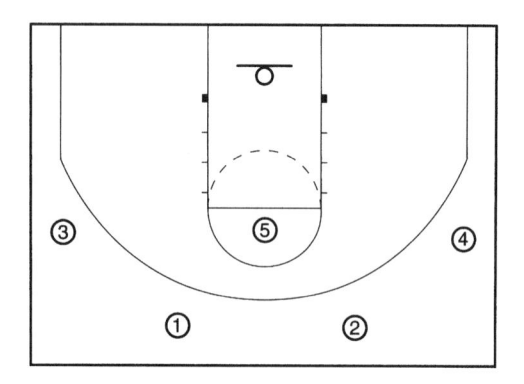

图7.1 一种可能的最初站位：2-3型站位

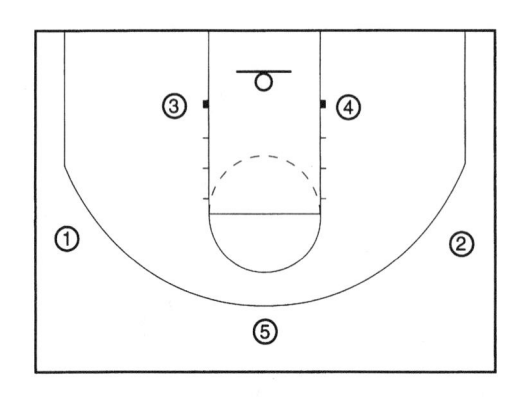

图7.2 另一种可能的站位：3-2型站位。

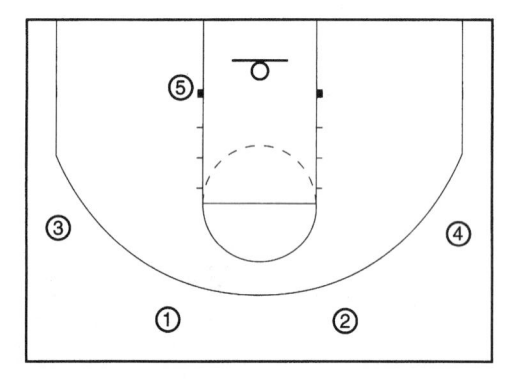

图7.3 第三种可能的站位：外线4名队员、内线1名队员。

传 球

传球给侧翼队员。由于侧翼队员经常被绕前防守，所以这是最容易但并不是最常用发动进攻的方式。在这个例子中控球员是①，也可以是得分后卫②。①传球给在其侧翼的③。然后①可以切向有球的一侧或到球场的另一侧。

传球到高位后，后位切入或互换位置。由于队员③和②被绕前防守，如果①不能将球传给③，也不能将球转移给②，他可以将球传给闪切到罚球区的内线队员⑤。然后①和②切向自己同侧的低位，同时，③和④取代后卫的位置（图7.4）。向内线队员⑤传球后，①和②可以与③和④交换位置。

运 球

运球拉开。如果其他4名队员被严密盯防，队员①朝向其中一名侧翼队员运球，这是给其拉开并向篮下背切或到低位策应的暗示（图7.5），即①朝向拉开并切向篮下的③运球。

运球迂回。另一种进攻性直接传球的方式是采用运球迂回。队员①朝③运球，如果防守队员跟得不紧就做近距离击地传球（或者，如果可能可以采用手递手传球）给③，②和④可以交叉跑位（图7.6）。

后转身运球。控球队员①也可以先朝一个方向运球，然后做后转身运球，传球给与②交换位置的侧翼队员④（图7.7）。①也可以将球传给突然从罚球区拉出做摆脱的中锋⑤。

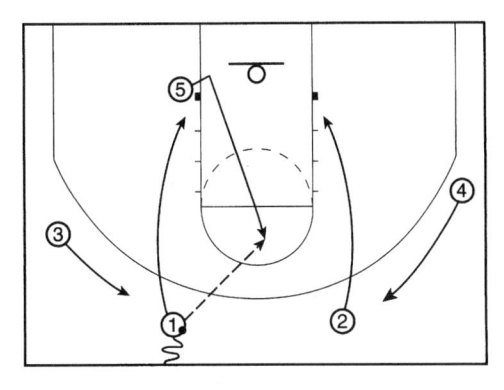

图7.4 向内给中锋传球，后卫切到篮下。

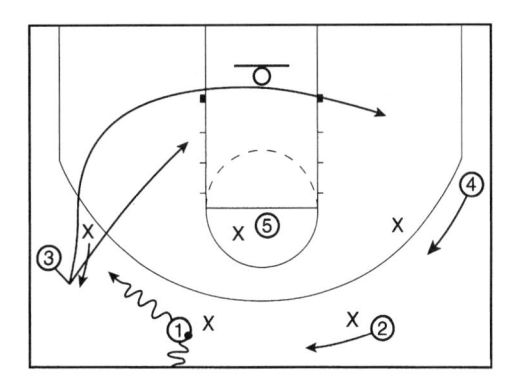

图7.5 进攻发动：运球拉开。

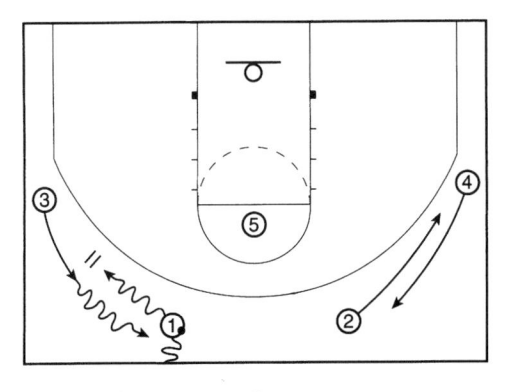

图7.6 进攻发动：运球迂回。

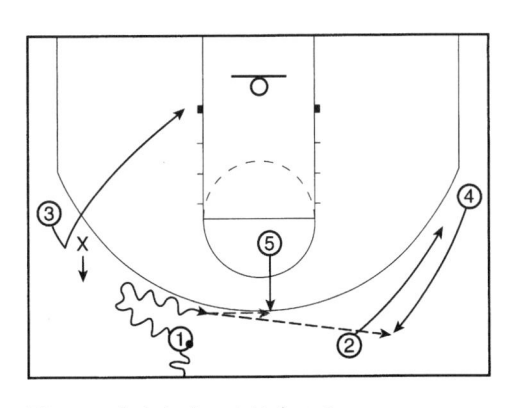

图7.7 进攻发动：后转身运球。

掩 护

中路有球掩护。队员①也可以利用⑤做的中路掩护发动进攻（图7.8）。队员⑤为①做掩护，同时被绕前防守的②向限制区切入，然后继续移动到另一侧底角，④和③向高位上提，然后①传球给③。

中路有球掩护接后转身运球。队员⑤在中路为①做掩护，但①无法将球传给被绕前防守的③，于是运用后转身运球，然后将球传给利用④的向下掩护摆脱的②（图7.9）。

中路有球掩护接运球交叉换位。队员①利用⑤的中路掩护朝侧翼队员③运球，但③被绕前防守，于是①就利用运球交叉换位做近距离击地传球或手递手传球，同时②和④向高位上提（图7.10）。

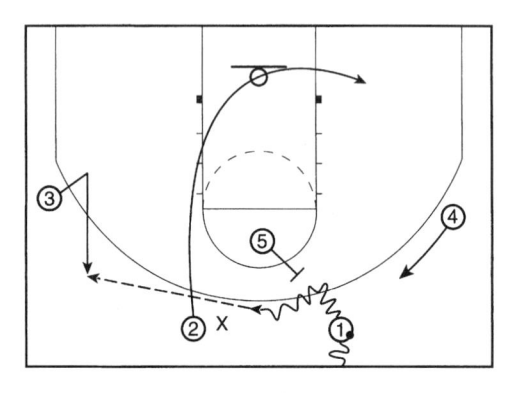

图7.8　进攻发动：中路有球掩护。

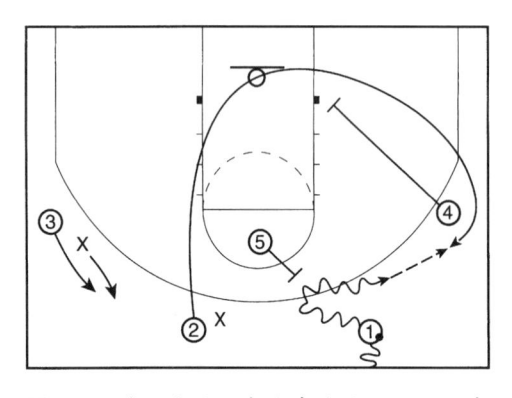

图7.9　进攻发动：中路有球掩护接后转身运球。

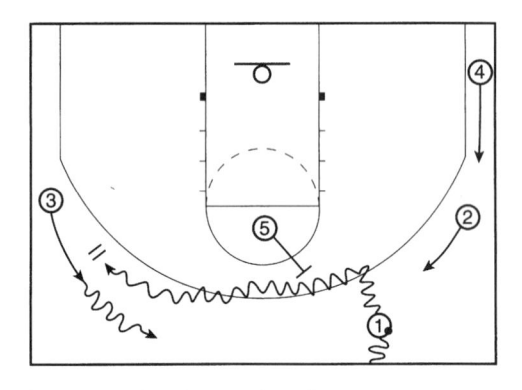

图7.10　进攻发动：中路有球掩护接运球交叉换位。

背后切入

背后切入是普林斯顿进攻的标志，是无球队员击破攻击性防守者最基本、最好的方式之一。进攻队员无需与防守队员对抗就可以避开防守压力。"后门"这个词精确形象地描述了这种切入的方法，但充分有效地运用这种技术，却需要有能够在适当的

第七章 普林斯顿进攻

时机、采用适当的方法将球传给切入者的队员，背切时通常是用单手击地传球。在进攻时所有的队员，无论是外线还是内线队员都要掌握背后切入技术。

以下是一些运用背后切入的情形。背后切入可以协助队友牵制防守，也可以趁对方防守队员没有注意到切入队员或球时，在切入的过程中接球。

背切的关键是切入队员和传球队员之间最佳时机的把握。切入队员一定不要做弧线切入，但应以一定的角度切入，并在确定自己获得空位时举手暗示传球队员向哪个位置传球。同伴必须快速传球，最好使用单手击地传球。

侧翼队员背切

直接背切。如果侧翼队员③的防守者试图堵截其接到传球，③可以朝有球方向迈出一大步使防守队员做出过度反应，然后迅速从防守队员的身后切入，如果可能的话，接①的传球上篮（图7.11）。

两翼队员的背切。当中锋队员⑤持球，两翼队员都被防守队员积极地绕前防守时，他们可以先做向高位移动的假动作，而后做背后切入。

中锋协助下的背切。这是另一个经典的背切方式，它对空间和时机的要求很高。中锋队员⑤闪切到外策应区接②的传球，④做向高位移动的假动作后从防守者背后切入接⑤的传球上篮（图7.12）。

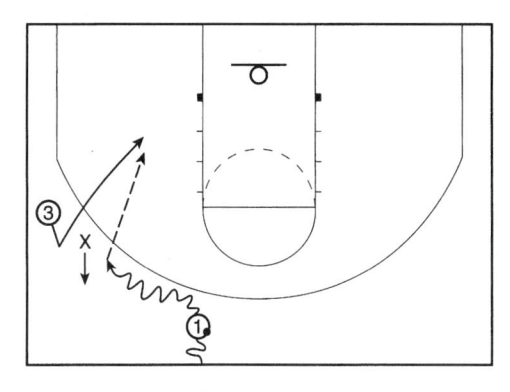

图7.11 侧翼队员的背后切入。

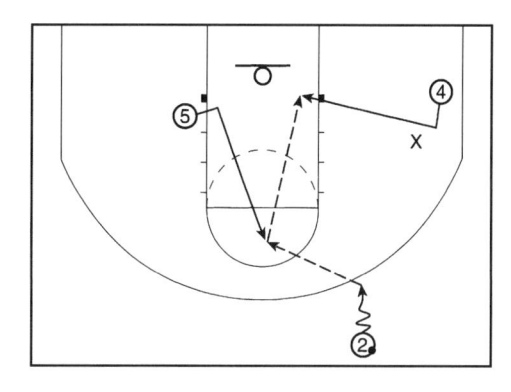

图7.12 中锋协助下的背后切入。

后卫背切

背切后接另一后卫的传球。如果后卫队员②被绕前防守，①不能传球给他，②直接背后切入（图7.13）。

背切后接侧翼队员的传球。如果①想接④的传球但被绕前防守,此时他可做向④移动的假动作后再做背后切入(图7.14)。

背切后接中锋的传球。后卫队员①也可以与中锋配合做背后切入,中锋队员⑤闪切到外策应区接②的传球,然后传球给正在切入的①(图7.15)。

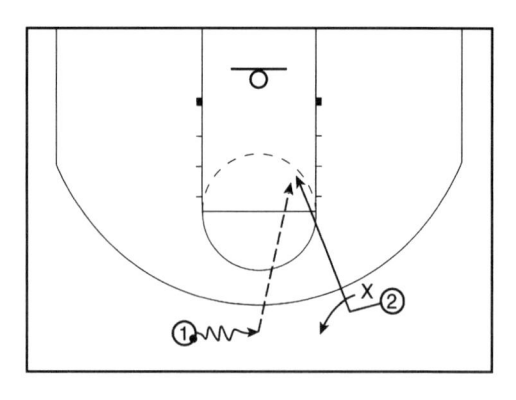

图7.13 后卫的背后切入:后卫与后卫间的传球。

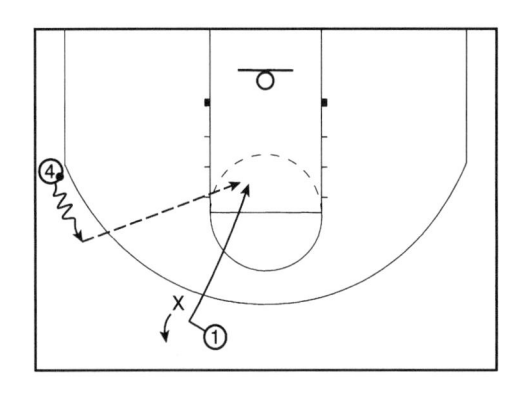

图7.14 后卫的背后切入:侧翼队员传球给后卫。

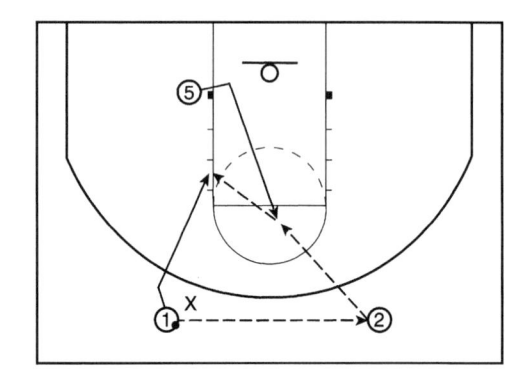

图7.15 后卫的背后切入:后卫传球给中锋,中锋再传球给另一后卫。

中锋背切

高位内线队员背切。当侧翼队员①控球时,中锋队员⑤的防守者对①的转移传球进行堵截,⑤可以做向球移动的假动作后,从防守者身后切入接①的传球上篮(图7.16)。

低位内线队员背切。低位内线队员也可以做背后切入。如果队员⑤快速切向外策应区时防守队员对其接球进行堵截,此时⑤可以做强行背切接球并在篮下投篮(图7.17)。

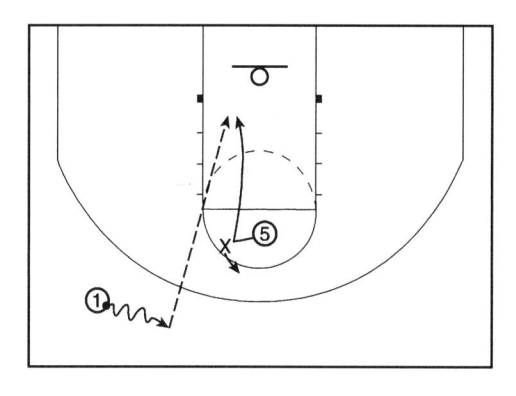

图 7.16 高位内线队员做背后切入。

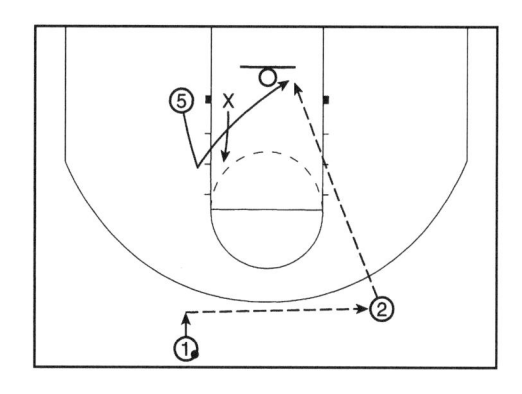

图 7.17 低位内线队员背后切入。

基本配合

如上所述，初始站位是 2-3 阵型，两名后卫队员①和②与在罚球线延长线附近的两名前锋队员③和④，以及一名开始在内策应区，后来迅速移动到肘区附近外策应区或罚球区的中锋队员⑤。

这是初始阵型，但所有队员的位置都可以互换，并且可以从球场的任何一侧或传球给高位中锋开始进攻。正如之前描述的那样，4 名外线队员必须既能承担后卫角色又能打锋线位置，因为在场上要经常换位。这一"基本配合"有以下三种选择：

- 传球后做无球掩护。
- 传球后的切离。
- 传球后的跟进（高位摆脱）。

传球后做无球掩护配合

以下是基于防守队员的反应，所进行的不同形式的无球掩护配合。

选择一，队员⑤闪切到高位接①的传球，然后①为②做无球掩护，②利用掩护背切，再利用③的向下掩护移动到球场另一侧。

从这两个简单的配合中可以看到，仅仅用一个侧掩护和一个向下掩护就可以牵动所有防守队员并获得多个投篮机会。当②成功地利用③的掩护摆脱后，⑤可以传给做背切的②；或者当②的防守队员绕过掩护进行退防时，将球传给折回篮下的②；⑤也可以将球传给做完掩护后转身切向篮下的③；或者③也可以到低位做策应接①的传球（图 7.18）。最后，⑤也可以传球给做完掩护后快速向外线拉出的①。

选择二，队员②传球给⑤后，为做背切的④做掩护，然后②快速向外拉出。当④利用③的掩护成功摆脱时，可以接⑤的传球上篮，或当④的防守者绕过③所做的掩护进行退防时，传给折回的④（图 7.19）。⑤也可以传球给掩护后快速向外拉出的②；或传给做完掩护后转身切向篮下的③；或③可以在低位做策应接④的传球。

选择三，假设现在队员①无法传球给③或⑤，也无法将球转移给在球场另一侧的②来发动进攻。①就向③运球做手递手传球给③，同时②和④交换位置（图 7.20）。然后③将球传给④，④再将球传给闪切肘区的⑤，同时③切向场地另一侧，⑤可以传球给③（图 7.21）。

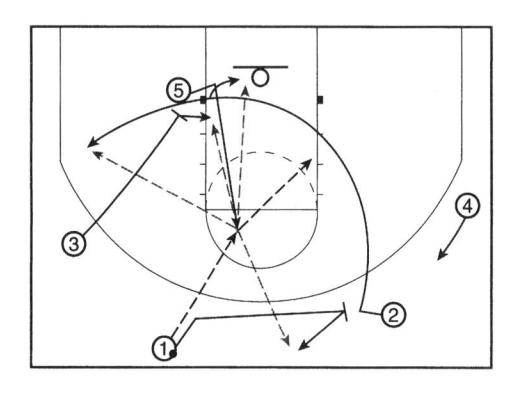

图 7.18　传球和无球掩护系列配合 1：队员①传球给高位中锋并为②做掩护，然后③再为②做掩护。

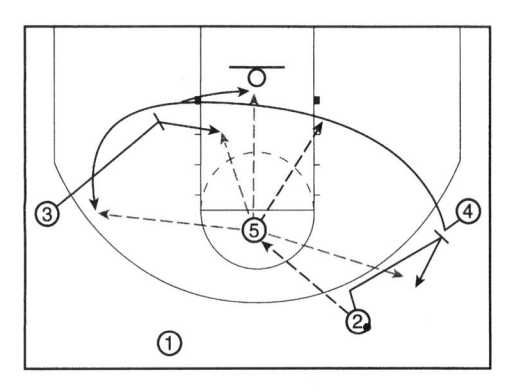

图 7.19　传球和无球掩护系列配合 2：队员②传球给高位内线队员后为④做掩护，然后③再为④做掩护。

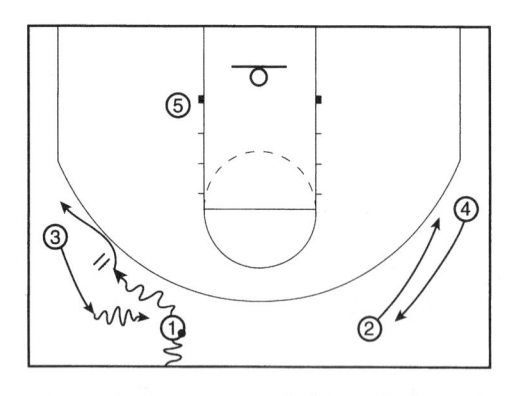

图 7.20　传球和无球掩护系列配合 3：队员①做手递手传球给③，同时两名外线队员交换位置。

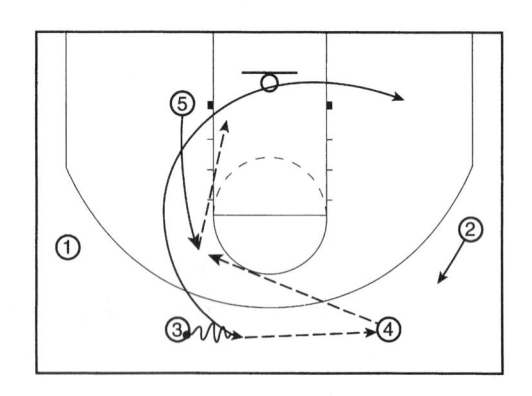

图 7.21　传球和无球掩护系列配合 3（a）：队员③传球给④，④传球给⑤，③从⑤的身后切入。

队员④传球给⑤后为②做掩护，②利用掩护向球场另一侧做背切，①再为②做掩护，然后移动到底角。⑤将球传给做背切的②，或传给为②做完掩护后到转身切向低

第七章 普林斯顿进攻

位或快速向外拉出的④。如果②没有接到⑤的传球，就继续切入并利用①的掩护摆脱防守。如果②的防守者绕过①的掩护进行退防，②就转身折回篮下接⑤的传球（图7.22）。

如果不能将球传出，队员⑤向另一侧运一两下球后将球传给③，然后④为⑤做后掩护，⑤接③的传球。③也可以传球给做完掩护后拉到外线的④（图7.23）。

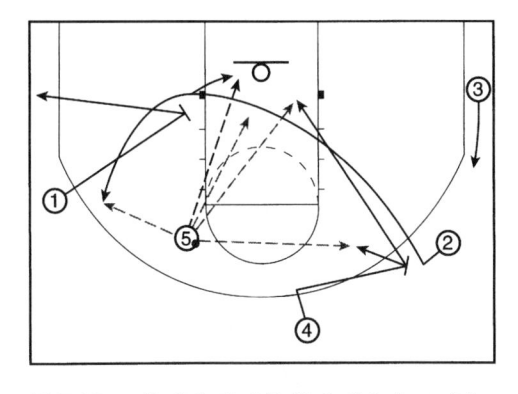

图7.22 传球和无球掩护系列配合3（b）：队员④为②做掩护，然后①再为②做掩护，⑤有多种传球选择。

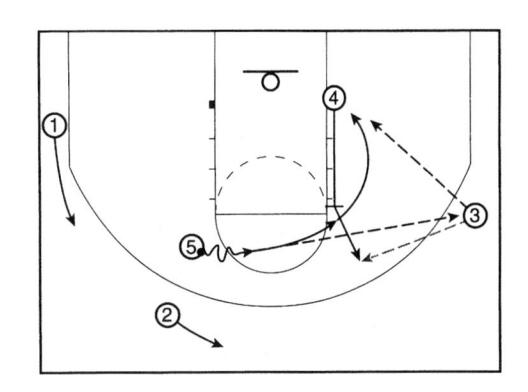

图7.23 传球和无球掩护系列配合3（c）：队员⑤传球给③后，④为⑤做掩护。

选择四，队员②将球转移给①，①再传给③，同时②切向球场另一侧。①向下移动为②做掩护，同时⑤快速从限制区拉出（图7.24）。

队员③传球给⑤后向下为②做掩护，同时④向下为①做掩护。⑤传球给利用③和④的掩护摆脱防守的②或①，或者传球给做完掩护后转身切到篮下的③或④。如果这个方法行不通，⑤就将球传给其中一名后卫——以传球给①为例（图7.25）。

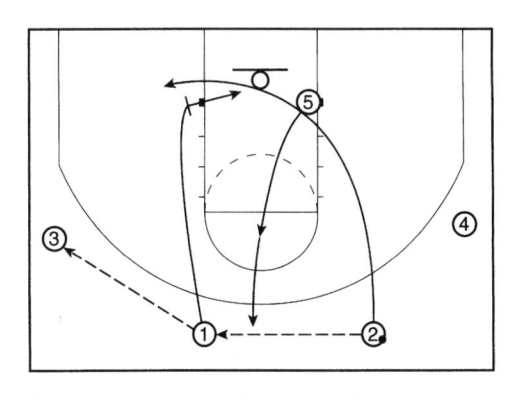

图7.24 传球和无球掩护系列配合4（a）：队员②传球给①，①再传给③，然后①为②做掩护。

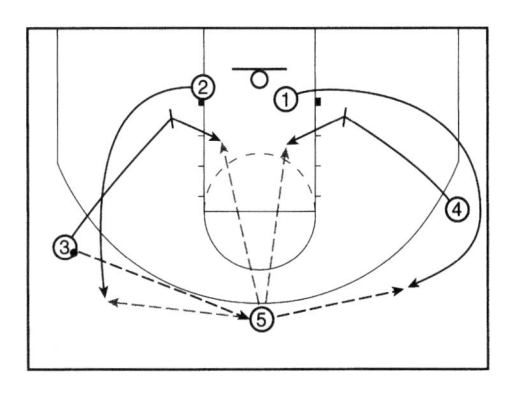

图7.25 传球和无球掩护系列配合4（b）：队员③传球给⑤后③和④分别为②和①做掩护。

队员⑤在传球给②后为背切的①做无球掩护，同时②向球场另一侧运球。②可以传球给做背切的①，或做完掩护转身切向篮下的⑤（图7.26）。在将球传给其中一名利用掩护摆脱的后卫之后，⑤可以到低位做策应。

如果队员②接球后，⑤在低位做策应，他可以闪切到肘区附近的外策应区，同时将球传给①并切向球场另一侧。①传球给⑤后为④做无球掩护，然后快速拉出。此时⑤可以传球给正在切入或切到球场另一侧的②，或者传给背切的④，或传球做完掩护快速拉到外线的①（图7.27）。

选择五，队员①传球给②后切入并为⑤做掩护，然后移动到球场另一侧的侧翼。②传球给移动到外策应区的⑤，然后为背切的④做掩护。此时⑤可以将球传给在背切的④，或做完掩护快速向外拉出的①，或为④做完掩护向篮下移动的②（图7.28）。

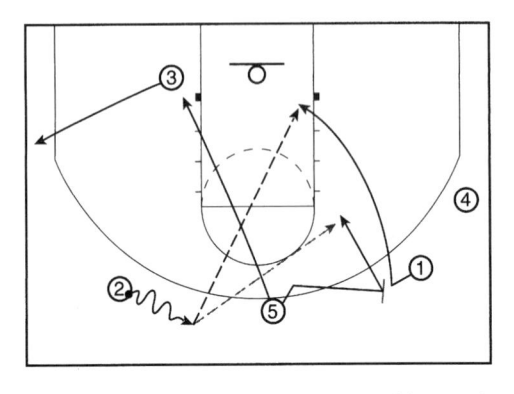

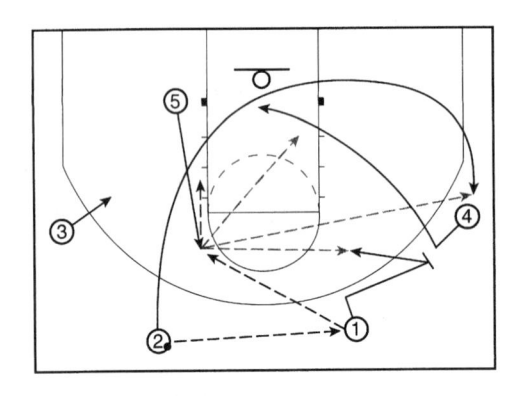

图7.26　传球和反掩护系列配合4（c）：队员⑤为①做挡拆配合或切入到内策应区。

图7.27　传球和无球掩护系列配合4（d）：队员②传球给①并切入，①传球给⑤后为④做掩护。

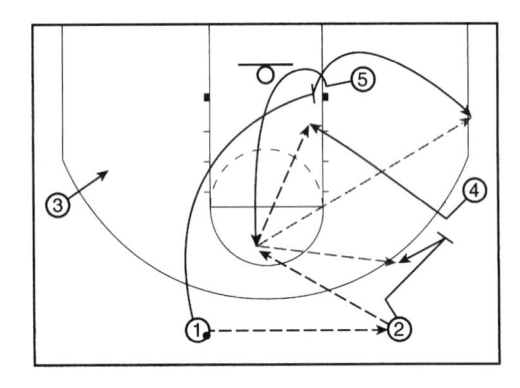

图7.28　传球和无球掩护系列配合5：队员①传球给②并为⑤做掩护，②传球给⑤并为④做掩护。

传球后的切离配合

我们总是希望有4名队员在外线落位，也希望有队员通过不断地移动来牵制防守，总之，在球场上没有强侧和弱侧。基于这一理念，我们要求队员要不断传球与切离。通过之前的战术配合你可以看出传球和切离在普林斯顿进攻中是非常重要的配合。

队员②传球给①，⑤闪切到对侧肘区附近的外策应区，①传球给⑤；②切向球场的另一侧；①根据②的切入选择合适的时机切入到球场另一侧（图7.29）。⑤传球给②或正在切入的①。

队员①利用④的向下掩护从限制区摆脱出来（或者也可以移动到②的位置），⑤将球传给利用④的向下掩护摆脱的①。如果⑤不能将球传给①或④，就向③运球。如果③被绕前防守，他可以做背切然后接⑤的传球（图7.30）。③也可以向下为②做掩护，然后⑤将球传给②。在这种情况下，如果②不能出手投篮，他可以将球传给到低位做策应的③。

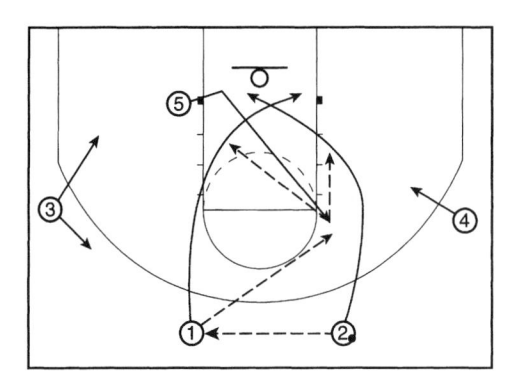

图7.29 传球和切离配合：队员②传球给①，①传球给⑤，②切离。

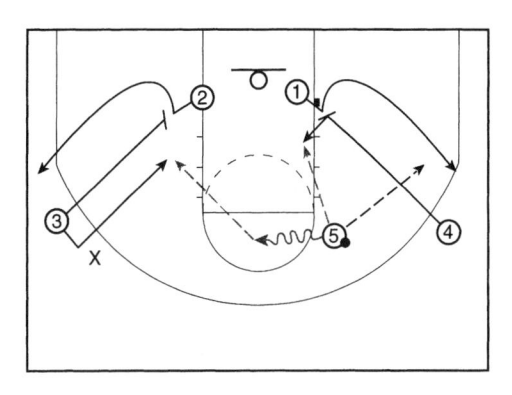

图7.30 传球和切离配合：④为①做掩护，⑤有多种传球选择。

传球后的跟进配合（高位摆脱）

如上所述，在这种进攻配合中，中锋队员必须具备较好的传球和应对不同防守形势的能力。队员②传球给①并切向球场另一侧，同时⑤闪切到弱侧肘区附近的外策应区接①的传球，此时⑤可以传球给正在切入的②，或利用③的掩护摆脱的②（图7.31）。

如果这种方法行不通，下面是另外一种解决方法：

- 队员①在传球给⑤后跟进，同时④做切入假动作后背切接⑤的传球（图7.32）。⑤也可以传球给向外拉出的①。
- 队员①为④做掩护，④利用掩护跳投或向篮下突破（图7.33）。⑤也可以传球给转身切向篮下的①。
- 队员①给④做掩护，④做背后切入，①快速拉出接球跳投（图7.34）。
- 队员①为④做掩护，④利用①的掩护向低位做背切摆脱，然后①快速拉出到侧翼（图7.35）。

- 在将球传给队员①后，⑤利用④的后掩护摆脱，然后接①的回传球（图7.36）。①也可以传球给做完后掩护向外线拉出的④。

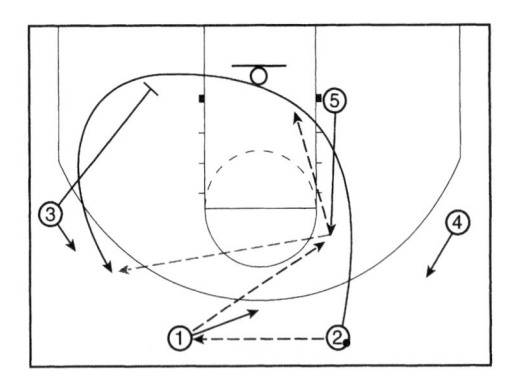

图 7.31 队员②传球给①，①传球给⑤；②切入远离⑤并得到③的掩护。

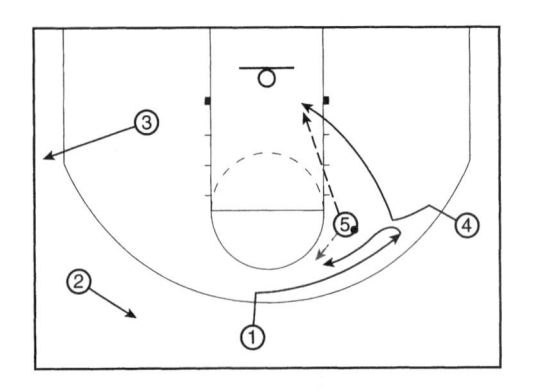

图 7.32 传球和跟进（高位摆脱）：队员①传球给⑤并跟进，同时④背后切入。

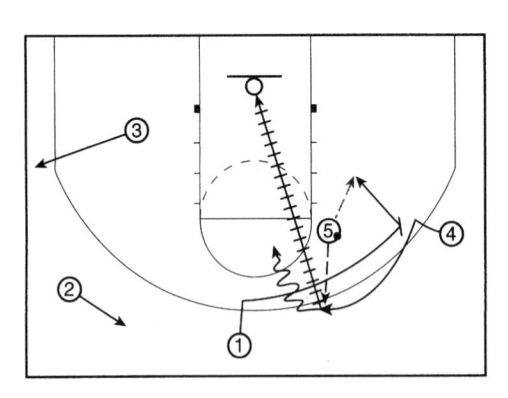

图 7.33 传球和跟进（高位摆脱）：①与④的挡拆配合。

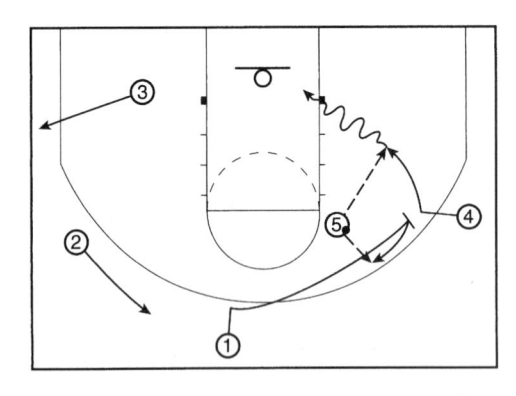

图 7.34 传球和跟进（高位摆脱）：队员①为④做掩护后向外线拉出。

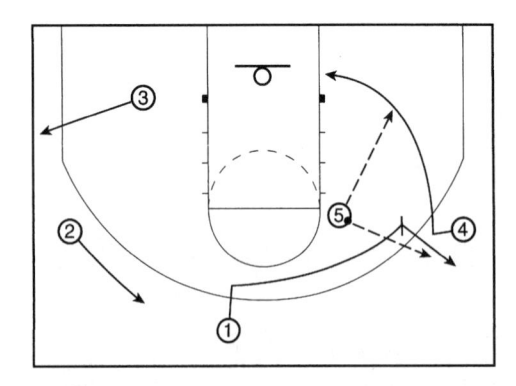

图 7.35 传球和跟进（高位摆脱）：队员④利用①的掩护向低位做背切摆脱。

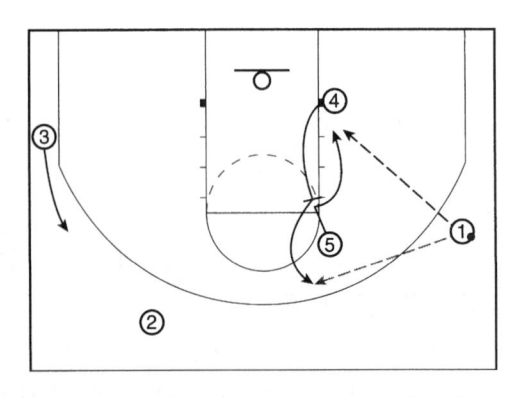

图 7.36 传球和跟进（高位摆脱）：④为⑤做后掩护，然后向外线拉出。

"基本"选择

无论采用何种类型的进攻战术，你必须要有多种发动进攻的方式，以防备最初采用的进攻方式没有奏效。如前所述，发动进攻有两种基本方式，即通过传球或运球发动进攻。这部分将陈述如何以后转身运球发动进攻。

后转身运球

选择一，如果队员①不能将球传给任意一名队友，于是就朝着向球场另一侧切离的②运球，然后转身朝做背切并切到低位（或为②做掩护）的④运球；⑤闪切到弱侧肘区（图7.37）。

队员①做完后转身运球后将球传给②，然后利用⑤的侧掩护摆脱后接②的回传球跳投或向篮下突破，②也可以传球给做完掩护后切到篮下的⑤。队员②传球给①后也可以向下为④做掩护，然后④可以接①的传球（图7.38）。

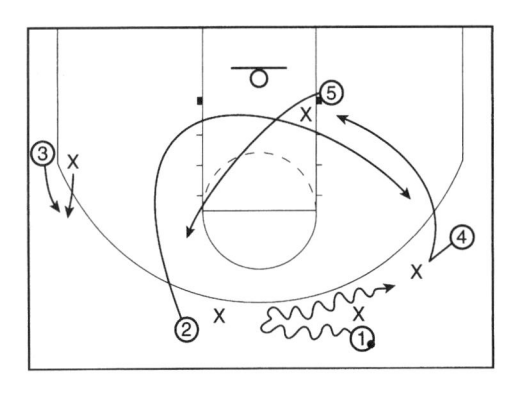

图7.37 后转身运球，方法1：队员①做后转身运球，②切离，④做背后切入，⑤快速移动到外策应区。

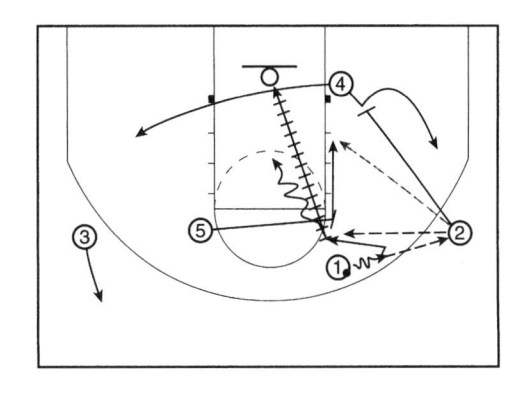

图7.38 后转身运球，方法2：队员①传球给②，然后⑤为①做掩护。②可以将球回传给①然后为④做掩护。

选择二，队员②先朝①运球，再做后转身运球将球传给③；⑤快速切出限制区接③的传球。②和①分别在③和④的掩护下在球场的同侧切入（图7.39）。⑤可以传球给利用掩护摆脱的②或③，或传给做完掩护后移动到篮下的④或①。⑤将球传给①并移动到内策应区，同时④移动到三分线外。①传球给②（图7.40）。

队员②朝①开始运球，①切入限制区利用③的掩护甩掉对手并移动到场地另一侧外围，然后②后转身朝①运球，将球传给①或做完掩护后移动到篮下的③（图7.41）。

①再传球给③，同时⑤为②做侧掩护后向外线拉出（图7.42）。③可以传球给在外线落位的①、④，或②、⑤。

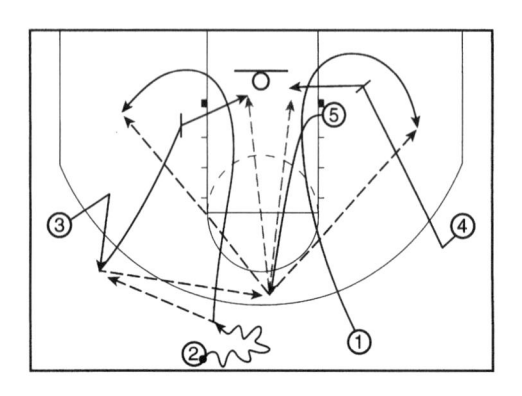

图7.39 后转身运球，方法1：队员②后转身运球并将球传给③，③传球给⑤后④和③移动到篮下分别为①和②做掩护。

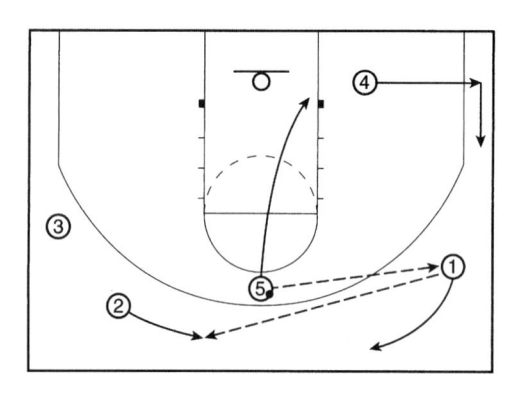

图7.40 后转身运球，方法2：队员⑤传球给①并移动到内策应区，同时①传球给②。

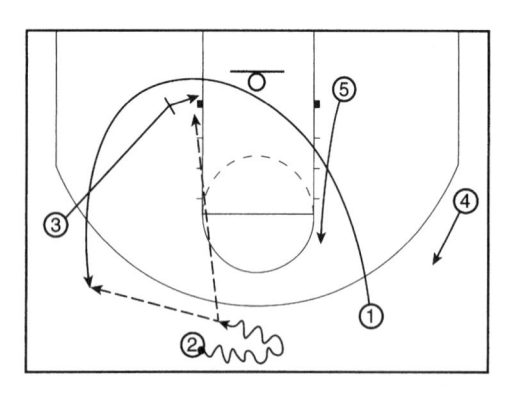

图7.41 后转身运球方法3：队员②转身运球并将球传给擦过③掩护的①，或移动到篮下的③。

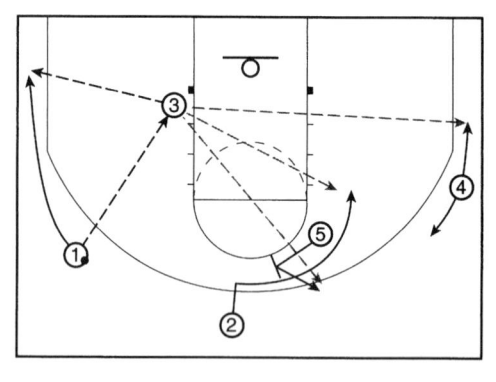

图7.42 后转身运球方法4：队员①传球给③，③有多种传球选择。

选择三，队员②被绕前防守，因此①朝②运球；然后②做背切，并切到球场另一侧外围。①后转身运球，在强侧有以下几种进攻方式：

• 队员④为②做掩护后切向篮下（图7.43）。
• 队员④做掩护假动作后切向篮下。

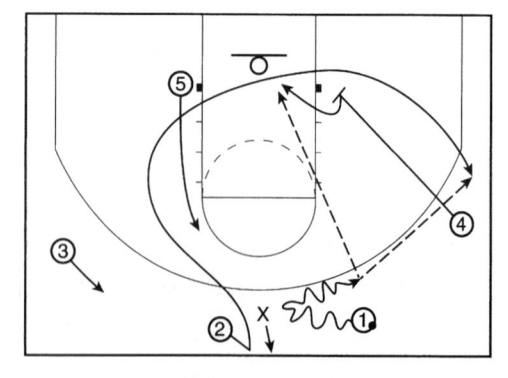

图7.43 后转身运球方法1：①后转身运球并将球传给利用④的掩护摆脱的②，或切向篮下的④。

• 队员④移动到低位做策应（图 7.44）。

队员①也可以传球给②，再利用⑤的掩护摆脱后接②的回传球，然后①和⑤做挡拆配合（图 7.45）。

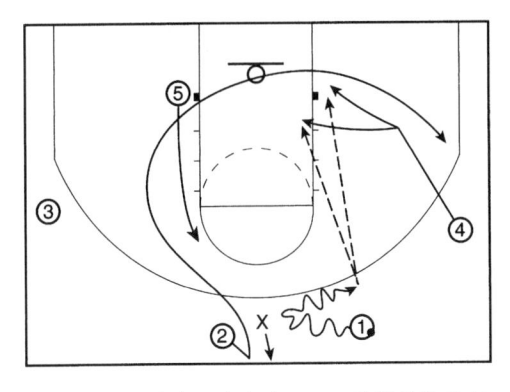

图 7.44 后转身运球方法 2：队员④借掩护假动作移动到篮下或低位做策应，①后转身运球将球传给④。

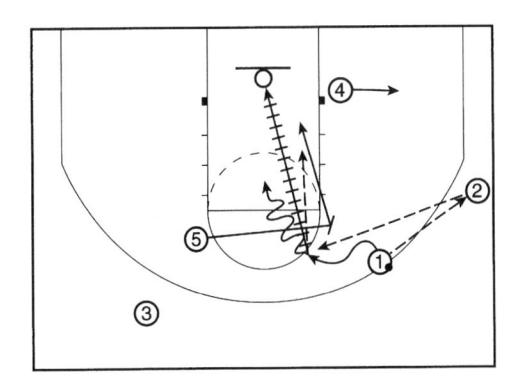

图 7.45 后转身运球方法 3：队员①传球给②，并接②的回传球，然后与⑤进行挡拆配合。

后转身运球与高位双掩护

队员①朝着因被绕前防守而不能接传球的②运球，当①后转身运球并将球传给闪切到肘区的⑤时，②和③交换位置（图 7.46）。③和①在球场另一侧做双掩护。⑤将会有以下传球选择：

• 将球传给利用双掩护摆脱防守到高位或低位的②。

• 如果队员④被绕前防守，⑤可以运两下球后传球给做背切的④（图 7.47）。

• 传球给先假装利用双掩护摆脱，然后做背切的②。

• 传球给突然向外线拉出的掩护队员①（图 7.48）。

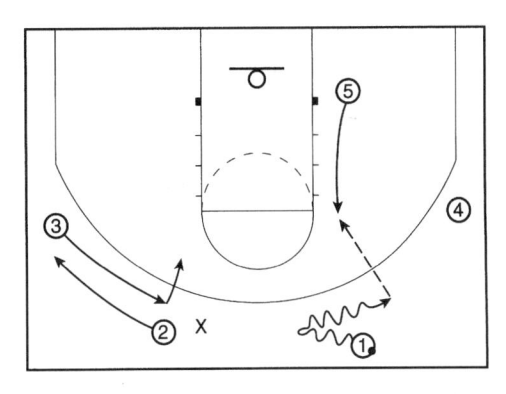

图 7.46 高位双掩护后转身运球的进攻选择：队员①转身运球并将球传给⑤，同时②和③交换位置。

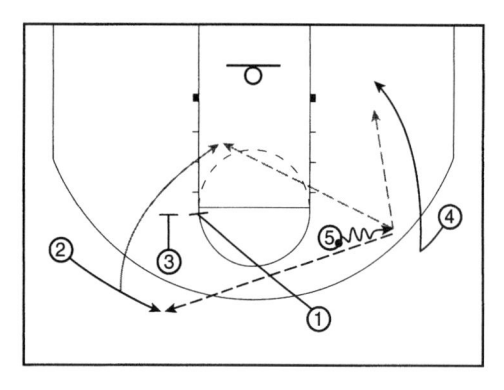

图 7.47 高位双掩护后转身运球的进攻选择：队员⑤可以传球给②，或做背切的④。

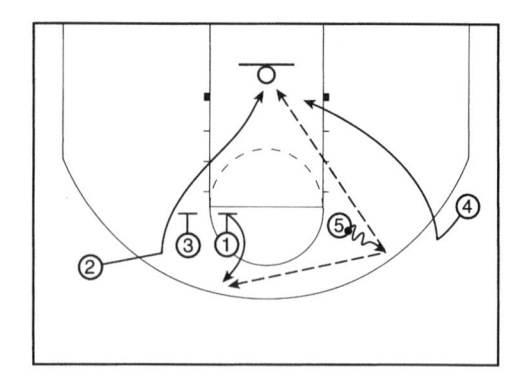

图 7.48 高位双掩护后转身运球的进攻选择：队员⑤可以将球传给背切的②或①。

"下巴"进攻配合

这种以外中锋在半场弱侧做后掩护开始的进攻配合称之为"下巴"进攻配合。

选择一，队员②传球给①，然后利用⑤的后掩护摆脱防守并移动到球场另一侧，同时①传球给③（图 7.49）。③可以传球给②。如果②不能接球，⑤到另一侧的肘区为①做掩护，然后①接③的传球投篮或向篮下突破（图 7.50），或⑤转身从相反的方向朝篮下移动，接③的传球。

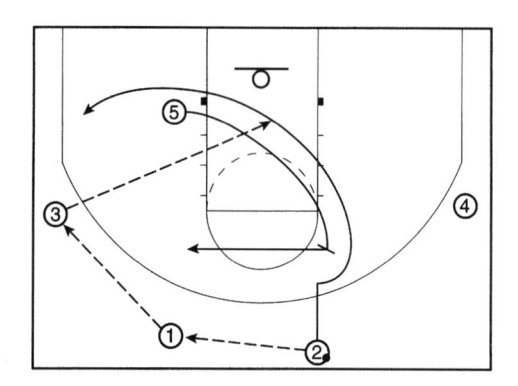

图 7.49 "下巴"进攻配合 1：队员②传球给①，①再传球给③，②利用⑤的后掩护摆脱。

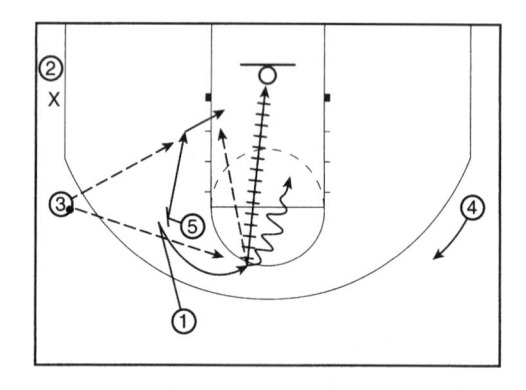

图 7.50 "下巴"进攻配合 2：队员③不能将球传给②，因此⑤为①做掩护后转身朝篮下移动。

选择二，队员②传球给①，再利用外中锋⑤的后掩护摆脱防守切入到球场另一侧。①传球给③，③向右侧运球，同时⑤为①做掩护，①利用掩护切到球场另一侧并取代④的位置，④移动到后卫的位置（图 7.51）。③传球给④，④再传球给①，同时③利用⑤的后掩护摆脱防守移动到强侧底角。此时①可以将球传给③（图 7.52）。

如果上述方法不可行，⑤就闪切到另一侧肘区为④做后掩护（图7.53）。此时①可以传给④，如果④不能接球就返回为⑤做后掩护。①可以传球给⑤，或拉到外线的掩护队员④（图7.54）。

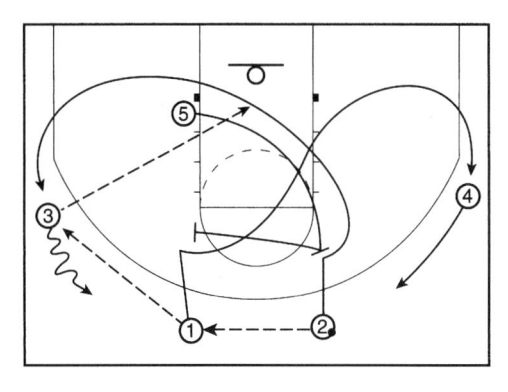

图7.51 "下巴"进攻配合1：队员②传球给①，然后⑤为②做掩护；①将球传给③，⑤在球场另一侧为①做掩护。

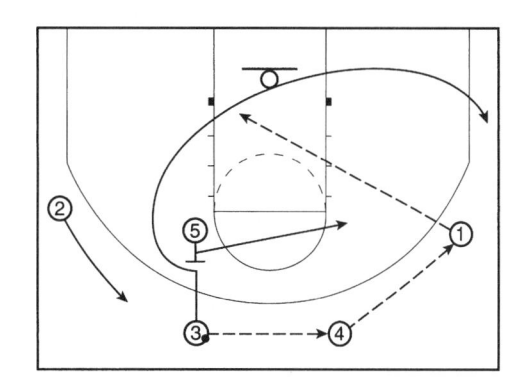

图7.52 "下巴"进攻配合2：队员③传球给④，④再传球给①，同时⑤为③做掩护。

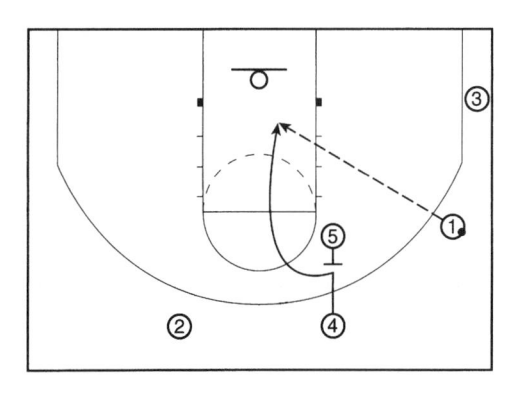

图7.53 "下巴"进攻配合3：队员⑤为④做后掩护。

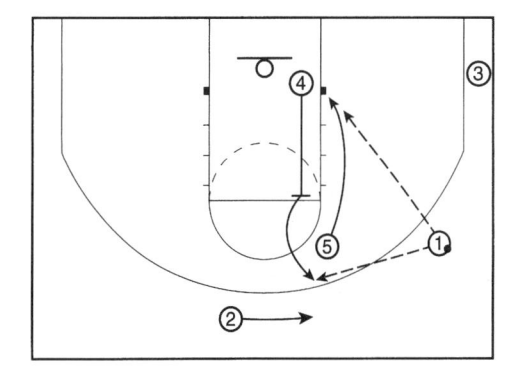

图7.54 "下巴"进攻配合4：如果上述配合不成功，队员④为⑤做后掩护，然后拉到外线。

"下巴"进攻配合——传球到强侧

选择一，队员②传球给③的同时，闪切到强侧肘区的⑤为②做后掩护。②利用掩护移动到强侧低位做策应，同时⑤做完掩护后向外拉出（图7.55）。

队员③传球给⑤后向下为②做掩护，同时①为④做后掩护。此时⑤有以下几种传球选择（图7.56）：

- 将球传给利用③的掩护摆脱的②。
- 将球传给利用①的掩护摆脱的④。

- 将球传给为②做完掩护后切向篮下的③。
- 将球传给为④做完掩护后转身切向篮下的①。

如果队员④的防守队员挤过进行防守，④也可以做背切。

选择二，队员①传球给②后做有球掩护并移动到②的位置。②运球到球场另一侧，同时①到弱侧的低位做策应，⑤移动到另一侧肘区（图 7.57）。②传球给④后利用⑤的后掩护移动至有球侧外线，同时⑤做完掩护后向外拉出（图 7.58）。⑤接④的传球，①为③做掩护，③快速拉到外线接⑤的传球（图 7.59）。

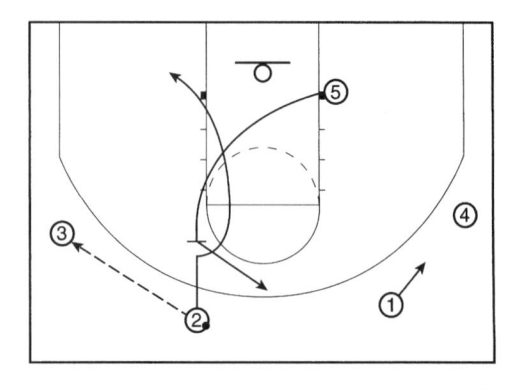

图 7.55 "下巴"传球到强侧配合 1：队员②传球给③后，利用⑤的后掩护移动到低位做策应。

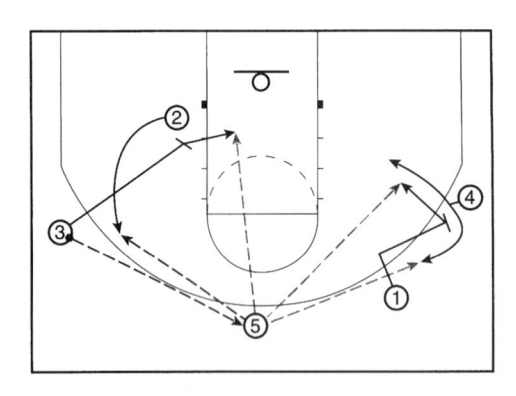

图 7.56 "下巴"传球到强侧配合 2：队员③传球给⑤并向下为②做掩护，同时①为④做后掩护，此时⑤有多种传球选择。

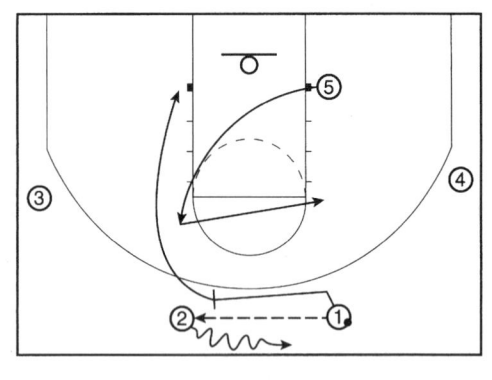

图 7.57 "下巴"传球到强侧配合 1：队员①传球给②并为其做掩护后，快速移动到弱侧低位做策应。

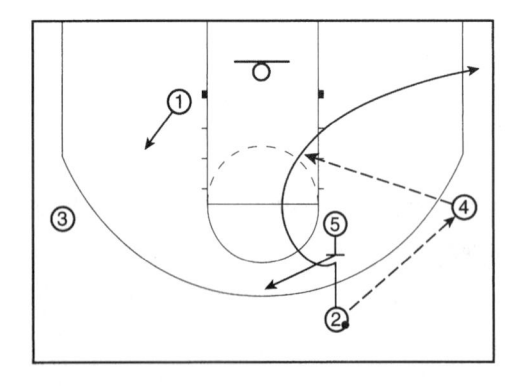

图 7.58 "下巴"传球到强侧配合 2：队员②传球给④，⑤再为②做后掩护。

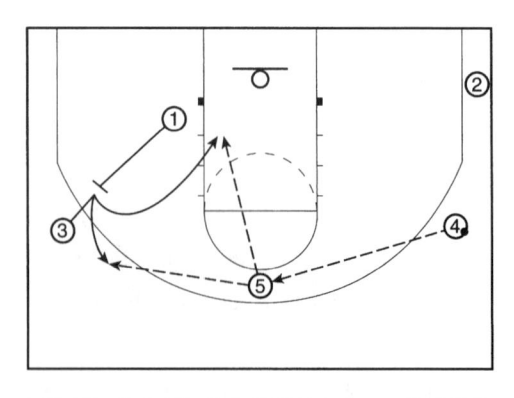

图 7.59 "下巴"传球到强侧配合 3：拉到外线的队员⑤接④的传球，同时①为③做后掩护。

高位掩护配合

这一进攻体系可能的发动方式之一是高位掩护配合。这种方式可以采用不同的方法开始。

选择一，队员⑤闪切到肘区，然后再快速拉出为①做高位掩护。队员②切入限制区，再利用③的掩护切到球场另一侧，取代①的位置（图7.60）。⑤做完掩护后拉到外线。

队员①做后转身运球并将球传给⑤，⑤传球给②后移动到低位做策应；③移动至三分线外，②传球给③并为③做有球掩护。③向篮下突破或将球传给已经切到篮下的②（图7.61）。

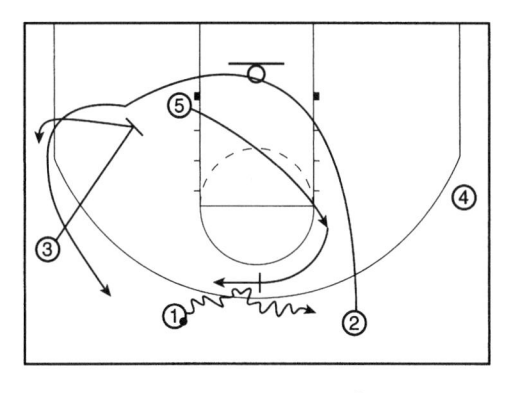

图7.60 高位掩护配合1：队员⑤快速拉出为①做掩护，同时②利用③的掩护切入限制区。

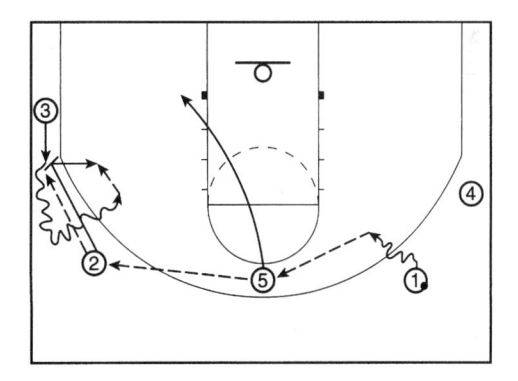

图7.61 高位掩护配合2：队员①传球给⑤，⑤传球给②，②传球给③再为其做掩护，然后切到篮下。

选择二，队员⑤闪切到肘区，再快速拉出并为①做高位掩护，同时②切到篮下（图7.62）。

队员⑤做完掩护后跑向低位与③一起为②做双人掩护，②利用掩护摆脱移动到三分线外。队员①朝④运球并做手递手传球，④运球到球场另一侧并将球传给②。如果④被绕前防守，当①向其运球时，他可以做背切。②也可以将球传给移动到篮下的⑤，或传给绕过⑤切到外线的③（图7.63）。

137

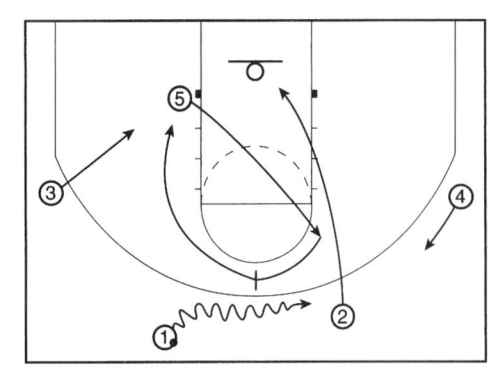

图 7.62　高位掩护战术 1：⑤快速拉出为①做掩护，同时②切入限制区。

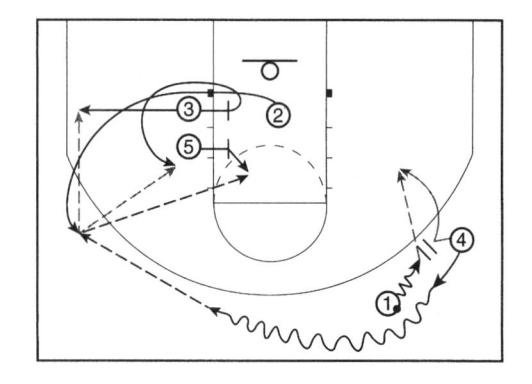

图 7.63　高位掩护战术 2：队员⑤和③为②做双人掩护，④接①的手递手传球后运球并将球传给有多种传球选择的②。

执行进攻

许多教练员不愿采用这种进攻体系，虽然在接受并实施某一特殊进攻体系前谨慎的选择是明智的，但是，事实上这种进攻方式的缺点没有想象中那么多。我们相信这种风格的进攻体系与其他常用的进攻体系相比，缺点更少、闪光点更多。因此，有必要解释教练员对使用普林斯顿进攻体系的一些主要顾虑。

- **建立这一进攻体系需要较长时间**。确实，这一进攻体系需要有很大的耐心。在获得球权后，队员可能需要相对较长的时间来创造空位和高命中率的投篮机会。实质就在于，迫使防守方消耗更长的时间，对进攻队员和球的移动作出回应。但是，正是因为在进攻队员尝试投篮之前可能需要多次传球，还要消耗更多时间，因此并不意味着这一进攻方式的节奏就慢。事实上，这种进攻的节奏远比那些运球过多、切入过慢甚至不切入，以及传球意图明显、不慌不忙的进攻方式要快得多。在这种进攻方式中，球从来不会在一名队员的手中停留超过 2 秒钟，无球队员也在不断地跑动（切入或做掩护）。另外，教练员不需要花费时间叫暂停或重新调整战术，队员能够立即找到新的解决方案。最典型的是，每次获得球权时我们会有不止一次好的得分机会——当然，如果第一次背切时就无人防守，则直接上篮。

- **执教这一进攻体系会面临困难**。对任何一种进攻体系来说执行是最关键的，正如学习和全面选择一种进攻体系时，需要认真地练习每一处细节。这样，你不是在教一种进攻方法而是在教篮球运动技能，包括队员要打好比赛所必须掌握的基本技能。如果一名队员能够掌握这种进攻体系的基本要点，那么在其他类型的进攻战术中他也能做好。在采用并实施这一进攻战术时，教练员不仅在提升队员的进攻能力，而且也在提升他们的防守能力。因为他们必须应对在比赛中出现的各种防守情况，包括有球

任何一种成功的进攻战术，都必须指导和实施其基本要点，包括普林斯顿或高位策应进攻体系。

和无球掩护、各种类型的切入、各种情况的堵截等。

- **这种进攻能够调控队员平均得分，减少了球队中最佳得分手的触球时间**。你喜欢球队拥有一个能够每场平均得到30分的队员，但却由于自私和单一进攻导致队员间关系不和而输掉比赛，还是喜欢一支具有凝聚力的球队，其中每名队员都参与并积极进攻，虽然没有一名队员平均得分超过18分，但却赢得了比赛。从不同的角度思考，你更希望防守哪支球队——给对手造成一处威胁的球队，还是五处威胁的球队。篮球运动是一个团队项目，球队的胜利不是靠个人。除此之外，在普林斯顿进攻体系中，有天赋的球员肯定会有发挥的机会，尽管他们的得分数据并没有对方的得分手那样华丽耀眼。
- **这一进攻体系给予队员更多自由，减少了教练员的控制**。确实如此。在其他进攻体系中教练员的控制感觉只不过是幻想，最终，还得靠队员的基本技术和执行力来决定球队的胜利。作为教练员，我们不能在场上进行投篮、传球、运球，更不能在比赛中替队员作出成百上千次的临场决定。教练员最不愿看到的是队员在比赛中机械地打球。反之，更希望看到队员在比赛中有效地运用已学到的、练就的基本原则。我们深知，在留给队员如此的自由发挥的空间时，队员已领略到教练员对他们的无私和决策能力的尊重。

结　语

　　关于执教和练习这一进攻体系的最后几个要点是，应该着重强调比赛中所需要的技能和最有可能遇到的情况。不要让队员将时间浪费在对比赛意义不大的练习上。如果观察队员在比赛中做什么，你就会明白他们需要教什么。

　　当你在做好直接关系到比赛成绩的练习时，就要投入最大的努力和精力。虽然最有用的练习应该经常重复、正确地进行，但练习的质量要远比练习的数量重要。这一进攻体系如同其他战术体系一样，不能走捷径。赢得比赛取决于细节，我们希望你已经从普林斯顿进攻中学到了足够的东西，至少可以慎重地考虑将它作为球队的战术选择之一。

第八章　折区进攻

鲁本·马格纳诺（Ruben Magnano）

与更喜欢一对一单打或打挡拆配合的 NBA 比赛相比，阿根廷篮球的风格打法与欧洲更为相似。但是，由于大约 20% 的 NBA 队员来自美国之外的国家，NBA 已经变得更加国际化，这些差别也越来越模糊。越来越多的欧洲或阿根廷的风格打法，在美国无论是职业水平还是其他水平的比赛中都得以体现。

我给队员强调的首要一点就是进攻始于防守。既然我们准备在进攻时做到速战速决，那么必须要有攻击性的防守与之匹配，这就给了队员快速完成从球场一端到另一

在防守队员落位之前，快速推进到前场并创造得分机会，是马努·吉诺比利的特长之一。

端的攻防转换，从而使我们能在首次或二次快攻时创造出快速、高命中率的得分机会。目睹我们的顶级球员之一马努·吉诺比利比赛的人都知道，多年来他是如何在攻防转换时，快速将球推进到前场并成功得分的。

我们希望队员只要一获得球权就发动进攻。但是，请不要把强调快攻打法与匆忙进攻混为一谈。正如大师约翰·伍登的一句至理名言所提示的："要快，但不能慌乱。"这句话在这里同样适用。通过反复的练习、正确地指导和纠正，队员就会认识到，在进攻中高效快速的移动与草率举措的不同。

攻防转换

首次快攻时，队员应当移动到合理的快攻路线上，争取制造以多打少的局面，从而创造高命中率的投篮机会。在首次和二次快攻时，可以采用不同的快攻路线进行跑动。

两名队员在同侧快攻路线上，与球同侧。 如图 8.1 所示，如果队员②和③跑动在同侧快攻路线上，且进攻时队友在他们身后同侧运球推进。前锋（以队员②为例）继续跑动，经篮下切到球场另一侧底角。队员③在②的身后，从同一快攻路线移动到球场同侧的底角。同时，在②对侧快攻路线上的边锋④，切向三秒区准备接传球，如果④没有接到球，就到低位做策应（这是第一名跟进队员跑动规则），而第二名跟进队员⑤在三分线外落位。

一名队员在侧翼，与球同侧。 另外一种攻防转换情况是当队员③（后卫或小前锋）在球后时，跑动到对侧无人防守的快攻路线上，并不随第一名跟进队员④切入，做与④相独立的行动（图8.2）。

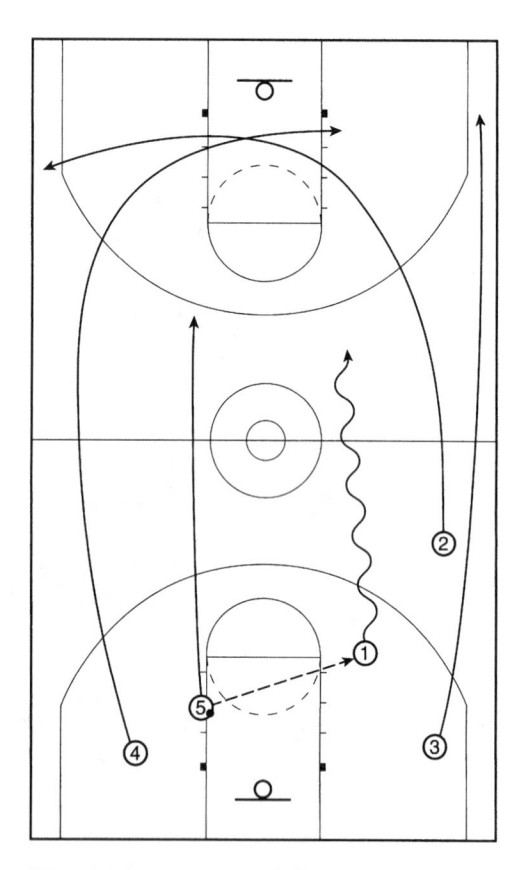

图 8.1 快攻：两名队员在同侧快攻路线上，与球同侧。

侧翼快攻路线上的跟进队员，在球前方。 跟进队员之一的④在球的前方侧翼快攻路线上，快速跑动接传球上篮。如果不能在限制区内接传球投篮，就在有球侧做策应，同时②和③在侧翼的快攻路线上跑位，而⑤则作为第二名跟进队员（图8.3）。

• 第八章　折区进攻 •

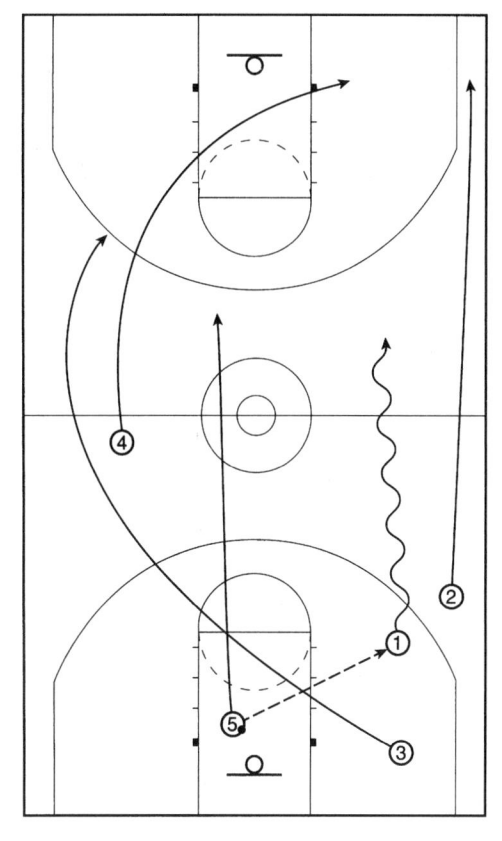

图 8.2　快攻：一名队员在强侧的侧翼。

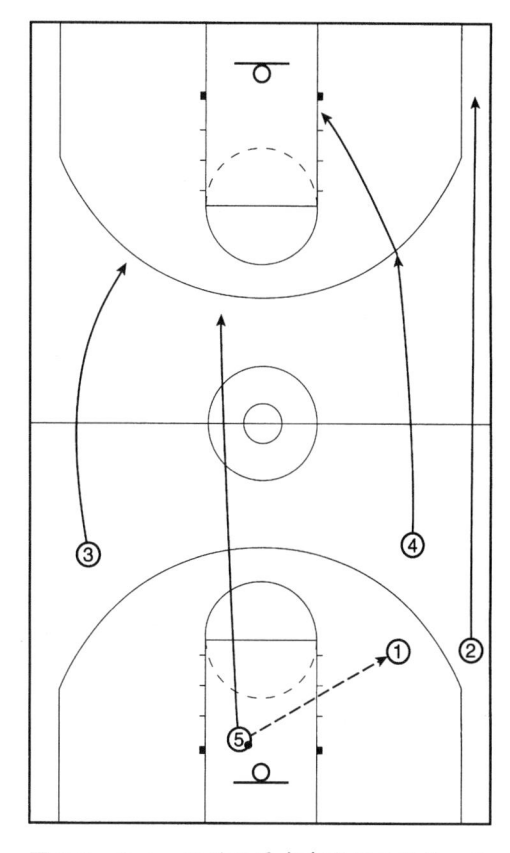

图 8.3　快攻：跟进队员在有球侧的侧翼、球的前面。

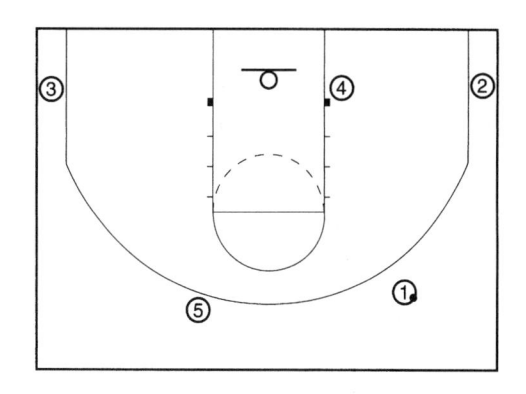

图 8.4　转换结束后，折区进攻的落位。

当可以轻松投篮得分时，就不能用这些攻防转换的方法限制队员的即兴发挥。教练员不应限制队员的创造性，但要提供一些基本的原则和组织形式。

我们的攻防转换是以队员这样落位结束的，即两名后卫队员②和③在三分线外底角；大前锋④在内策应区，中锋即第二名跟进队员⑤在三秒区外；队员①控球（图 8.4）。我们以这样的落位方式开始折区进攻。

折区进攻的特点

虽然我们希望在攻防转换时一旦获得优势，就进行快速反击，但是我们更喜欢那

143

种所有队员参与的、更具有战术性和更容易把握的半场进攻。我们鼓励进行那种快速、不断地传球和切入的流畅性进攻，但不会像欧洲和 NBA 球队那样在进攻中利用大量的身体对抗。

这并不意味着我们这种进攻风格是软弱的。无论是马努·吉诺比利，还是安德烈斯·诺西奥尼、卡洛斯·德尔菲诺、法布里希奥·奥博托、沃尔特·赫尔曼、路易斯·斯科拉，以及其他获得成功的阿根廷队员的例子都能够否定这种看法。所有这些队员都得益于扎实的基本技能和这种强调集体配合的打法。

多年前在我执教阿根廷青年队的时候，就喜欢上了折区进攻。它的魅力在于，这种进攻糅杂着大量移动以至于场上不同位置的每一名队员，无论面对还是背对球篮，都有着多种进攻选择。这似乎是让所有的队员都参与到进攻中的最好方法，也是一种使队员认识到传球、投篮、带球突破和无球跑动等基本技能重要性的好方法。

随着时间的推移，基于我对这种进攻战术的讲授和改进，队员能够更快的学习和更好的执行。同时，作为阿根廷国家队的教练员，我继续使用折区进攻战术还有以下原因：

• 我们缺少一名强势中锋。同样，我们的队员中没有一人拥有过人的身体条件和背身打篮下的技能。因此，让一名队员在内线落位对于我们来说并没有什么优势可言。

• 我们队员的无球技术通常比有球技术要好。这种强调移动的进攻战术更能发挥我们的优势。

• 我们力图全面地发挥球员的优势。他们习惯并擅长面对球篮进行外线空位投篮，并且一有机会就切入或向篮下突破。这有利于拉空限制区的防守，更多地暴露出我们所能利用的防守者的弱点。

• 在进攻时每一名队员都能够威胁对方球篮，这就使对手难于集中注意力去防守我们的一名或两名队员。

• 由于要不断地进行切入和掩护，因此这种进攻战术需要大量的移动。我们发现，随着比赛的进行这样会拖垮对手。

同时我们也发现，在执行这一进攻战术的过程中，队员倾向于移动到自己喜欢的位置接球投篮。在这些位置的投

折区进攻的要点

• 恰当地运用基本技术，包括一对一、传球、投篮，以及面对和背向球篮的技术。

• 无球移动——打任何位置的每名队员的必备技能。

• 运用基本技术时要把握合理间距并注意时机的选择。

• 要能够胜任多个位置的角色。

• 根据防守队员的反应伺机而动；洞悉防守并做出相应的行动。

• 掩护掩护队员——因为，为一名刚做完掩护的队友做掩护，通常会获得很好的空位机会。

• 强调为外线队员做两种掩护，即纵向掩护和后掩护。

• 在球场一侧以多打少。

第八章 折区进攻

篮信心和舒适程度，使得他们有更高的命中率。

在讲授折区进攻战术时，如果让队员先观察这一进攻体系完整的演示过程，他们会学得更快。我们通过采用较慢的速度演练进攻过程和各种可供选择的方法，使队员能够掌握我们谋求的间距和行动把握的技巧，之后再进行分段学习。一旦队员对其有了基本认识，就将各个部分放在一起并在比赛情境下进行练习。

我们发现，首先将折区进攻分解成各个独立的部分，然后再尝试将它们整合到一起的效果并不好。因为，队员需要建立完整印象和进攻流程后才能真正理解其构成要素及其细微差异。此外，为了帮助队员学习，我们为他们展示折区进攻的全部打法，像激励学生一样激发他们学习，只有这样他们才能感受到自己为球队成功作出努力的机会和潜力。

半场进攻

折区进攻是我们在前场的主要进攻手段，在获得球权后如果快速反击没有成功时，我们就本能地发动折区进攻。发动折区进攻时队员①传球给⑤，同时②将其防守者带入④做的后掩护中摆脱，看是否能接到在三秒区内⑤传来的球。②要根据防守形势和自己的位置，选择从④所做掩护的上面或后面切入。如果②没有接到传球就做策应。④为②做完掩护后，①再为④做掩护掩护队员的配合（图8.5）。做完掩护后①向外线拉出。

在球场另一侧也做同样的配合，即队员⑤传球给④，②为③做后掩护，然后⑤再为②做掩护（掩护掩护队员）后向外线拉出（图8.6）。此时，④有以下两种选择：将球传给在三秒区的③，或利用⑤的掩护向高位移动的②。

在最后的方法中，我们重复做最初的配合，即队员①利用③的后掩护切入限制区，同

像路易斯·斯科拉这样擅长做掩护、无球移动和分球的大前锋，能使折区进攻更加有效。

时④传球给②后为做完后掩护的③做掩护（图8.7）。为了使掩护掩护队员配合收到成效，所有的队员都必须观察比赛的形势（无论是有球队员，还是在做掩护或接受掩护的无球队员），然后根据防守队员的反应伺机而动。

正如你所看到的，当执行折区进攻时，5名进攻队员都不会停留在某个特定的位置，他们会移动到球场上的所有位置，中锋、大前锋和外线队员都要在内线和外线间来回移动。

如果将球传给在底角的②，在这个例子中，在强侧低位的①为⑤做纵向掩护，⑤利用掩护移动到低位，此时②可以将球传给低位的⑤，或者做完后掩护向外线拉出的①（图8.8）。

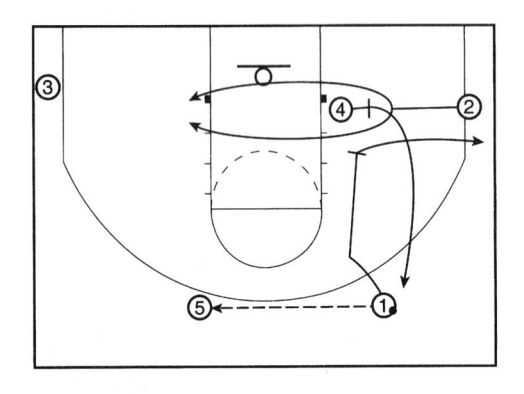

图8.5 后掩护和掩护掩护队员的配合。

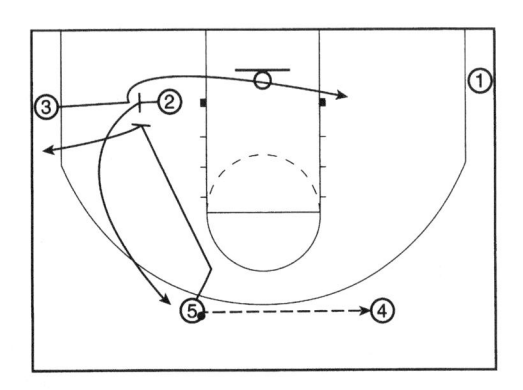

图8.6 在场地另一侧同样的战术配合和可能的解决方法。

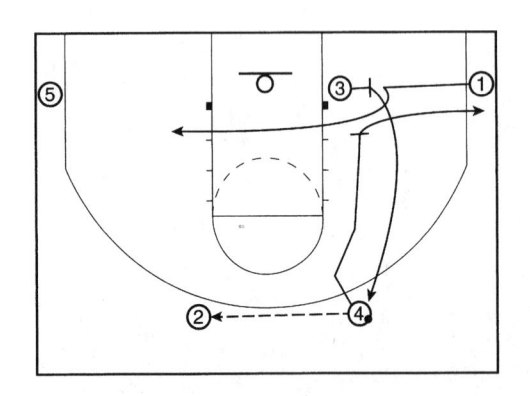

图8.7 重复做最初的配合。

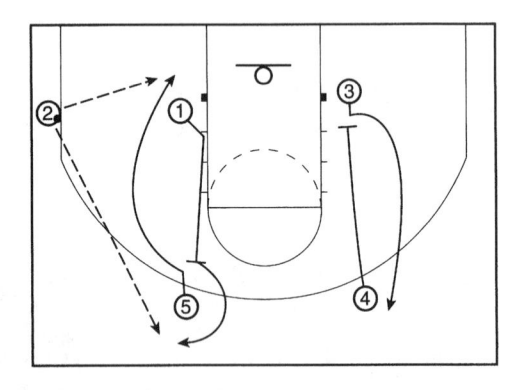

图8.8 所有队员在半场各个位置发动进攻。

选择一，每种战术的不同进攻选择和对抗手段同样有效。篮球对抗就如博弈——你需要研究对手并做出应对。现在我们来看第一种进攻配合：队员①传球给⑤后为④做纵向掩护，④利用掩护移动到高位接⑤的传球，①做完掩护后移动到球场另一侧低位（图8.9）。当④接到传球后，①为③做后掩护，同时⑤为①做纵向掩护（掩护掩护队员配合），④再传球给①（图8.10）。

第八章 折区进攻

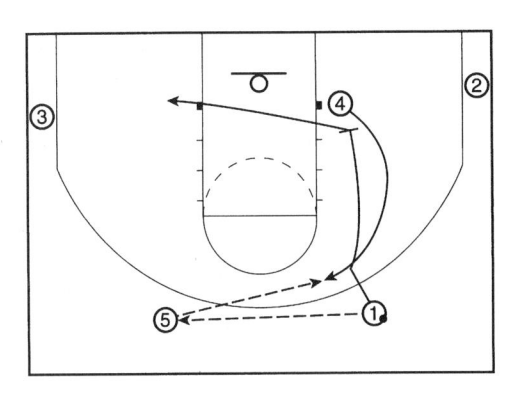

图8.9 方法1：队员①传球给⑤后为④做掩护。

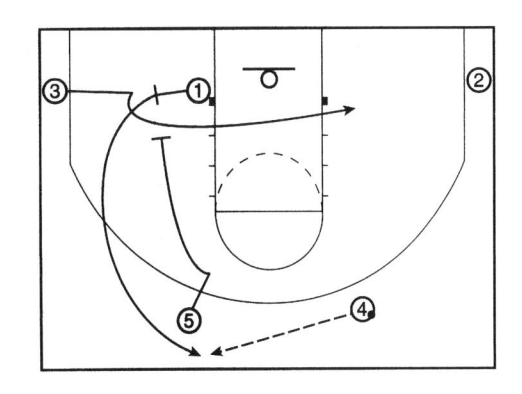

图8.10 方法2：这个进攻同样运用了两个配合，即后掩护和掩护掩护队员配合。

如果队员①持球，②和③在弱侧。此时②可以利用的掩护有以下两种：
- 利用队员③的掩护切入限制区接球，或者；
- 利用队员④的掩护移动到高位。

基于②所利用的掩护，③有以下两种选择（图8.11）：
- 如果②切入限制区，③就在原地等④为其做掩护（掩护掩护队员配合），或者；
- 利用队员⑤的掩护切入限制区内并移动到对侧底角。

此时队员①有以下四种传球选择：
- 将球传给利用队员③或④的掩护摆脱防守的②；
- 将球传给利用队员⑤的掩护摆脱防守的③；
- 传将球传给位于强侧内策应区的队员⑤；
- 将球传给位于球场另一侧内策应区的队员④。

让我们重新回到当球在队员④手中时的情形。③可以移动到内策应区，或者如图8.12所示，利用⑤做的纵向掩护移动到高位接④的传球（图8.12）。在这种情况下，①要移动到弱侧低位。

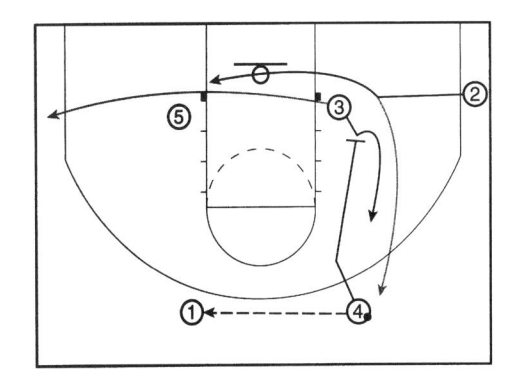

图8.11 方法3：队员③的移动基于②的行动选择。

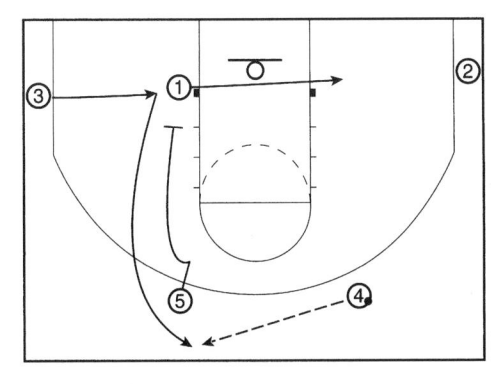

图8.12 方法4：队员③可以移动到低位，或利用⑤的掩护摆脱防守移动到高位

当队员③持球时，②可以选择性地利用掩护（图 8.13）。但无论怎样，我们必须要遵守最基本的原则，那就是为控球的队员（以③为例）提供 4 种传球选择。

选择二，这个进攻配合以最基本的折区型进攻开始（图 8.14）。队员①为③做掩护，然后⑤为掩护队员①做掩护（图 8.15）。

当在这个进攻配合中队员③为②做掩护，但②和③的防守队员交换防守时，②就围绕③进行绕切到高位为④做后掩护，同时，③利用在限制区另一侧⑤的掩护移动到另一侧底角（图 8.16）。

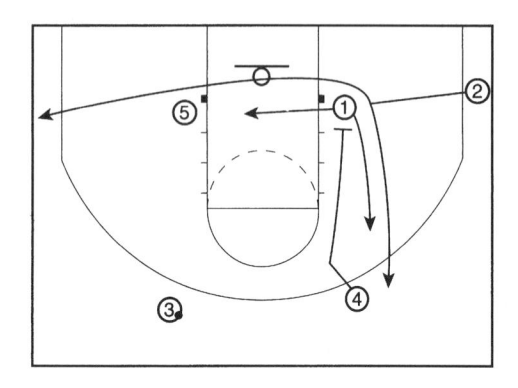

图 8.13　方法 5：当③持球时，②可以选择性地利用掩护。

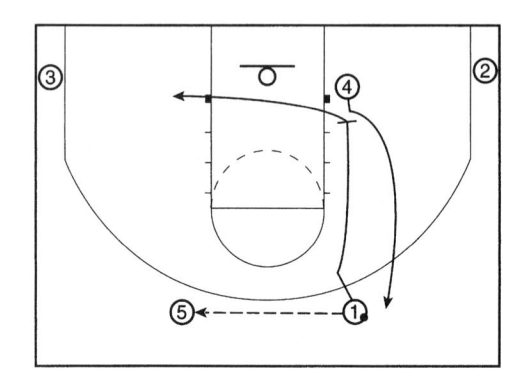

图 8.14　方法 1：这个进攻配合以最基本的折区型进攻，即从①为④做向下掩护开始。

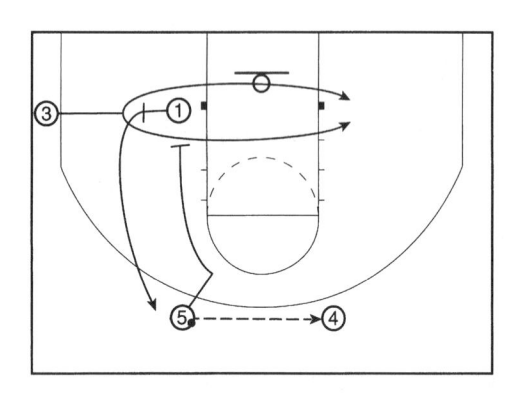

图 8.15　方法 2：队员⑤为掩护队员做掩护。

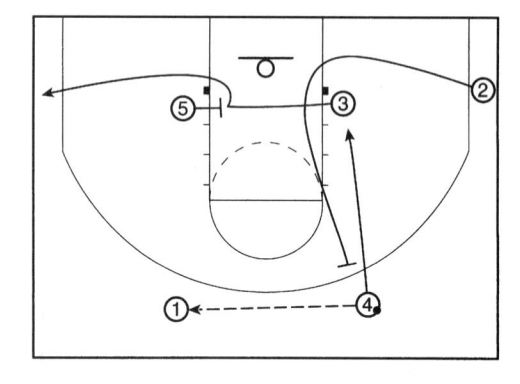

图 8.16　方法 3：当防守队员交换防守时，②围绕③绕切并为④做掩护。

此时，队员①有以下多种传球选择：
- 将球传给利用队员②的后掩护摆脱防守的④；
- 将球传给做完掩护后向外线拉出的队员②；
- 将球传给利用队员⑤的掩护摆脱防守的③；

- 将球传给为队员③做完掩护后切向篮下的⑤。

在做完上述配合后，队员首先想到的是要充分利用队员之间的空间进行攻击，尤其是在防守队员交换防守后的③。

选择三，在攻防转换之后，如果需要我们会立刻将球传给内中锋。队员①传球给⑤，同时②利用④的后掩护移动到球场另一侧低位（图 8.17）。

队员⑤并不将球向弱侧转移，而是回传给无人防守的①，同时④在限制区内落位准备接①的传球，以一对一单吃防守队员（图 8.18）。

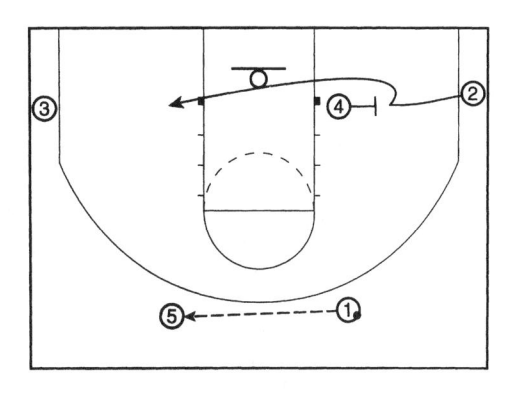

图 8.17　方法 1：以将球传给中锋队员为开始的进攻配合。

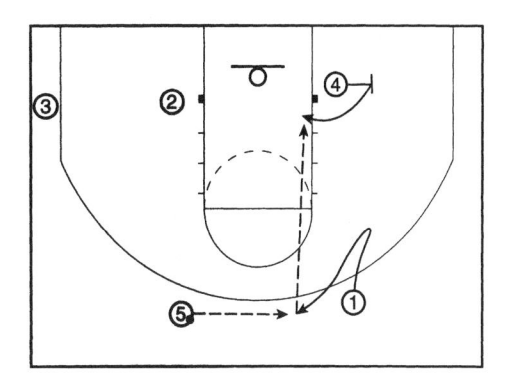

图 8.18　方法 2：队员④做掩护后转身切向限制区接①的传球。

折区进攻训练方法

每名队员必须要透彻地了解一种进攻战术的所有变人形式，也必须对在进攻中所创造出的不同投篮方式进行训练。基于这一原因就要进行下列练习，对折区进攻中出现的投篮情境进行训练。

两人一组投篮训练

我们用这一投篮练习进行利用纵向掩护摆脱防守，并在底角以多打少的训练。训练中可以用两名教练员作为传球者。

训练开始时，队员持球成二路纵队站在端线外（图 8.19）。前两名队员移动到场上低位后将球传给教练员，然后队员②利用③的掩护沿底线切出，而③向高位移动，之后接传球投篮，抢到各自篮板球后站到另一路纵队后。接下来的两名队员要转换角色：队员③利用②的掩护摆脱，②向高位移动。

三人一组投篮训练

这项练习需要由三名队员、两个球和两名作为传球者的教练员来完成。队员⑤和②将球传给教练员，②根据③的具体行动做出相应的移动。在这种情况下，如果③选择利用⑤的掩护摆脱防守，②就沿底线切到半场对侧的底角（图 8.20）。然后教练员可以将球传给投篮队员或为③做完掩护后切向篮下的⑤。

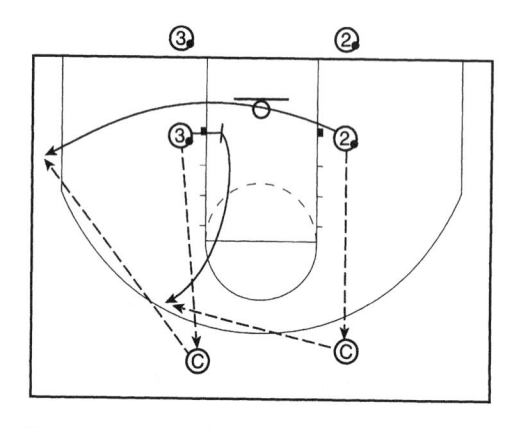

图 8.19　两名队员一组的投篮训练。　　图 8.20　三人一组投篮训练。

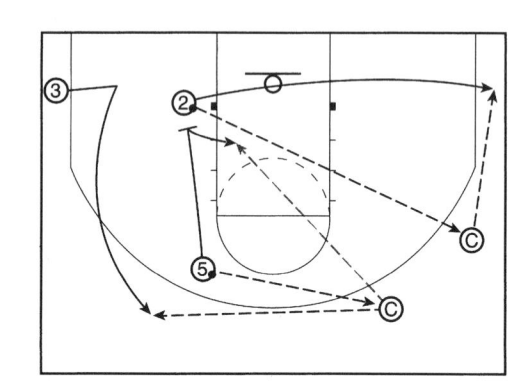

利用后掩护的投篮训练

这项练习与前面的练习相似，但在这里队员③并不利用⑤的掩护做摆脱，而是绕过②后为⑤做后掩护，同时②沿底线切到对侧底角（图 8.21）。此时两名教练员可以：

- 将球传给利用③后掩护摆脱的⑤；
- 将球传给在底角占有进攻优势的②，或者
- 将球传给做完掩护后向外线拉出的③。

利用双掩护的投篮训练

在这项练习中队员②可以选择利用④或⑤做的掩护摆脱。在这里我们进行 4 对 4 的攻防练习（图 8.22）。队员①持球并传给利用其中一个掩护摆脱防守的②，或者传给做完掩护后向篮下移动的④或⑤。

队员②利用哪种掩护取决于自己的防守者做何行动。如果②的防守者选择挤过防守，掩护队员⑤就改变掩护的角度，②放弃利用掩护向外拉出以获得足够的空当和时间来接球投篮（图 8.23）。

另一种情况是，队员②的防守者对其进行跟防，②就进行绕切，然后接传球投篮，或传球给做完掩护后切到篮下的⑤。也可以由①直接传球给做完掩护切向篮下的⑤（图 8.24）。

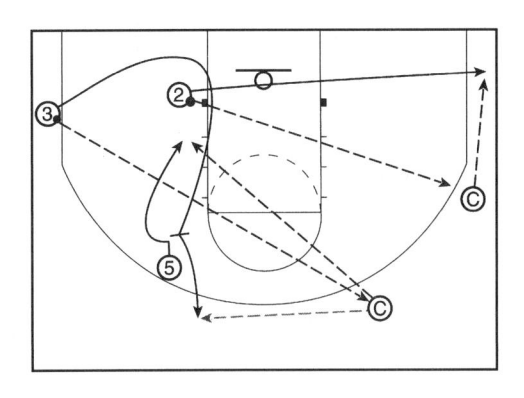

图 8.21 利用后掩护的投篮训练。

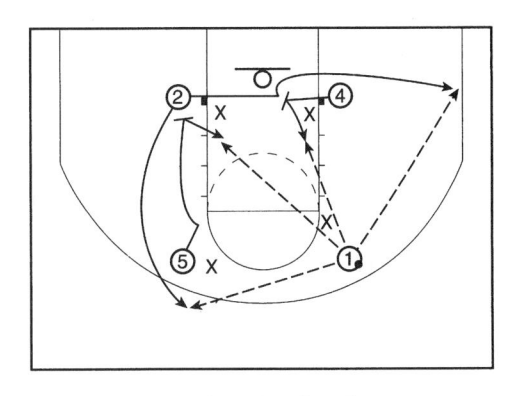

图 8.22 利用双掩护的投篮训练。

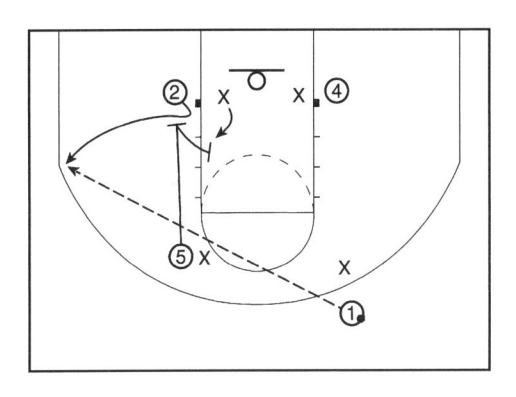

图 8.23 如果队员②的防守者挤过掩护，⑤就调整后再次为②做掩护。

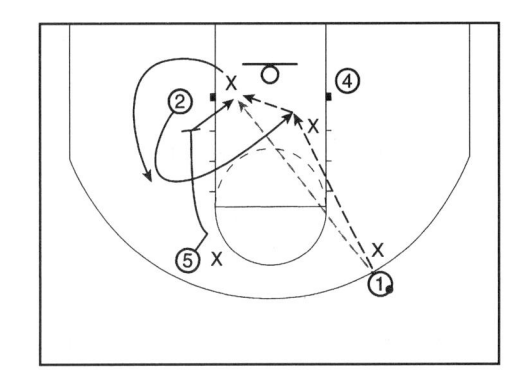

图 8.24 如果队员②的防守者追防，就进行绕切。

注意，如果队员②决定利用队员④的掩护（而不是队员⑤的掩护），他就采用图 8.24 中的同样方法。

掩护 – 掩护队员后的投篮训练

这是另外一种 4 对 4 的练习。我们运用这个练习来训练为掩护队员做掩护的配合：队员①传球给③，只要③一接球④就为②做后掩护，然后立即利用①的高位掩护向高位摆脱（图 8.25），再接③的传球。

队员④传球给①，当①一接到球，②就为③做掩护，然后利用④的掩护摆脱（图 8.26）。继续练习，直到找不到有效的投篮机会为止。

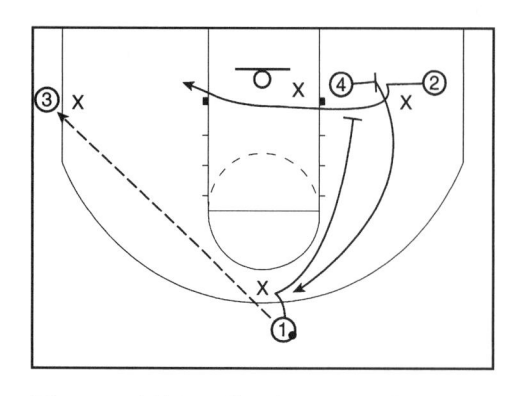

图 8.25　为掩护队员做掩护后的投篮训练。
图 8.26　球场两侧连续配合练习。 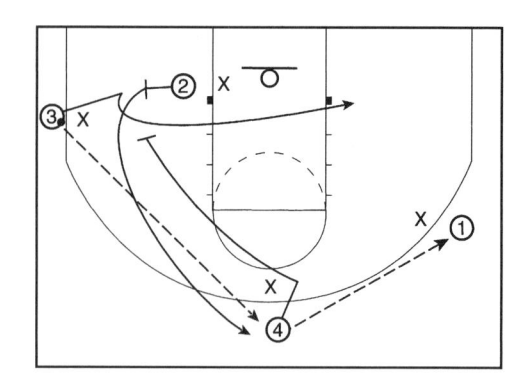

结　语

　　许多教练员在其执教生涯的早期，都在寻找"神奇的进攻体系"。他们错误地认为，世界上成功的教练员都在运用一种非同寻常的进攻体系。他们忽略了任何一支球队都是不同的，一支球队可以有效运用的战术体系很可能对另一支球队不起作用，这就是为什么无论执教何等水平的球队，教练员必须使进攻体系适合队员们的特点。

　　我发现对于我的队员来说折区进攻是最好的。总之，它为我们球队的成功和目标的实现提供了最好的机会。我们所运用的折区进攻类型，并不是来自某位特殊的教练员或方案，而是来自许多不同的教练员和我多年来的学习经验。当然，至今我一直而且在不断地学习。

　　要抓住可利用的机会来学习，无论是参加培训班、交流，还是阅读书本、观看DVD，目的都是使自己成为一名更优秀的教练员。也许读了本章全部或部分内容之后，你仍没有找到确切的适合自己球队的进攻方式，或充分发挥球队优势的进攻体系。但是，希望你至少获得了宝贵的增加知识的洞察力和提高效率的训练方法，这对教练员非常有益。

　　要善于接受其他教练员的新思想，无论对方是年少、年长，还是胜率高低、出不出名，您可能对从他们身上学到的东西感到惊叹。在篮球领域里只有极少数人靠天赋打球，所以我们要有好奇心并虚心学习，采纳各种战术方法。

　　最后要铭记，即使你已经制定出最佳的进攻战术和策略，最终也还是由队员来执行。同时，在制定比赛计划的时候，要将队员的个人特长和攻防对位考虑在内，成功还取决于队员将比赛计划转化成实际行动的效果。有鉴于此，要尽最大努力指导和培养队员，但不要忘记队员是人而不是机器。如果你是已执教多年的教练员，当看到5名队员在场上站位合理、动作流畅并表现出王者风范时，您会觉得这是比赛中一道靓丽的景色。

第三部分

快 攻

第九章　快攻原则

乔治·卡尔（George Karl）和道格·莫尔（Doug Moe）

所有教练员都有自己的执教特点，这些特点能够体现在他们所执教球队的打法风格中。在我们的球队中，队员行动果断但缺乏耐心，所以我们更喜欢在比赛中通过加快进攻节奏来创造得分的机会，因此只要我们获得球权，就立即迅速组织进攻。

任何一位教练员都可以选择在比赛中稳扎稳打、有条不紊地打阵地进攻，但我们不这样做，我们更偏爱打快攻，其原因如下：

- 快攻没有严格地确定的位置或打法，使得对手难于准备与防守。
- 快攻节奏快于对手所适应的比赛节奏，使得对手感到措手不及。
- 快攻能消耗对手体能，常使不擅长快攻的对手由于长时间奔跑而体力不及我们。
- 快攻中合理的跑动能更容易地创造出比阵地进攻更多的空位投篮机会。
- 快攻可以给队员带来更多乐趣，因为他们可以在快攻中得到更多的出手机会，尽情地施展各种技能。通过更多的传球和更频繁的轮换，使得更多的队员参与到快攻中来。

历史表明，每一支冠军球队都有着默契的配合、良好的风貌、严密的防守、积极无私的进取精神，以及刻苦训练、毫不动摇的决心。因此，除了个人偏爱之外，我们有充足理由采用快速进攻。以下从5个方面详细陈述采用快攻打法的原因：

快攻难以防守。因为在我们的进攻体系中，只有组织后卫的角色是特定的，所以在每一次向前场快下时，对手很难进行对位防守，并且由于在整个过程中，队员都是根据具体情况决定快攻形式，这样就使得防守队员不能真正判断进攻的具体形式。如此难以判断的进攻形式使得对手和其教练员都感到十分苦恼，这是快攻成功的一个有利因素。

打乱对手阵脚。快攻的快节奏常常会打乱对手的阵脚，他们必须在对抗中比以往更快地思考和行动，进而防守部署被打乱。快节奏不仅使对手的防守漏洞百出，而且，由于在攻防转换时的进攻节奏要快于平时，因此也使得对手失误频发，投篮的质量变差。

更多地消耗对手。你不能指望对手自己在比赛时状态不佳，任何一名称职的教练员都会使自己的队员有足够好的身体状态去争取比赛的胜利。但在整场比赛中既要打出漂亮的阵地进攻，又要时刻做好打快攻的准备，这样就需要更好的体能。队员体能不支时很容易出现问题，例如，在下半场比赛中，你会看到对方队员在反复对抗之后在防守时漏洞百出、投篮时屡投不中，不得不频繁使用替补队员。看看善于打快攻的球队是如何牵制对方,并使其每一次投篮不中的,由此可见那些快攻训练不到位的球队在比赛中就会付出沉重的代价。

创造更多、更容易的机会。从最基本的层面讲,取胜就是比对手得分更多。我们相信,取胜最好的方法就是创造比对手更多的球权和得分机会。一次成功的快攻就能创造更多的出手机会。此外,由于对手的防守不能及时落位,进攻队员就有更多的空位跳投或上篮的机会,从而大大地提高投篮的命中率。

队员更喜欢这种打法。虽然这不是我们选择快攻的决定性因素,但快攻的另一个好处是队员都喜欢这种打法。不管是高中新生还是资深的职业队员,大多数队员更愿意单独地在前场展示自己的球技而不是在有限的半场进攻中施展自己的才能。但是,参与打快攻并不容易,因为你会发现当我们成功地打出快攻时,总会有人无私地为球队作出贡献。

实施快攻的方法

要培养一支具有快节奏进攻的球队并非轻而易举,这需要经历一个较长的过程,需要教练员对队员进行严格地指导,直到他们逐步掌握并融入整个系统。

在学习如何打快攻的过程中,最基本的是让每一名队员明白,整支球队以及全体教练人员都要始终坚持这种打法。发动快攻首先要坚定信念,毫不犹豫,其次是通过长期、无数次的刻苦训练来培养快攻意识。

运用防守压力

每一支冠军球队都有着出色的防守。在对手获得球权时,队员的防守欲望应该与进攻时的欲望一样强烈。

善于打快攻的球队会进行攻击性防守,他们不会等待进攻队员行动后再作出防守反应,这样就能迫使对手他们跟着打快节奏的比赛。

制造外线防守压力是非常重要的,至少我们要阻止或阻挠对方后卫在外线接球后,在投篮或传到内线之前消磨时间或减缓比赛节奏。多年来我们因培养了一些出色的防守球员而获益匪浅,T.R.邓恩就是掘金队20世纪80年代伟大的外线防守球员。当然,加里·佩顿在西雅图超音速队效力时,也获得了NBA历史上的最佳防守后卫的称号(因此他获得了"手套"的绰号)。

我们很乐意看到防守球员在有把握的时候进行抢断,这样能使我们在进攻端轻松得分。但是,我们不希望队员贸然、盲目地伸手,以及不理智地犯规或失去防守位置让对方轻易得分。防守队员关键是既要付出努力又要防得聪明,在每次抢断时要权衡利弊,好的、有效地防守压力就是充分瓦解进攻并迫使对方出现多次失误而失去机会。

拼抢篮板球

很明显，除了失误和被抢断，得到球权发动快攻的唯一途径（除了对方得分外）就是当对方投篮不中后抢到后场篮板球。因此，在执行快攻时，我们无论怎样强调拼抢篮板球的重要性也不为过。

球队不能成功地实现快攻的原因是没有投入更多的队员拼抢后场篮板球，而是仅有一名队员在内线抢篮板球，三四名队员在外线寻找机会接球。为了防止这种情况发生，在每次对方投篮后，我们要求（除了组织后卫外）其余4名队员都要去抢篮板，直到自己或某个队友抢到篮板后才能转入进攻。

马库斯·坎比在防守端擅长争抢篮板球和封盖使之成为球队快攻时的重要人物。

快速跑动

一旦得到球权，队员在球场上的反应要像赛跑运动员从起点向前冲刺一样，必须毫不犹豫地全力冲向前场。

只有具备这种临场意识，队员才能适应我们这种高耗能打法带来的身体挑战。最优秀的快攻球队在整场比赛中不仅仅是跑，而且是冲刺跑。要成为一支整场快攻型球队所要跨越的最大障碍，就是克服队员们总是不自觉地想要停下来休息或减慢跑动速度的心理。这就需要教练员在日常的训练与比赛中不断地强调，并在队员跑动速度慢下来时立即进行纠正。

球的移动

只有在队员快速跑动时球也随之移动，才能使他们的努力收到成效。在某个位置停球非常影响快攻的效果。另一方面，即使是防守队员的回防速度再快，也跟不上快速的传球。很显然——如果传球的速度快于防守队员反应的速度，就会出现空位投篮的机会。

当然，快速地传球可以为成功实施快攻创造条件。传球的目标就是使队友能在身前很舒适地接到球并轻松地完成投篮，而草率地传球迫使队友在接球时进行调整，从而使防守队员得以回防，或出现传接球失误，丧失一次很好的投篮机会。

快速转移球的另一个好处就是能够消耗对方体力。它迫使防守队员在比赛中为了封堵传球路线不断地随球移动，从而影响其防守效果。

卡梅隆·安东尼能够熟练掌握在外线、中距离或篮下完成快攻的技巧。

快速、果断地出手

最后强调的是让队员快速出手投篮。如果每次在前场进攻时队员都要多次在外线倒球，消耗进攻时间以寻求完美的空位出手机会，这就说明进攻出现了问题。队员需要在首次或二次快攻中抓住机会，果断出手。如果队员获得球权后几乎将进攻时间用尽（除非是在上半场结束前故意消耗时间），这就要引起你的注意。我们并不提倡"chuck and duck"（只顾自己投篮和单打）的进攻方式，但一定会坚决执行快速进攻，这是这个体系的基础。

为了做到快速果断地出手投篮，队员必须清楚自己适合在什么样的条件下出手，然后在机会出现时自信地投篮。对于一名队员来说，是否适合自己的投篮选择大多是由教练员在平时的训练中反馈得来的。一旦队员建立了适合于自己投篮时机的意识，就应该在比赛中时刻准备好，甚至渴望这种投篮时机的到来。

我们不去制定严格的规则，但要求队员必须明白自己的角色，以及清楚自己的进攻能力和投篮的范围。例如，卡梅隆·安东尼的进攻技能就十分全面，因此在实施快攻时随时都可以出手投篮；而像马库斯·坎比和肯扬·马丁就不是我们在实施快攻时首次投篮，或当他们在外线获得空位时投篮的最好选择，因为他们拥有不同的攻击技术。

执行快攻

执行快攻时对队员的要求并不多。我们给队员更多自由发挥空间的目的，是让他们自己主动去思考、学习，然后对快攻时每种情形下出现的多种防守方式本能地作出有效反应，这是因为在每一次快攻过程中都有独特的机会和挑战。如果每次快攻时我们都让队员按照固定的模式去跑位，或每次都移动到固定的位置，那么对手将会很容易地实施防守，错失很多得分的机会。

这种无固定模式的快攻组织形式是队员提高的良好基础。通过在快攻时被迫性地不断作出决定，队员就会获得快攻概念的感觉以及如何在比赛中执行快攻。需要注意的是，这么做不一定很完美，但是要坚持自己的执教理念并对队员抱有信心。

当我们在丹佛练习如何执行快攻时，在怀俄明州同金州勇士队进行了一场表演赛，结果我们大败而归，并在比赛中出现了30多次失误。赛后，许多人指责我们糟糕的快攻，甚至有人建议我们应该放慢进攻的节奏，并且人们对我们在比赛失利后仍然保持乐观表示诧异。从我们的观点来看，我们的紧逼是出色的，篮板球也不错，队员的跑动很积极，问题就在于我们的传球做得不到位。

快攻的发起阶段

如前所述,在执行快攻时只有组织后卫的角色是固定的,他的责任就是接应抢篮板队员的传球(假设组织后卫没有抢到篮板球)。这里要再次强调防守篮板球对于成功地进行一次快攻的重要性。当对方投篮时我们要尽可能地冲抢篮板球并确保将球快速地交给组织后卫,同时组织后卫要上前接应球或为抢篮板球队员提供一个巧妙的传球路线。我们希望组织后卫接一传时要离本方球篮尽可能地远(图9.1),因为他是发动快攻时接一传的首选。然而,如果对方对其紧逼盯防时,一传很难传出来,我们就希望组织后卫迅速拉近与抢得篮板球队员之间的距离去接应球(图9.2)。

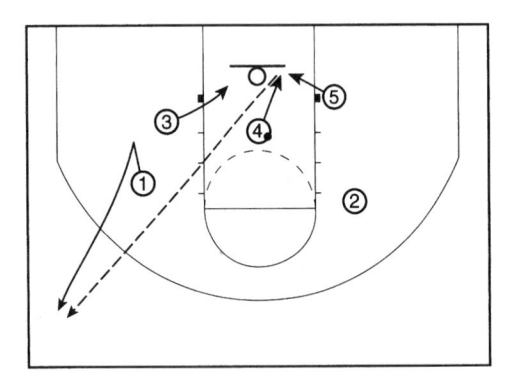

图9.1 组织后卫要离本方球篮尽可能远地接一传。

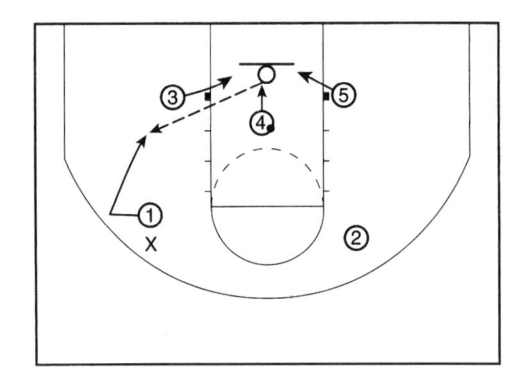

图9.2 当组织后卫面临严密防守时,要上前拉近与抢篮板球队员之间的距离去接球。

一旦拿到球,组织后卫要迅速带球向中路移动,防止防守队员利用边线夹击自己。我们相信组织后卫会给对方防守带来很大的防守压力。他可以向篮下渗透、传球给空位的队友、跳投或在必要时投三分球。在快攻体系中,进攻的发动以及在前场所做的重要决策都是由组织后卫决定的。

侧翼接应

一旦获得球权,靠近侧翼(罚球线向球场两侧的延长线)的两名队员要迅速向侧翼移动,尽可能地拉开距离从而为组织后卫留出更多的接球空间。当组织后卫持球向前场推进时,位于两翼的队员要向前场快下,在到达进攻端罚球线延长线之前两名队员应保持一定间距(图9.3)。如何保持跑动间距是边路队员较难掌握的,而宽阔的间距、较好的传球路线,可以增加得分的机会。

同样，我们不给侧翼队员提过多的要求，他们必须根据防守者的情况作出判断和反应。总之，两翼队员可以向限制区进行穿插跑位（图9.4），或在罚球线延长线处落位（图9.5），也可以与组织后卫做传切配合（图9.6），或根据防守的情况选择其他可能的进攻方式。

在理想情况下，多数是打2号位和3号位的队员担任侧翼接应的角色，通

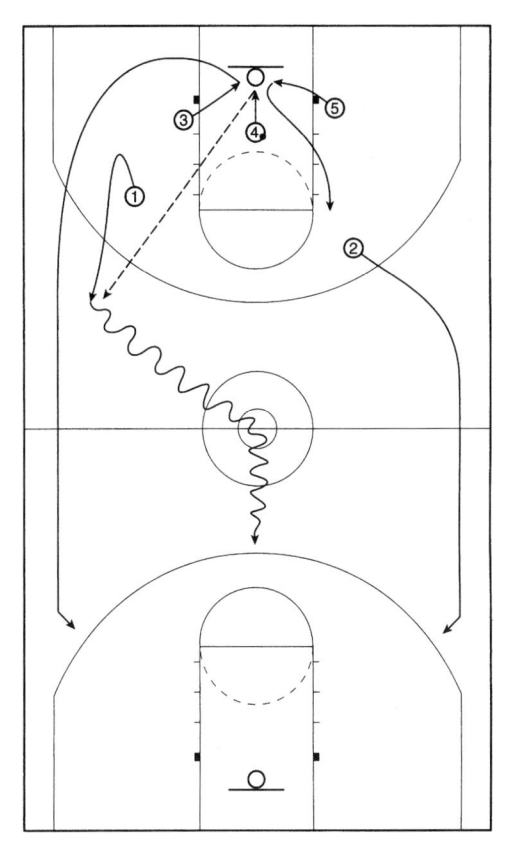

图9.3 翼侧的两名队员拉开间距沿着边线快下。

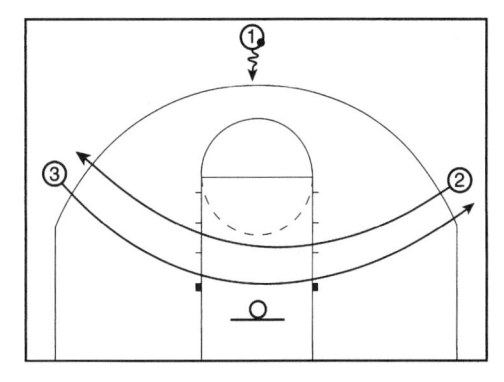

图9.4 根据对方的防守情况，侧翼队员可以向限制区进行穿插跑位。

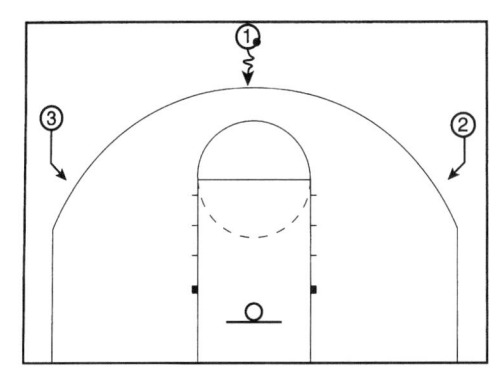

图9.5 侧翼队员也可以在罚球线延长线处落位。

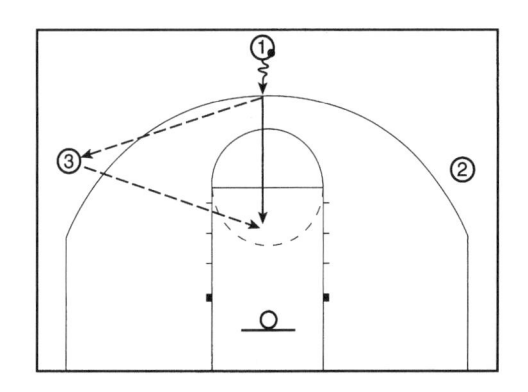

图9.6 侧翼队员也可以进行传切配合或其他可能的战术配合。

常他们比大个子队员的速度快，并且在首次进攻时得分的能力更强。但是，不能生硬地套用这些位置打法，因为在某些情况下4号位或5号位的队员也会在侧翼出现。

队员跟进

假设多数防守篮板是被4号位和5号位队员抢到，那么他们通常是最后移动到前场。如果4号位队员抢到篮板球，就要移动到组织后卫和侧翼队员之间的快攻路线上，5号位队员跟着组织后卫，移动到罚球区的弧顶（图9.7）。

像侧翼队员一样，两名跟进队员的间距也非常重要，他们要拉开足够距离以防止被一名防守队员同时防住，同时还要随时注意观察场上情况，根据需要及时改变跑动路线。

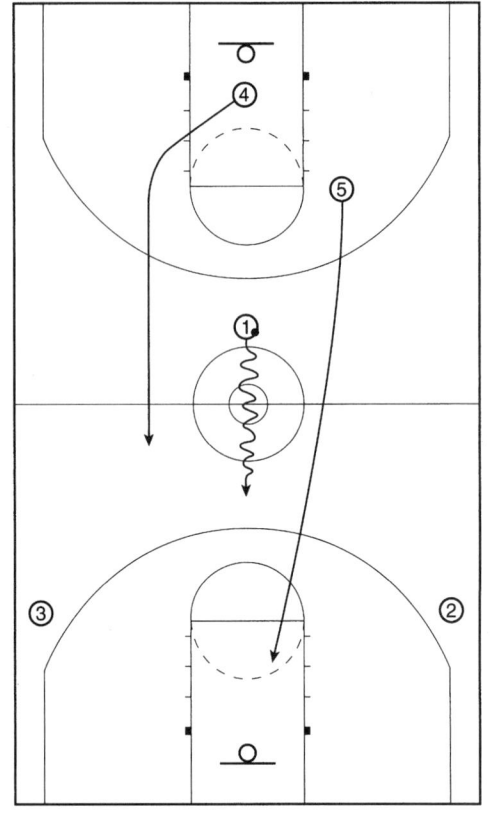

图9.7 大个子球员（4、5号位）通常是跟进队员，但并非总是这样。

首次快攻

敏捷和速度是首次快攻成功的关键。"首次快攻"相对于防守者占有优势的情况下发动的进攻。

在占有进攻优势的情况下，以多打少可使对方防守阵型失衡，造成其防守不到位。防守不可能覆盖场上所有的点，要让队员清楚这一点看似容易实则较难。教练员必须经常针对这些情形，使用基本可行的方法进行训练以增强进攻的优势。

然而，在讨论快攻和如何进行教学之前，我们首先谈谈比赛意识。我们相信快攻成功的首要因素就是意识的转换，"守转攻意识"就是瞬间让思维意识快速由防守向进攻转变。这种快速转换必须是在对方投篮命中、抢到防守篮板球、抢断、对方失误、在边线或底线掷球入界，以及罚球后迅速出现。

当对方得分后，如果发球队员不能及时掷球入界，或者抢到防守篮板的队员不能迅速将球传出，快攻的效果就会受到影响。所以，快速的"意识转换"是有效发动快攻的基础。

第二是跑位。快攻时跑位的主要原则是队员在球场上必须始终保持合适的间距。如果进行"二打一"快攻时两名进攻队员之间距离过近，那么一名防守球员就可以有效地防守这两名队员，阻止他们轻松得分（图9.8）。

上述两方面是一名教练员建立首次快攻战术的前提，否则，首次快攻就难以成功。篮球运动是一项习惯性运动，因此在教学和训练过程中必须强化意识和跑位，如果忽略这些基本的习惯，那将是一个很大的失误，就好比在"法拉利"赛车上装上摩托车的轮子——哪儿也去不了！

每位教练员都有个性化的快攻执行方式，一些教练员喜欢在边线或中路发动首次快攻（图9.9），另一些教练员则是让两名侧翼队员在罚球线延长线处切入或实施传切战术来执行快攻。

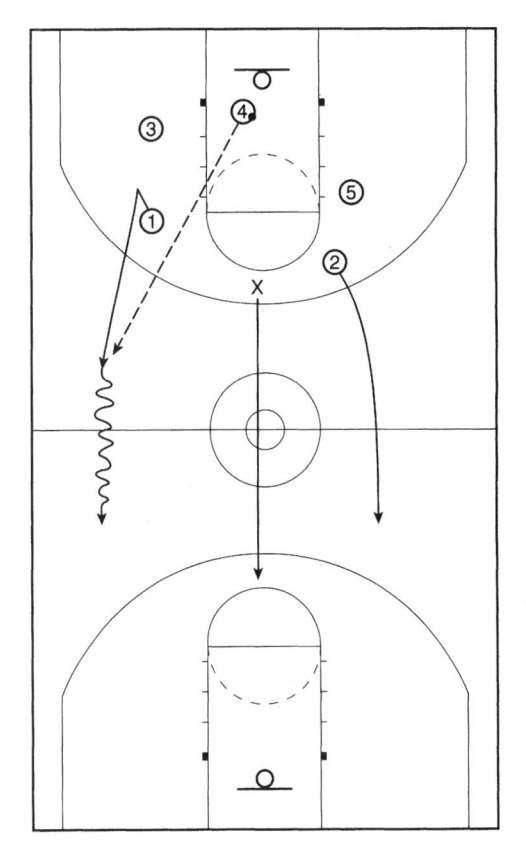

图9.8 拉开间距是快攻和"二打一"成功的关键。

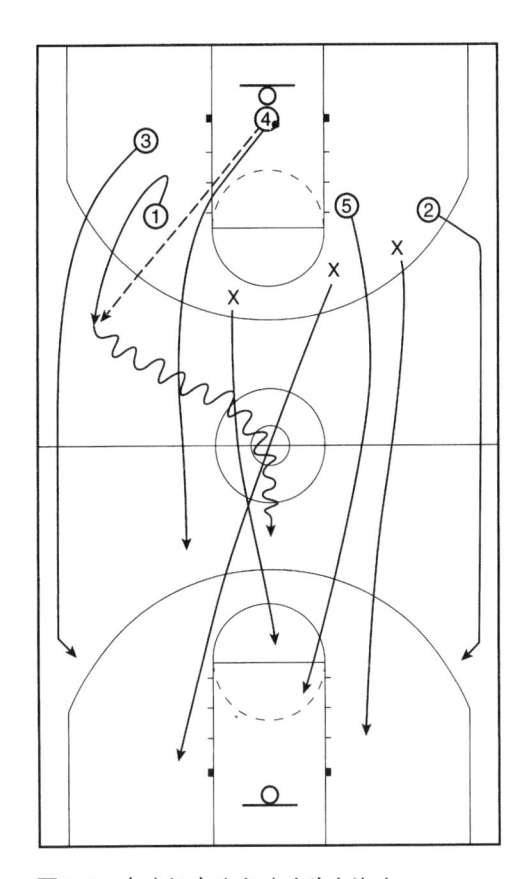

图9.9 在球场中路发动的首次快攻。

我们组织快攻的方式与多数教练员不同，因为没有给队员提出特殊的规定，而是要求队员根据对方的防守情况随机应变。这并不意味着我们的战术理念就一定比别人的好——而仅仅是说它更适合我们。通常情况下，你需要根据球员来调整战术。

二次快攻

二次快攻是在首次快攻没有成功的情况下进行的。如果这样，队员就要设法在对方稳定防守之前寻找快速得分的机会。在执行二次快攻时，所有5名队员都要参与进攻。通常，发动二次快攻的时间只有短短数秒，利用对方还未形成有效防守阵型时（其特点是错乱的防守对位和轮转换位）进行快攻得分。

二次快攻的方法有许多，但是，一般情况下要有1~2名大个子队员跟进，然后做迂回传球、低位策应（图9.10），或者做交错掩护创造外线投篮机会（图9.11）。

我们没有固定的二次快攻模式。如果我们不能立即快攻得分，那么就进行跑动传球，发动包括切入、溜底线偷袭、传切配合、有球或无球掩护等配合的二次快攻。

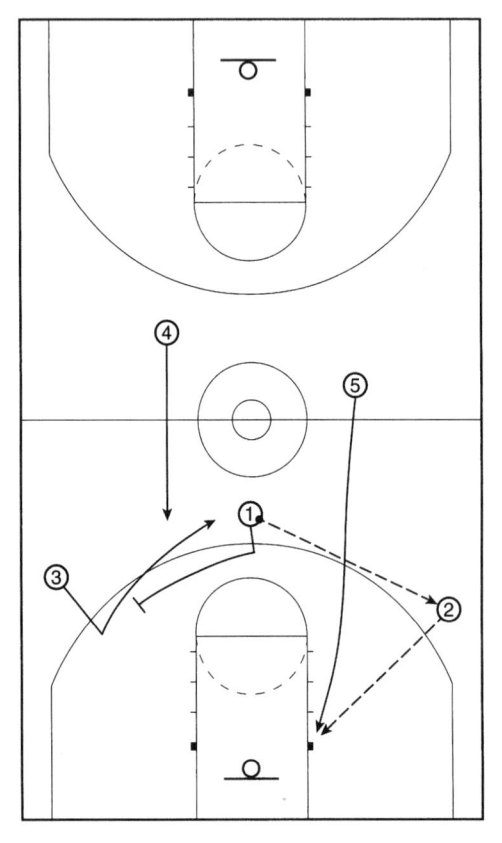

图9.10 两名跟进队员到低位策应并做迂回传球。

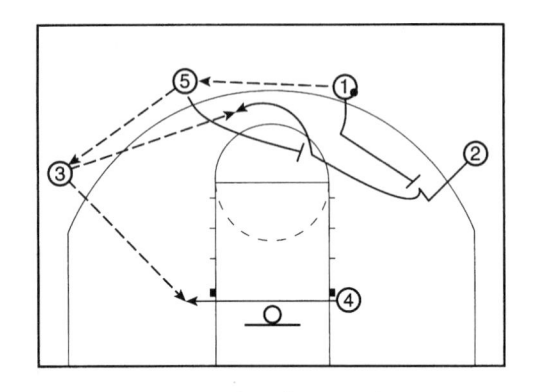

图9.11 由两名跟进队员所做的交错掩护。

再次强调，快攻时作何行动由队员决定，他们要根据对方的防守作出反应，而不是过分依靠教练员的指挥。队员必须为自己的行动和决定负责，我们不希望每次执行快攻时队员都要像老师在教室里指导学生那样洗耳恭听。

迪恩·史密斯是最受我们喜爱和尊敬的教练员之一。他认为在比赛中如果要做到巧妙、流畅地传球，那么你就需要有5名非常精明的队员——但这总是不可能的。如果你没有精明的队员，那么你就必须制定战术要求，以提高传球的质量。虽然我们十分尊重史密斯教练，但我们有不同的见解。我们认为，队员在场上必须有根据对方的防守作出正确决策的自由。然而，由于史密斯教练曾多次带领球队获得 ACC（大西洋沿岸国家运动联合会）和全国冠军，并培养出了许多全美最佳球员，也许史密斯教练的认识是正确的。

快攻训练

我们典型的训练时间为 75～90 分钟。我们认为，快速度、高强度的训练比那些让队员身心俱疲的长时间训练更为有效。

我们的训练主要集中于快攻和团队配合，而较多针对有待提高队员的个人技术训练，通常安排在休赛期和季前赛时进行，常规赛开始之后，训练的重点将转向团队配合。

标准训练课

全场三线快攻	10～15 分钟
5 人传球快攻	15 分钟
协同半场防守的快攻	30～40 分钟
训练比赛	20 分钟

我们进行的提高和巩固快攻战术的三组训练，包括三线快攻和 5 人快攻以及我们称之为"哔——哔（beep-beep）"的训练。下面就是这些训练的练习方法。

三线快攻练习

这项练习是为了使侧翼队员明白要尽可能地靠近边线跑动。他们必须在组织后卫开始运球时跑动。队员站成三路纵队，从篮板后向前抛传球，在无防守的情况下迅速进行快攻练习（图 9.12）。队员可以自己决定是在罚球线延长线切入，做传切配合，还是在彼此之间保持适当间距的前提下运用其他进攻方法。

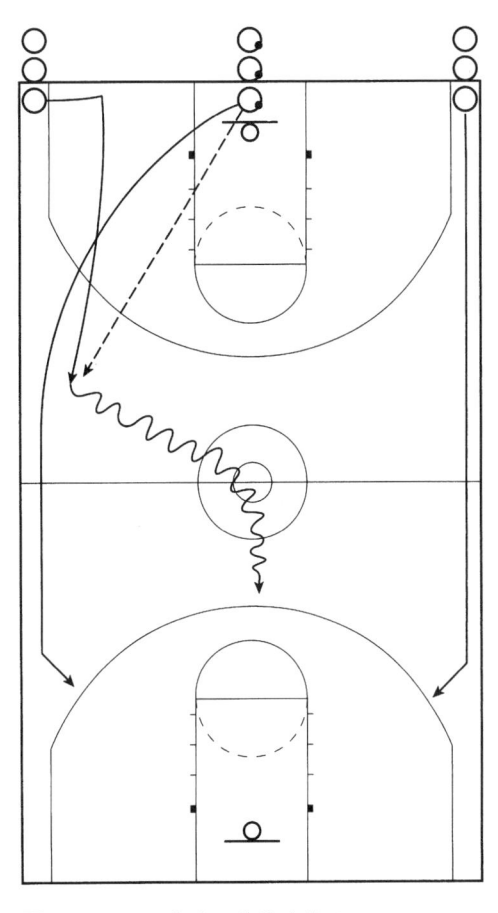

图 9.12 无防守的三线快攻练习。

5人传球练习

这项练习的内容是无防守的5人传球练习（图9.13）。这个练习直到有人因为力竭而请求暂停时停止。队员可以采取任何形式的传接球配合，但每次练习必须保持全速跑动。

"哔——哔（beep-beep）"练习

这项5对5的"哔——哔（beep-beep）"练习是以卡通角色"走鹃"命名的。要求组织后卫必须在进攻时尽可能快地运球到前场，然后快速投篮或仅仅传一次球，接球队员在接球后要立刻投篮（图9.14）。随后防守队员从球场另一端转守为攻开始做这项练习。这项练习既练习了快攻，同时也提高了队员的体能。

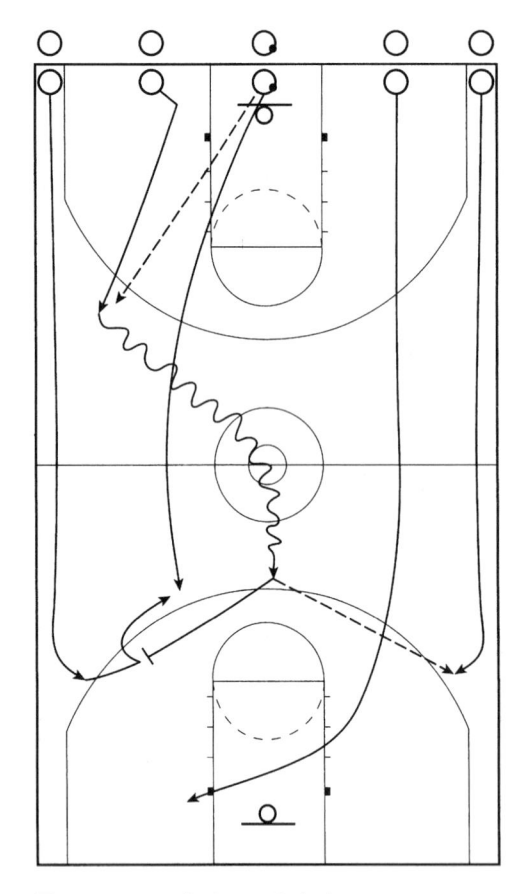

图9.13 无防守的五人传球练习。 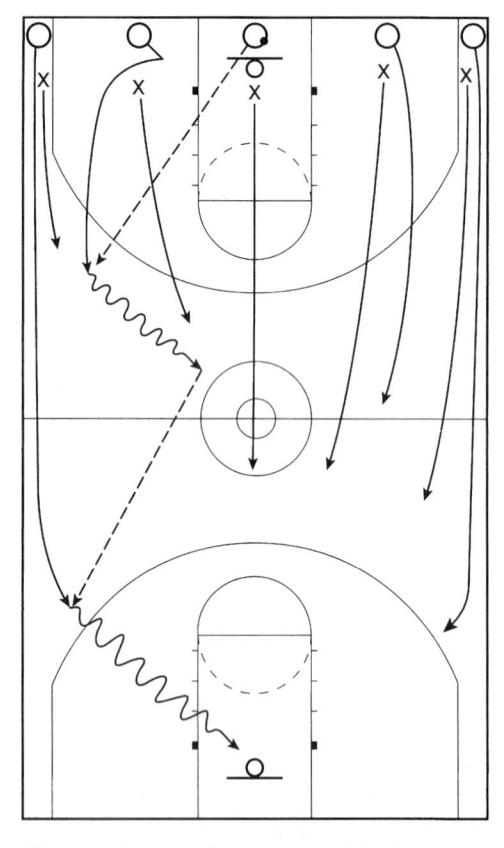　　图9.14 "哔——哔（beep-beep）"练习。

所有练习都要全速进行，这样可以使队员保持在场上快速奔跑的习惯。如此之快的节奏可使队员每次训练中而不仅仅是在比赛中就能提高自己的临场发挥能力。

快攻的完成

许多教练员不愿采用快攻作为主要的进攻方式，不愿面对多种挑战进行快节奏的进攻。在本章结束之际，我们就来回答众多教练员所共同关心的有关执行快攻的问题。不要忘了没有哪种进攻体系是完美无瑕的，不论你选择何种进攻方式，都要考虑比赛的具体情形和队员的个性。

- 如果球队缺少一名有能力的组织后卫怎么办？

诚然，这可能是执行快攻体系的一个致命弱点。如果没有一名在后场能给对方制造防守压力的进攻组织者，要想获胜是非常困难的。在高中阶段，你就要确保为你输送后备人才的学校能够培养组织后卫；在大学阶段，如果要招募新人，你必须优先考虑引进优秀的组织后卫；在职业球员阶段，如果想要成功地实施快攻，你至少需要靠选秀或交易得到一名首发和一名有能力的替补组织后卫。

- 如果没有一支快速风格的球队能不能打快攻？

这个问题就像问一支身高不占优势的球队能不能抢到篮板球一样。两个问题的回答都是肯定的。但是，如果队员有较好的体能条件就有很大的优势，因为他们不用像对手那样努力奔跑就能跟上比赛节奏。如果你的球队速度有限，你仍然可以依靠出色的体能、强攻、灵敏、技术和战术等来有效地实施快攻。关键在于队员不以缺乏速度为不利因素，也不以此作为自己表现不好的借口。突然切入、快速摆脱、迅速反应都可以弥补这种缺点。

- 是不是失误过多的快攻球队很难获得比赛的胜利？

如果你采用快攻战术，你必须接受出现更多失误的现实。这并不是因为队员作风散漫、打法冒险，而只是因为在快攻时在后场有着更多的快速控制球和夹击，这就使快攻比阵地进攻出现更多的失误。虽然我们不希望出现过多的失误，但我们更看重统计失误率，只要失误次数始终少于对方，就不必特别担心失误过多。

- 队员在一个赛季中会不会过度劳累？

是的，在整个漫长的 NBA 赛季中，队员的疲劳会累积起来，这就是为什么我们要进行短时间、大强度的训练。如果替补队员也很优秀将会对球队十分有利，这样你就可以更多地派替补队员上场比赛，从而使先发队员时不时地进行休整。在大学和高中水平的比赛，你可以在整个赛季都打快节奏的比赛，因为整个赛季和每场比赛时间都比较短。另外，队员比较年轻，不容易出现职业运动员所出现的运动疲劳。无论是在某场特定的比赛还是在整个赛季，我们的体能总是占上风，因为我们经常训练体能来保证比对手有更好的快攻。

第十章 首次与二次快攻

麦克·德·安东尼（Mike D'Antoni）、
阿尔文·金特里（Alvin Gentry）、马克·拉瓦罗尼（Marc lavaroni）

我们至少有一半的得分是靠快攻取得的，这包括在防守端突然发动的初次进攻得分（首次快攻）和全队队员在对方防守尚未完全落位的情况下，在前场的快速进攻得分（二次快攻）。

首先，成功的快攻打法不仅依靠进攻和防守，而且还要有良好的临场意识。篮球运动是一项快速反应的运动，队员必须对出现的情况迅速作出反应，如由防守转入进攻。队员没有时间考虑自己该往哪儿跑、需要做什么，他们必须在瞬间作出反应。如果抢到篮板球的队员第一传时犹豫，或者后卫不能及时作出预判并带球向前场推进，那么就会致使一次本应很完美的快攻成为泡影。"果断行动"的思维意识就是一支快攻球队成功的秘诀。

其次是知道如何跑位，即一旦获得或将要获得球权就要迅速跑位。抢到篮板球的队员，或者接应一传的队员应当运球迅速离开，以寻找在前场的空位队友，其他队员要毫不犹豫地迅速冲向前场。这些说起来容易做起来难，因为合理的跑位和快速跑动技巧需要具备积极的临场意识和充沛的体能。队员可以通过观看录像学习正确的跑位技术，然后通过练习掌握其基本技能，最后在比赛的环境中全速运用这些技能。

要执行快攻战术首先要让队员接受这种打法。在当今的比赛中，几乎没有球员喜欢将球慢慢地带到前场然后打完24秒，如果时机恰当他们更愿意像在非正式比赛时那样打快节奏的进攻。快攻打法正好迎合队员天生喜欢速战速决的偏好。成功的快攻打法能给队员带来无限的乐趣，然而多数队员却没有——起码是最初没有意识到如何才能始终有效、稳定地执行全场快攻。

许多教练员因害怕失误而不愿采用快攻打法，这是可以理解的，仓促紧张的快攻打法几乎不可避免地会导致高失球率，甚至在该队试图得分之前。然而在我们执行快攻时却可以控制住失误，事实上，我们是NBA失误次数最低的球队之一，而且失误的次数远远少于利用快攻创造的机会数。

本章阐述我们是如何做的。可能你的球队有自己的打法风格，或者其他因素限制了球队对快攻的运用，即便如此，你肯定能在这里发现一些有益的进攻要素。

快攻的要素

在详述组织首次和二次快攻细节之前，首先来看使我们快攻成功的核心组成要素。

队　员

每支球队必须要有一名优秀的统揽全局的组织后卫。当然，如果这名组织后卫像场上的第二个教练员且两次获得 NBA 最有价值球员称号的史蒂夫·纳什一样，自然是最好不过了。但是，不是每个组织后卫在球场上都拥有像纳什那样完美的球场洞察力、精妙的传球技巧，以及超乎寻常的临场预判能力。然而，作为一名组织后卫所必须具备的基本技能，就是能够洞悉赛场情形并迅速果断地将球传出。

史蒂夫·纳什具有超乎寻常的判断能力、全局观、灵活性和高超的传球技巧，是球队攻防转换时不可多得的优秀球员。

影响成功实施快攻的因素莫过于组织后卫不能及时将球带到前场，或在队友出现空位投篮机会时不能及时将球传给对方。每名无球队员都要不停地通过快速跑动、切入、利用掩护等一切手段摆脱防守。如果组织后卫不能及时将球传出，很快，其他队员就不会再去不停地、快速地跑动了，从而导致快攻效果大打折扣。

为了配合组织后卫执行快攻，球队中还必须有适合这种打法的速度快的队员，阿玛尔·斯塔德迈尔就是NBA联盟中速度最快的大前锋之一，林德罗·巴博萨的速度也非常快。这些速度快的队员都喜欢打快节奏的进攻，而快攻恰好能够创造这种机会。

体 能

任何一支想要打快攻的球队，必须拥有良好的体能。从比赛开始到哨音结束，所有队员都必须时刻在场上保持良好的竞技状态并拥有充沛的体能。为了达到最佳的体能状态，我们在训练中做了大量的跑动练习。所进行的无论是全场还是半场的训练，从一般性的全场快攻到投篮练习我们都要求以最快的速度进行。

防 守

有时有人批评打快攻的球队防守太差。批评者认为，虽然对手的投篮命中率不是最高，但我们让对手得到了比其他球队更多的得分。但是，他们却忽略了一个事实，即我们得到了比对手更多且与其他球队相比几乎是最高的得分。

我们的防守必须适合于快攻，因而不能采用身体对抗、稳扎稳打型球队所偏爱的那种守株待兔、硬碰硬式的防守方法。如果我们加强防守，就会打乱对手进攻的流畅性，使其丢球或失误，从而为快速得分创造良机。如果我们在防守端进行抢断、封堵传球路线、封盖投篮，以及卡位时更富有攻击性，那么我们的快攻会更容易成功。

我们要给对手制造进攻麻烦，使他们无法适应我们的节奏并降低命中率。这样，他们就会经常投失球，借此我们就转入快攻。一旦我们掌控了比赛，对手就要投入更多的精力来适应攻防转换，这就为我们创造出更多、更好的得分机会，使对手因无法适应比赛的节奏而疲于应付。

争抢篮板球

显然，获得球权的次数越多，发动快攻的机会就越多。获得球权最常见的方法是抢到防守篮板球，但这总是说起来容易做起来难。场上5名队员不仅在对方每次投篮时都要时刻保持警觉，把进攻队员挡在外面，而且还要有阻止对手进入限制区拼抢篮板的顽强意志。这要求无论是大个子队员还是后卫以及小前锋都要为之付出努力，全联盟最善于抢篮板球队员之一的小前锋肖恩·马里昂就是这方面的典型例子。

控制球

我们坚信如果要组织一次有效的快攻,那么从 5 名首发到最后一名替补,每名队员都必须具有出色的控球能力。如果在首次或二次快攻时是由纳什控球,那么我们的前锋和中锋就能在快攻中得到多种机会。当我们谈及控制球的能力时,不仅是指全速运球的能力,而且还包括在恰当时机做出合理传球的能力。

投 篮

当一名队员在首次快攻时获得空位投篮的机会就可以出手投篮。的确,队员必须选择正确的投篮时机,也就是要在自己很有把握的投篮范围内出手,一旦出现这样的机会,就要毫不犹豫地出手投篮。如果队员在空位时没有出手投篮,这比他们投篮不中更让我感到不安(当然,除非他将球传给出手机会比自己更好的队友)。

我们快攻的一个特点是让队员在三分线周围分散落位,随时准备投篮。这种布局会拉空对方的防守,因为当防守队员在匆忙回防的同时,必须决定是扩大到外线还是缩小防守以阻止我们轻松得分。通常我们会抓住在"三不管地带"防守者存在的漏洞,及其是否上前防守时进行投篮、做假动作、突破或做投篮假动作,或传球给位置更好的队友得分。

理想的情况是球队中的每一名队员都具有出色的投篮技术,但是这几乎是不可能的,

集速度、灵敏、技术于一身的阿玛尔·斯塔德迈尔能够在首次快攻时力压防守者扣篮得分,也能在二次快攻时在既定的路线上出色地发挥。

不管他们接受了多少指导和训练，一些队员的投篮技术还是会有某种特定的不足，这并不意味着他们的投篮命中率不高，尤其是他们坚持自己的技术，快速地出手、动作得体时。此外，每名队员都要理解好的投篮就是适合于自己的投篮。

首次快攻

首次快攻较为准确的定义，是指一支球队从防守转入进攻时2～3秒钟时间里的进攻。这时对方的防守最容易受攻击，一旦我们获得球权，就会毫不犹豫地快速冲向前场。

在下列情况下，我们只要获得球权就会组织快攻：

- 对方投篮或罚球不中，我们抢到防守篮板时。
- 对方得分或违例后掷界外球（通常是由大前锋负责掷界外球，但不是必须这样。对方得分后，任何距球最近的队员都可以掷界外球，只要为向前场推进争取到更多宝贵的时间）。
- 防守时成功抢断或对方进攻时出现失误。

虽然可以依靠一名速度较快、控球和投篮能力出众的队员进行"单人快攻"，但是攻防转换仅依靠一名队员去完成快攻，一支球队很难取得成功。当然，最常用的两种首次快攻战术涉及到2名、3名及其以上的进攻队员。

二攻一配合

当快攻中两名队员面对一名防守队员时，进攻队员必须拉开适当的间距，这是任何形式快攻成功的秘诀。适当的间距让防守队员无法同时防住两名进攻队员。

当两名进攻队员向前场推进时，控球队员要在靠近罚球区一角的位置停住（但要保持运球），同时另一名队员在保持适当间距的前提下以45°角向篮下切入（图10.1）。此时，控球队

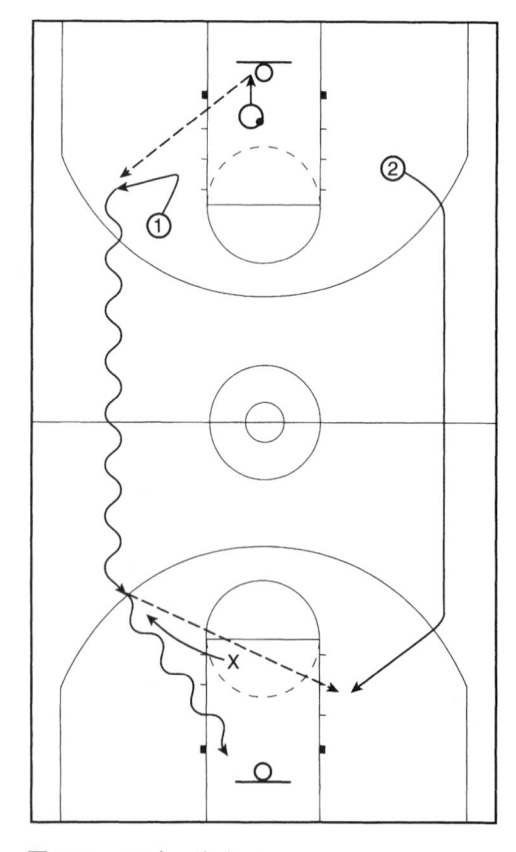

图10.1 二对一快攻。

员要根据对方的防守作出正确的判断与反应：如果防守队员上前防守，控球队员将球传给空位的队友；如果防守队员退防另一名无球队员，控球队员则可以空位投篮或运球到无防区域轻松投篮。

除了要求保持适当的间距以及积极地跑动外，在我们的快攻中没有其他具体的要求。当然在二对一快攻时如果队员作出错误的决定时，我们会加以纠正，但通常会让队员根据场上形势作出最佳选择。

多人快攻

在对方得分后，假设队员④（大前锋）掷球入界，队员①（组织后卫）接球，另外两名外线队员——队员②（得分后卫）和③（小前锋）尽可能大地保持间距（夸张地说，我们会让他们沿着边线跑动，从而使他们明白确切的跑动路线），一直跑到前场的两个底角（图10.2）。

3名队员必须认识到，通过快攻他们可以直接跑到篮下得分，相反，如果不打快攻，就难以创造出以多打少的机会。既然这样，两名侧翼队员要一直跑到底线处停在底角，此时，保持足够大的间距十分重要——迫使对方扩大防守范围。⑤是首个跟进队员（队员④掷界外球后作为另一名跟进队员），他要快速跟上前面3名执行快攻的队员跑向前场，此时他有两种选择：

• 当他跑到罚球线延长线附近时，可以接球投篮，或者以45°角向限制区切入，然后在篮下接球投篮（图10.3）。

• 他也可以在中路接应，将球转移到球场另一侧。

在第二种情况下，队员①也可以运球拉开间距，然后将球传给队员⑤，由⑤上篮得分。

或者在队员④掷完界外球后，快速到前场外线落位，准备投三分球（图10.4）。队员的跑位也可以为在两个底角落位的队员②和③，或者跟进的队员⑤创造三分投篮的机会（图10.5）。

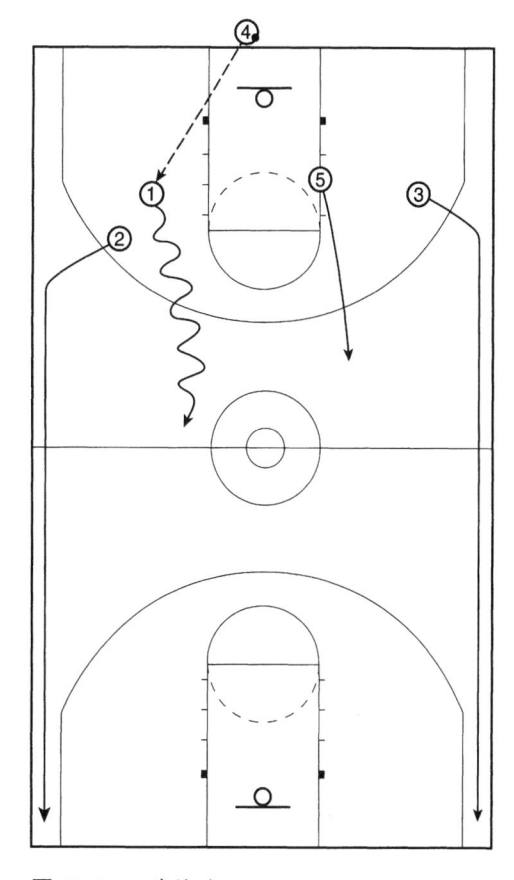

图10.2 三线快攻。

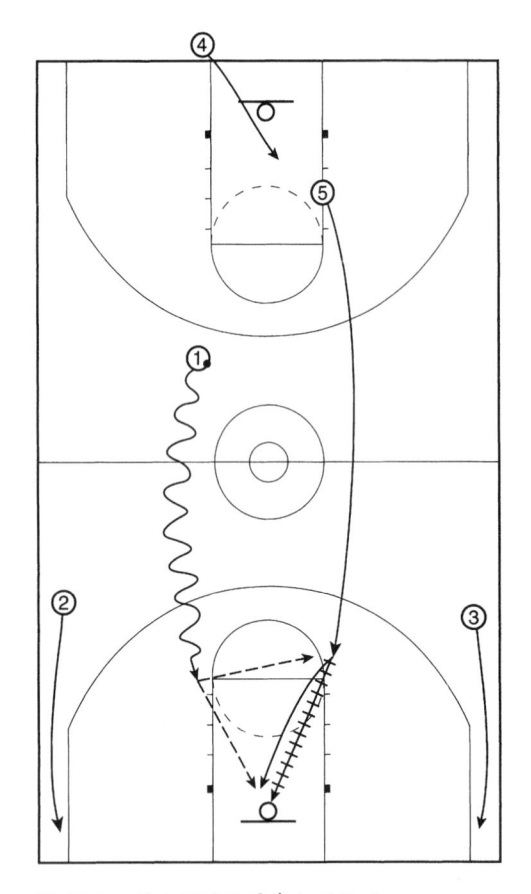

图 10.3 首个跟进队员参与的快攻。

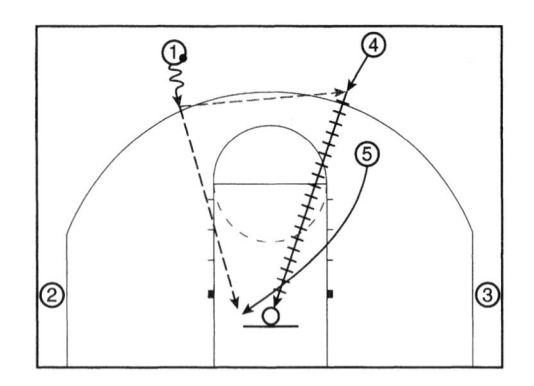

图 10.4 第二名跟进队员参与的快攻。

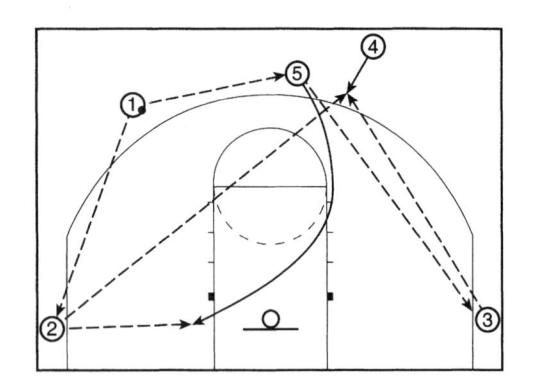

图 10.5 快攻中的三分投篮机会。

如果首次快攻没有打成，我们会立刻执行挡拆战术。挡拆时，队员④为①做掩护，然后①将球传给外围底角的队员②或③，进行三分投篮，或者传给切入三秒区的队员⑤，也可以自己运球上篮，还可以传给做完掩护后切入限制区的队员④进行投篮（图 10.6）。

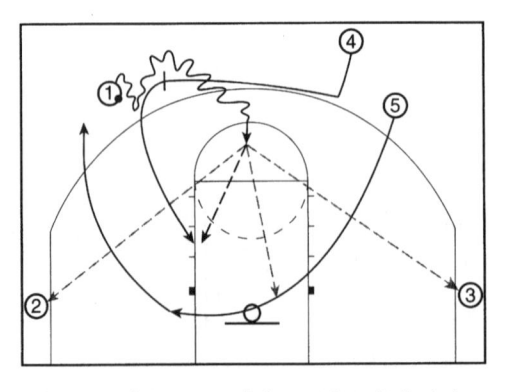

图 10.6 首次快攻没有成功时执行挡拆战术。

二次快攻

史蒂夫·纳什发动二次快攻可谓得心应手，他在传球以及为自己或队友创造得分机会方面都做得极其出色。当然，这样的队员是我们快攻成功的基础。

我们执行二次快攻的方法不同于其他球队。我们不会一直让中锋和大前锋在内线打策应，因为我们希望他们利用速度和外线投篮的能力来参与二次快攻。正如你所注意到的，我们经常要求3～4名队员在外线，而且当他们出现空位时都可以出手投篮。我们还希望队员要尽可能快地转移球以创造在外线空位投篮的机会。下面是我们由守转攻时的战术打法：

4号位移动配合

在这个战术中，队员④是第一名跟进队员，而队员⑤是第二名跟进队员，④切入限制区做策应，而⑤在三分线外落位。

队员①将球传给队员⑤后朝相反方向移动，⑤将球传给上提的③，与此同时，队员②利用④的掩护沿底线切入，然后移动到另一侧底角③的位置（图10.7）。

如果队员③无法将球传给②，那么队员①就为④在端线方向做掩护，④迅速上提，利用⑤的交错掩护移动到中路接③的传球。⑤做完掩护后到球场近角落位，①做完掩护后返回自己原来的位置（图10.8）。

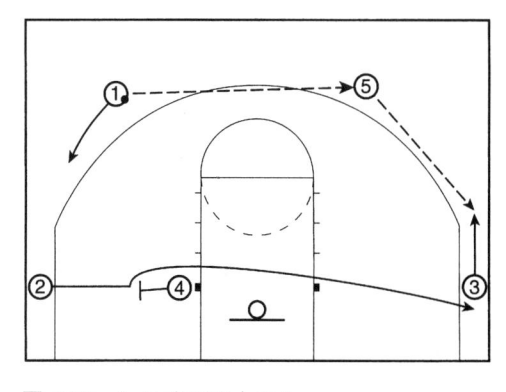

图10.7　切至篮下拉出配合。

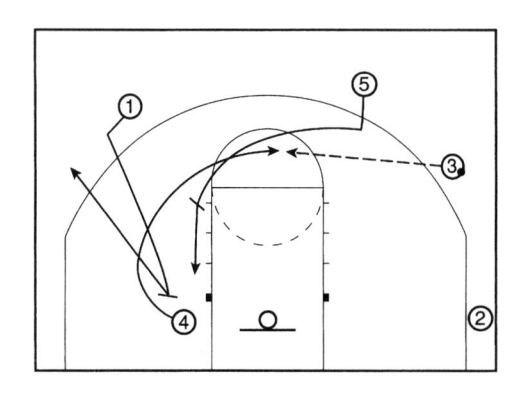

图10.8　队员①和⑤为④做交错掩护。

队员④运球向篮下突破，如果不能在篮下出手，就可以将球传给位于外围的队员，如传给拉到底角的⑤，或者传给①、③或②（图10.9）。此时至少会有一名队员有空位出手的机会。

1号位移动配合

这一战术与前述战术很相似，只是围绕队员①而设定。队员①传球给⑤，⑤再传给上提的③，在⑤传球的同时，②利用④的掩护沿底线切入，移动到球场另一侧底角③的位置（图10.10）。

①传球给⑤后切向篮下，但这次①并不为④做掩护，而是利用队员⑤的掩护上提到球场中路接③的传球。做完掩护后⑤向篮下另一侧近角移动（图10.11）。

①传球给④，然后贴着④做绕切寻找接手递手传球的机会，然后移动到底角。同时③向限制区内切入移动到另一侧近角。④如果接球后不能投篮则向篮下突破，可以运球向②移动做手递手传球。②可以向篮下突破或传球给④、⑤、③或①（图10.12）。

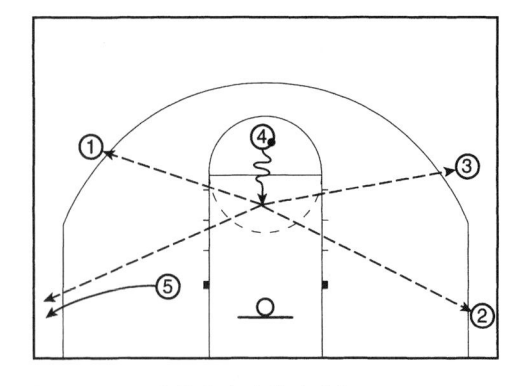

图10.9 队员④有多种传球选择。

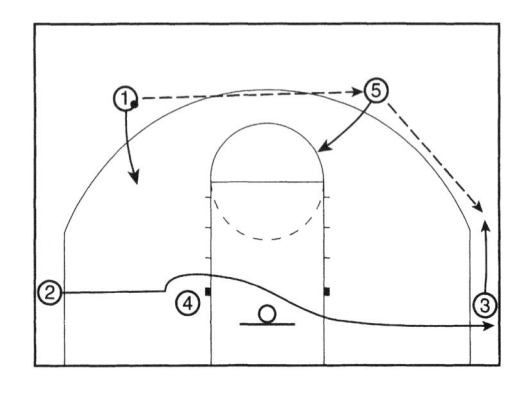

图10.10 1号位切至篮下再拉出。

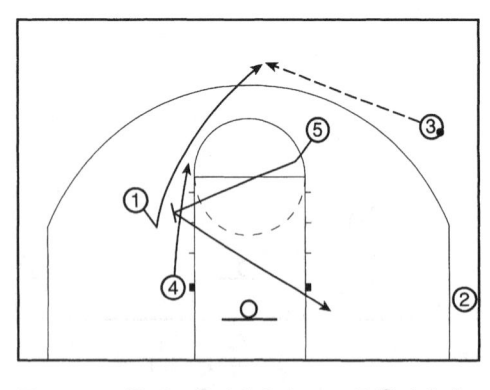

图10.11 ①利用⑤的掩护摆脱后接③的传球。

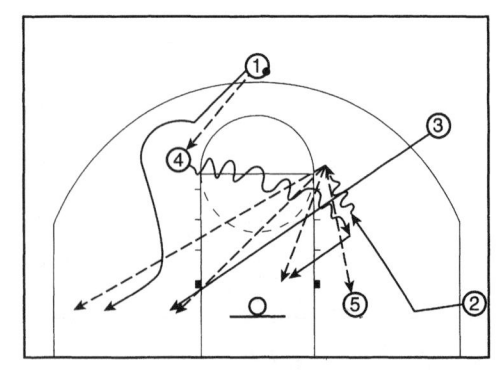

图10.12 队员④有多种选择：可以投篮、突破或手递手传球给②。

1号位闪切配合

这个战术开始时是以队员⑤作为第二名跟进队员，队员④在低位作为第一名跟进队员，队员②和③在两个底角落位。①传球给提上来的②，或者传给⑤，然后切入到球场另一侧低位（图10.13）。①利用③的掩护摆脱后接⑤的传球，③做完掩护后移动到篮下低位（图10.14）。

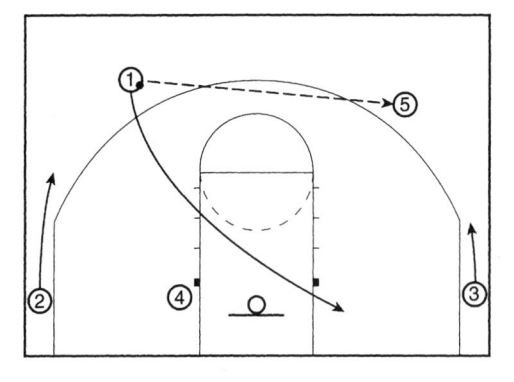

图10.13　①传球给②或⑤。

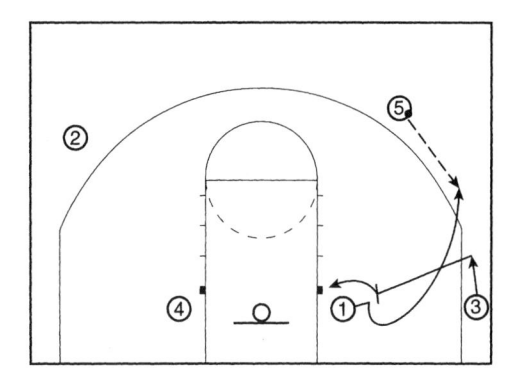

图10.14　③为①做掩护后移动到低位。

如果队员①不能空位投篮，他可以将球传给③，然后利用⑤的掩护移动到球场中路接③的回传球。这时①可以选择向篮下突破，或突破后分球给队员②、④、③，以及做完掩护后向篮下移动的⑤（图10.15）。

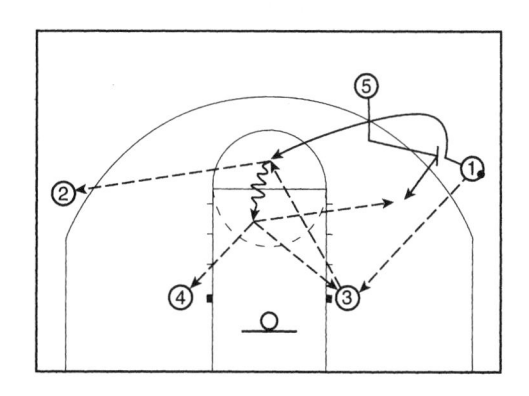

图10.15　队员①可以选择突破或突破分球。

快攻练习

打快攻的球队在训练时必须要多进行跑动练习，这又回到我们所提到的快攻基本要素之一，即培养并保持积极跑动的意识和态度。

在训练时我们一般进行半场练习，但赛季一开始我们会用90分钟的大部分时间进行全场跑动练习。有时的训练会比较随意，但在跑动练习上绝不含糊。我们的战术风格就是灵敏和快速，而不是依靠强攻或阵地进攻，所以队员必须对任何形势的防守作出快速反应，这就是在练习二次快攻的各种打法时都要求全速进行的原因。

我们将队员分为外线队员（包括组织后卫、得分后卫和小前锋）和大个子队员（大前锋和中锋）。我们的大个子队员的技术特点与其他球队不同，他们并不总是到篮下打策应，而是面对球篮进行持球突破或在外线投篮。我们进攻的主要原则就是将球场中路拉空。

下面的练习将会演示大个子队员是怎样参与快攻的，同时，在球场另一端是外线队员在二次进攻时各种情况下的投篮练习。

首次和二次快攻练习

我们不能在训练时不做跑动练习就要求队员在进攻时去跑动，也不能不练习各种情况下的解决方案就要求队员在比赛中去应用。下面就是快攻时所用到的几种简单的练习。

双重交错掩护练习

一名教练员站在半场的一侧，另一名教练员站在罚球线上，大个子队员在球场中路持球成一路纵队。

第一名队员将球传给位于外线的教练员，而第二名队员将球传给位于罚球线上的教练员，然后这两名队员为外线的教练员做交错掩护。第一名队员做完掩护后转身切到篮下，接罚球线上教练员的传球后上篮或扣篮，另一名队员在三秒区外为处于外线的教练员做完掩护后拉到外线，接位于外线教练员的传球投篮（图10.16）。

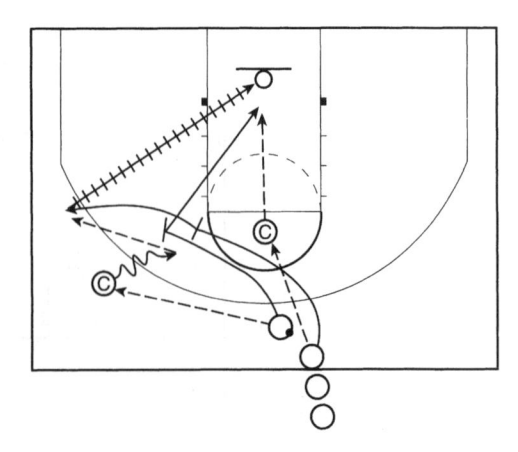

图10.16 双重交错掩护练习。

运球掩护练习

一名教练员站在球场底角，另一名教练员持球站在球场同侧三分线外。持球教练员向位于底角的教练员运球，为在底角上提的教练员做手递手传球。队列中的第一名队员为第二名教练员（位于底角的教练员）做掩护，然后转身切向篮下，接利用掩护摆脱后的第二名教练员的传球（图 10.17）。

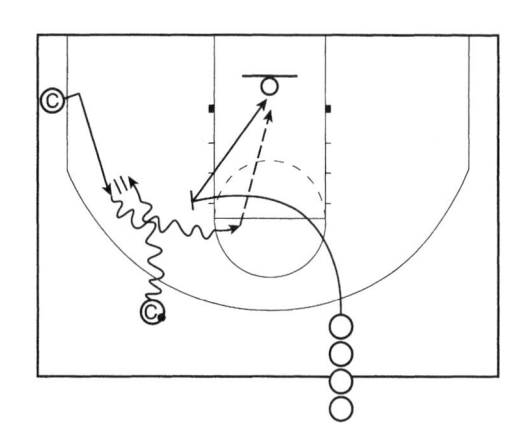

图 10.17 运球掩护练习。

球篮两侧掩护传接配合

一名教练员持球位于球场侧翼，另一名教练员位于对侧，队员在球场中路成一路纵队。

练习开始，持球教练员向底线运球，然后在队列的前面利用队员做的侧掩护摆脱后将球传给球场另一侧的教练员。做完掩护的队员转身从弱侧向篮下切入接第二名教练员的高吊球上篮或扣篮（图 10.18）。

这个练习也可以以不同的方式完成。持球教练员向底线运球，但这一次，在利用队员的掩护摆脱后将球传给球场另一侧教练员时，该队员直接切向球场另一侧的近底角接球后跳投（图 10.19）。

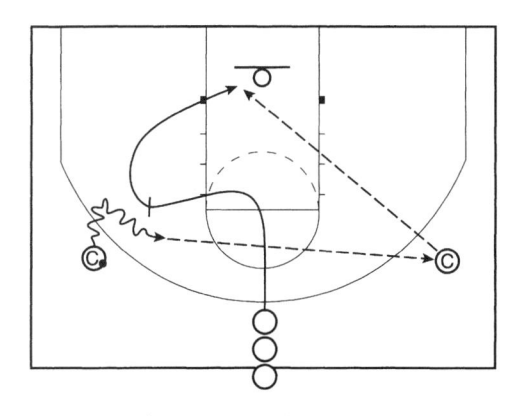

图 10.18 球篮两侧掩护传接配合。

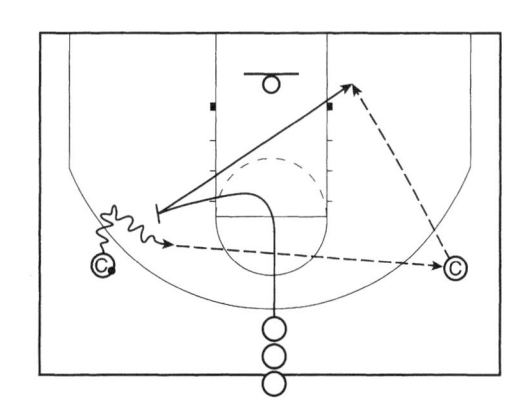

图 10.19 球篮两侧掩护传接配合的另一种练习方式。

观察防守：上步掩护练习

如果防守队员迫使持球队员向边线运球，可以通过上步掩护对抗防守，以下就是这一动作的练习方法。

可以在半场的两侧同时进行这项练习。一名教练员持球站在球场一侧，队员列队站在其身后。首先教练员向底线运球，第一名队员紧随其后，接着返回做掩护，做完掩护后转身切向篮下，在限制区内接教练员的传球上篮或扣篮（图 10.20）。

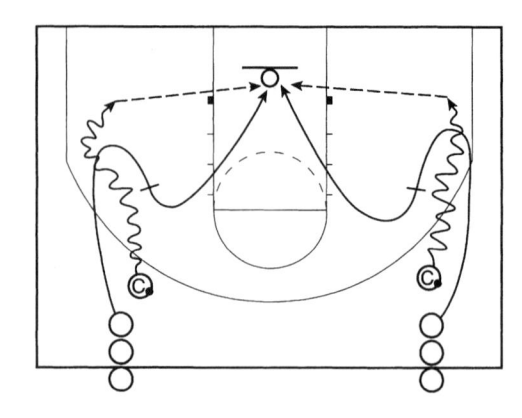

图 10.20　上步掩护练习。

牛角位系列练习

队员在底线成二路纵队面向中线持球，两名教练员站在两路队员的前面。

练习开始，站在队首的两名队员将球传给对面的教练员，然后到罚球区的顶角接球做策应。教练员传完球后，绕过该队员向下切入。在切入过程中，教练员要充当防守者并试图将队员手中的球拍掉，从而使练习进入实战状况。接下来的练习分为下述两种：

• 该队员在做完手递手传球的假动作后，立即向篮下突破上篮或扣篮。该队员只要一接到球，就要将球保护好，要习惯于通过肩部观察防守队员的位置，然后向篮下突破。由于练习时两名队员同时进行，因此向篮下突破时必须要相互协调。

• 该队员也可以转身面对球篮进行跳投（图10.21）。

• 开始部分同上，但这一次当队员接球后，在限制区外向切向底角的教练员运球，将球手递手地传给教练员，教练员接球向中路运球后再将球回传给切向篮下该队员，该队员接球后上篮或扣篮（图10.22）。

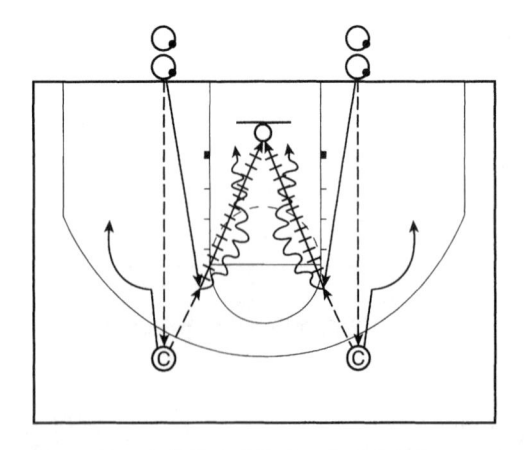

图 10.21　牛角位系列练习：突破和投篮。

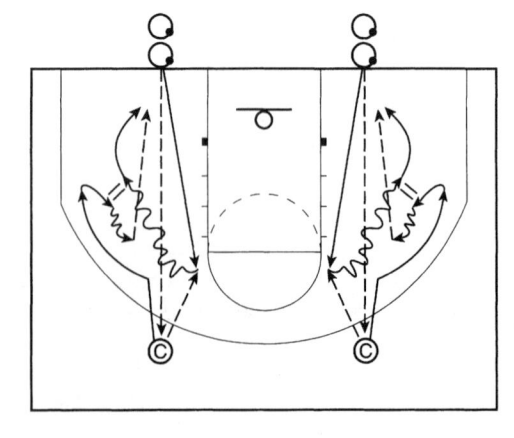

图 10.22　牛角位系列练习：手递手传球后上篮。

- 开始部分同上，但这一次当队员在手递手将球传给教练员后，教练员向底线运球突破，然后该队员为教练员做掩护，教练员利用掩护向回运球并将球回传给队员，该队员做完掩护后转身切向篮下接球后上篮（或扣篮）或在球场近角接球跳投（图 10.23）。

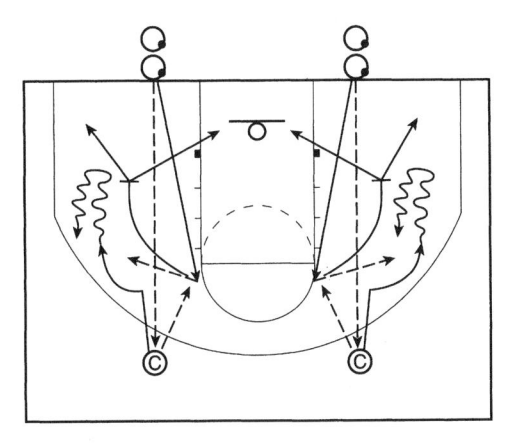

图 10.23　牛角位系列练习：手递手传球、掩护后上篮或跳投。

结　语

本章介绍了首次和二次快攻及其演练方法。总之，快攻的基础就是所有队员必须拥有出色的身体条件和良好的快攻意识。

耐力、体力和力量是每名队员在球场和健身房里进行长期锻炼获得的。如前所述，始终要保持最快的速度进行训练，以尽可能地适应 NBA 48 分钟的全场比赛。

然而，你不能仅依靠训练和体能来打造一支快攻型的球队，还要与队员进行交流，为他们展示成功的案例并灌输坚持快攻打法的意识，使队员相信只要坚持这种打法，每名队员都有得分的机会。简而言之，你不但要使队员练就适合于快攻打法的身体条件和技能，还要使队员在思想上接受快攻。必须激励队员，让他们相信你的战术体系，认识到用这样的方式去比赛是高效和振奋人心的。

第四部分

特殊战术

第十一章　高成功率战术

莱昂内尔·霍林斯（Lionel Hollins）

　　教练员所采用的进攻策略必须符合球队的整体水平，尤其要符合比赛的时间规则，因为 NBA 与 WNBA 比赛的 24 秒进攻计时与 NCAA 男子篮球的 35 秒进攻计时（女子是 30 秒计时）有着很大的区别，而在中学的比赛中就没有进攻时间限制。

　　在 NBA 比赛中时间是至关重要的因素，24 秒时间规则迫使每支球队尽可能快地作出进攻选择。我们没有时间设计出像中学和大学比赛那样连续性的进攻配合，而必须创造出短时间内就能进行两种或更多选择的战术。

　　在职业比赛中，我们更多的基本打法是个人对位和一对一攻防。进攻中会为最优秀的队员拉开防守，运用比高中和大学比赛中更少的传球和移动来进攻。

　　无论执教何种水平的球队，教练员总是要致力于创造最多、最好的机会得分。本章将陈述我曾经运用过的、与我的球队有密切联系的高成功率战术。必要的时候，你可以根据自己球队的水平，以及队员的技术特点运用这些战术。

进攻原则

　　在 NBA 比赛中，我的球队有效使用的一些高成功率进攻战术，即进攻理念的核心就是简要进攻原则。考虑到 24 秒时间规则，队员会尽快地将球交给组织进攻的队员，使其能够有时间观察场上形势，为自己或队友创造进攻机会。与强调快速进攻相一致的是，队员力争在 1~2 次传球后投篮，以减少对方抢断球的机会。

　　我们会频繁地进行掩护－掩护队员配合，即一名队员做完掩护之后立刻接受队友的掩护（这样使防守队员难以回防）。同时也会运用交错掩护，即连续地运用 2~3 个掩护使防守队员很难从掩护中穿过，必须像走迷宫一样穿过掩护去堵截自己所防守的队员。如果防守者较弱或经不起身体对抗，那么他将难以穿过所有的掩护，这样，投篮队员就获得一次无人防守的出手机会。或者，在某些情况下其他防守队员会上前协防，那另一名进攻队员就会获得空位。

　　同所有的 NBA 球队一样，很多情况下我们运用挡拆配合，诸如高位掩护、中路掩护、侧掩护、肘区掩护（在罚球区角）和上步掩护等。当你碰到一名大个子防守队员不喜欢离开篮下或不爱移动时，运用挡拆配合非常有效。如果组织后卫既善于投三分又善于突破，即么防守者破解掩护战术就会很困难。在掩护中我们也使用了大个子队员和不同的控球队员，尽可能地利用对方防守较差或速度较慢等弱点来进攻。

组织后卫麦克·康利在进攻中的主要任务是运球突破，并在队友获得得分机会或位于很好得分位置时将球分给队友。

如何运用挡拆配合取决于队员的个人特点。如果在某一赛季我们拥有具有外线远投能力的前锋和中锋队员，就可以在使其做完掩护外撤跳投或做投篮假动作后向篮下突破，这样就能迫使对手换防并拉到外线进行防守。对手常常被迫对我们的中锋进行双人包夹，这就为我们在外线进行空位跳投和突破分球创造了机会。

大多数情况下，我们在球队席上布置战术，但组织后卫也有机会布置战术。我们希望按计划实施进攻，但在防守形势发生变化时，组织后卫可以对进攻战术进行调整。

我们希望能有 2~3 名最优秀的队员来打进攻配合，也同样希望在对手投篮不中时，利用人数上的优势打快攻。如果没有获得这样的优势，我们就由后卫根据比赛形势在攻守转换时以初级进攻阵型站位。

当然，如果我们有一名手感很好的队员或一个配合很默契的组合，我们就会在对手得分或罚球后为他们安排这样的进攻战术打法。

个人技能

以下为我们希望的 5 位首发队员所应具备的技能：

- 队员①是组织后卫：具备出色的临场观察和传球、运球能力，还要善于突破。
- 队员②是大个子后卫：具备出色的外线投篮能力，善于传球、运球以及为小个子队员做策应。
- 队员③是小前锋：要在球队中具备出色的投三分球能力，并能够打策应。
- 队员④是大前锋：能够打篮下，并具有快速且敏捷地移动到外线进行投篮或向篮下突破的能力。
- 队员⑤是中锋：身材高大，但敏捷，能够奔跑，并能凶悍地拼抢篮板球。

打 2 号位或 3 号位的鲁迪·盖伊，在场上多个区域都能够对对手的篮筐造成威胁。

得分战术

比赛一开始，我们就运用为头号得分手设计的"1 号特殊战术"，期望其能首先得分并以此树立信心，然后再运用为其他得分手设计的战术。在努力使每一名队员都参与进攻的同时，主要围绕队员②（得分后卫）和队员③（小前锋）设计战术。希望尽可能早地使每一名队员都参与进攻，并为头号得分手，以及其他4名队员做大量的拉空防守来进攻。

1号特殊战术

这一战术在比赛开始时运用效果较好，通常是为头号得分手所设计。队员⑤和④在三秒区外落位，②在低位，③在罚球线延长线下方的侧翼。

进攻队员①向球场左侧，即头号得分手所在的一侧运球。当①到达罚球线延长线处时，②为④做斜线掩护，④利用掩护切向篮下接①的传球。在比赛中，当④的防守者 X4 移动到掩护的顶端，并且没有防守队员进行协防时，通常会有 1~2 次①为④传高吊球的机会。如果④利用掩护摆脱后不能接传球，就在低位做策应，然后①可以传球给④（图11.1）。如果④不能空位接球，⑤就为②做掩护（掩护–掩护队员配合），②利用掩护摆脱并接①的传球，或者⑤转身切入接①的传球。

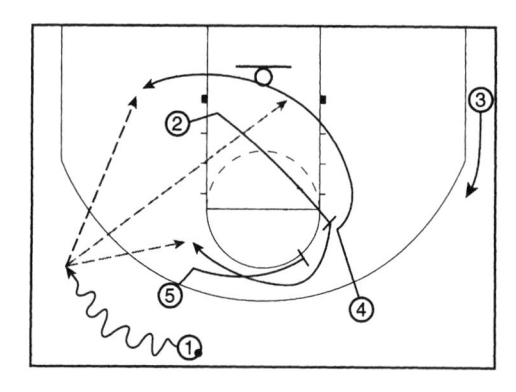

图 11.1 特殊战术 1。

犹他战术

这个战术是犹他爵士队专为卡尔·马龙设计的。在这个战术中，队员②和③在球场左侧重叠站位，⑤在②和③对侧的三秒区边线的延长线处落位，④在球场右侧三秒区外。①在球场左侧高位运球，②紧贴着③进行绕切，只要②一绕过③，③就快速从限制区内拉出接①的传球。①也可以选择传球给绕切的②。如果在绕切过程中②没有接到传球，就继续切入并为④做掩护，④沿着底线横向摆脱，接③的传球。

在队员②为④做完掩护后，如果防守队员过于后撤，⑤就为②做纵向掩护（掩护–掩护队员），①就持球等待为②传球的时机（图11.2）。另一种方案是③可以传球给为②做完掩护后切到篮下的⑤。

当控球后卫防守压力较大，没有机会传球到内线时，你就可以采用上

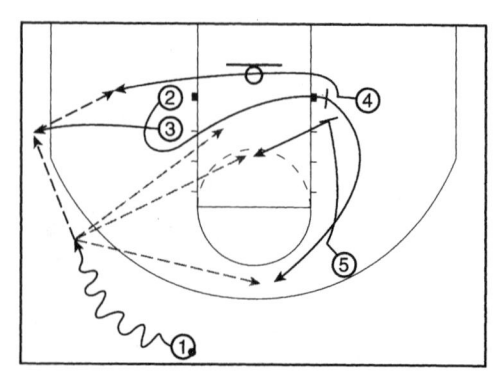

图 11.2 犹他战术。

述战术。如果能使小前锋③摆脱防守，就会为控球后卫减轻压力，并可以依靠小前锋为内线队员传球。

犹他特殊战术

犹他战术的一种变换方式是将球传给队员④。此时④在罚球区右侧角落位，⑤在罚球区弧顶，②和③在球场左侧重叠站位。当①在球场左侧运球时，②紧贴着③摆脱，③移动到左侧底角，②继续切入然后为④做掩护，④利用掩护摆脱后接①的高吊传球。

在队员②为④做完掩护后，⑤再为②做掩护（掩护掩护队员，图11.3）。①也可以将球传给②或在底角的③。

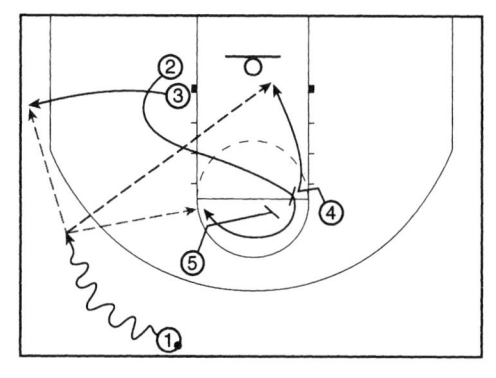

图11.3　犹他特殊战术。

55战术

这是一个很不错的战术。队员②在球场左侧低位落位，④在另一侧三秒区外，⑤在与④同侧的罚球区角，③在罚球弧外侧落位。

队员①运球至球场左侧罚球线的延长线处，暗示②沿端线为④做掩护。①传球给在低位的④，然后①和③做摆脱假动作——①在罚球区为③做掩护，③先假装切向掩护，然后突然向篮下背切，①快速后撤到罚球区外落位，以防防守队员包夹④（图11.4）。

如果③没接到球，就从限制区内拉出移动到底角。在②为④做完掩护后，再接受⑤的纵向掩护（掩护—掩护队员），然后向外拉出。④接球后进行一对一单打，或将球传给③、②，以及做完掩护后切到篮下的⑤。

此时在球场弱侧就形成了三角形站位，队员①作为定点队员在强侧落位。如果④遭到双人夹击，就传球给在外围落位的队友（①、③或②），或在篮下的⑤。此时进攻队员要注意保护好抢进攻篮板球的位置。

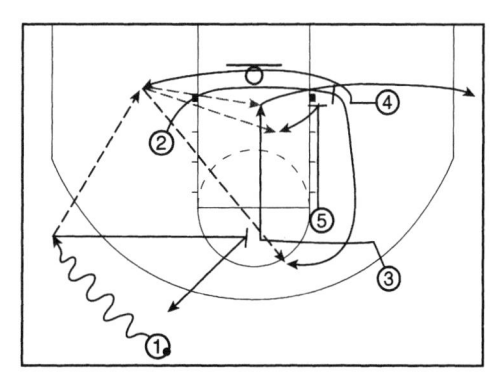

图11.4　55战术。

43 低位战术

由于防守队员利用大量的身体冲撞与换防限制我们的头号得分手向内线移动，所以，我们希望使其在移动中接球，以折区进攻站位来开始这个战术。

队员④在低位，②在底角，⑤在罚球区弧顶，③在罚球线延长线上。①在球场右侧运球并传给⑤，②从④身边做折区切入（图 11.5）。

如果队员②在利用折区切入后无人防守，⑤就传球给②。⑤也可以传球给在三秒区要位准备接球的④。

如果没有传球的选择，队员⑤就转身朝①运球并与①做手递手传球，①接球后向球场中路运球。与此同时，④为②做掩护，然后转身要位接①的传球。同时②继续切入并接受⑤的掩护。①可以传球给利用掩护摆脱的②，或传球给做完掩护后转身接球的⑤（图 11.6）。

我们运用这个战术有两个目的，一是为得分后卫创造跳投机会，二是为大前锋在限制区内移动接球。

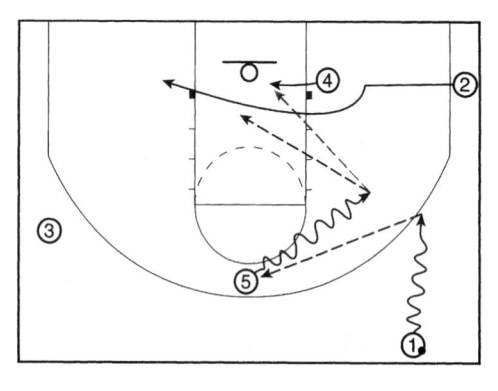

图 11.5 43 低位战术。

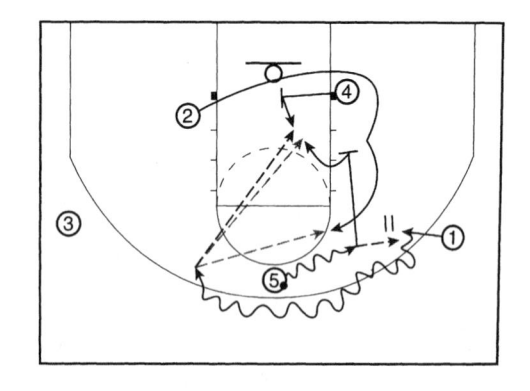

图 11.6 43 低位战术的另一种进攻选择。

3 号位快速战术

这个战术是为低位队员③设计的。③在球场右侧低位做策应，④在罚球区左侧拐角，⑤在对侧的三秒区外，②在球场右侧罚球线延长线上，①在中路控球。

队员①传球给④，然后向相反方向移动，并在三分线外落位。②向球场底角移动。

队员④一接到①的传球，③就向限制区内闪切。如果③不能立即接球，就移动到球场对侧的低位，④尝试着将球传给③。

队员④传球后快速沿斜线切向球场对侧③之前所在的右侧低位。⑤在自己的位置稍作停顿后闪切到罚球区左角。如果⑤的防守者夹击③，⑤就接球跳投（图11.7）。

队员③有三个发动战术的位置选择，即右侧篮下、限制区左侧或球场左翼。

50 战术

这个战术是帮助大前锋移动到篮下的最好战术之一。队员①在球场右侧向罚球线延长线处运球，⑤在罚球线上，③和④在球场左侧重叠站位，②在左侧限制区外。

队员②假装向限制区内切入，然后贴着⑤切到右侧底角。③突然向外拉出至左侧底角。只要②一擦过⑤，⑤就向外撤出，然后①传球给⑤，⑤再传给闪切到限制区的④（图11.8）。

此时，队员⑤的防守者不能到内线协防④，因为那样就留给⑤在外线跳投的机会。

52-53 战术

这个战术是为队员②或③设计的。落位阵型同前一个战术，但这次是②（或③）贴着⑤切入到低位做策应并接①的传球。

队员②切入后，⑤摆脱防守准备接①或②（如果②被包夹时）的传球。同时，③快速拉出后移动到②的位置（图11.9）。

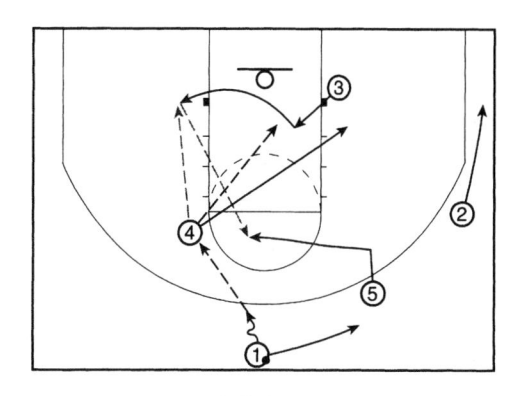

图11.7 3号位快速战术。

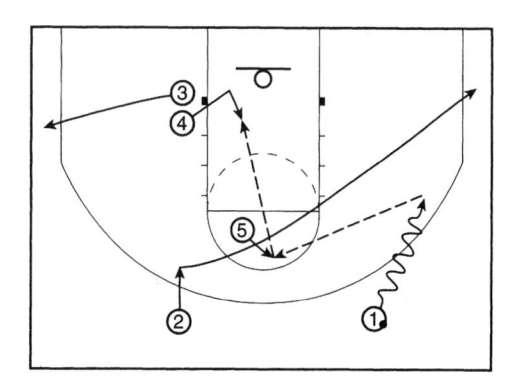

图11.8 50战术。

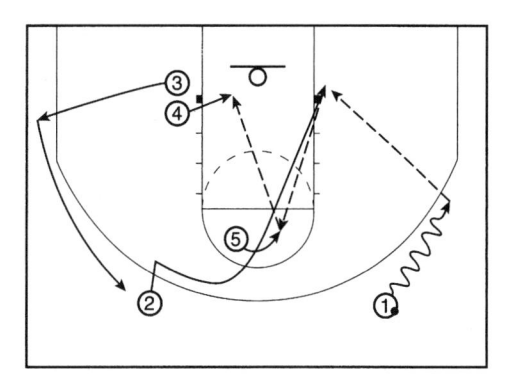

图11.9 52-53战术。

4号拉出战术

这一配合通常称为"单人—双人掩护"战术。它是由在限制区一侧的一个单人掩护和在另一侧的双人掩护组成，是 NBA 比赛中沿端线进行的一种典型战术。

队员④在左侧低位，⑤在右侧低位，②和③在篮下。③为②做掩护，②利用掩护摆脱，然后绕过④切到对面底角。③从⑤身边切到三分投篮点。

队员①传球给快速拉到近底角或拉到左侧中部的④（限制区和边线之间），④接球后转身面向球篮。当④的防守者是一个速度较慢的内线队员时，这个战术就特别有效。如果④的速度较快，他就可以运一下球后直接突破上篮（图 11.10）。显然，如果④的速度不够快，这个战术就很难达到理想的效果。

如果队员④没有出手机会，他可以跳传给②或传给在外线准备接球投篮的③。⑤要占住有利于抢篮板球的位置，或准备接传球。

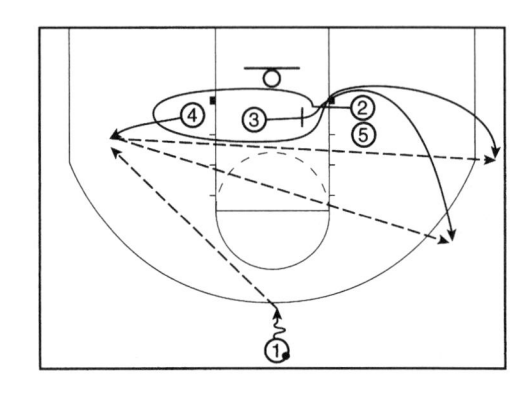

图 11.10　拉出战术——为队员④拉空。

反击战术

这个战术是为队员⑤设计的。此战术尤其在防守队员换防时十分有效。⑤和④分别在篮下两侧，③为②做侧掩护，②利用掩护移动到三分线外。

如果防守队员交换防守，③就从④身后绕切，再从限制区顶或篮底切到⑤的下面，做一个8字形切入。①在罚球区弧顶控球，在换防后，X_2 在背后防守③，等待②利用⑤摆脱（图 11.11）。此时③转身紧贴着⑤的肩部摆脱移动到球场另一侧。①可以传球给③，③再传给⑤。①也可以传给②，②再传给④。

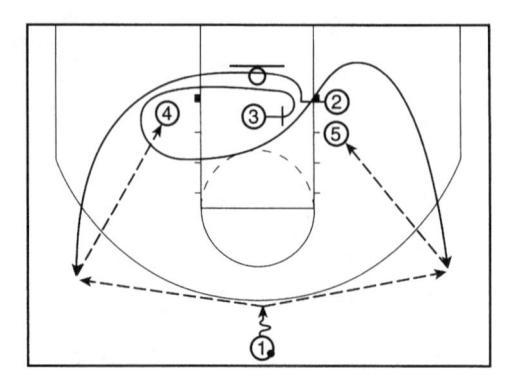

图 11.11　反击战术。

Fist1 战术

当组织后卫被一名防守弱者防守时，这一战术是个很好的选择。队员们正方形落位，两名大个子队员⑤和④在罚球区拐角两侧，②和③在篮下两侧。

队员①先向球场右侧运球，暗示④为②做纵向掩护，②利用掩护移动到中路高位接①的传球。

④为②做完掩护后向外撤出为①做掩护，在限制区中部的③和同在限制区的⑤为①做交错掩护。③做完掩护从限制区出来移动到球场另一侧，②传球给①（图11.12）。如果①接球后没有投篮机会，⑤为①做掩护，两人做挡拆配合。②也可以传球给③，或传给做完掩护后获得空位的④。

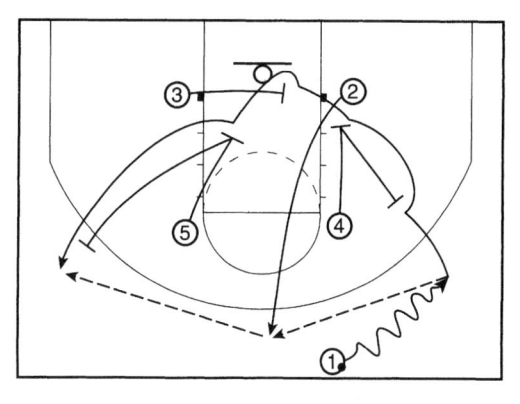

图 11.12　fist1 战术。

42 转换战术

这是在暂停之后为队员④设计的战术。在球场的左侧，④和②重叠站位，②更接近底线。⑤在中路高位，③在侧翼罚球线延长线处。①在②和④同侧的三分线外。

队员②紧贴着④的肩绕切到侧翼罚球线延长线处接①的传球，再传给位于低位的④。然后①切入限制区并移动到另一侧底角。通常是当④在低位接到球时，X_2 就会后撤协防④，在这种情况下，⑤就上前为②做掩护，做完掩护后转身切到篮下或快速拉到外线接球跳投（图11.13）。

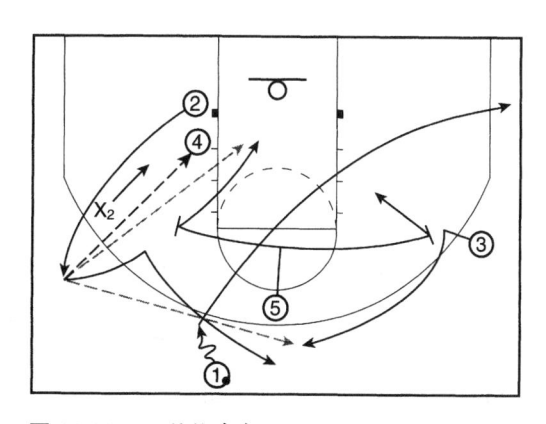

图 11.13　42 转换战术。

也有另一种选择，即队员⑤为③做无球掩护，然后转身切向球。此时②可以传球给④、③或⑤。

拉链战术

队员④和⑤在罚球区拐角，②和③在低位。①向球场左侧运球，同时④为②做下掩护，②利用掩护上提接①的传球。③可以沿底线切到另一侧底角或撤到同侧底角以拉空防守。⑤为②做高位挡拆，然后转身切到篮下接②传球（图11.14）。如果 X_4 上前协防⑤，则④就移动到⑤的位置接球投篮。

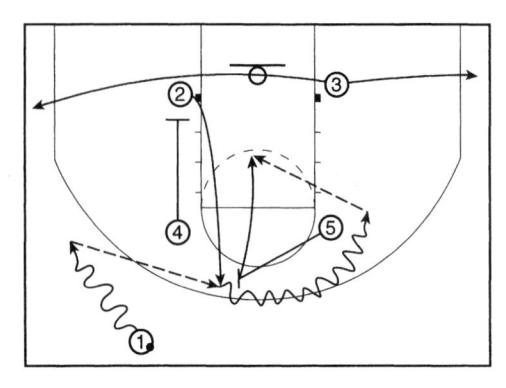

图 11.14　拉链战术。

特殊拉链战术

如果队员②的防守者对其进行绕前防守，使他不能接①的传球。我们执行同样战术，但这次只要②一向上移动，⑤就为其做掩护。

队员①将球传给②，②可以投篮或传球给做完掩护切向自己的⑤，或者⑤和②可以做挡拆配合（图11.15）。

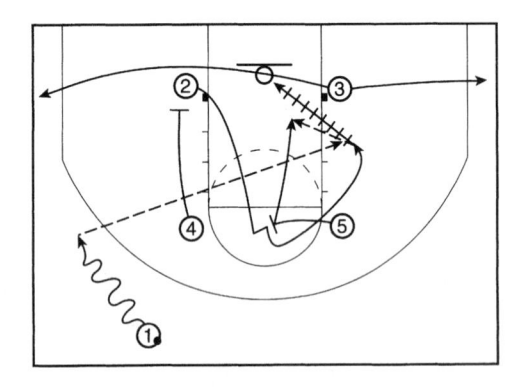

图 11.15　特殊拉链战术。

"开闭"战术

这一战术常用于对抗防守队员包夹依靠掩护摆脱的控球队员时的闪电战式防守。

队员①在球场左侧运球，②在另一侧底角，③在三分线外，④在罚球区外，⑤在球场中路。⑤跑向①并为其做掩护，然后切向篮下并一直切到球场另一侧低位。④紧随其后也为①做掩护，然后移动到左侧中部。此时①可以传球给④或到低位要位准备接球的⑤（图11.16）。

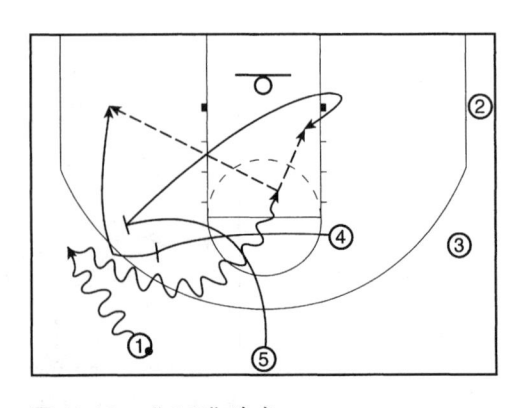

图 11.16　"开闭"战术。

2X 隔离队员 4

当在单节比赛的最后，或正常比赛过程中只剩七八秒的进攻时间时，我们运用下列战术。这些战术的目的是为一名队员拉空防守创造空间，为其进行一对一单打创造机会。我们称这一打法为隔离队员④，或隔离其他大个队员（例如⑤）。

4 名队员在底线附近落位：队员②和③在两侧底角，④和⑤在篮下两侧，组织后卫①在中路运球。两名在篮下的队员闪切到罚球区拐角，①传球给其中一名外策应队员（以④为例）后移动到同侧的侧翼。

只要队员④一接到传球，⑤就向限制区做斜线切入并切到篮下强侧。④可以一对一单打或向篮下突破。如果③的防守者 X3 进行协防，④将球传给位于底角的③投三分球，或者如果⑤的防守者 X5 上来协防，将球传给⑤（图 11.17）。

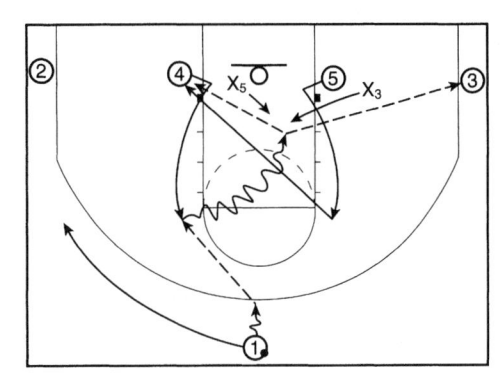

图 11.17　2X 隔离队员 4。

2 号战术

这个战术可以被称为拉开控球后卫战术，尤其是控球后卫有较强的向篮下突破能力时效果更好。战术初始的站位同前面所描述的一样，4 名队员沿底线站位。

控球队员①在中路直接向篮下突破。如果该队员从罚球区右侧突破，⑤就移动到另一侧低位，拉空右侧。同时，④在①后面切入限制区要位接球（图 11.18）。

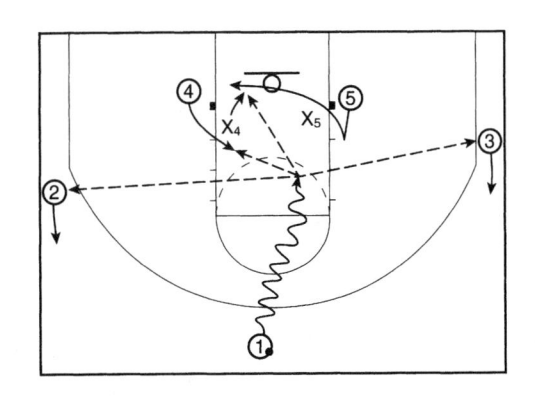

图 11.18　2 号战术。

如果队员①不能得分，根据防守队员的反应与协防情况，他可以将球传给④或⑤，也可以传给在底角的②或③投三分球。

2号拉出战术

这个战术的初始部分与"2X 隔离队员 4"相似，但在队员④和⑤闪切到罚球区拐角后，由于遭到绕前防守而不能接球时采用。①向罚球线延长线处运球，同时⑤向限制区斜线切入并在强侧低位做策应。③拉出并移动到另一侧底角，②向高位上提。①传球给在⑤切入之后闪切到高位的④，④接球后向篮下突破（图11.19）。

如果队员③的防守者协防④，③也可以在底角接球。

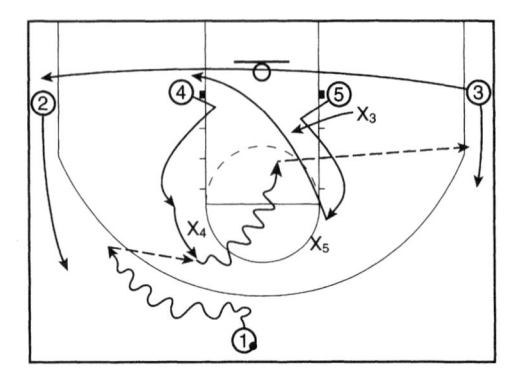

图 11.19　2 号拉出战术。

执教要点

首先讲授完整战术，再将其分解成各个部分进行练习。队员要对战术中的各种情况，诸如挡拆配合、交错掩护、篮下要位、为掩护队员做掩护等进行练习。

训练时将大个子队员和小个子队员分开，分别在球场两端进行练习。例如，当大个子队员练习掩护、掩护后切向篮下，或者切到球场中部接球跳投时，在球场的另一端，后卫队员练习为掩护队员以及在篮下要位的队员传球，同样也要对利用掩护摆脱后接球跳投进行练习。

如果练习打策应，就让大个子队员在策应区做练习，后卫队员练习为其喂球与切入，然后再一起对整个战术进行练习，这样就能更好地教授这些战术配合。让不同位置的队员明白自己的职责，并重复多次地进行练习。

结　语

在设计进攻战术时，要努力使自己所创造的战术能够最大限度地发挥队员的优势，规避不足。例如，不要为不善于投篮的队员设计交错掩护战术；当一名队员不擅长控球和运球时，不要为其设计以向篮下突破和分球为基础的战术。

有些教练员所犯的错误，是因为某一著名或战绩较好的教练员运用过某一战术，他就采用这一战术，而没有考虑每支球队不同的技术风格。某一曾获得成功的战术，并不一定能使另一支球队获胜，或在另一水平的比赛中获胜。

最后，作为教练员必须要始终牢记，一个战术的成功实施主要依赖于扎实的基本技能，即传球、投篮、运球和无球跑动，以及队员洞悉防守形势的能力——所有涉及到的队员，而不仅仅是参与战术行动的队员。细节非常重要，任何战术的细节都需要良好的基本技术，如果没有良好的个人和集体配合做基础，诸如如何设置和利用掩护，就不会有成功的进攻战术。

第十二章　掷界外球战术

布兰登·马龙（Brendan Malone）

有效的掷界外球战术与其他特殊情形下的战术对于比赛的胜利至关重要，因为这些战术在最后时刻往往能够决定比赛的胜负。所有的 NBA 球队都在采用这些战术，通过训练，队员能熟练地执行这些战术。掷界外球战术亦称掷球入界战术。

任何水平的篮球比赛都有成功的关键因素，在联盟中有两个非常突出的因素，一个是细节，即个人基本技术和全队进攻与防守的细节。篮球比赛不仅需要良好的身体素质和力量，而且相对于其他集体项目也许更讲究细节。一场比赛可能由于某队员在一次投篮时稍微的偏差而被断送；一次掩护可能由于角度稍微的偏差而失败使队友失去投篮机会；一次传球可能由于球速偏慢或稍微偏离目标而被抢断等。当执行掷界外球战术时，技术细节始终同样重要。一支球队在练习边线或端线掷界外球战术的基本技术时，教练员必须要考虑每一个细节。

另一个关键因素是战术的执行。队员需要明白，要想完美地实施一个战术，必须经过反复多次地练习，直到战术执行达到自动化。千万不能认为队员在仅练习几次后，就能在比赛中合理地执行某一战术。对所有队员来说，战术的执行不会自然发生。最初练习某一战术时，必须采用在没有防守的情况下以中等速度进行，然后在一半的防守情况下进行练习，最后再以比赛中的防守强度进行练习。

每次训练中要对每个掷界外球战术进行多次练习。队员必须了解战术的全貌，必须掌握执行战术时的第一选择和其他选择，以及在不同的行动选择中对时机的把握。

作为一名教练员，你需要确定每名队员不仅要明白如何执行掷界外球战术，而且知道为什么要这么做。要使队员的战术行动自动化，而不是机械地去执行，并让他们明白每一个战术执行的理由。但在引入和讲授具体战术之前，根据这些情况，为队员阐述哪些是球队获得成功的关键因素非常有用。

基本观念

以下是在学习每一战术之前，对于有效和成功地执行掷界外球战术非常重要的一些观念。

● ***掷球入界***。这是首先要做到的，因为掷界外球队员的唯一职责就是将球掷入界内，因此不能浪费时间或出现失误。无论是将球掷到篮下还是限制区外，掷球队员首先需要做的就是将球掷入界内，这是战术执行的首要目标。

- **让最好的传球队员做掷界外球队员**。掷界外球的队员必须将球快速、精确地传入场内，最好是传给某个特定的队友，所以要用最可靠的传球队员尽可能完美地执行掷界外球战术。如果最好的传球队员不在场上，就指派一名经常控球的队员，通常是2或3号位队员掷球入界。掷界外球的队员应该是场上最好的传球队员。

- **最好的得分手是接球的第一选择**。不要让最好的得分手掷界外球，这名队员应该是接界外传球的首选。当掷球队员准备掷球入界时，球队中最擅长得分的队员必须做好到最佳位置接传球的准备。

- **使用假动作**。在很多情况下，掷球入界的队员会遭到侵略性地紧逼防守，此时要使用传球假动作或其他假动作将球掷入界内。掷球队员可以先做一个传高球的假动作然后进行击地传球；也可以先做击地传球的假动作然后从头上将球传出。他还可以通过运用眼神和头部的假动作欺骗防守队员然后将球传出，比如眼睛盯着某个方向，但将球传向另一个方向。

- **做好掩护**。通常让大个子队员进行掩护为队友摆脱防守，也可以用2或3号位队员掩护大个子队员，或通过掩护迫使防守者换防，还可以利用掩护掩护队员配合将球传给2或3号位队员进行投篮。被掩护的队员必须将自己的防守者带入掩护。同时，掩护队员应该掩护队友的身体，而不是盲目掩护。做完掩护后要转身迎球。另外两个要点，一是提醒队员，掩护队员往往要比被掩护队员更容易摆脱，二是确定被掩护队员是否在等待掩护，不要匆忙上前掩护而干扰队友投篮。

- **掩护掩护队员**。虽然这是NBA比赛中常见的战术，但在掷界外球时效果尤其显著。"掩护掩护队员"简单的说就是掩护队员做完掩护后再接受队友的掩护。在大多数情况下，掩护队员的防守者很难有时间对第二次掩护作出反应。

- **做后掩护的队员总能获得空位**。在某些情况下，诸如在比赛快要结束时，对手会给最好的得分手施加巨大

在执行掷界外球战术时，要让球场上最好的传球队员掷球入界。

的防守压力，而做后掩护的队员总是能够获得空位的机会，该队员就应该是传球的首选——他能获得投篮机会，如果他不能出手，就与其做挡拆配合。

• **不要惊慌**。掷界外球的队员必须保持镇定。他可以在心里数数，如果数到3时还不能将球掷入界内，就应该叫一个暂停。如果没有暂停机会，就应该将球掷向防守队员的腿部。

战术称号

不同的球队对自己的掷界外球战术有着不同的称呼。一些球队使用另一支队的名称（纽约、印第安纳等）。另外一些掷界外球战术可能叫做"快速""特殊"或"全垒打"。有时候会用数字暗示参与掷界外球战术的一名队员或几名队员。例如，如果

在加时赛还剩最后7秒时，希度·特科格鲁利用挡拆配合迫使防守队员换防，然后接界外传球投中绝杀球。

喊"53",就意味着此战术是为中锋⑤和小前锋③设计的;如果喊"42",则是为大前锋④和得分后位②设计的。

在比赛中或暂停后都可以实施掷界外球战术,无论何种情况,教练员都可以呼叫某一特定的战术,掷球入界的队员再将战术意图传达给队友。

切记,重复练习并注意细节能够完美地执行掷界外球战术。

端线掷界外球战术

在 NBA 比赛中,大多数掷界外球战术是用来对抗人盯人防守。所以,这里所陈述的战术大部分反映的是这一方面,在第 210—211 页中我们演示一个对抗联防的掷界外球战术。

系列配合

"系列配合"包括一系列由一个指定的战术行动和一个数字组成。第一个数字指的是接界外球的接球队员,第二个数字指的是(接后卫—后卫传球)接球队员。战术名称的第二部分由战术行动所决定,在下面将会对其进行解释。在每次获得掷球权时,没有必要站在同样的位置,但是,必须到合适的位置接界外传球并执行战术。

第一个数字所代表的队员(掷球入界时的接球队员)在掷界外球队员同侧的"接球区"接球,即围绕着同侧肘区附近的区域来接球。第二个数字所代表的队员(后卫—后卫传球时的接球队员)在另一侧的罚球区接应传球。

接球队员必须在掷球者准备传球时移动到合适的区域。也要明白,在掷球入界时并不一定直接将球传到接球区。如果防守者对传球进行拦截,可以从底角将球传到接球区,此时仍然拥有同样的战术选择。

下面就是"系列配合"的不同行动选择。

42 固定配合

队员①负责掷界外球,其余 4 名队员平直沿端线站位,⑤和③在靠近端线的球场底角,④和②在阻区上面的低位。

队员④(在"接球区"的接球队员)做接①传球的假动作,然后突然折回朝向中场线移动并移动到三分线外,②(后卫－后卫传球时的接球队员)做同样的行动。①传球给④后进入球场并移动到④的位置(图 12.1)。

队员④将球转移给②,⑤利用①的行进间掩护摆脱防守,④再为掩护队员①做掩护,此时②有下列传球选择:

- 传球给⑤;

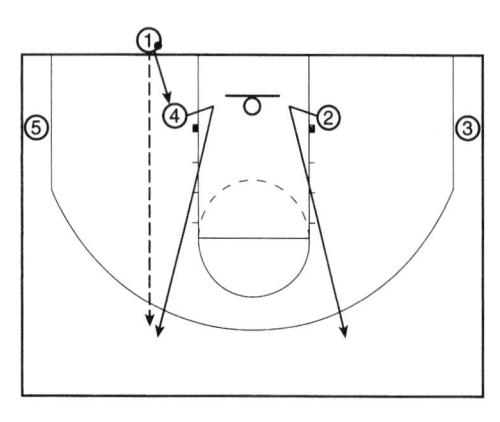

图 12.1 42 固定配合：队员站位，战术以①传给④开始。

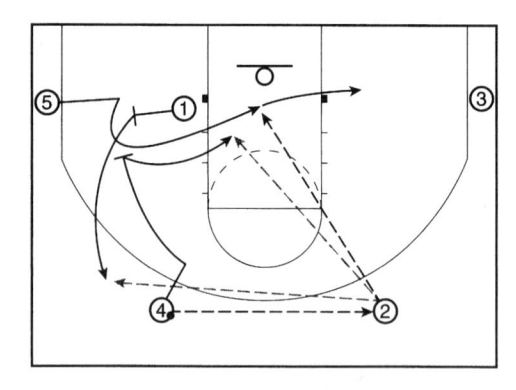

图 12.2 42 固定配合：队员②的传球选择。

- 传球给①；
- 传球给为①做完掩护后切向篮下的④（图 12.2）。

24 不固定配合

这一战术的站位与前一个战术相似，但这次队员④和②互换位置与角色，②在接球区接球，④接后卫—后卫传球，①在传球给②后进入球场并移动到④的位置（图 12.3）。

队员②将球转移给④，⑤为②做外撤掩护。⑤在做掩护时观察防守形势，如果自己的防守者突然上前协防，就撤消掩护切向篮下（图 12.4）。此时④有下列传球选择：

- 传球给②；
- 传球给撤消掩护溜向篮下，或者为②做完掩护后转身切向篮下的⑤。

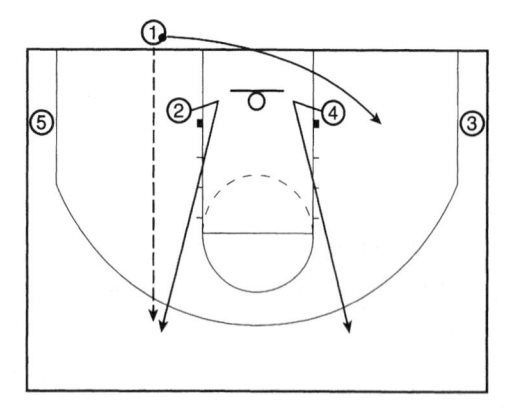

图 12.3 24 不固定配合：队员站位，战术以①传球给②开始。

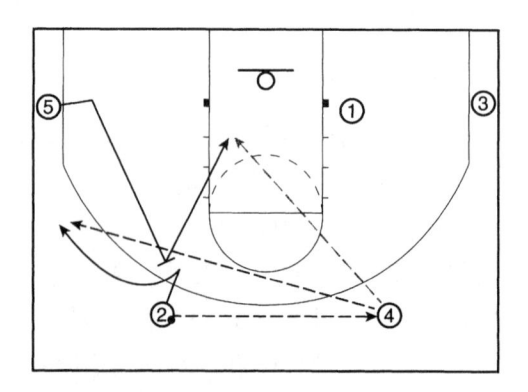

图 12.4 24 不固定配合：队员④的传球选择。

43 对抗配合

这一战术的站位与前面相似,但这次队员②和⑤靠近边线在底角落位,③和④在分位区上面的低位,④突然向高位上提并在接球区接传球,③也快速向外拉出将自己的防守者带到高位,同时①进入球场并移动到三分线外,然后③做背切接④的高吊传球(图12.5)。

图 12.5 43 对抗配合:战术的开始与站位与前一个战术相似,只是队员①传球给④,③做背切。

43 三重行动配合

这一战术的站位与前一个相似,但这次队员②和⑤在边线附近的分位区上面落位,④和③在低位落位,④为接球区的接球队员,③为后卫—后卫传球的接球队员。

队员④快速拉到三分线外接①的界外传球,同时③也快速拉出到三分线外。①在传球给④后进入球场并切到弱侧(图12.6)。

队员②利用①的掩护切入限制区后再接受⑤做的另一个掩护,④将球转移给③后切入限制区为②做第三个掩护,②利用掩护快速拉到三分线外。③朝向②运球并将球传给②,或做出下面的传球选择(图12.7):

- 传给做完掩护后切向控球队员的④;
- 传给掩护后转身切向篮下的⑤;
- 传给做完掩护后无人盯防的①。

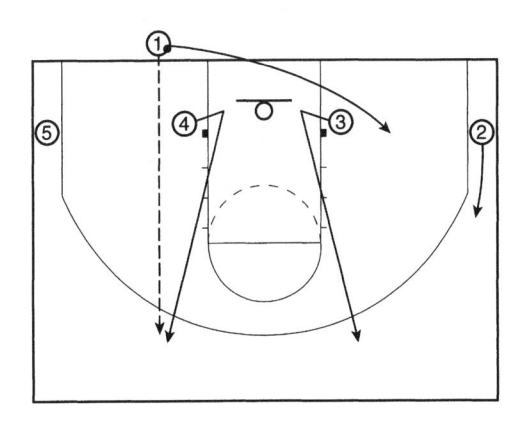

图 12.6 43 三重行动配合:队员的站位;战术以①传球给④开始。

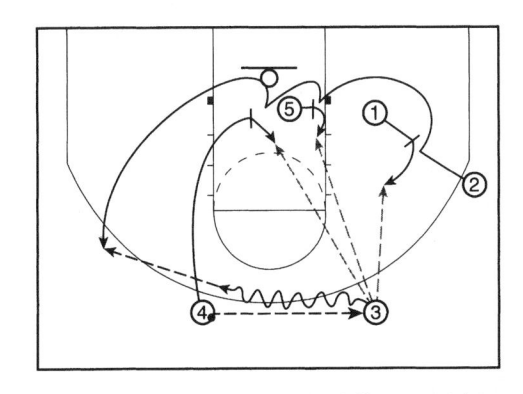

图 12.7 43 三重行动配合:队员③的传球选择。

24 不固定潜入配合

这一战术与前面几个很相似，但这次队员②和④在分位区上面的低位，②负责在接球区接球，④接后卫—后卫传球，⑤和③在边线附近落位。

队员②快速拉到三分线外接①的界外传球，④也快速拉出到三分线外（图12.8）。①传球给②后进入球场并移动到④的位置。

队员②将球转移给④，⑤为②做突然掩护，在④为②传出高吊球后，④潜入到篮下接②的回传球，②也可以将球传给做完掩护后转身切向罚球区的⑤（图12.9）。

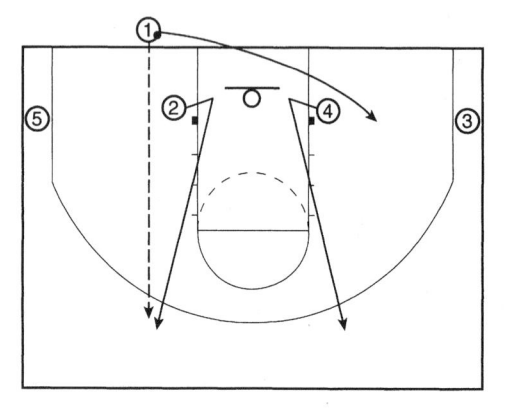

图12.8 24 不固定潜入配合：队员的站位；战术以①传球给②开始。

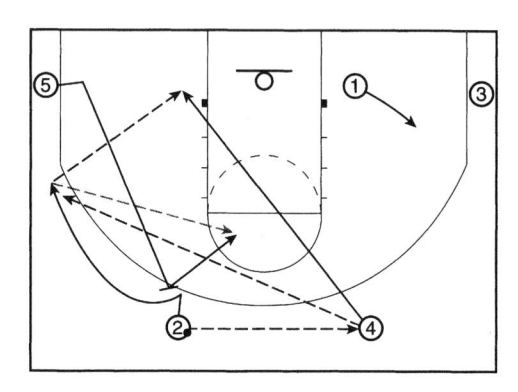

图12.9 24 不固定潜入配合：队员②的传球选择。

重叠站位配合

重叠站位是NBA比赛中一种常见的进攻站位，指的是由二三名队员垂直或平行于边线站成一排。它是一种掷界外球时常被用到并且很受称赞的特殊站位战术。下面就是一系列以这种站位开始的不同的掷界外球配合。

常规重叠站位配合

队员①负责掷界外球，队员⑤、④、③在球场左侧平行于边线站成一列，②在罚球区弧顶。③紧贴着⑤的胸部绕过④和⑤绕切至另一侧底角、三分线外。只要③一切过⑤，②就做切向限制区中部的假动作，然后利用④和⑤做的双人掩护切到限制区外的中部（图12.10）。此时①有下列传球选择：

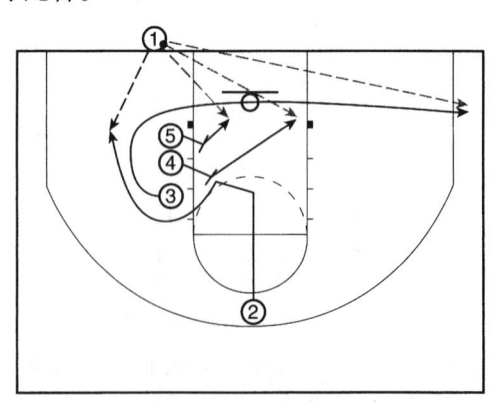

图12.10 常规重叠站位配合：队员站位、战术的发动方式和队员①的传球选择。

204

- 传给在做绕切的②；
- 传给在另一侧底角的③；
- 传给做完双人掩护后从相反方向切向篮下的④或⑤。

配合行动的选择。如果队员②接到球后没有出手投篮，⑤就移动到对面的低位，④与②做挡拆配合，①在传球后进入球场并紧贴着⑤切到三分线外（图12.11）。此时②有下列行动选择：

- 利用④的掩护投篮或带球向限制区内突破；
- 传球给做完掩护转身切向篮下的④；
- 传球给①；
- 传球给位于底角的③；或者
- 传球给在限制区要位准备接球的⑤。

如果队员①接到传球，他有这些行动选择：

- 投篮；
- 传给在低位的⑤；或
- 传给在底角的③。

特殊重叠站位配合1

现在我们来看常规重叠站位战术的其他行动选择。如前所述，教练员在采用每一个战术时，必须能够根据防守队员的反应做出多种行动选择。这里的初始站位与前面所述的常规重叠站位一样：队员①负责掷界外球，⑤、④和③进行重叠站位，②在罚球区弧顶。⑤在③绕切之后为④做掩护，④利用掩护快速向外拉出，然后在⑤为②做完掩护后转身切向篮下（图12.12）。

此时队员①有下列传球选择：

- 传给正在做绕切的③；
- 传给快速拉到底角的④；
- 传给切入限制区的②；或者
- 传给做完掩护后转身切到篮下的⑤。

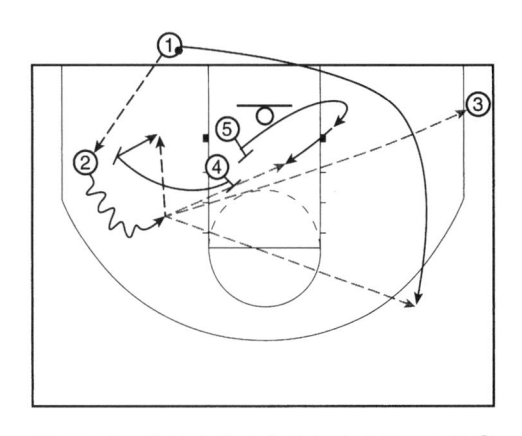

图12.11 常规重叠站位的行动选择：队员②的投篮、传球选择。

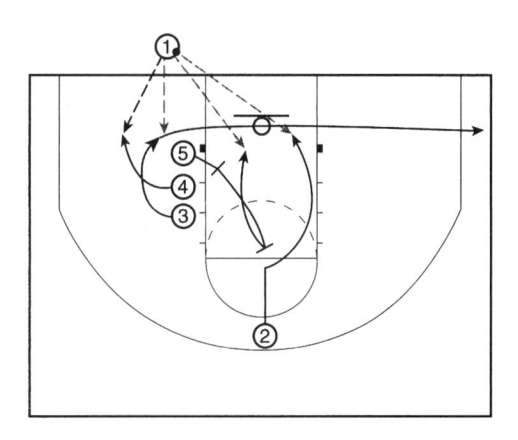

图12.12 特殊重叠站位配合1：队员①的传球选择。

特殊重叠站位配合 2

初始站位与前面所述一样，但这次队员③并不进行绕切，而是快速拉出接①的传球。①也可以将球传给做完掩护后切向篮下的⑤（图 12.13）。

特殊重叠站位配合 3

初始站位与前面所述一样，但这次队员③并不向限制区内切入，而是同⑤一起收缩靠拢为④做掩护，④快速拉到底角接①的传球。①也可以传球给做完掩护后从相反方向切向篮下的⑤或③（图 12.14）。

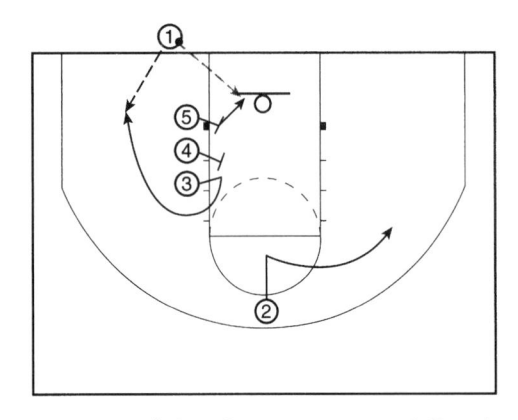

图 12.13　特殊重叠站位配合 2：队员③快速拉出接①的传球，①也可以将球传给⑤。

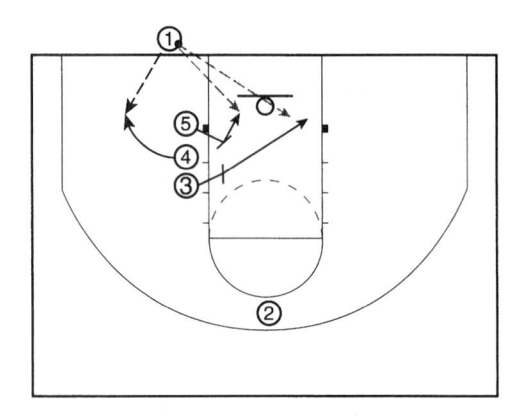

图 12.14　特殊重叠站位配合 3：队员③和⑤为④做双人掩护。

金州式配合

这一战术仍然采用重叠站位，但这次是在球的对侧，由不同的队员执行。队员①一直负责掷界外球，④、②和③在球场右侧重叠站位，⑤在左侧低位，面向球落位。

在队员②快速向外线拉出的同时，④和③做双人掩护挤住防守队员，然后①立即将球传给②投三分球，或传给做完掩护后朝篮下移动的④（图 12.15）。①也可以传给切向篮下的⑤，或传给正在向④对面移动的③。

配合行动的选择。如果所剩时间不多，①直接将球传给队员⑤后进入球场，在做切走假动作后紧贴着⑤做摆脱。⑤将球回传给①，①接球后迅速出手投篮（图 12.16）。

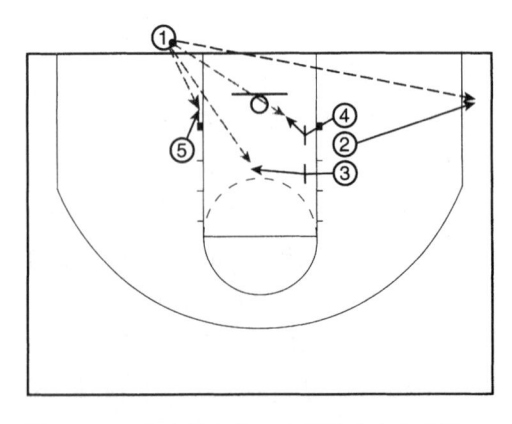

图 12.15　金州式配合：队员①的传球选择。

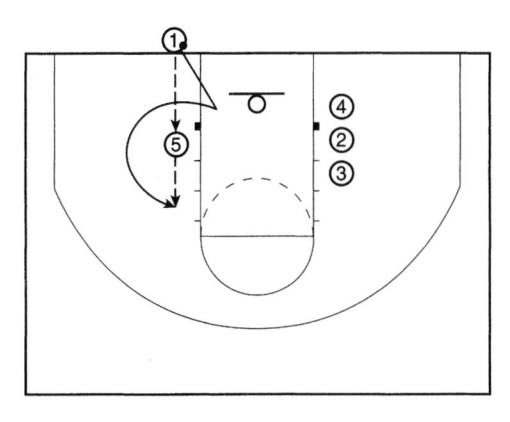

图 12.16　金州式配合的行动选择：掷球入界队员①快速地执行战术。

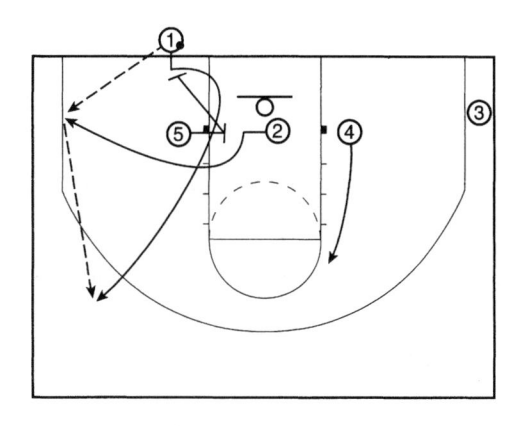

图 12.17　印第安纳式配合：一个为外线投手设计的掷界外球战术。

印第安纳式配合

之所以称这一打法为印第安纳式配合，是因为我在印第安纳步行者队做助理教练员时，为雷吉·米勒或杰伦·罗斯设计的高效掷界外球战术。米勒曾经是 NBA 最出色的外围投手之一。

开始时队员沿端线平行站位，①负责掷界外球，⑤在低位落位，④在⑤对面的低位，②在篮下，③位于与④同侧的底角。

队员②利用⑤的掩护移动到限制区外，并到球场的底角接①的传球。①在传球给②后进入球场并利用⑤的掩护切到高位，然后接②的传球投篮（图 12.17）。②也可以传球给为自己做完掩护后转身切到篮下的⑤。

在队员①传球给②的同时，④移动到限制区外的弱侧为在底角的③做向下掩护。①可以传球给利用④的掩护摆脱的③，或做完掩护后转身切向篮下的④（图 12.18）。在运用几次这一战术后，就可以直接将球传给③（或在底角的②），因为此时所有的防守队员都挤在了三秒区内（图 12.19）。

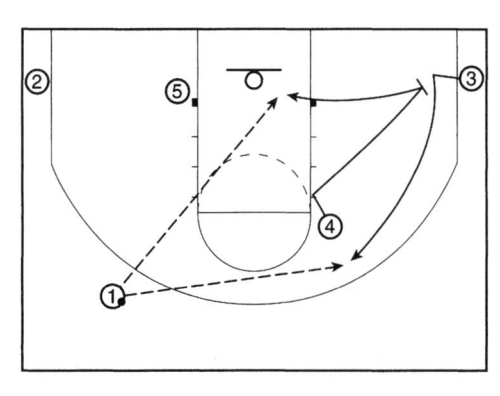

图 12.18　印第安纳式配合：如果队员①、②和⑤都没有获得空位，①可以将球传给做完挡拆配合的③或④。

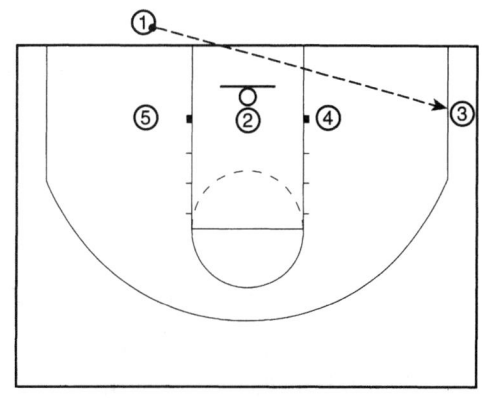

图 12.19　在运用几次这个战术后，队员①就可以直接将球传给③，因为防守队员都挤在了限制区内。

207

纽约式配合

在这一战术中，队员③负责掷界外球，⑤在低位落位，②在对面的低位，④在与⑤同侧的罚球区拐角，①在三秒区弧顶落位，使自己能够安全地接应球。队员②为④做掩护，然后⑤再为②做掩护，做掩护掩护队员配合（图 12.20）。此时③有如下传球选择：
- 传给利用②的掩护摆脱的④；
- 传给利用⑤的掩护切到强侧底角的②；或者
- 传给为②做完掩护后转身切向篮下的⑤。

如果队员④在利用②的掩护摆脱后，仍不能接球，就为传球给②后进入球场的③做向下掩护。②传球给①，①传球给利用④的掩护摆脱的③（图 12.21）。③可以将球回传给做完掩护后向篮下移动的④。

我仍记得在纽约尼克斯队当替补时的一场比赛，在比赛快要结束我们落后 3 分时运用了这个战术（尽管当时不叫这个名字）。①在罚球区弧顶完全无人防守，我们的主教练胡比·布朗大喊让直接将球传给①投三分球，随后比分打平。事实上，所有防守队员都意识到了这个战术，但由于过于担心进攻队员会挤近限制区而漏掉了对①的防守。

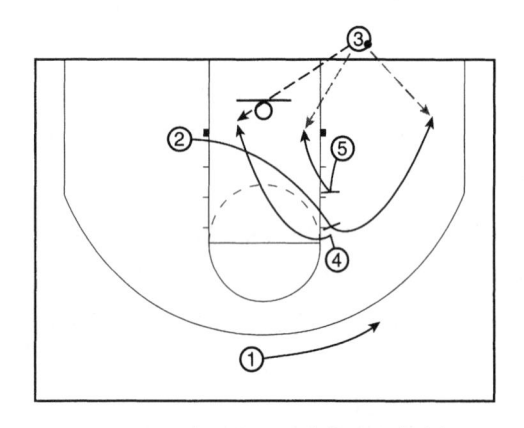

图 12.20　纽约式配合：队员③的传球选择。

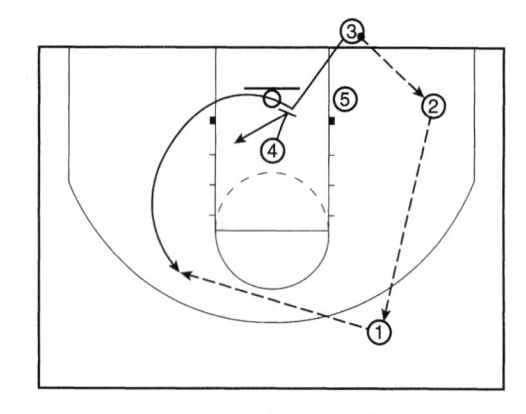

图 12.21　纽约式配合：如果没有空位，队员④就为③做掩护。

25 配合

这个战术是为得分后卫②和中锋⑤设计的。①负责掷界外球，最佳得分队员②在篮下落位，③在三秒区外的中部，⑤在三分线内罚球区的弧顶，④在限制区外右侧。

队员②为⑤做掩护，⑤利用掩护切向篮下（大个子队员不常受队友掩护，因此这样做会给对手出其不意地打击）。在这种类型的掩护中，由于小个子队员防守高个子队员很困难，对手一般不会进行换防，因此⑤就获得了空位接球机会。

队员③快速拉到三分线外的底角。②在为⑤做完掩护后快速切到强侧（图12.22）。此时①有下列传球选择：
- 传给利用②的掩护摆脱的⑤；
- 传给做完掩护后快速拉出的②；
- 如果③的防守者协防⑤，就传球给③；
- 传给在球场另一侧落位的④。

配合行动的选择。这一战术和刚才所描述的很相似，但此行动的选择是：当队员③快速拉到底角的同时，②先为⑤做掩护，再接受④的掩护（掩护掩护队员配合），然后快速拉出到三分线外，④做完掩护后转身切向篮下（图12.23）。

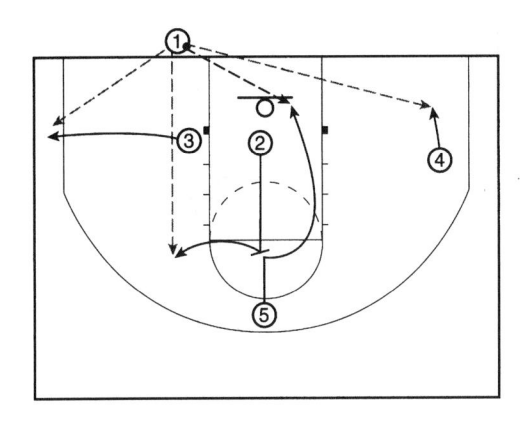

图 12.22 25 配合：队员①的传球选择。

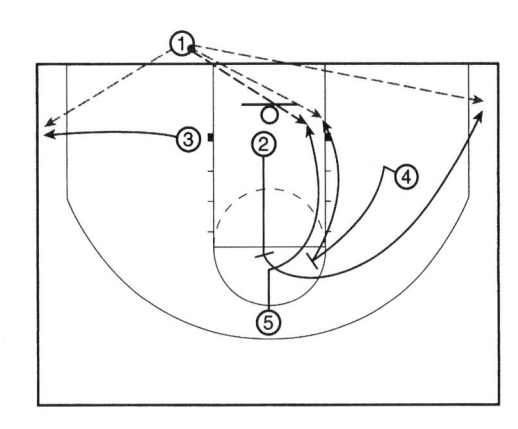

图 12.23 25 配合行动的选择：为掩护队员做掩护，以及队员①的传球选择。

队员①有下列传球选择：
- 传给利用②的掩护摆脱的⑤；
- 传给利用④的掩护快速拉出的②；
- 传给拉到底角的③；或
- 传给为②做完掩护后切向篮下的④。

现在我为大家展示两个专门为大个子队员，即大前锋④和中锋⑤设计的掷界外球战术。

54 式配合

队员③在掷界外球队员①的同侧低位，④在强侧罚球区拐角处，⑤在③对面的低位，②在弱侧三分线外落位。

队员③快速拉到底角以避免防守队员进行协防；⑤为④做斜线掩护，④利用掩护切入限制区；⑤做完掩护后转身切向篮下；②到强侧外围落位（图 12.24）。此时①有下列传球选择：

- 传给利用⑤的掩护切入的④；
- 传给为④做完掩护后转身切向篮下的⑤；
- 如果③的防守者对切向篮下的⑤进行协防时，传球给③；或
- 传给在外围落位的②投三分球。

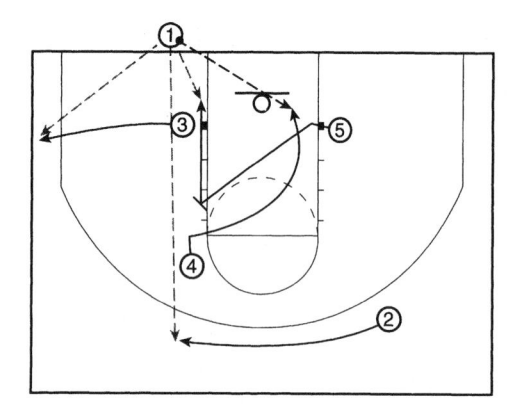

图 12.24　54 式配合：为大个子队员设计的掷界外球战术。

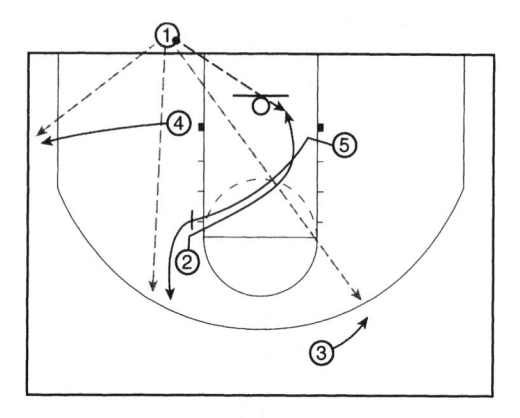

图 12.25　快速 2 号配合：为队员②所设计的战术配合和队员①的传球选择。

快速 2 号配合

这一战术的实施方法和站位与 54 式配合相似，但在此主要涉及后卫②和中锋⑤。队员①负责掷界外球；④在三秒区左侧的低位，与球同侧；⑤在三秒区右侧的低位；②在罚球区角，面向球站位；③在三分线弧顶外落位。⑤为②做斜线掩护后拉到外线，同时④从低位移出并移动到底角（图 12.25）。此时①有下列传球选择：

- 传给利用⑤的掩护摆脱后切入的②；
- 传给为②做完掩护后拉到外线的⑤；
- 如果④的防守者对切入的②进行协防，就传球给④；
- 传给外线落位的③投三分球。

破区域联防或混合防守的端线掷界外球配合

队员①负责掷界外球；⑤、④和③在强侧限制区外与边线平行重叠站位；②在对面的底角落位，准备接可能直接传过来的球。当③切向三秒区内的空位时，⑤和④就向联防的防守空当内切入。⑤、④、③的切入使防守队员进行收缩防守，这样①就可以直接将球传给位于底角的②（图 12.26）。

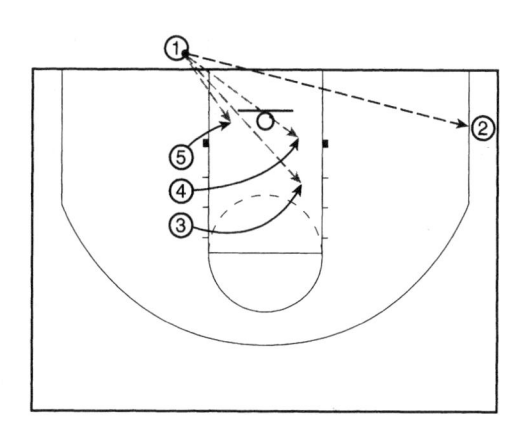

图 12.26 破区域联防或混合防守的掷界外球配合。

边线掷界外球战术

以下是一些边线掷界外球战术，这是执教不同水平的教练员所面临的又一基本战术，尤其是在胜负常常仅有 1～2 分之差的 NBA 比赛中。

全场或单节结束时的掷界外球配合

以下是在全场或单节比赛快要结束时，在边线实施的掷界外球配合。在这种情况下，掷界外球配合能够为进攻方带来明显的优势，因为防守者不习惯应对这些并不是在比赛过程中所运用的配合。在比赛最后一刻，这些打法对得分至关重要。

绝杀配合

选择一，队员③负责掷界外球，⑤在强侧低位，①在三分线外，④在弱侧肘区，②在⑤对面的限制区外。最简单的战术选择就是直接将球传给⑤快速投篮（图 12.27）。如果⑤接球后不能投篮，③就进入球场接⑤的回传投三分球（假设需要一个三分球赢得比赛）。

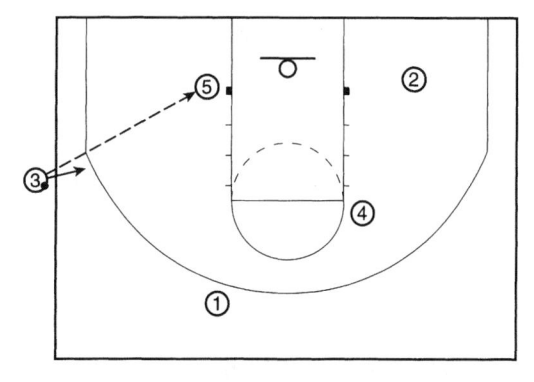

图 12.27 绝杀配合选择 1：快速将球传给低位中锋。

211

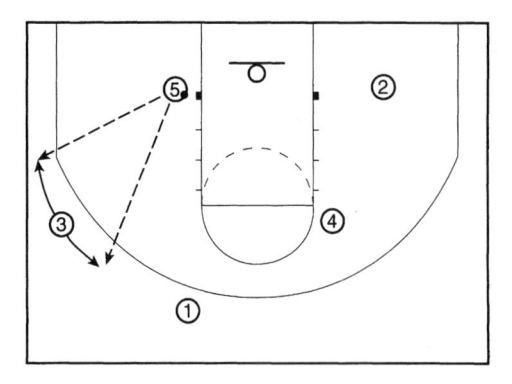

图 12.28　绝杀配合选择 1：队员⑤将球回传给③。

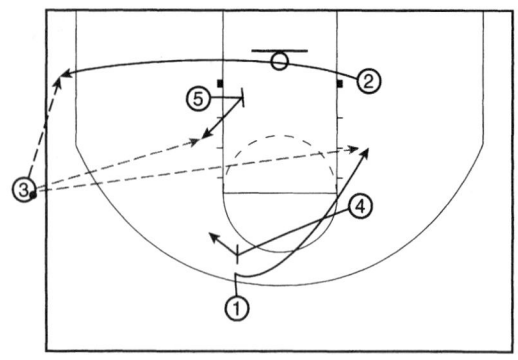

图 12.29　绝杀配合选择 2：进攻队员也可以在底线做挡拆配合，在罚球区弧顶做侧掩护。

选择二，队员③可以选择将球传给切入限制区后利用⑤的掩护移动到三分线外的②（假设需要一个三分球）。如果需要投一个两分球，③就可以将球传给利用④的掩护摆脱的①，或者传给做完掩护后切向篮下的⑤（图 12.29）。

选择三，这次的战术配合同前面的一样，但这次队员⑤在为②做完掩护后转身切向传球队员，接③的界外传球（图 12.30）。③在传球后进入球场，利用④的掩护摆脱，然后接⑤的传球投三分球（图 12.31）。

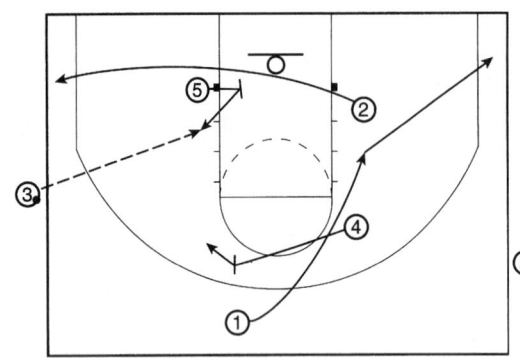

图 12.30　绝杀配合选择 3：战术配合同上，但这次是队员⑤为②做掩护后接传球。

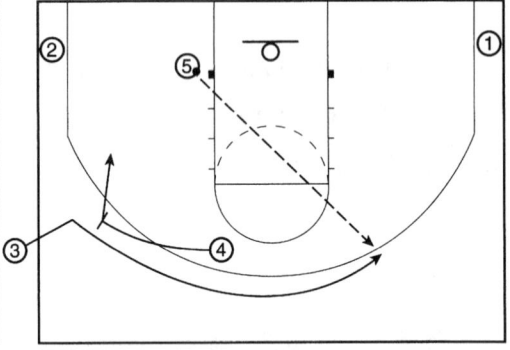

图 12.31　绝杀配合选择 3：队员④为③做掩护，③接⑤的传球。

选择四，队员④为①做掩护，①利用掩护移动到底角。④在做完掩护后立刻切向③接传球。而队员②利用⑤的掩护切到球场的另一侧（图 12.32），⑤做完掩护后切向篮下。③将球传给④并从其身边切入，④手递手将球再传给③，③接球后向篮下突破寻找投篮的机会，或分球给在低位的⑤或在底角的①（图 12.33）。

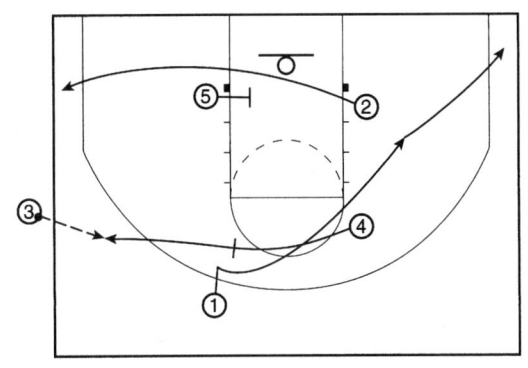

图12.32 绝杀配合选择4：队员④在为①做完掩护后，快速切向③接传球。

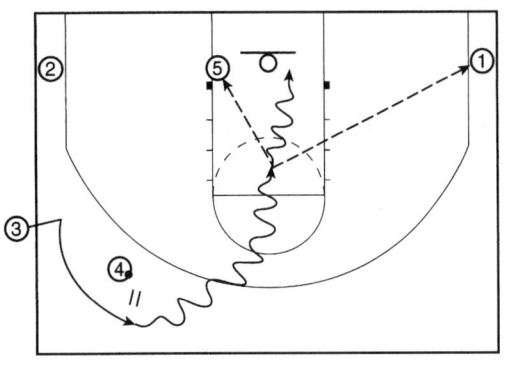

图12.33 绝杀配合选择4：队员④手递手传球给③，③接球后向篮下突破。

选择五，队员④为①做掩护，①利用掩护移动到弱侧底角；④在做完掩护后立即切向传球队员③（图12.34）。③传球给④后，④再手递手传给③，然后③将球传给位于底角的①，①传给利用⑤的掩护切入限制区的②（图12.35）。

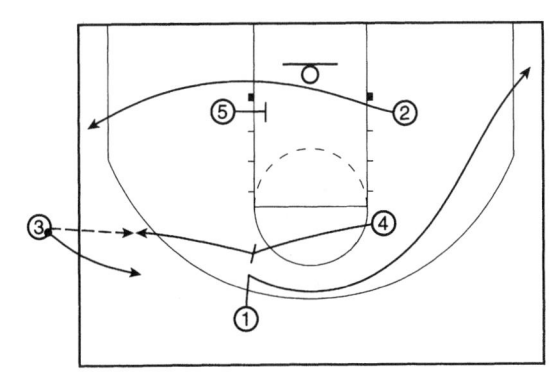

图12.34 这个战术选择同4的开始方式一样。

图12.35 队员②再一次利用⑤的掩护摆脱，然后切入限制区接①的传球。

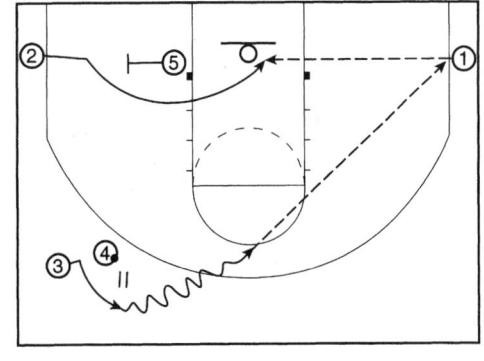

勾形配合

下列战术由两次获得NBA冠军的活塞队教练查克·戴利创造，他也曾于1992年率领梦之队获得奥运会篮球赛冠军。这个战术是其在比赛关键时刻想要得分时，最喜欢用的边线掷界外球战术之一。③负责掷界外球，④和⑤在罚球区肘部外站位，①在强侧靠近队员④，②在篮下。④为①做掩护，①利用掩护切到强侧底角。在④为①做掩护的同时，⑤尝试着以某个特定的角度为②做掩护，②利用掩护拉到三分线外。只要①利用掩护摆脱后，④就快速拉出来接③的传球，然后④再传给②，②可投两分或三分球。如果②不能投篮，就传球给为②做完掩护后将防守队员卡在篮下的⑤（图12.36）。

X形配合

队员④负责掷界外球，③和②在三分线外站位，⑤在罚球区弧顶，①在篮下落位。③和②贴着⑤做摆脱，②切到强侧低位，③切到对面底角（图12.37）。在③和②切入后，⑤向下为①做掩护，①上提接④的传球。为了防止④不能将球传给①，⑤就在做完掩护后转身切向控球队员。在①接到④的传球后，④、⑤就到三分线内做双人掩护（图12.38）。

队员④和⑤为②做双人掩护，②摆脱后接①的传球投三分。如果⑤的防守者上前协防②，⑤就切到底角接球投三分（图12.39）。当然，并不是所有球队都有能够投三分球的大前锋和中锋队员，所以必要时要用其他队

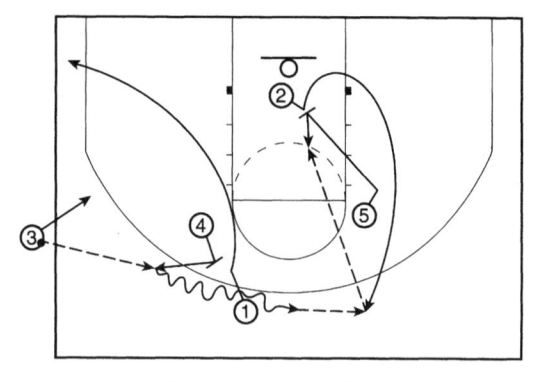

图12.36 勾形配合：队员④为①做挡拆，①利用掩护移动到底角，然后④快速拉出接③的传球，同时⑤为②做掩护。②可以投篮或传球给切到篮下的⑤。

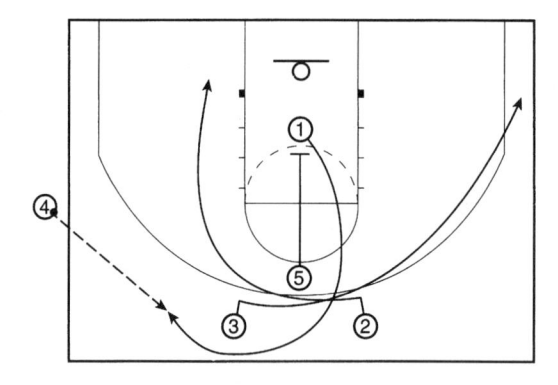

图12.37 X形配合：队员②和③绕⑤切入后⑤为①做掩护，然后①接④的传球。

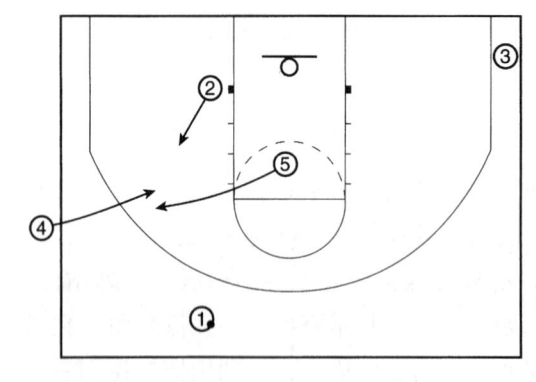

图12.38 X形配合：在掷球入界后，队员④和⑤就去做双人掩护。

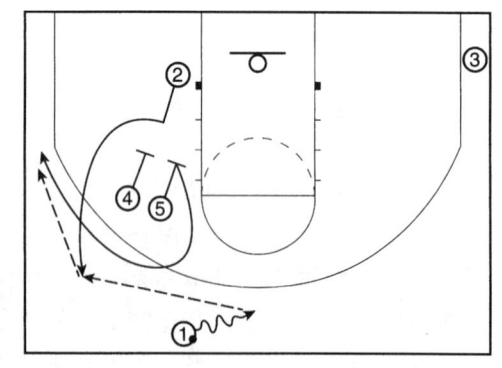

图12.39 X形配合：队员②利用双人掩护摆脱后接①的传球投三分，如果⑤的防守者对②进行协防，②就将球传给⑤。

员来执行这个配合。如果队员⑤不擅长投三分球，就让④代替⑤去为①做向下掩护。如果中锋⑤和大前锋④都不擅长投三分球，就让一名小前锋去掷界外球。如果①不能接到球，④就将球传给做完掩护后快速拉出的⑤，然后为②做向下掩护，②接⑤的传球后投篮（图12.40）。

直线形配合

队员③负责掷界外球，⑤、④、②和①在罚球区平行于底线站成一排。①紧贴着②切入，④、⑤寻找机会接③的传球，不过①很少有机会能获得空位。①在切入之后移动到弱侧底角，②向下将自己的防守者带进限制区，然后利用④和⑤做的双人掩护摆脱折回，准备接③的传球（图12.41）。如果⑤的防守者对切入的②进行协防，⑤就向篮下切入接球上篮（图12.42）。

如果③在掷球入界时将球传到了底角，你仍然可以运用这一战术，唯一要改变的就是队员所站位置的角度。由四名队员⑤、④、②和①在强侧按顺序朝底角呈45°站成一排，①绕过②、④和⑤进行摆脱，寻找机会接③的传球（图12.43）。

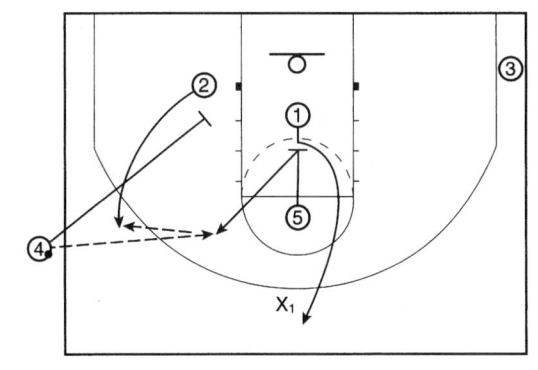

图 12.40 X形配合：如果队员②不能接球，⑤就在做完掩护后快速拉出接④的传球，然后④为②做掩护，②利用掩护摆脱接⑤的传球。

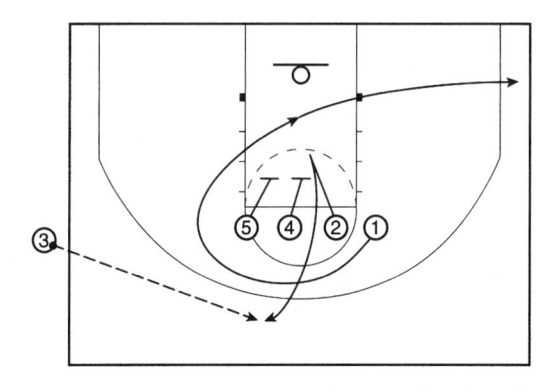

12.41 直线形配合：队员①绕过②、④和⑤做摆脱，如果不能接球，①就移动到底角；②向限制区移动，然后利用④和⑤做的双人掩护摆脱折回接③的传球。

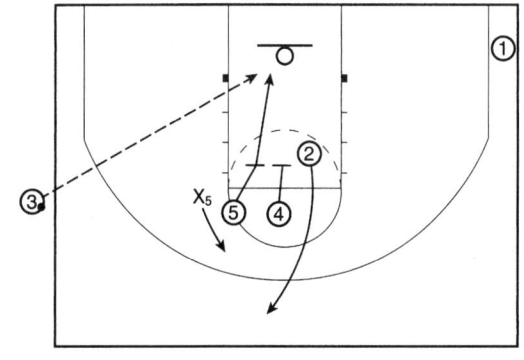

图 12.42 直线形配合：如果队员⑤的防守者协防②，⑤就溜向篮下接③的传球。

图 12.43 直线形配合：掷界外球队员将球掷到底角时，队员①、②、④和⑤就以45°角站成一排。

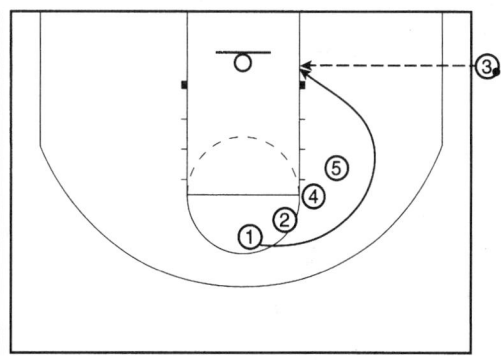

如果①没有接到球，就移动到弱侧底角。第二个选择是传球给②，②先将自己的防守者带进限制区，然后利用④和⑤做的双人掩护摆脱并接③的传球（图12.44）。最后，如果⑤的防守者对②进行协防，③就可以将球传给切向篮下的⑤；或者将球传给为②做完掩护后快速向外拉出的④（图12.45）。

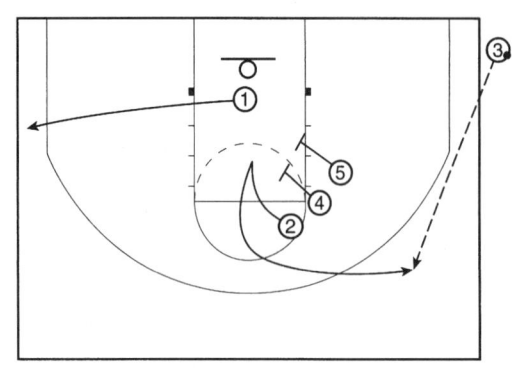

图12.44 直线形配合：队员②向限制区移动然后折回，并利用④和⑤做的双人掩护摆脱。

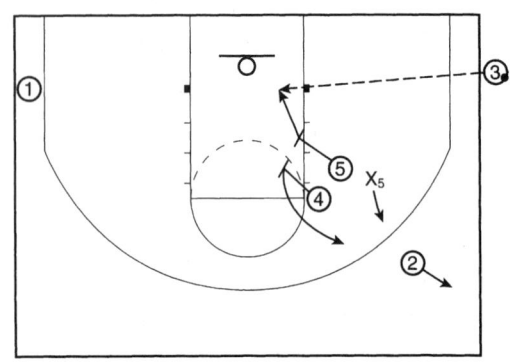

图12.45 直线形配合：如果队员⑤的防守者对②进行协防，⑤就溜向篮下接③的传球。

C形配合

这是另一个在比赛快要结束时的得分战术。队员③负责掷界外球，①和②在低位，⑤和④在罚球区的肘部（⑤在强侧、④在另一侧），4名队员成正方形站位。②向对面底角移动拉空防守，⑤向下为①做掩护，①利用掩护切到三分线外，⑤转身切向③并接传球。同时④为①做掩护，①接⑤的传球投三分球或向篮下突破（图12.46）。

底角配合

仍然是以四角站位开始，队员③在底角掷球入界。这次①在强侧，②在弱侧。②向底角移动以拉空防守，①为⑤做斜线掩护，④再为①做掩护（掩护掩护队员配合）。③可以将球传给①或⑤（图12.47）。

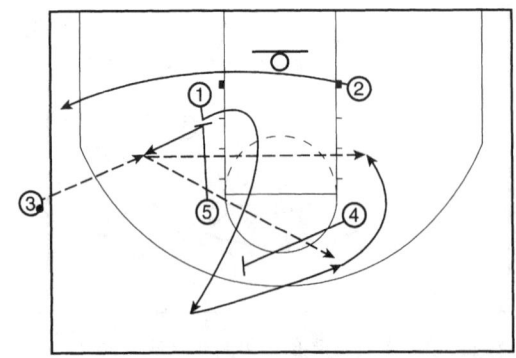

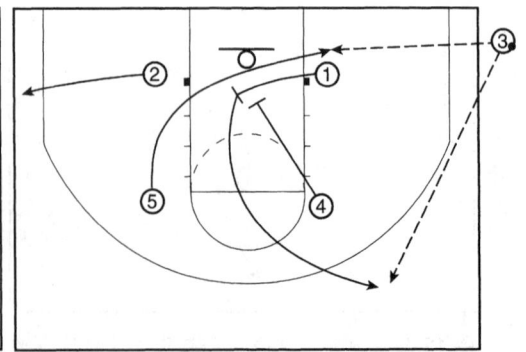

图12.46 C形配合：队员③将球传给做挡拆配合的⑤，⑤再将球传给利用④的掩护摆脱的①。

图12.47 底角配合：队员①为⑤做斜线掩护，然后再接受④的掩护进行掩护掩护的配合。

阿根廷式配合

这一配合并非来自 NBA 战术手册，但我和其他 NBA 教练员有机会于 2002 年在印第安纳波利斯举行的世界男篮锦标赛上观看了这一配合，它给我们留下了深刻印象。③是掷界外球队员，①在弱侧，④和②在低位，⑤在强侧高位。②为⑤做后掩护，然后再利用④的掩护向三分线外移动。③将球传给②投三分球（图 12.48）。

圣安东尼奥式配合

我观看了圣安东尼奥马刺队采用这一配合，并最终赢得胜利的一场比赛。队员①在强侧低位，⑤在限制区外，④在⑤同侧的罚球区肘部。队员④和⑤为②做交错掩护，②利用掩护切到三分线外，③可以传球给②做空位投篮。如果⑤的防守者上前协防，⑤就转身切向篮下接③的传球投篮（图 12.49）。

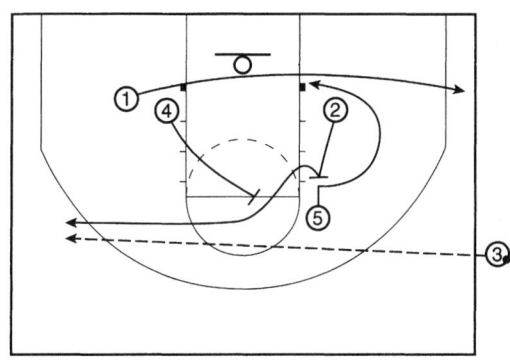

图 12.48 阿根廷式配合：在掩护掩护队员配合中，②为⑤做后掩护，再利用④的掩护摆脱，②接③的传球后投三分球。

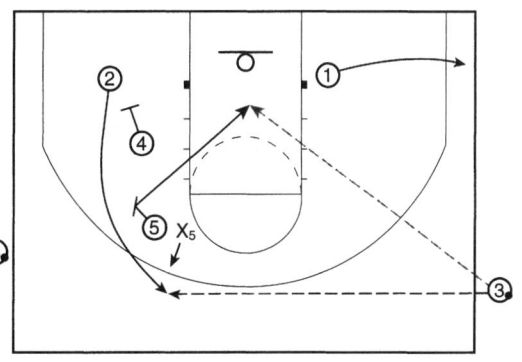

图 12.49 圣安东尼奥式配合：队员②利用④和⑤做的交错掩护摆脱防守接③的传球，或者如果⑤的防守者上前协防②，⑤就溜向篮下接③的传球。

短时配合（剩余 1 到 2 秒时）

队员③掷界外球，①在低位，②在篮下，⑤和④在罚球线上。⑤和④在限制区内为②做双人掩护，②利用掩护切到三分线外，①快速拉到强侧底角。在做完双人掩护后，⑤切向篮下接③的传球并投篮（图 12.50）。

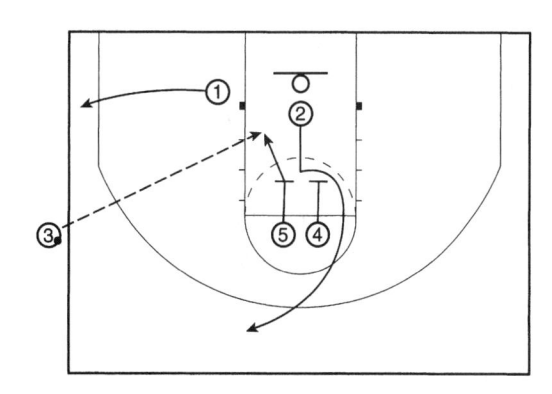

图 12.50 短时配合：队员④和⑤为②做双人掩护，⑤溜到篮下接③的传球。

短时配合 2

队员①在强侧低位落位，⑤在弱侧低位，④在罚球区肘部，②在三分线外。这一战术配合的各个行动必须同时进行：①切向球；④、②做 V 字形移动切向球；⑤先切向罚球线，然后向篮下做背切；③向篮下高吊传球给⑤（图 12.51），⑤必须是大个子并能够在激烈对抗中接到传球。

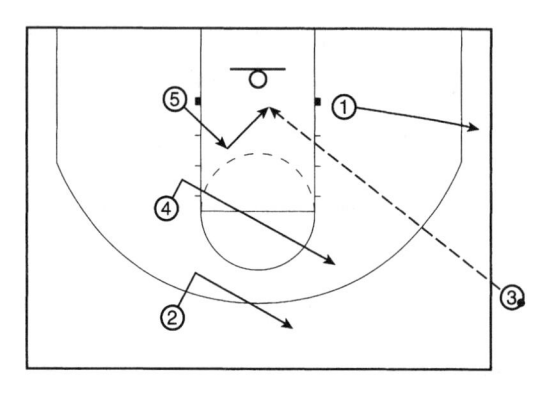

图 12.51 短时配合 2：队员②和④向球做 V 字形切入，⑤做切向球的假动作然后向篮下做背切接③的传球。

3/4 全场（后半场）边线掷界外球战术

以下是两个对抗 3/4 全场紧逼的掷界外球战术，这不仅是 NBA 球队众多防守情形之一，而且也是高中或大学水平球队都会遇到的且必须要击破的防守情况。

直线站位对抗 3/4 全场紧逼防守

队员③负责掷界外球，①、②、④和⑤在罚球区外平行于底线站成一排。③喊其中一名队友的名字（以②为例），②假装切向后场，然后快速冲向篮下接③的长传并上篮（图 12.52）。

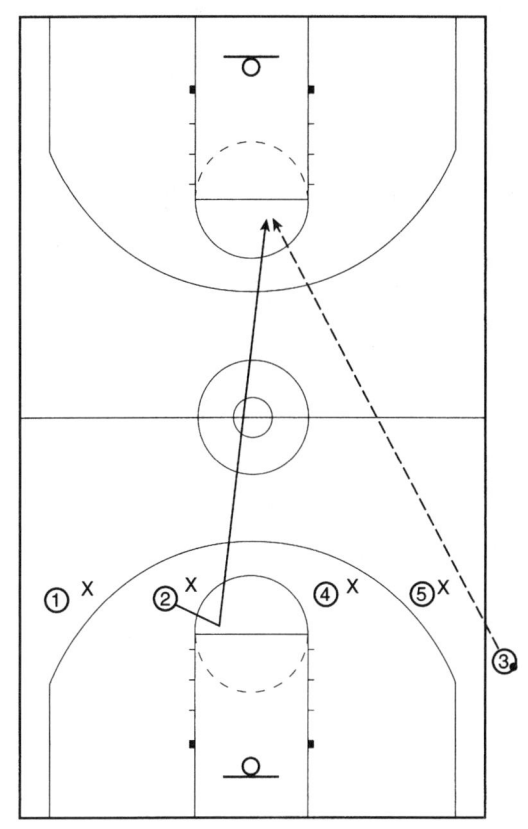

图 12.52 直线站位对抗 3/4 全场紧逼防守：队员③喊②的名字，②做切向高位的假动作，然后快速冲向前场接③的传球。

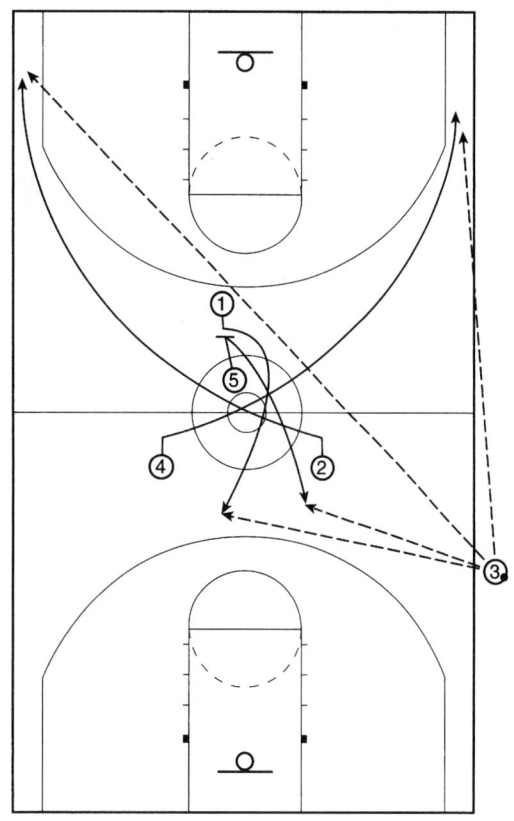

图 12.53 X 形配合对抗 3/4 全场紧逼防守：队员④和②绕 5 切入到三分线处，⑤为①做掩护，然后转身向球移动。

X 形配合对抗 3/4 全场紧逼防守

队员③掷界外球，④和②在三分线外落位，⑤在球场中路，①在另一半场的三分线附近。④和②绕过⑤快速切入到对面底角，在④、②切过⑤后，⑤向下为①做掩护，①向高位上提。此时③可以将球传给④或②（图 12.53）。⑤在做完掩护后转身向球移动，③也可以传给⑤或①。

结　语

教练员可根据队员特点和比赛形势调整掷界外球和接球的队员。例如，如果球队中最好的三分球投手是小前锋③，就可以指定其他队员掷界外球，③负责接球投篮。总之，教练员的掷界外球战术要适应队员的技术特点。

在本章结束之际，我想提醒大家，教练员不要想当然地认为，看到一个战术实施的效果很好时，自己采用后效果也会很好。事实证明，天才教练员寥寥无几，而你可以从与其他教练员的交谈中获益。切记，必须要用足够的理智，来评价某一战术是否真正适合自己队员的技术特点。

最后，不要将事情复杂化，有许多理由能说明运用奇怪、难度大的掷界外球战术是不明智的。防守队员的干扰，以及队员的疲劳、紧张、叫喊声、比赛的形势等因素都会影响战术的发挥。当同时面临所有这些因素的影响时，最不应该做的事情就是再去尝试复杂战术。有时候保持简单直白的原则反而能战胜对手。

第十三章　最后时刻得分战术

戴夫·沃尔（Dave Wohl）

在 NBA 比赛的任何一个赛季，只有不到 25% 的球队平均得失分率在 6 分以上，有 20%~40% 球队的胜负只差 6 分甚至更少。可以想象，一支球队的输赢往往由上下半场结束前最后几秒钟的一个 3 分球，或在任何一个单节比赛结束前的三个两分球（或者一些连续投篮得分和防守抢断）所决定。

也就是说，比赛尾声的得分机会即意味着黄金机会——因为这是在一个赛季中，仅需要在比赛结束之前连续得分，就能使球队的战绩发生巨大改变的机会。在季后赛中，由于比赛的竞争更激烈、比分更接近，在最后时刻得分就变得更为重要。

回顾 1994 年的总决赛，火箭队和尼克斯队之间全部 7 场比赛的得分之差全在 10 分之内，最终火箭队以 4 比 3 获得胜利。但是，如果约翰·斯塔克斯在第 6 场比赛结束前能够有空位投 3 分球机会的话（斯塔克斯的投篮遭到了哈基姆·奥拉朱旺的封盖），比赛可能就会是另一个结果。再近些，在 2007

勒布朗·詹姆斯作为最出色的球员之一，常常能够在比赛结束之前担起得分的重任。图为詹姆斯在三分线处面对科比·布莱恩特投中绝杀球。

年东部季后赛中克里夫兰骑士队 4 比 2 战胜底特律活塞队时，仅有最后一场比赛的分差大于 6 分，有三场比赛的比分差距仅有 3 分或更少。

每支球队无论是想赢得总冠军还是要争得季后赛的最后一个席位，都要在比赛结束之前有自己的得分手段。本章主要陈述比赛最后时刻得分战术的主导原则、详细图解及如何实施。合理地对这些战术进行教授与练习，就可能为球队赢得胜利。

投制胜球的原则

你可能主张在比赛的最后时刻投制胜球，就要将球交给科比·布莱恩特、德维恩·韦德或勒布朗·詹姆斯，让他们去创造得分机会。但是，并不是每支球队都能幸运地拥有这些优秀的队员，即使是有这样的队员，如果他们有伤在身、犯规下场或接球路线被封堵，你又该怎么办呢？

实际上，将比赛最后时刻的得分机会都交给顶级球员并非上策。反之，当你在策划最后时刻得分战术时，一定要将下述观念铭记在心：

- 简单执行。在比赛最为激烈的时候或在某场重大比赛的压力下，要让队员明白自己需要做什么，越简单越好。
- 数以千计的战术可能在理论上很不错，但在比赛最后时刻执行战术时，在出手投篮之前传球次数越少，成功率就越高，反之就越可能出现失误。
- 当你在暂停期间布置战术时，要控制情绪，保持镇定。此时队员会受到你的感染而充满信心，不会因为当时狂热的气氛而感到惊慌。当你在布置战术时要与队员进行眼神交流，这样不仅能使你清楚他们是否在集中注意力聆听，还能了解他们是否仍受困于比赛的压力之中，同时要用比平时稍慢的动作来画战术图，使队员放松并集中注意力。在暂停结束上场之前，要确定每一名队员都清楚自己的任务。
- 要清楚在比赛最后时刻可以完成制胜一攻的最佳阵容，这个阵容可能不是球队中最优秀的 5 名队员。在比赛最后时刻的得分情形中，你可能需要派上 5 名投篮很准的队员，也可能考虑最后投篮不中还有补篮时间，会派两名抢进攻篮板球很出色的队员上场。
- 要清楚自己希望谁去得分、谁负责掷球入界。这是在比赛最后时刻执行得分战术时最重要的两个事项。作为教练员需要明白在投关键球时，哪名队员能够在防守压力下果断出手，同样要清楚哪名队员具有广阔的视野、出色的传球技能，并能在紧张气氛中将球冷静、安全地传入球场。我曾多次看到掷界外球的队员由于害怕失误而持球时间过长，或急于传出而将球传入防守队员的手中。
- 要清楚队员的优势和弱点。许多球员都不喜欢比赛行将结束时有压力在身，即便是优秀球员。因此，要清楚哪些队员不畏比赛的压力，并确保在比赛最后时刻让他们上场。

掌控比赛时间

要教会队员在比赛领先时掌控时间。除非是对此类战术进行过多次演练，否则队员经常会担心时间会很快走完，从而在整个战术的执行过程中仓促行动，其结果通常是战术实施的失败。

向队员解释时间概念的方法之一，就是将剩余的时间分成尽可能小的部分，并讨论在此很短时间时间内队员可以完成的目标。下面就是一些相关的例子：

- 如果在后场边线掷球入界且比赛还剩下 8 秒时，可以布置队员个人快速拉开后突破并能再传一次球，或者在比赛结束之际，不得不出手投篮之前，有时间进行快速地传两次球。
- 如果必须在 8 秒内将球从后场带到前场，那么就必须明显地加大向前推进的速度。
- 当比赛还剩 4 秒时，控球队员可能有时间利用 1~2 次运球来摆脱自己的防守者，如果这样，可能就没有时间再传球了。
- 当比赛时间只剩下 2 秒，在这种情况下可能就要求队员"接球就投"。接球队员需要利用掩护摆脱防守，从而能够在接到传球后获得较好的投篮视角。
- 当比赛时间只剩 1 秒甚至更少时，就要传高吊球，做空中接力投篮。

一旦队员掌握了利用比赛剩余时间的技巧，他

在比赛结束的一刹那，雷·阿伦以一记绝杀球完美地证明了自己的三分远投实力。

们就会知道在某种比赛情形下可以和不可以做什么，比赛时钟就变成了自己的朋友而不是敌人。

队员及其角色

如果你正在设计如何成功地投出制胜球，你所需要的队员应该是：
- 一名有着出色身体素质或过人技术能力的得分队员，以保证能够在激烈对抗中创造机会并投篮。
- 一名有着出色的球场视野、敏锐的时间感觉、沉着冷静的掷界外球队员。
- 两名在球场上分散落位的三分神投手。
- 一名善于做掩护的掩护队员。

有了这些队员，你就能在球场上明亮的灯光下，为关键时刻总会投出制胜球的队员而自豪。

全场战术

在进行全场战术配合时，尤其在没有剩余的暂停机会时，队员必须严格按照"套路"执行战术，避免随意性发挥，除非发现防守漏洞。在比赛时间剩余不多的情况下执行全场战术配合，可能最难以捉摸和实施，因为这需要在短时间内将球从球场一端向另一端推进。

当比赛时间剩余 5~8 秒时

以下是当比赛时间剩余 5~8 秒时，要参与执行战术、接球最后一投或向篮下突破时，场上队员所应具备的技术特点和扮演的角色：
- 队员⑤和④负责做掩护；
- 队员③是具备出色投三分球能力的小前锋；
- 队员②是指定的接球和投篮或向篮下突破的队员；
- 队员①负责控球。

队员①带球快速向前场推进，②和③在两翼沿边线跑动，④和⑤在球的前方跟进。在④和⑤做双人掩护的同时，②利用变速变向移动，快速折回接①的传球（图13.1）。

图13.2所示，队员②利用双人掩护运球突破并寻找机会：

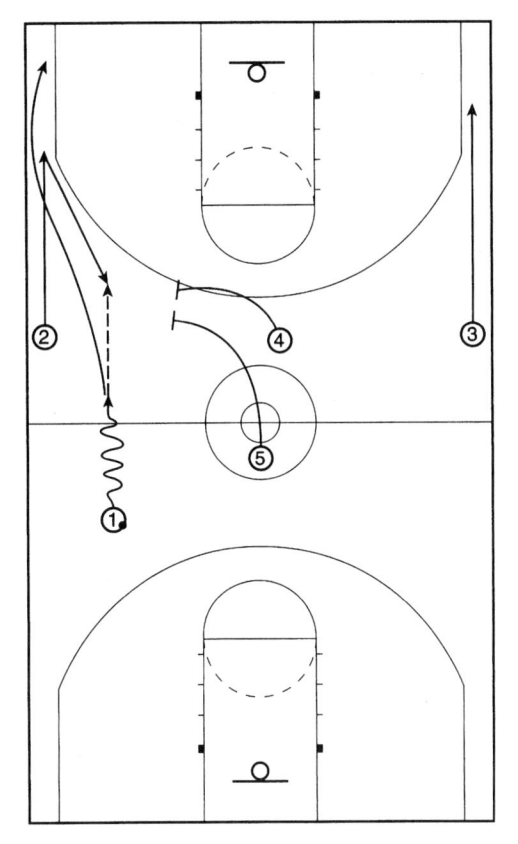

图 13.1 比赛时间剩余 5~8 秒时的全场战术配合：队员②接球，④和⑤做双人掩护。

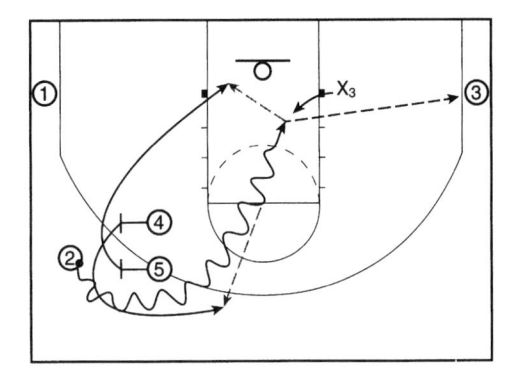

图 13.2 比赛时间剩余 5~8 秒时的全场战术配合：队员②的传球选择。

- 直接向篮下突破；
- 如果 X_3 上前协防，传球给③；
- 如果 X_4 退到三秒区内进行协防，将球回传给从双人掩护拉向高位的④，或者；
- 如果 X_5 退到三秒区内进行协防，将球传给做完双人掩护后转身切到篮下的⑤。

半场进攻

在最后时刻执行特殊半场战术时，你的队员需要非常快速地移动到合适的位置。如果做不到这一点，对方防守队员就很可能不让他们调整或改变位置；另外，防守队员也不会给我们留下防守的时间。

当比赛时间剩余 5~7 秒时

以下是当比赛时间剩余 5~7 秒时，要参与执行战术、接球最后一投或向篮下突破时，场上队员所应具备的技术特点和扮演的角色：

- 队员⑤和④是做掩护队员；
- 队员②应有很强的得分能力；
- 队员①应是一名出色的投手。

组织后卫①负责将球带到前场，⑤在高位落位，②在三秒区左侧的低位，④和③在右侧重叠站位。

队员③切入限制区假装要利用②做的掩护摆脱，但②提前撤销掩护并利用⑤的向下掩护切向高位（也称为"拉链"战术）。①将球传给②，同时③移动到底角，④移动到罚球区肘部（图 13.3）。④为①做后掩护，②向①做横传球（图 13.4）。

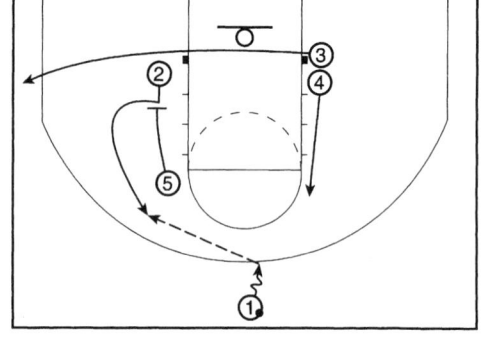

图 13.3 比赛时间剩余 5~7 秒时的半场进攻：队员②进攻的第一选择。

如果队员①没有获得空位投篮机会，②就为④做挡拆配合（图 13.5）。此时②可以：

- 直接向篮下突破；
- 跳投；
- 将球传给切到篮下的④，或如果④的三分球很准且拉到外线，将球传给在外线的④；
- 传球给在底角的①，或者：
- 将球传给先做切向高位假动作，然后突然切下篮下的⑤；
- 将球传给假装切向高位但突然切到篮下的⑤。

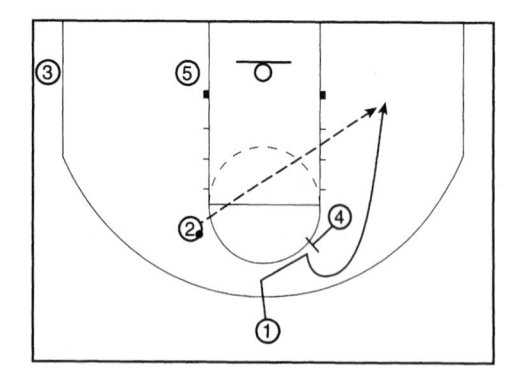

图 13.4 比赛时间剩余 5~7 秒时的半场进攻：队员①进攻的第二选择。

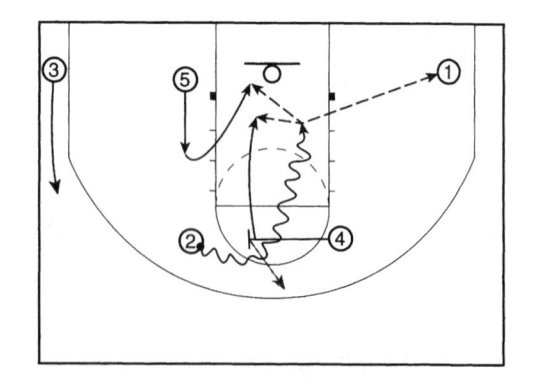

图 13.5 比赛时间剩余 5~7 秒时的半场进攻：队员②的其他传球选择。

边线界外球战术

队员相对来讲会有稍充裕的时间部署边线掷界外球战术，而教练员却仅有几秒钟的时间在球队席上指挥战术行动，但要完美地执行战术，时机和间距的把握仍然是成功的关键。

当比赛时间剩余1~8秒时

以下是当比赛时间剩余1~8秒时，要参与执行战术、接球最后一投或向篮下突破时，场上队员所应具备的技术特点和扮演的角色：
- 队员⑤是策应队员；
- 队员④负责做掩护；
- 队员②和③负责在移动中接球投篮；
- 队员①负责掷界外球（或者如果对方让一名大个子防守队员封堵掷球入界时，可以由小前锋③传高球掷入界内）。

队员③、④、⑤在强侧做"墙式"掩护（3名队员纵向重叠站位），②在篮下站位。

队员②从掩护的上面绕过，并在移动中接球投篮（图13.6）。⑤为③做掩护，④绕过⑤再次为③做掩护（交错掩护）。如果②没有获得空位，掷界外球的队员就寻找机会传球给③（图13.7）。如果②和③都不能接球，⑤就继续向限制区内移动并在篮下要位准备接球（图13.8）。

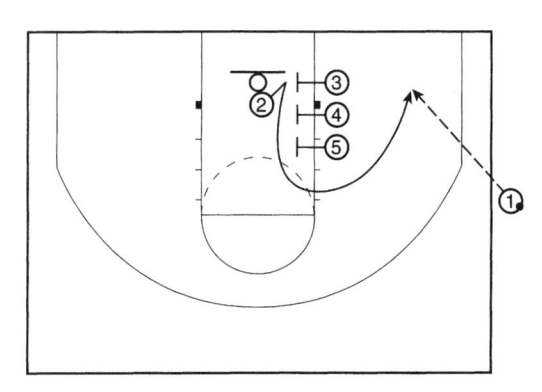

图13.6 比赛时间剩余1~8秒时的边线掷界外球战术——第一种选择：传球给队员②。

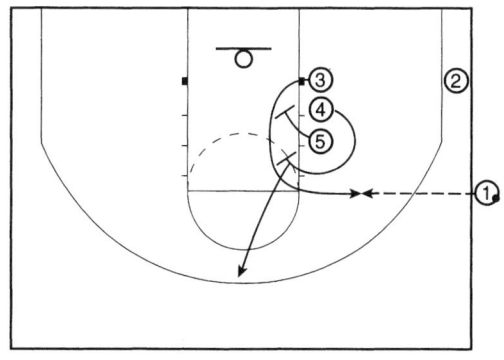

图13.7 比赛时间剩余1~8秒时的边线掷界外球战术——第二种选择：传球给队员③。

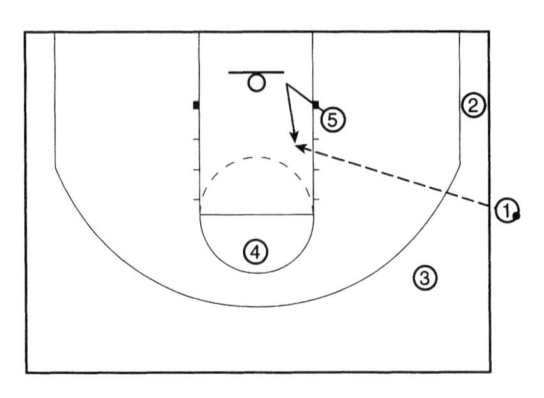

图 13.8 比赛时间剩余 1~8 秒时的边线掷界外球战术——第三种选择：传球给队员⑤。

当比赛时间剩余 3~5 秒时

以下是当比赛时间剩余 3~5 秒时，要参与执行战术、接球最后一投或向篮下突破时，场上队员所应具备的技术特点和扮演的角色：

- 队员②和③是具有出色投篮能力的队员；
- 队员④负责掷球入界并且具有较好的投篮能力，从而使防守队员必须对其进行加强防守；
- 队员⑤负责做掩护。

队员④是大个子掷界外球队员，⑤在高位落位，③在三秒区附近的低位。如果③被一名个子较高的防守队员防守，①和②就在强侧水平重叠站位，①从②的上面快速移动到侧翼，②快速朝向③移动，⑤向低位移动并准备做掩护（图 13.9）。

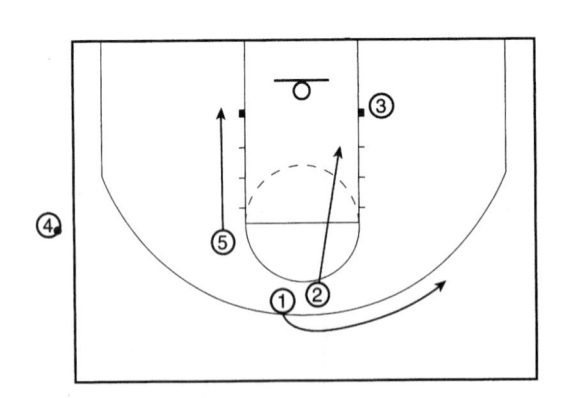

图 13.9 比赛时间剩余 3~5 秒时的边线掷界外球战术：队员①快速朝侧翼移动，②快速朝③移动，⑤移动到低位。

第十三章 最后时刻得分战术

当双方身高一样且进攻队员采用掩护配合时，防守队员的换防通常会偏慢，因此②就利用⑤的掩护摆脱防守队员，然后接④的传球（图13.10）。如果②没有获得摆脱，③快速拉出来接④的传球，④传球后迅速进入球场为③做挡拆配合，③利用掩护摆脱后快速出手投篮（图13.11）。

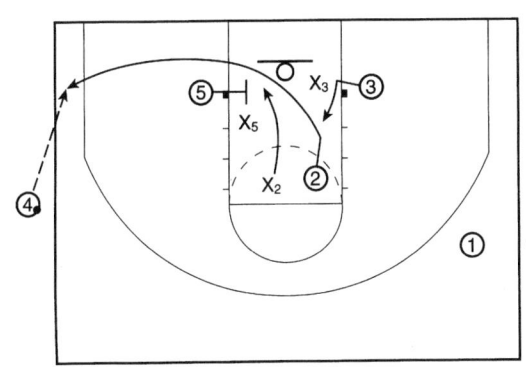

图13.10 比赛时间剩余3~5秒时的边线掷界外球战术：队员⑤为②做掩护，然后②接④的传球。

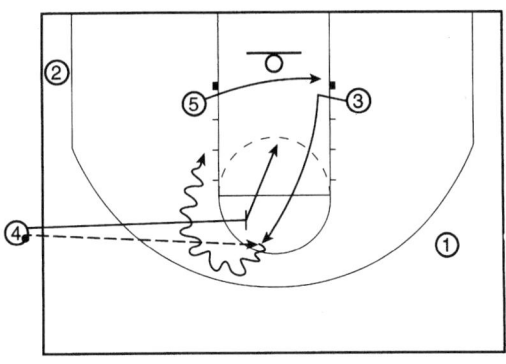

图13.11 比赛时间剩余3~5秒时的边线掷界外球战术：③快速拉出接④的传球，并与④做挡拆配合。

当比赛时间剩余3~4秒时

以下是当比赛时间剩余3~4秒时，要参与执行战术、接球最后一投或向篮下突破时，场上队员所应具备的技术特点和扮演的角色：

- 队员③具有出色的身体素质且善于接高吊球投篮；
- 队员⑤善于传球和投篮；
- 队员④负责做掩护；
- 队员①具备出色的传球能力。

队员③负责掷界外球，④在靠近底线的底角落位，⑤在罚球区角的外侧位置，①和②在一起面对⑤站位。

队员①紧贴着⑤切入，帮助⑤摆脱防守，然后③将球传给⑤。④向上为②做闪掩护，②利用掩护从外围移动到对面底角落位（图13.12）。

队员①为进入球场的③做掩护，③向篮下快速移动并接⑤的高吊传球。如果⑤不能将球传给③，①就

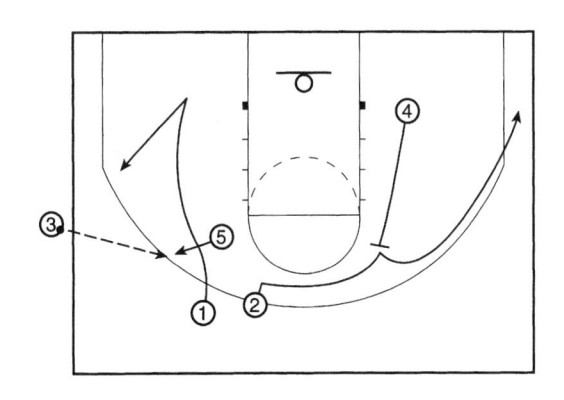

图13.12 比赛时间剩余3~4秒时的掷界外球战术：队员①紧贴⑤进行绕切，⑤快速切向③接传球，同时④为②做掩护。

快速绕过⑤并接⑤的手递手传球（图13.13），然后①可以寻找机会投篮，或传球给做完手递手传球后转身从与①相对一侧切到篮下的⑤（图13.14）。

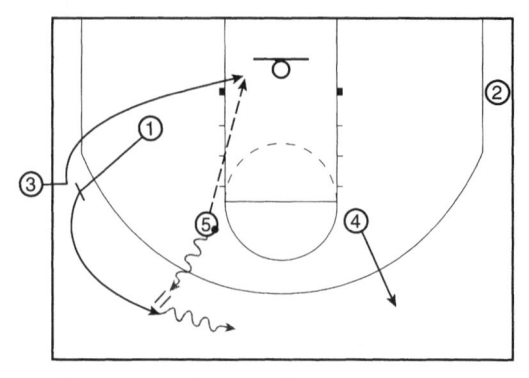

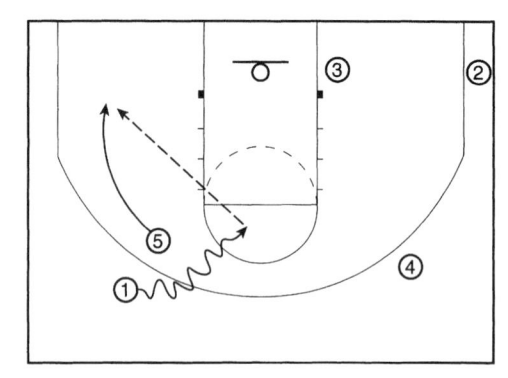

图 13.13　比赛时间剩余 3~4 秒时的掷界外球战术：在队员①为③做完掩护后，⑤可以传球给③或手递手传球给①。

图 13.14　比赛时间剩余 3~4 秒时的掷界外球战术：队员①可以投篮、向篮下突破或传球给⑤。

当比赛时间剩余 3 秒时

以下是当比赛时间剩余 3 秒，要执行接球做最后一投或向篮下突破时，在战术执行过程中场上队员所应具备的技术特点和扮演的角色：

- 队员④和⑤负责做掩护；
- 队员②负责接球投篮；
- 队员③在低位做策应。

队员①负责掷界外球，⑤和④各在罚球区一角，②和③在半场中路纵向重叠站位。②和③同时从④的上方绕切，④向外撤出一步为②做掩护。②在接受④的掩护后再为③做掩护。①传球给在低位的③，同时⑤朝④跨一步（图13.15）。④和⑤为②做交错掩护，②利用交错掩护折回接①的传球。如果 X_5 提前出来对②进行协防，①就寻找机会将球传给转身切向篮下的⑤（图13.16）。

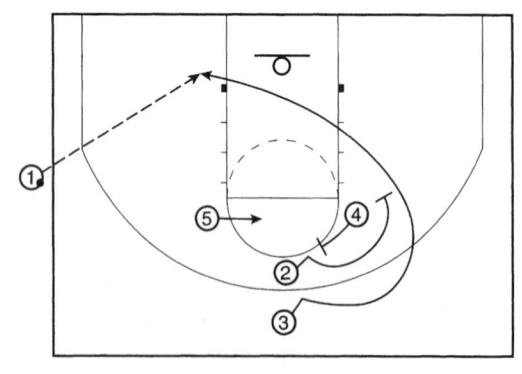

图 13.15　比赛时间剩余 3 秒时的边线掷界外球战术：队员②和③利用④的掩护进行绕切，然后②为③做掩护。

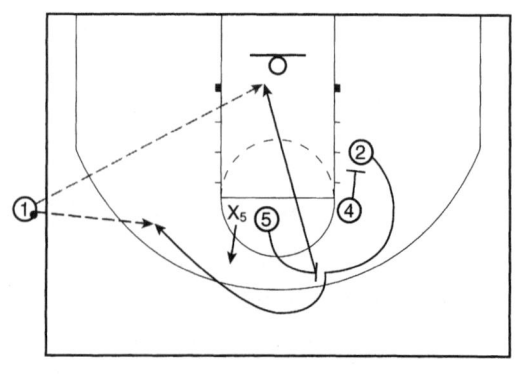

图 13.16　比赛时间剩余 3 秒时的边线掷界外球战术：队员②利用④和⑤做的交错掩护摆脱防守，接①的传球，①也可以将球传给切向篮下的⑤。

当比赛时间剩余 1~3 秒时

以下是当比赛时间剩余 1~3 秒时，要参与执行战术、接球最后一投或向篮下突破时，场上队员所应具备的技术特点和扮演的角色：

- 队员②具备出色的身体素质；
- 队员③是一名可靠的传球队员，并有稳定的跳投三分球能力；
- 队员④是一名稳定的三分球投手。

队员③负责掷界外球，②在强侧低位落位，⑤在强侧罚球区角，④在球场中路，①在弱侧低位。①沿底线紧贴②进行绕切，③的第一传球选择就是将球传给②。在①达到②身边之前，②就向上移动，绕过⑤移动到篮下接③的高吊传球（图 13.17）。

如果队员②被严防，④就朝③移动接③的传球，然后③快速进入球场接④的手递手传球投篮或向篮下突破（图 13.18）。在②绕切⑤后，如果 X₅ 对②的切入进行协防，⑤就向低位潜移。③传球给①，①再将球传给⑤（图 13.19）。

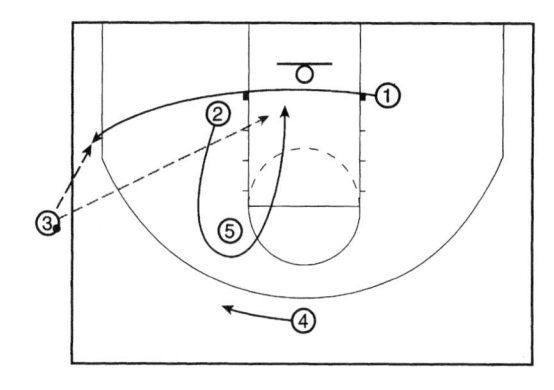

图 13.17 比赛时间剩余 1~3 秒时的边线掷界外球战术：队员③可以传球给①，或绕切⑤的②。

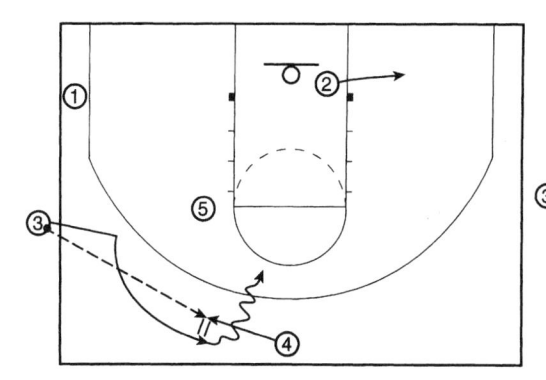

图 13.18 比赛时间剩余 1~3 秒时的边线掷界外球战术：队员③也可以传球给④，再接④的回传球投篮或向篮下突破。

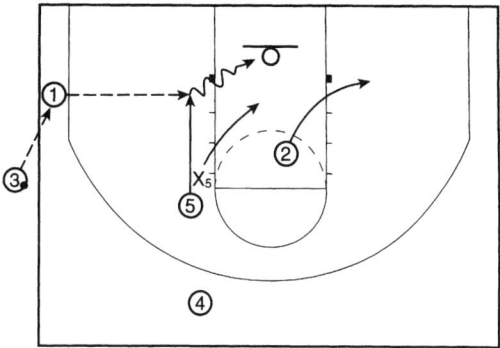

图 13.19 比赛时间剩余 1~3 秒时的边线掷界外球战术：队员⑤向低位潜移，①接球后将球传给⑤。

当比赛时间剩余 2 秒时

以下是当比赛时间剩余 2 秒时，要参与执行战术、接球最后一投或向篮下突破时，场上队员所应具备的技术特点和扮演的角色：
- 队员④必须具有稳定的传球能力，执行战术传球时处变不惊；
- 队员②和③是优秀得分手；
- 队员⑤是一名善于做掩护的队员。

队员④负责掷界外球，①在强侧低位，③在底角落位，②在弱侧罚球区外，⑤在弱侧罚球区外的肘部，②和③也可以在两侧落位。

队员①向边线移动至底角，②和⑤转身向③移动，并为③做交错掩护（图13.20）。在③靠近②之前，②撤消掩护并快速切向篮下，同时④快速且干净利落地将球传给②。这个战术配合要基于完美的时机把握，由于 X_2 和 X_3 经常会尝试对自己所负责盯防的进攻队员进行换防，因此②就在对手换防之前溜向篮下（图13.21）。

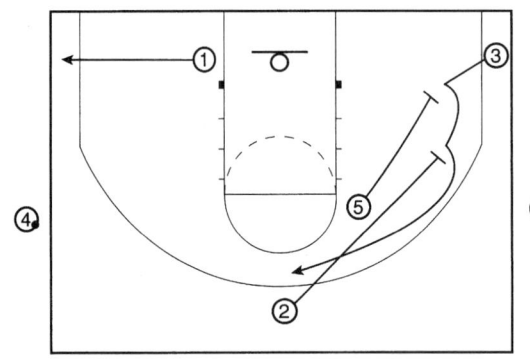

图 13.20　比赛时间剩余 2 秒时边线掷界外球战术：队员②和⑤朝③移动并为其做交错掩护。

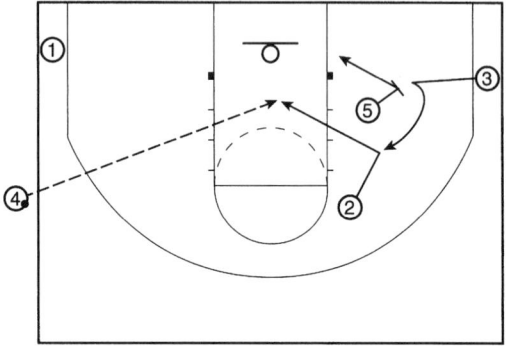

图 13.21　比赛时间剩余 2 秒时边线掷界外球战术：在队员③靠近②之前，②溜向篮下接④的传球。

端线界外球战术

由于端线掷界外球战术实施的地点距离球篮非常近，通常会并发生身体接触，因此，队员就要在避免推人和撞人犯规的前提下，强悍地、具有侵略性地实施掩护。

在需要投三分球时

要成功地实施这个战术，接球投篮的队员必须是一名出色的三分球投手。

队员③负责掷界外球，②在罚球区肘部，④、⑤和①三名队员在强侧重叠站位。①横切到弱侧，④紧贴⑤进行绕切，然后⑤紧跟着④为②做交错掩护（图13.22）。②将防守队员带入④和⑤所做的交错掩护中，然后移动到底角接③的传球。当②利用④的掩护摆脱后，④再转身接受⑤的掩护（掩护掩护队员配合）（图13.23）。

第十三章　最后时刻得分战术

如果队员②没有获得空位接球机会，④就继续切入并为②做掩护，然后快速拉到三分线外。①为⑤做掩护，⑤利用掩护也拉到三分线外。①在做完背后掩护后转身切向篮下（图13.24）。此时③可以将球传给②、④或⑤投三分球。

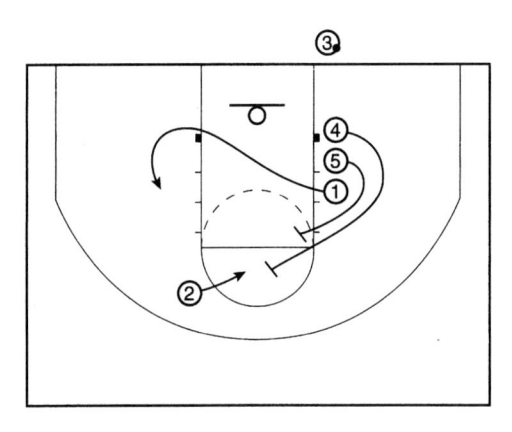

图13.22　底线掷界外球投三分球战术：队员①切到弱侧，④贴⑤绕切，然后④和⑤为②做交错掩护。

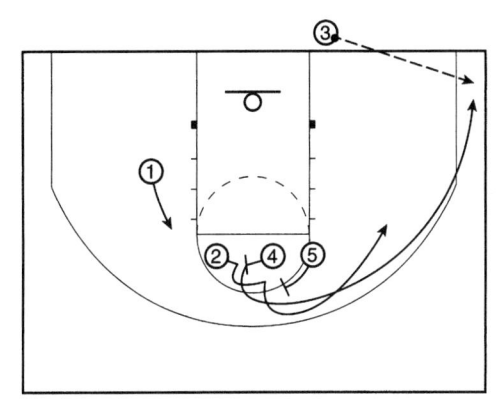

图13.23　底线掷界外球投三分球战术：队员②利用交错掩护摆脱防守，④转身接受⑤的掩护。

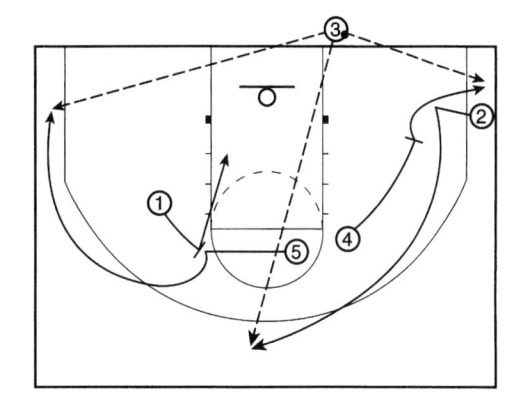

图13.24　底线掷界外球投三分球战术：队员④再次为②做掩护然后拉到外线，①为⑤做掩护，⑤利用掩护拉到外线。③有三种可供投三分球的传球选择。

在对手罚球后

在每一次进攻中，把握间距、恰当的切入角度、洞悉防守、做掩护，以及远离防守队员的干净利落的传球是任何战术行动成功的关键。但当在对手罚球后要在最后时刻实施得分战术时，还要考虑另外两个因素，即卡住对手抢夺防守篮板球和快速在底线界外发球。队员需要在整个球场上跑动并投篮，这就意味着他们的动作要快速但不能仓促行动。

当比赛时间剩余5～6秒时

以下是当比赛时间剩余5～6秒时，要参与执行战术、接球最后一投或向篮下突破时，场上队员所应具备的技术特点和扮演的角色：
- 队员③是一名稳定的掷界外球队员并负责掷球入界；
- 队员①负责投篮或向篮下突破；
- 队员⑤要具有出色的掩护能力。

在三秒区左分位区的队员③负责掷界外球，⑤已经移动到前场中策应区位置。①在球场右侧三分线外的快攻路线上，④和②在分位区准备抢篮板球。

队员②将对方罚球队员卡在外线，然后快速移动到球场左侧，而④快速向中场移动。①快速移动到②所在的一侧，然后交叉跑到球场的右侧，②纵深到前场，①利用④的掩护摆脱后折回。③在跑动中将球传给①，①快速向前场篮下运球（图 13.25）。

队员⑤向上为②做掩护。如果②能够获得空位的话，①就及时将球传给②；如果②不能获得空位，⑤就为①做掩护，⑤做完掩护转身切向篮下（图 13.26）。①可以投篮、向篮下突破、在突破过程中将球传给②，或将球传给切向篮下的⑤。

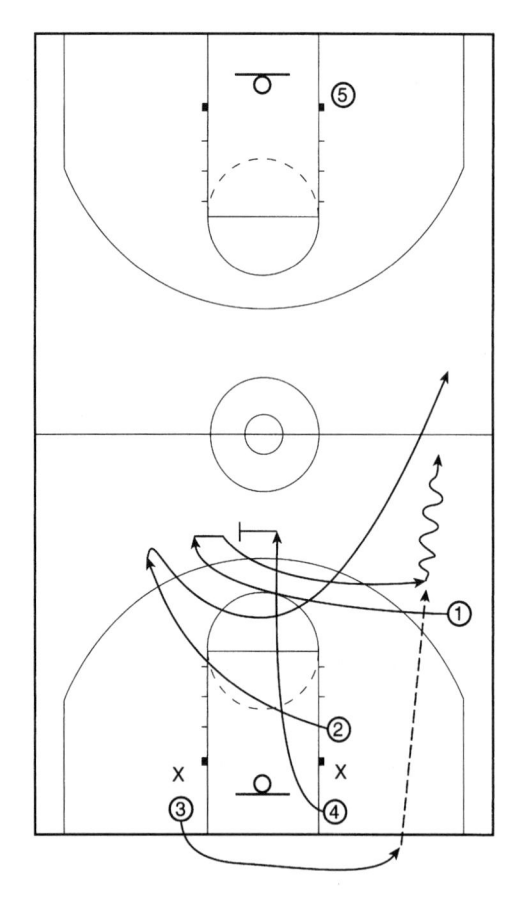

图 13.25 在对手罚球后的掷球入界战术：队员②和①快速移动到球场的一侧，④快速移动并为①做掩护，①接③的传球。

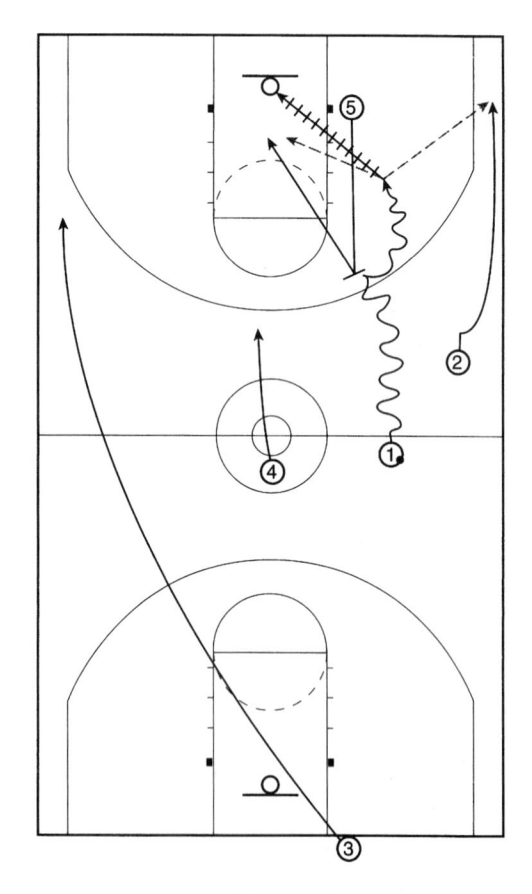

图 13.26 在对手罚球后的掷球入界战术：队员⑤为①做高位掩护，队员①有多种进攻选择。

结　语

有时候运气似乎在这类战术配合的成功与失败中起着很大的作用。我曾多次见到某位教练员设计出一个非常好的战术，并使最佳得分手获得了空位出手的机会但却没有投进。我也曾在比赛中见过另外一些情况——看起来防守队员的防守做得很完美，但进攻队员仍然能够如耍杂般地在两名防守队员封住视野的情况下，在比赛最后时刻计时钟响起之前擦板投进三分球。

虽然在最后时刻压哨绝杀往往有运气因素的存在，但最后时刻得分战术的成功率还是很高的，因为在每一种情况下教练员都要对自己想要如何执行战术进行大量的思考与准备。通过重复地练习，不论防守队员如何进行防守，队员们都会对成功地实施战术配合充满信心。

第五部分

个人和集体防守

第十四章 有球紧逼

麦克·弗拉特洛（Mike Fratello）

"防守赢得总冠军"的定律，适用于高中、大学到职业水平的所有比赛。本章所陈述的目的，就是要对对手的进攻实施攻击性防守，干扰并破坏对方的每一次行动。

防守要做到非常地积极，它意味着要给进攻制造压力，即主动出击而不仅仅是反应，以迫使对方出现失误，力争打乱进攻节奏、破坏进攻平衡，同时，不是等待对方出现失误，而是通过攻击性、破坏性的紧逼迫使对手出现失误。

作为一名教练员，为了使球队建立防守的基础，就必须在篮球防守这一方面进行反复地灌输和教导。防守能力不是教练员在某次暂停或某个紧急时刻所发明创造出来的，而是在一次次练习、一场场比赛、一个又一个赛季中不断努力培养出来的。

建立防守的原则

要建立防守体系就要有简单易懂的防守原则。建立独立的防守原则能够强化防守的重要性。以下就是紧逼防守的基本原则：

- 尽可能多地迫使运球队员失误，妨碍其观察全场的视野并消耗其进攻时间。这样就破坏了对手进攻的流畅性，使其在进攻的初始阶段延误机会，并为防守队员包夹控球队员创造条件。
- 不要为控球队员留有可以直接向篮下突破的路线，要总是处于对手和球篮之间。如果防守控球队员的防守者失去了防守位置，其他队员就必须换防以阻止其向篮下突破，否则对手将会轻松上篮得分。
- 只要进攻队员一拿到球，就对其进行紧逼。这就意味着同样要对运球和传球进行紧逼。紧逼控球队员并堵截其传球是阻止对手将球传入限制区后获得高命中率投篮机会。
- 一般来讲，要迫使控球队员向边线移动，以此妨碍该队员的视野并限制其的传球（要视情况而定，有时候你可能希望迫使对手向中路移动）。如果将控球队员逼到球场一侧，就会迫使其停球或延误其快速向球场另一侧转移球，这就是一次机会，因为此时进攻队员要转移球，就要在弱侧进行迎前防守并轮换。
- 要尽可能地限制对手优势的发挥。要迫使对方不善于投篮的队员投篮，迫使对方用弱侧手运球，或迫使对方不善于运球的队员运球。篮球是一项攻防对抗的运动，如果你能够限制自己所盯防队员大部分有威胁的战术行动，你就成功了一半。

● 请牢记一名防守队员要负责防守一个半进攻队员，即自己所负责防守的队员和"半个"距离自己最近的队友所负责防守的队员。每一名防守队员都要明白自己是防守体系的一部分，不仅要防住自己所负责的队员，而且还要参与集体防守。队员必须要时刻准备进行协防，以及在必要时及时进行补防或换防。

圣安东尼奥马刺队之所以能够从1999年以来都是联盟的顶级球队是因为其强调防守。多年来入选全明星防守阵容的布鲁斯·鲍文在马刺队常常负责防守对手的核心进攻队员，无论对方身高是6英尺，还是6英尺11英寸。

建立防守之墙的四项基础

防守就如在进攻队员和球篮之间建立一堵墙。建立这堵防守之墙，需要从这四项基础开始，即心理技能、身体能力、专项技能和队员间的交流。

心理技能

一名进攻队员必须具备传球、运球和投篮等技能，而队员进行防守，除了要求具备一些个人或集体的基本防守技术外，更要具备防守的心理技能。

所有队员无论是高大还是矮小、速度快还是速度慢都可以做好防守。防守队员所需要的不是特殊的身体优势，而是那些任何队员都能开发的心理技能：
- 防守要有攻击性（但要能控制）；
- 意志坚强，永不放弃；
- 有拼尽全力的决心；
- 有个人、集体自豪感和动机；
- 心胸宽大；
- 有热情（富有感染力）；
- 有临场协助队友对进攻解读和反应的智慧；
- 有帮助被击破的队友协防的渴望。

防守需要全队每一名队员的共同努力。作为教练员要使球队达到这一目标，就必须对防守的每一个方面进行训练：防守姿势、脚步移动、强侧和弱侧的防守站位以及轮换防守。教练员要时常与队员进行交流，挑战和激励他们使其在防守端做到最好。要为每一名队员和球队设置目标，以实现美好的蓝图。

个人目标。对所有队员来说，无论是首发还是替补，在自己的心里都要设置一个防守目标，它有助于形成个人和集体防守的自豪感。以下是教练员指定给队员的一些个人防守目标：
- 将自己所负责防守的进攻队员的得分控制在平均值以下；
- 使一名出色的传球队员的助攻次数低于正常值；
- 将对方优秀的抢篮板球队员挡住，减少其抢到进攻篮板球的数量。

球队目标。除了建立个人目标外，还要设置球队目标，它对激励球队集体防守非常重要。以下是一些球队目标的设置：
- 减少对手运球突破的次数；
- 减少对手助攻的次数；
- 尽可能多地封堵对手向限制区内传球；
- 最大程度地减少对手的快攻机会。

在第一次球队会议中就要强调防守的重要性，并贯穿于整个赛季。要与队员个人和整支球队进行交谈，尤其是同组织后卫交流，因为他是教练员在球场上的得力助手。同样要经常跟队长强调防守，他能够对球队的防守产生积极的影响。

当你在训练中纠正队员的错误时，态度要积极肯定。告诉他们如何做才是正确的，而不是指责他们哪里做错了，当队员正确地完成技术时一定要给予表扬。

身体能力

防守的确需要心理素质，而一流的身体素质是保持良好心理状态的基础。当队员进行防守时，他需要具备力量、耐力以及有效地同一流进攻队员对抗的能力。良好的身体素质有助于防守队员快速回防、成功地挤过掩护、应对在限制区内的冲撞、扑到地板上争抢球权、帮助队友进行轮换协防、将高大强壮的对手挡开等。没有良好的身体条件，防守队员的意志就会比较脆弱，就更容易被击败。

队员要想达到一流的身体素质，需要在以下方面努力：

- 柔韧性。提高身体机能，防止受伤；
- 核心部位力量。改善肌肉平衡，提高肌肉运动能力、效率和耐久性；
- 灵活性。使身体能够做出一些诸如变速变向、反复弹跳、全速跑动、从各个角度切入，以及横向或向前、向后滑步等高难度移动技术；
- 速度。能够识破进攻队员的花招，能够成功地从轮换中回防，或贴身防守自己盯防的队员。

力量和体能教练员要保证队员身体素质能够应对整个漫长赛季的考验，他们是各水平比赛中不可或缺的教练组成员。体能教练员必须根据每名队员的身体特点，制定适合于自身的身体训练计划。

专项技术

做任何事情都要脚踏实地地从第一步开始。对于防守来说，首要的事情就是防守有球队员，这项任务通常由组织后卫承担，他是集体防守的第一道防线。

如果你观看昌西·比卢普斯或托尼·帕克的比赛，就会看到紧逼有球队员的完美示范。防守有球队员的主要专项技术有防守姿势、跨步和滑步移动、迎前紧逼，以及抢断球技术。

防守姿势

同进攻队员接到球后采取三威胁姿势一样，防守队员也要以合理的防守姿势开始。身体平衡在无论是有球还是无球进攻中都至关重要，在防守中同样如此。

脚步位置。 为了建立一个良好防守姿势的基础，要两脚前后开立与肩同宽，这样就能快速地向两侧或前后

昌西·比卢普斯熟知要做好防守就要从使自己能够向各个方向移动的平衡站姿开始。

滑步，或两脚前后移动。两脚的间距不要宽于肩，以免影响快速起动。领前脚在后脚之前，后脚的脚趾与领前脚的前脚掌处于一条线上。

无论是侧向还是前后移动，这种脚步姿势有助于保持身体平衡。哪只脚应该在前取决于教练员的防守理念。如果教练员希望迫使运球队员向球场中路移动，那么防守队员就要使自己靠近边线的脚在前；如果教练员希望将运球队员逼到底线，防守队员就使自己离边线较远的那只脚在前（图14.1）。

将身体重心落在哪只脚上颇受争议。许多教练员觉得身体重心应该落在双脚的前脚掌上，而有些教练员却不这么认为。我的观点是，队员应该以自己感觉最为舒服的方式站位。无论身体重心落在前脚掌还是全脚上对我来说没有区别，我所要求的是站位姿势只要不影响防守时移动的灵活性和移动速度就可以。

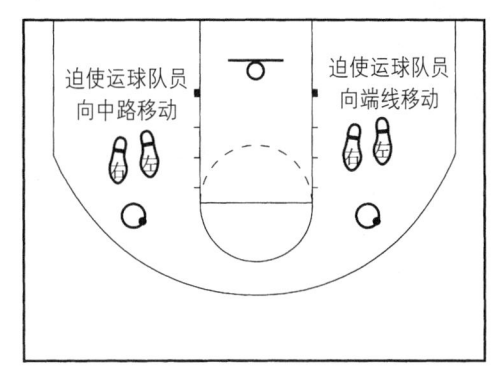

图14.1 迫使运球队员向球场中路移动，或将对方逼到底线的脚步位置。

关键问题是如何能让队员快速移动。他们必须以我所称之为"跨步与滑步"的技术动作进行移动，这项技术涉及到一系列的跨步和滑步——不能将两脚并在一起或交叉。如果队员将两脚并在一起或交叉，身体平衡、速度以及快速改变方向的能力都会受到影响。防守队员必须要利用距离运球队员最近的脚引领自己移动，其模式是当对方用右手运球时，就用左脚跨步、右脚滑步；用左手运球时，就用右脚跨步、左脚滑步。

腿部姿势。屈膝，在感觉舒服的基础上尽可能地屈膝，使自己获得更快的移动速度。大多数情况下，我们希望队员的腿部姿势看起来就像坐在一把椅子上那样。

躯干姿势。躯干应稍向前倾，但不要过于前倾，主要是屈膝，而不是弯曲躯干。躯干过于弯曲会使身体失去平衡。

手部姿势。手部姿势在防守姿势中起着至关重要的作用。我要求防守队员在防守时与前脚同侧的手要举起，与后脚同侧的手（后侧手）要在体侧封住对方传球的路线，这只手要不断地随球移动，并尝试着打掉球。防守队员要与控球队员保持大约半个人距离，将注意力集中在球上。

一旦进攻队员停止运球，防守队员就将后侧手也挥动起来封堵球，不断地随球交叉挥动并用胸部顶住对方，积极地向对手施加防守压力，封住传球路线，并通过迫使对方将肩部扭转到背离自己想要传球的方向来限制对方的传球视野。

胸部位置。胸部的位置对于防守非常重要。我叮嘱队员在紧逼有球队员时，必须始终使自己的胸部在对手的面前。无论对手在球场中路、侧翼还是在底角，始终都应该站在进攻队员和球篮之间的线上，胸部正对进攻队员（图14.2）。

当进行有球紧逼时，千万不要作出击剑手或拳击手的姿势，从事这些项目的运动员将身体转向一边是为了缩小对手的进攻目标，从而避免遭到攻击。如果防守队员身体转动的幅度过大，就会留给控球队员直接向篮下突破的空间——要避免这种类型的突破，因为它能破坏整个防线。

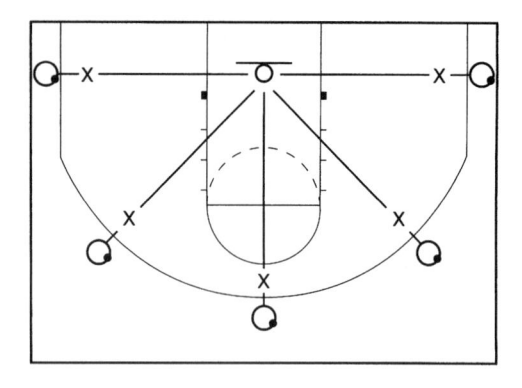

图14.2 防守有球队员时，防守者的胸部必须处于球篮和进攻队员之间的连线上。

滑步技术

如前所述，当在前场紧逼运球队员时，防守队员可选择跨步和滑步进行移动。采用跨步和滑步防守，首先要考虑进攻队员和防守队员的速度与敏捷性。防守队员比进攻队员的速度快，开始防守时距离球就近，反之距离球就远。

侧滑步。这是一项当需要防守队员比进攻队员的速度更快，或者防守队员试图将控球队员的各个突破角度都封住时所运用的移动技术。这是之前所描述的最基本的滑步技术。距离运球队员最近的脚为领前脚，两脚开立，以尽可能快的速度进行移动。要尝试对控球队员的运球方向作出预判，逼迫对方改变运球方向，然后再重复不断地迫使对方改变方向。

后滑步。这是一项防守队员面临一名速度快且精明的控球队员，或者教练员希望消耗掉对方进攻时间时所运用的移动技术。后滑步有助于速度较慢的防守队员始终保持在球的正面。防守队员做第一步滑步的时候向后撤，留给控球队员向自己移动的空间。这项滑步技术确保防守队员保持球在身前防守，但并不用于迫使控球队员改变方向。

后撤步。后撤步是一项在做滑步时快速改变方向的技术。当防守队员用左脚跨步，右脚滑步时，可切断控球队员的运球方向并迫使对方改变方向。

在做后撤步时，外侧脚蹬地随球改变方向，内侧脚后撤并分开以避免与进攻队员发生接触，在移动到球的正前方并获得控制球之前要一直后撤。

交叉步。如果在做滑步时失去了防守位置，就要降低重心利用交叉步追上控球队员并恢复防守位置。有时防守队员可能需要跑2～3步或用交叉步追上控球队员，只要一回到控球队员的前面，就继续做跨步和滑步移动。

迎前防守

对有球队进行防守的一项重要技术就是迎前防守。这种防守方法在协防与回防的情况下，在策应区进行夹击后需要防到外线时、在防守挡拆中进行包夹后需要防到外线时、对手抢到进攻篮板球后或在双方争抢球权时都需要运用迎前防守。所有这些情况都需要采用迎前防守来盯防自己所负责防守的队员。

迎前防守需要速度、平衡和对身体的控制。做迎前防守时，必须要快速回防并尽可能地贴近对手，以封盖对手或阻止其向篮下突破。必须要快速地移动，保持控制并降低重心。既要有防住对手三分球投篮，又要有堵截其向篮下突破的准备。当进攻队员逼近时，要靠小碎步移动，并不断调整步伐以保持身体平衡，在封盖其投篮的同时防备对手快速向篮下突破。如果身体直立或失去平衡，就有可能冲向投篮队员，这时对方就会做投篮假动作后轻松地突破到篮下。

抢断球

有球紧逼意味着要努力迫使对手出现失误或作出错误的行动，同样也意味着要抢断球。

在此没有特殊的技能要讲授，因为队员能够本能地判断是否应该进行抢断。抢断球要把握好时机并要冒险，但要将冒险程度降到最低。如果抢断球失败，就会给对手突破的勇气，并造成防守对位的劣势。例如，后卫队员要防守并将对方的大个子队员卡在外线、大个子队员由于要防守个子较低的队员而频繁犯规等，这些都是抢断失败造成的严重防守问题。

队员间的交流

交流对于防守队员来说极其重要。我们创造出一些专门的防守用语并在练习和比赛中一直应用。不断地运用这些专门的防守用语，能够使防守队员的行动协调一致，它提醒队友，进攻队员有何掩护、哪里需要协防，以及如何破解对方的挡拆配合等。

以下是一些我们常用的专门用语：
- 当夹击正在做挡拆配合的控球队员时，我们会喊："突袭！"
- 当进攻队员摆脱防守需要换防时，我们会喊："换防！"
- 当需要一名防守队员移动到掩护的上面、下面或穿过掩护时，我们会喊："上去""下去"或"穿过！"
- 在破解挡拆配合时，如果负责防守掩护队员的防守者不能对其贴身防守时（通常是对快速掩护进行换防时），或者在进攻队员要做交叉掩护之前，我们会喊："跟上！"

跟防的原则是当一名防守者不能贴住控球队员时，就要以胸部正对中场侧向滑步，努力使自己保持在控球队员的面前，直到最初指定的防守队员回防。这名队员并不进行包夹或积极上前防守，而仅仅是遏制控球队员。跟防是一种很消极的防守技术，它能阻止后卫队员利用挡拆配合快速摆脱。

特殊情况下个人防守技巧

在高中或大学水平的比赛，尤其是 NBA 比赛中，一支球队经常面临如何在特殊情况下进行防守的问题，诸如如何防守一名善于突破、投篮或怀有特长技术的进攻队员。当防守具有特殊进攻技能的队员时，就要权衡利弊，确定对方在什么情况下会对防守造成最大的破坏。如果对手在某些方面非常具有威胁，那么防守队员就不要寄希望于完全将其防下，而是最大程度地减少对方的进攻选择，以避免被对方一对一单吃。

以下为防守具有特殊进攻技能队员时的一些建议。

当防守善于突破的队员时

当防守一名善于突破的进攻队员时，应该与对手保持足够但不要过大的间距。你要在自己与对手之间找到一个细微的距离界限，这个界限介于不足或过大之间。如果该进攻队员同样擅长直接跳投，那就应该在防守时距对手稍近，但不要过近以防被对手突破。大多数教练员会选择放弃对外线远投的防守而强调限制对方的突破，因为突破对于防守具有极大的破坏性，很容易造成防守队员犯规，并且如果防守队员协防突破时，很容易为对手留下空位投篮的机会。

当防守善于投篮的队员时

当防守一名擅长于投篮的队员时，就要一直对其进行紧逼以限制其接球的机会。如果对方接到球，在其出手之前总是以尽可能近的距离与对手接触，紧逼防守。

一旦对方的投手接到球，不要被对手的假动作欺骗，要上前紧逼并迫使对手运球。不能给对手留下能够看到球篮的视角，如果对方出手投篮，要伸直手臂努力干扰其投篮。如果你比对手的个子矮但比较善于抢球，那么尝试在对手将球置于投篮位置之前将球打掉。总之，要迫使对手用弱侧手或最不习惯的方式投篮。

当防守拥有鲜明技术特征的队员时

像科比·布莱恩特、特雷西·麦克格雷迪、凯文·加内特、勒布朗·詹姆斯和德怀恩·韦德，他们都拥有自己标志性的技能，这就使得他们的进攻非常具有威胁。如果可能请观看这些队员的比赛视频，以熟悉他们进攻的方式，研究赛前搜集到的资料，以制定防守策略。队员可能会有强侧和弱侧，你一定要清楚对方的标志性技术动作，并尽最大努力设法限制其发挥。如果你做到了这一点，对方可能会利用另一种方式去得分，但不要泄气。集中注意力于其最具威胁的进攻方式，这是集体防守的一个重要部分。没有哪名防守队员能够单独地防下这些出色的队员。

有球紧逼练习

对有球队员进行紧逼，必须要有将其防下来的渴望和意志，同样也必须要具备专门的防守技术和技能。以下是众多有助于建立有球紧逼防守训练的几种方法。

之字形移动练习

练习时运用球场的四个角，使大个子队员和小个子队员分开练习。根据参与练习的人数，可以选择半场或全场进行。这个练习分为四部分。

1. 队员在球场右侧底角沿端线站成一排。队员①进入球场面对底线、背对球场，双手相握置于背后站立。①沿着底线做向左的侧滑步，从球场右侧底角移动到左侧底角，然后该队员将左脚置于底线和边线的交叉处，右脚后撤做转身，接着向右后侧做后滑步。当移动到罚球线延长线位置时，利用右脚支撑蹬地、左脚后撤，继续向左后侧做后滑步，之后向另一条罚球线延长线处做后滑步，直到边线与底线的相交处。做完后沿底线做向右的侧滑步移动至球场另一侧后重复上述移动（图14.3）。当①移动到底线中点时，队员②进入球场开始做练习。

2. 队员在底角端线外列队站好。这部分以两名队员一组开始练习，即一名队员持球进攻，一名队员防守。持球队员奋力向对面限制区运球，防守队员则利用滑步和跨步对其堵截。

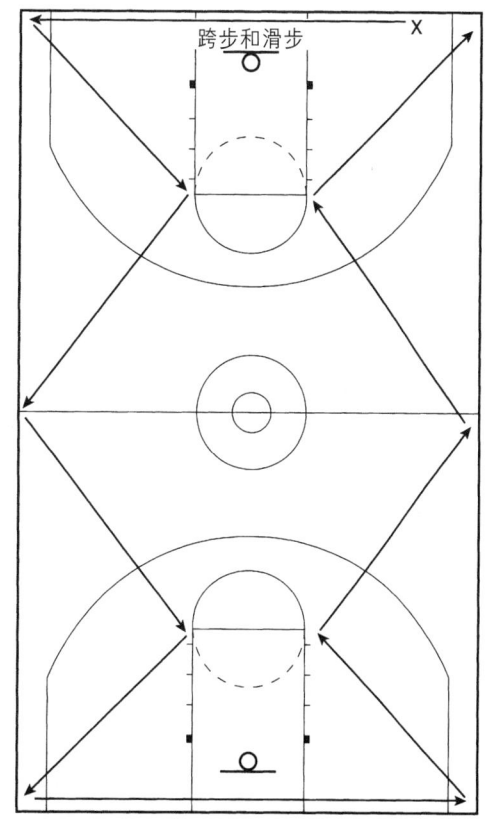

图14.3 之字形移动练习：第一部分。

进攻队员不断向限制区和边线运球，防守队员则在限制区一侧和边线一侧不断地利用跨步和滑步切断运球队员的路线（图14.4）。

这部分练习做到中场，然后两名队员交换角色，再以上述练习方式回到端线。

3. 这部分练习的开始同第二部分，只是在这里持球队员运两下球后持球站立。防守队员举起双手，手腕交叉干扰并封堵对方传球。

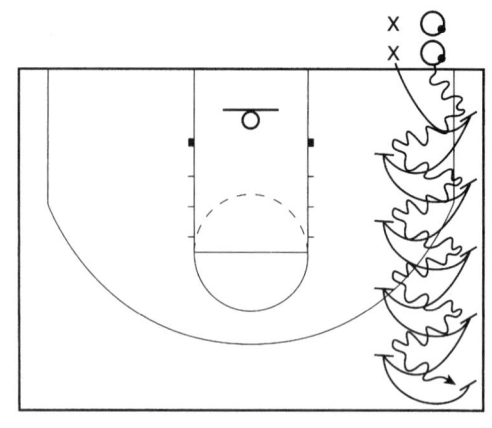

图14.4 之字形移动练习：第二部分。

运球队员持球站立3~4次，每次持球时防守队员都要对球进行干扰，然后两名队员交换攻防角色。

4. 这部分进攻队员以常规方式进攻，即向中场运球突破防守队员，而防守队员则以比赛的强度利用跨步和滑步切断运球队员的路线。在中线处两名队员交换攻防角色。

5秒堵截发球练习

队员两人一组，防守队员站在场内，进攻队员站在场外。在半场利用两条半场边线、一条端线和中场线进行练习（当然也可以利用球场上的任一条线）。

防守队员将球传给进攻队员，进攻队员接球后奋力运两下球后持球站立并将球举过头顶。防守队员利用跨步和滑步移动对运球队员进行防守。当进攻队员持球站立时，利用上述方法对球进行干扰（图14.5）。

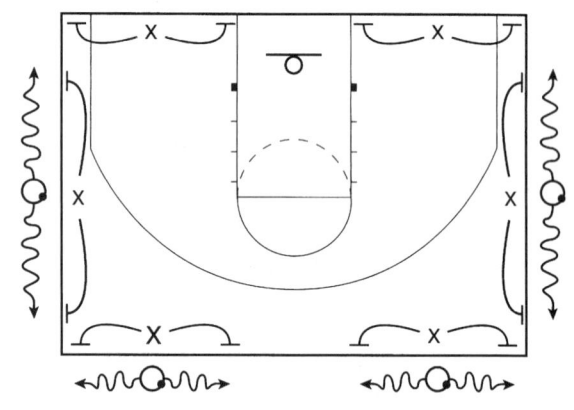

图14.5 5秒练习：防守队员利用跨步和滑步进行防守，然后干扰球。

练习时控球队员从开始的位置来回运球，然后两名队员交换攻防角色。此练习时间较短但强度较大，强调干扰球的技术。

一对一攻防练习

6名队员在端线外站成一队，教练员持球站在侧翼。教练员喊开始时，6名队员跑入球场内。第一名队员负责进攻，第二名队员负责防守，以此类推。三组攻防组合分别跑动到球场两翼和中路。

教练员将球传给其中一名进攻队员，他可以运两下球向篮下突破或将球传给队友（图14.6）。如果进攻队员投篮得分或防守队员将球防下则练习结束。如果进攻队员运球超过两下，就要将球交给防守队员，攻防队员互换角色进行练习。

迎前防守练习

教练员持球站在球场中路，两名进攻队员在两翼落位，一名防守队员在三秒区内。教练员将球传给其中一名进攻队员，该队员接球后向底线运球突破，防守队员迎前防守，利用滑步切断对手向底线突破的路线，并用胸部顶住进攻队员（但不要用手推）。此时，进攻队员将球回传给教练员，教练员将球转移给另一名进攻队员，该队员接球后向底线运球突破，此时防守队员必须回防，再迎前防守并切断对手向底线突破的路线。进攻队员只能运球，不能投篮（图14.7）。

2对2协防——回防练习

队员①在右侧或罚球区弧顶控球，②在左侧。X_1负责防守①，X_2到底线进行协防然后回防。①向底线或限制区运球突破。在①运球突破的同时，②溜向底角接①的传球。X_1和X_2必须要有交流并堵截对手向底线突破（图14.8）。

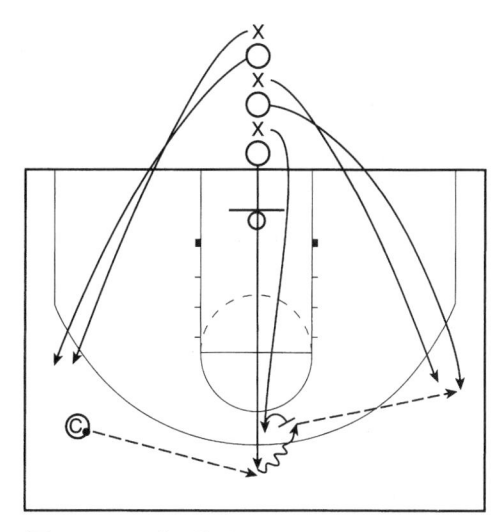

图14.6 一对一练习。

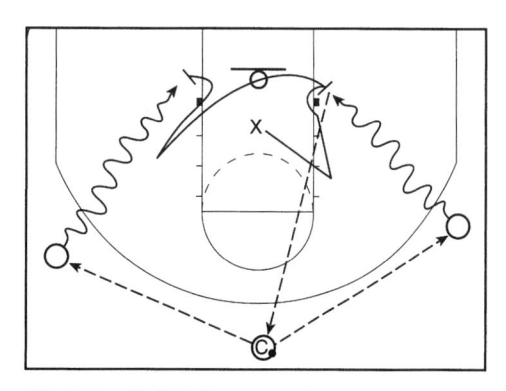

图14.7 迎前防守。

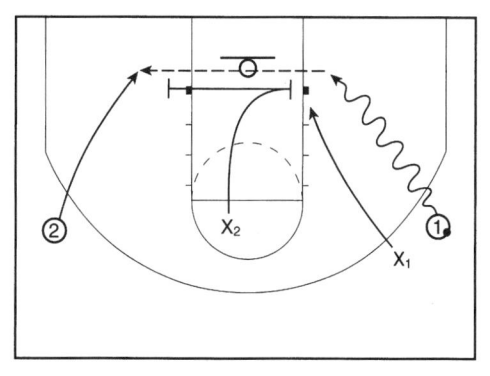

图14.8 2对2协防——回防练习。

3对3协防——回防练习

这一练习在进攻队员①、②和③所在的两翼和罚球区弧顶任一位置开始（图示中是在右翼开始进攻）。X₁防守①并迫使其向底线运球；X₃放弃对③的防守对①向底线的运球突破进行堵截；X₂放弃防守②，并对位于底线的③进行防守。之后，X₁放弃在底线的防守到罚球区弧顶对②进行防守（图14.9）。这一练习以比赛的形式连续进行，直到防守队员将球防下或进攻队员投篮得分时结束。

利用同样的队员站位，可以迫使控球队员向中路运球，然后进行协防、回防和完全换防。在协防与回防中，距离控球队员最近的防守队员遏制其向中路突破，然后回防自己的进攻队员，即X₂参与协防①的突破，然后回防②；X₁保持对①的防守；X₃在适当的位置对②的突破进行协防，然后再回防③（图14.10）。

当下一个距离最近的防守队员放弃防守自己的进攻队员，对控球队员的突破进行包夹时就出现了完全换防。随后的防守队员再换防该防守队员所负责的无人盯防的队员（即进攻队员①向中路突破，X₂对其进行包夹，X₃换防②，X₁换防③）（图14.11）。

这些练习是在协防与回防和完全换防的情况下，为提高队员在防守时的交流和快速反应能力而设计的。在练习结束时，进攻与防守队员交换角色重新进行防守（通常是让新上来的3名队员进行防守，而不是进攻）。通过在练习中记分使得练习更具有竞争性。

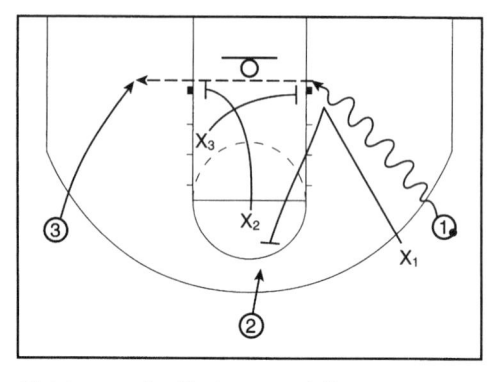

图14.9　3对3协防——回防练习。

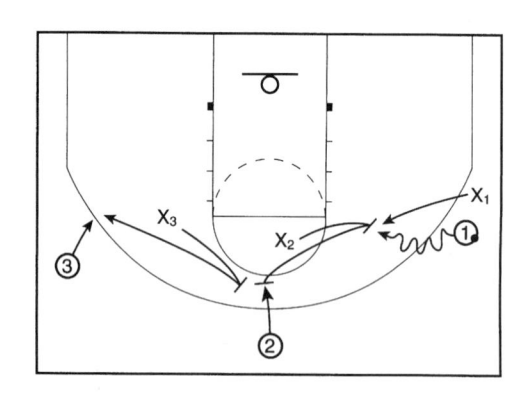

图14.10　协防——回防练习。

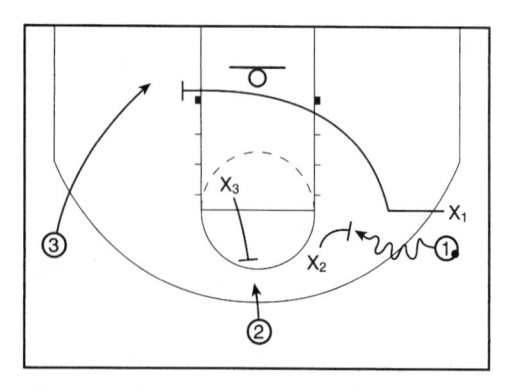

图14.11　协防——回防练习：完全换防。

结　语

　　作为一名教练员，你可以根据队员的技术水平和自己的防守理念选用半场、全场人盯人防守、区域联防或对位防守等任何一种防守方式。但是，无论你采用何种防守方式，最重要的就是紧逼控球队员。如果你让对方在外围轻松地传球、轻易地使球传入内线策应区或快速地转移球，那么你的防守就形同虚设。对于任何类型的防守，紧逼控球队员都是防守的关键，也是防守中最重要的一个方面。

第十五章　全场紧逼

吉姆·奥布莱恩（Jim O'Brien）

全场紧逼在任何水平的比赛中都是一种非常有效的防守手段。曾经那些顶级球队运用全场紧逼给人们留下了深刻的印象。有些球队只是偶尔运用全场紧逼，而另一些球队却是在整场比赛中都运用紧逼风格的防守。许多教练员会在比赛中根据自己的目的或比赛的形势时不时地运用紧逼防守，有经验的教练员能够在比赛的不同阶段，采用或放弃紧逼防守来使比赛节奏对自己有利。

当然并不是每位教练员都会在整场比赛中运用全场紧逼，但是，那些喜欢运用紧逼的教练员却无心与对手周旋，因为他们不会为对手留下任何喘息的时间。大多数球员都很喜欢这种富有侵略风格的防守方式，球迷也乐于观看有紧逼防守的比赛。

在我还很年轻的时候，罗马天主教徒斯彼得·莫瑞斯就在费城为我灌输了紧逼防守的观念。在20世纪六七十年代，杰克·拉姆齐所采用的全场1-2-1-1区域紧逼防守，对东部联盟的打法风格产生了戏剧性的影响，也深深地影响了我对于防守的认识。他所著的《篮球紧逼防守》一书，仍然是关于防守的最好著作之一。在俄勒冈大学的五年助教生涯给了我观察和学习拉尔夫·米勒的机会，他所在的球队运用的就是全场紧逼防守，他所在球队的防守排名也常因此挤入全国前列。

1986年，当我加入里克·皮蒂诺执教的纽约尼克斯队时，我有幸见识到这名教练员是如何将全场紧逼提到升一个新的水平，使尼克斯队的防守极具侵略性。10年后，我受里克先生之邀来到其所执教的肯塔基大学担任他的助理教练员，在此期间我目睹了我所见到过的最出色的紧逼防守型球队。1996年肯塔基大学就是采用全场紧逼战术将对手的投篮命中率控制在40%以下，并最终夺得了那年的全国冠军。

我在美国西弗吉尼亚州北部的威林耶稣大学、波士顿凯尔特人队、费城76人队，以及印第安纳步行者队的执教经历，使我坚定地相信攻击型的防守有着良好的潜在效果。正是因为那些经历和成功的案例，才使得我能够为大家介绍以下全场紧逼的内容。

对位紧逼防守

对位紧逼以区域联防形式开始，当对方将球掷入界内后转换为人盯人防守。这种防守方式能够迫使对手以快节奏进攻，封堵除向后传球以外的一切传球，并使对方控球队员以难以控制的速度进行运球，然后再对其进行包夹。

当教练员完全致力于指导并每天进行全场对位紧逼练习时，就会取得最好的效果。首先，要让每一名队员明白，全场紧逼必须要有极其出色的体能，体能本身就是武器。在大多数情况下，球队在某一赛季并没有天才球员加盟，如果在高中或大学水平的球队执教，球队成员在赛季之初就已确定，此时所能做的就是必须充分利用现有队员的资源。由于队员的篮球天赋在很大程度上已经定型，因此教练员除努力提高队员的个人技术外，还应加强球队执行战术计划的能力。然而，无论队员的天赋如何，你能够做到的就是在任何一场比赛中使队员以最佳的体能状况参加比赛。

要询问队员是否认为自己的球队能够成为联盟中体

在我的职业生涯中一直运用的是高强度全场紧逼，包括在肯塔基大学时，我们赢得全国冠军的关键因素就是不遗余力地实施紧逼防守，这使得我更加坚信紧逼防守。

能最好的球队，当然他们回答是肯定的。每一名队员都希望自己的球队能够获得成功，而现在就是需要你带领队员去实现这个目标的时候了。当队员感到疲劳想停下来休息时，要提醒他们已经设定了目标，教练员正在帮助他们实现这一目标。没有什么比在场上比赛的时候，知道比对手的体能好而更能增强自信心的了。

"黑色"与"白色"紧逼防守

对于每一种风格的紧逼防守，本章都会先完整地陈述，再将其分成各个部分来讲解，这与先前讲授紧逼防守是一样的。你会注意到"黑色"与"白色"紧逼防守之间的差别很小——白色紧逼是对掷界外球的队员进行紧逼防守，而黑色紧逼则不然。

"白色"紧逼

白色紧逼防守的方式很多，但现在阐述的是封堵对手掷球入界并迫使比赛以快节奏进行的全力紧逼（图15.1）。

在封堵对方掷球入界的练习中，我喜欢这样布置队员落位：

- 使最善于跑动的大个子队员 X4 在紧逼阵型的最前方；
- 行动最为敏捷的侧翼队员 X3 在左翼；
- 另一名侧翼队员 X2 在球场右翼；
- 组织后卫 X1 在中场线附近；以及
- 另一名大个子队员 X5 在后场。

需要注意的是，这些落位位置仅仅是在本队投篮得分后总能立即找到自己防守对象的区域。队员最终的站位方式要根据对手的进攻方式而定，每一名防守队员都在自己所负责的区域与一名对手对位，并防守对手掷球入界。

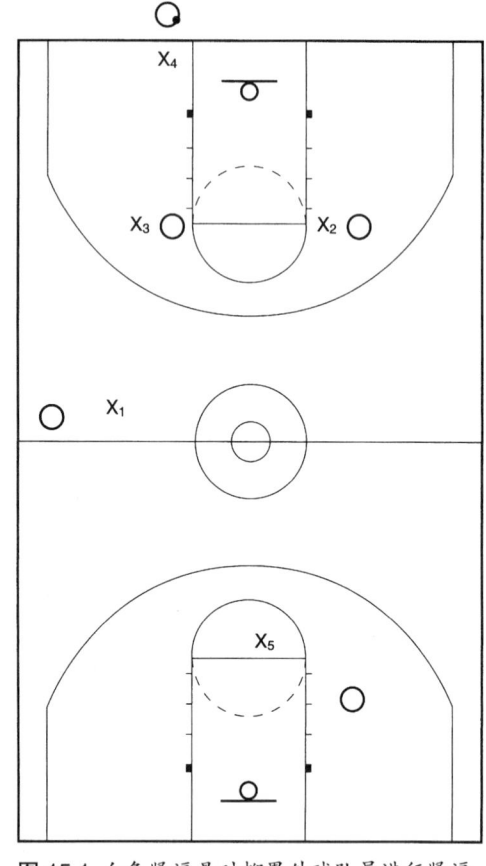

图 15.1 白色紧逼是对掷界外球队员进行紧逼。

防守掷球入界的队员 X4 必须要站在掷界外球队员的正前方，并寻找机会干扰传球。如果掷界外球队员沿底线移动，X4 要紧追发球队员直到对手将球发出。我们希望 X4 尽可能近地靠近端线——直到裁判员可能要警告其发球队员太近。

两名侧翼队员 X2 和 X3，要与自己所防守的队员并肩站位，并注意掷界外球的队员，就像足球比赛中从背后防守对手接球那样，侧靠在对手身后并观察传球者的意图。

防守队员 X3 必须清楚自己防守的队员在进攻紧逼时是如何站位的。如果对方进攻队员——通常是组织后卫站在掷界外球队员的面前，X3 就应该靠近左侧边线站位。

防守队员 X2 与自己的防守对象站成一排，一般情况下是站在进攻队员的肩膀左侧。如果该进攻队员距传球点较远时，X2 可以与其保持一定的间距，直到掷球入界队员将注意力集中到该队员身上时，X2 就必须拉近彼此之间的距离。

任何一名防守队员都不应该让对方将球传入自己所负责的防守区域。所有的防守队员都要在合适的防守位置站位，以便能够观察到传球队员以及自己的防守对象。

防守队员 X_1 负责防守位于强侧、靠近中场的进攻队员。最后一名进攻队员无论在任何位置站位，都由 X_5 负责防守。

"黑色"紧逼

正如之前所提到的"黑色"与"白色"紧逼的不同之处，在于开始紧逼防守时是否对掷球入界进行紧逼。在"黑色"紧逼防守中，X_4 不对掷球入界队员进行紧逼防守，而是在第一道防线之后（在 X_2 和 X_3 之后）进行防守。他的任务就是协助 X_3 和 X_2 进行防守，增大对手将球掷入界内的难度。在大多数情况下，X_3 会临时防守对方位于球场左侧的组织后卫①，X_4 则负责防守这个区域（图 15.2）。如果在进行"白色"紧逼防守时，掷界外球队员沿底线移动，X_4 就随之向球场另一侧移动，增大该队员将球掷入界内的难度（图 15.3）。

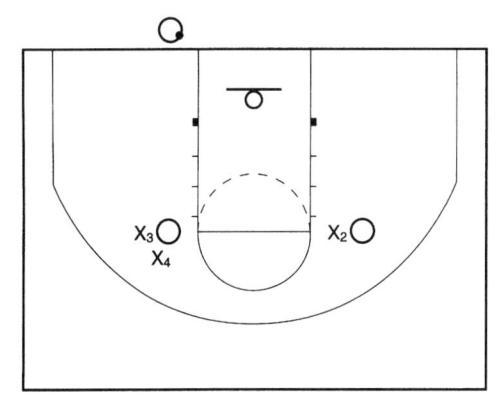

图 15.2 "黑色"紧逼并不对掷界外球队员进行紧逼，队员 X_4 在第一道防线之后进行防守。

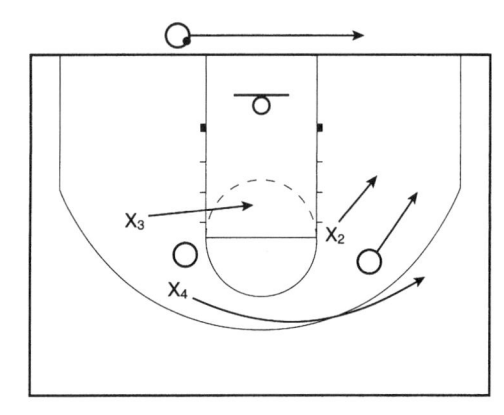

图 15.3 如果掷球入界的队员沿底线移动，X_4 就随之向球场另一侧移动。

两种紧逼方法的综合运用

一般来讲，当在限制区内投篮得分时，采用"白色"紧逼防守；当在外围投篮得分时，使用"黑色"紧逼防守。我们发现，在比赛开始时运用这种方法能使许多球队不知所措。我们一般在死球时，即当裁判员在底线拿球，对方有机会部署进攻策略时，运用"黑色"紧逼防守，但是，在这种情况下对方的长传球对我们的防守威胁很大。

封堵掷界外球

所有队员在防守时双手不能低于肩部。我们认为，手臂的最佳姿势应像拳击手一样，即屈肘、双手靠近肩部、大拇指指向肩部。这种姿势有利于双手以最快的速度干扰传球。同样，要对每一次传球进行堵截，并盯防有球队员的同伴。要坚信自己能够在下一次对方传球时将球破坏掉，负责防守接球队员的同伴也要相信自己能够将球拦下或破坏掉。

如果任何两名进攻队员在掷球入界之前同时向底线移动并交叉跑动接球，防守队员要自动交换防守（图15.4）。如果由 X_3（或 X_2）防守的进攻队员离开自己的防守区域，并移动到罚球线延长线上，X_3（或 X_2）则放弃对该队员的防守，并移动到球场中路准备防守其他移动到该防守区域的进攻队员（图15.5）。

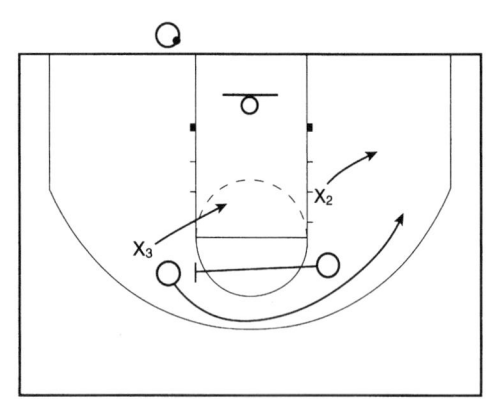

图 15.4 在掷球入界之前，如果两名进攻队员同时向底线移动并交叉跑动接球，防守队员要自动进行换防。

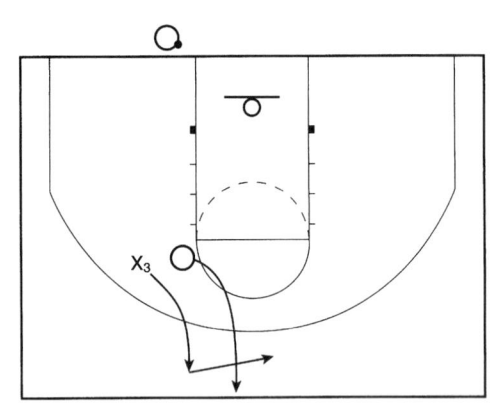

图 15.5 如果进攻队员离开 X_3（或 X_2）所防守的区域并移动到罚球线延长线外，此时 X_3（或 X_2）就放弃防守该队员，并移动到球场中路准备防守其他移动到该防守区域的进攻队员。

掷界外球时的对位防守

一旦球掷入界内，所有防守队员立即以距自己最近的进攻队员为对象进行对位防守。唯一例外的情况是，在运用白色紧逼防守，对手将球传到"死角"，即靠近底线的场角时，X_4 立即上前包夹持球队员（图15.6）。

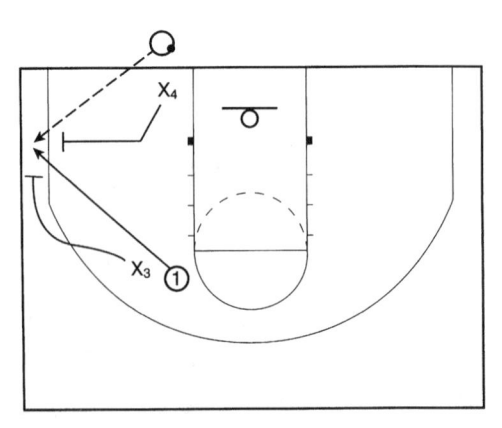

图 15.6 如果对手将球传到靠近底线的场角，X_4 立即上前包夹持球队员。

在白色紧逼防守中，如果球传到其他区域而不是死角，X4 就后撤到"球线"后面进行防守，即一条假想的贯穿于球与两条边线构成的线后面（图 15.7）。而在黑色紧逼防守中 X4 就是位于这个位置。上述两种情况，X4 都对掷球入界的队员进行对位防守。

由于几乎所有队员在进攻紧逼防守时都倾向于将球传向中路，因此防守队员在第一道防线之后堵截进攻队员向中路传球就十分重要（图 15.8）。当球传出在空中飞行时，所有在弱侧的防守队员都要移动到球场中路，以对付极具威胁的中路传球。

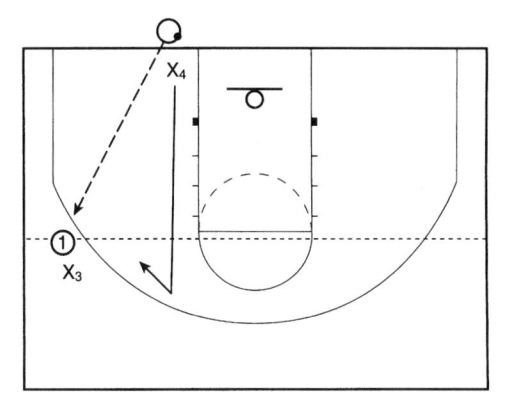

图 15.7 如果球传到其他区域而不是死角，X4 就后撤到"球线"后面进行防守。

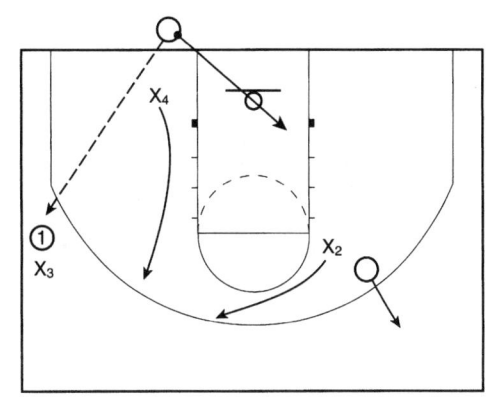

图 15.8 X4 在两种紧逼防守时都要防守掷界外球的队员，阻止对手将球传到球场中路。

需要注意的是，虽然 X_2 已经快速移动到球场中路，但仍要负责对②的防守。一般性原则是，如果对手第二传安全地将球传到中路第一道防线之后时，防守队员就放弃紧逼，撤回后场进行半场防守；如果进攻队员向后传球，就继续进行紧逼，防守者很乐意在紧逼时看到进攻队员向后传球。

紧逼有球队员

一旦球传出，就要凶悍地对有球队员进行紧逼，堵截一切向前的传球，并迫使有球队员运球。这种对有球队员的紧逼是紧逼防守的关键。无论哪名队员负责防守有球队员，都要给其制造麻烦，其目的是让有球队员加速运球，从而失去对球的控制。这一防守目标的实现，有赖于对有球队员进行高强度的紧逼，并对任何一次传球进行堵截。

对有球队员紧逼时，不要迫使对手向边线运球，因为这样会影响紧逼效果。我们不是要影响控球队员，而是要紧逼控球队员！有球紧逼应迫使对方加快运球节奏并避免被对方突破。

有效的包夹在任何紧逼防守中十分必要。图中是两名防守队员已经完全遏制住对方的组织后卫，打乱了对手的进攻，为迫使对手失误创造了条件。

包夹快速运球

一旦控球队员在遇到紧逼时快速运球，距其最近的防守队员就要在该队员的运球方向上对其进行包夹（图15.9）。

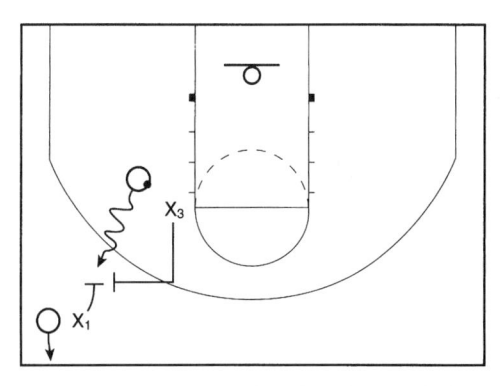

图 15.9 如果控球队员快速运球，距其最近的防守队员就要在该队员运球方向上对其进行包夹。

防守队员在包夹控球队员时，要像在半场防守中采用趋前防守一样对其控制。当控球队员进入包夹区域时，其防守者应尽可能近地靠近对方。在图 15.9 中是防守队员 X_3 和 X_1 负责包夹控球队员。

指导这种紧逼方法时，要让队员明白有控制地运球和快速运球之间的区别。越是逼迫对手在运球中难以控制，就越可能使对手失误从而获得机会。绝不能让对手在紧逼防守时仍然能够有控制和轻松地变向运球或传球。在练习时，要让队员做到对手一旦快速运球就上前包夹。

包夹时的轮换防守

教练员在指导紧逼防守的初期有时会过于注重轮换。我们认为，在包夹后多数队员会本能地有序进行轮换，如果过分强调严格的轮换规则，会影响队员的快速反应能力。

在图 15.10 中，防守队员 X_3 和 X_1 对有球队员进行包夹后，谁去换防由于 X_1 上前包夹而漏掉的②呢？

无论是 X_2 或 X_5 都可以轮换防守②。希望队员在防守时要伺机而动且

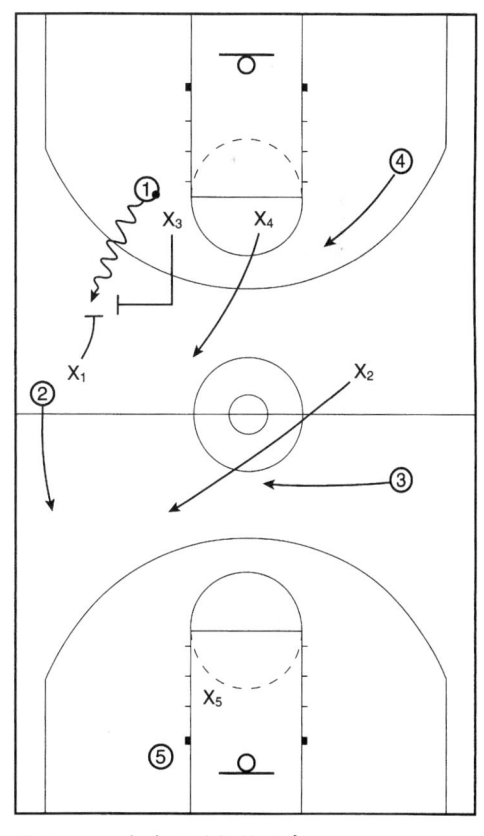

图 15.10 包夹时的轮换防守。

具有侵略性。无论哪名队员进行轮换，都要有抢断球的意识。

如果 X_5 换防②，X_2 则保护后场；如果 X_2 换防②，X_5 则停留在篮下进行防守。无论是哪种情况，主要的防守队员是负责防守中路并堵截对手将球传向球场腹地的 X_4。X_5 上前换防，X_2 保护后场，X_4 则负责防守球场中路（图15.11）。唯一可以放开的是对手向后的传球。但要注意，所有队员都要保持在球线之后防守。

包夹时的选择

包夹出色的球队是很困难的。在这种情况下，我们就不对其进行包夹，而是迫使对方改变比赛节奏，从而出现失误。教会队员在紧逼防守时迫使对手加速运球。要达到这个目标，最有效的方法就是一对一攻防练习，在练习中要求阻止对手将球传向前场，但不能犯规。

控球队员有时会利用运球突破并甩开防守队员。虽然你并不希望这种情况出现，但可以将其看做是队员追防运球者，并试图从后面抢断球（背后抢断）练习的好机会。当一名快速运球的队员面前有一名防守队员时，一定会降低运球的速度，此时他经常会较容易地遭到从后面快速上来的防守队员的背后断球。

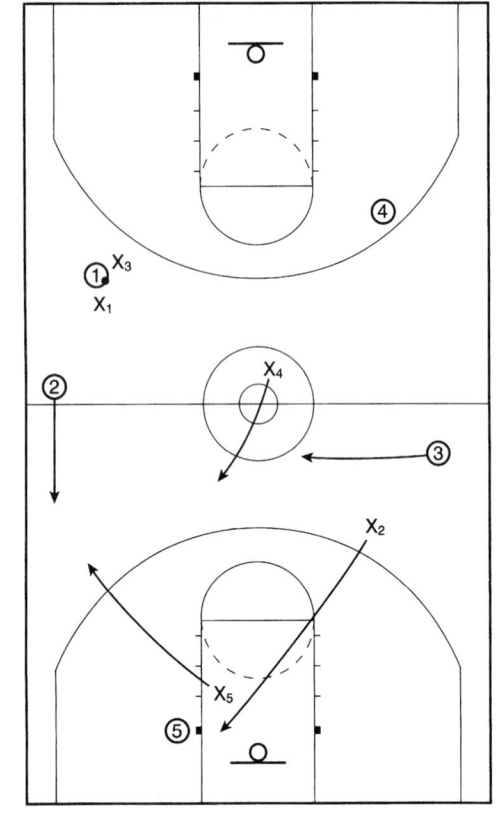

图 15.11 紧逼时的轮转换防——无论是 X_2 还是 X_5 都可以换防。如果 X_5 换防，X_2 就负责防守篮下区域。

决定包夹还是牵制

进行包夹还是牵制是紧逼防守时所要做出的重要决定。每一名队员都要明白什么时候进行包夹，什么时候牵制快速运球。

当防守队员迫使对手加速运球或运球很难控制，并且与控球队员距离较近时，可以对其进行包夹。在图 15.12 中，X_1 将会参与对①的包夹。

当进行包夹时，防守队员要降低重心、双脚分开，以趋前紧逼的姿势双手高举以避免对方突然从头上方传球。防守队员 X_1 要在②和①假想的连线之间进行包夹。注意，只有在对手快速运球且防守队员能够保持在运球队员附近时才可以包夹。

第十五章 全场紧逼

有时当 X_3 迫使①进行加速运球时,他会被①突破并甩在身后。在这种情况下,X_3 会对①进行追防,此时 X_1 就要通过做前后移动的假动作来降低①的运球速度,或迫使①向边线运球以牵制控球队员(图 15.13)。同时,X_3 要全速跑动,力争从后面抢断运球,即便是最优秀的控球队员也会因为高强度的背后抢断而出现失误。

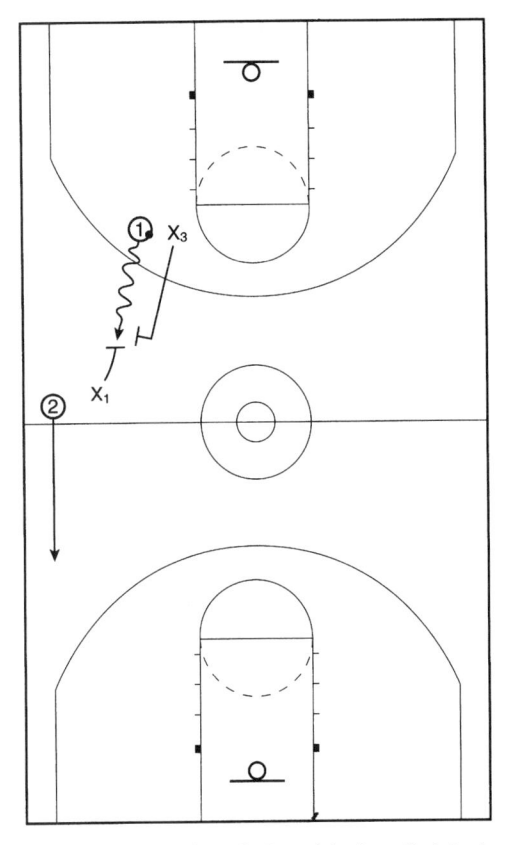

图 15.12 当防守队员紧贴着控球队员进行防守时,就可以对其进行包夹。

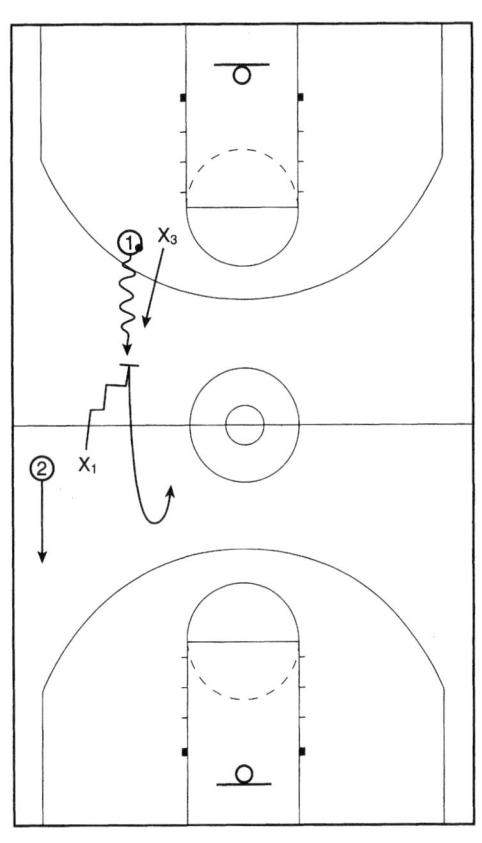

图 15.13 如果防守队员 X_3 追防控球队员,X_1 就做假动作以降低对手的运球速度或迫使对手向边线运球,同时 X_3 从后面进行抢断。

全场区域紧逼的练习

当练习某一进攻战术时,需要将其分解成各个不同的部分并分别练习,任何类型的防守训练也同样如此。队员必须领会防守的大体情况,然后对各个部分进行训练。下述内容就是在建立全场紧逼防守体系时所运用的练习。

1 对 1 紧逼防守练习

以两个球篮之间的连线为界将球场分成两部分,用一部分进行练习。通常我们会在球场的两端同时进行练习。一名教练员在界外将球传入如图 15.14 所示的阴影区。

这个练习的目的是阻止掷界外球队员面对防守掷球入界。一旦球被掷入界内，我们就对控球队员进行紧逼并迫使对方加速运球。如果控球队员运球中甩开防守队员，练习的重点就变为快速追防并力争从背后将球破坏掉。

在给进攻队员传球时教练员只能将球传到球场一侧，即底线与罚球线延长线之间的区域。

练习开始时，进攻队员直接站在掷球入界的教练员前面，防守队员在边线一侧面对教练员与进攻队员站成一排，肘部和髋部与进攻队员接触（图 15.15）。

因为接球区域已经限定，在阻止进攻队员接球时，防守队员可以进攻性地进行防守。在赛季初，要让队员们意识到在堵截对手掷球入界时，一定要注意看着掷界外球的队员，但不能对进攻队员犯规。

2 对 2 紧逼防守练习

这一练习与 1 对 1 练习十分相似，即在两个球篮之间假想连线的一侧进行练习，但在这一练习中是由一名队员负责掷界外球。我们会以两种方式进行这个练习：第一，掷界外球的队员由一名防守队员防守（"白色"紧逼防守，图 15.16）；第二，防守队员不对掷界外球队员进行防守（"黑色"紧逼防守，图 15.17）。

这两种防守方式的重点都是堵截对手将球掷入界内，我们经常强调要努力干扰传球，以期能迫使对手出现失误。

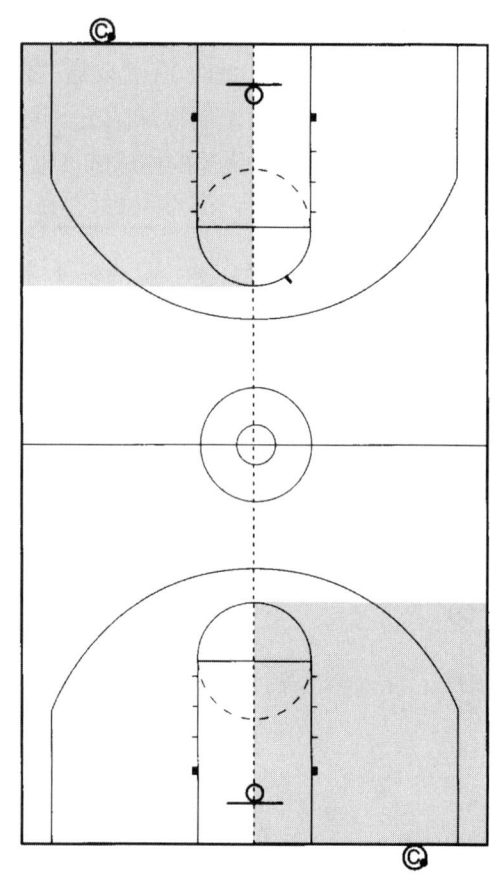

图 15.14 一对一练习：堵截在防守队员面前的界外掷球，然后迫使控球队员快速运球。

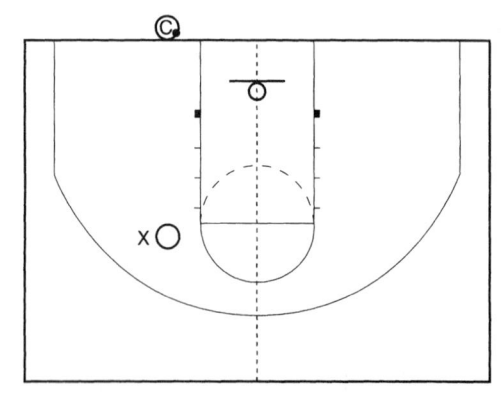

图 15.15 1 对 1 练习：防守队员在对手的边线一侧站位并与其保持身体接触。

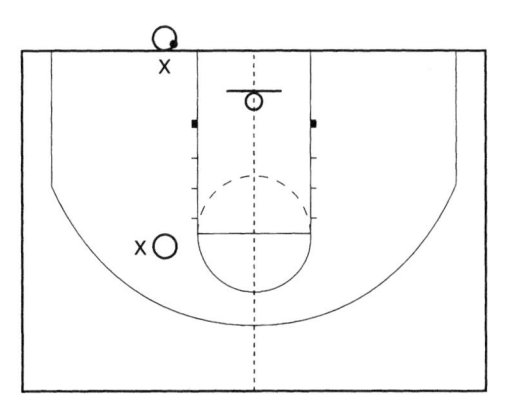

图 15.16　2 对 2 紧逼防守练习：一名防守队员负责防守掷界外球队员。

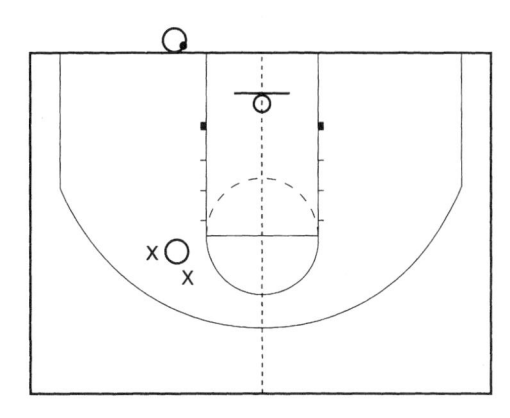

图 15.17　2 对 2 紧逼防守练习：不对掷界外球队员进行防守。

如果对手成功地将球掷入界内，就连续进行 2 对 2 攻防练习。练习中应寻找机会迫使对方加速运球并进行包夹。不必担心包夹时留下一名空位进攻队员，但必须努力遏制对手传球。如果在包夹形成后对手将球传出，防守队员就要撤销包夹快速追防，力争从背后将获得突破机会的控球队员的球断掉。

由于这些练习被限制在球场的一侧，无论防守队员采用哪一种方式的紧逼防守，进攻队员都很难将球掷入界内。这样就为在前面紧逼的队员树立了防守的信心。

3 对 3 紧逼防守练习

这个练习是在整个球场进行，不再限制掷球入界的范围。同样，防守队员可以按"白色"或"黑色"紧逼防守进行站位。如前所述，在"白色"紧逼防守中，要对掷界外球队员进行紧逼防守（图 15.18）；在"黑色"紧逼防守中，不对掷界外球队员进行防守（图 15.19）。

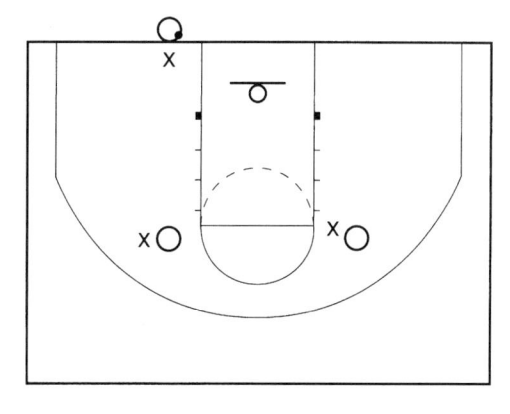

图 15.18　3 对 3 紧逼防守练习："白色"紧逼防守的站位阵型。

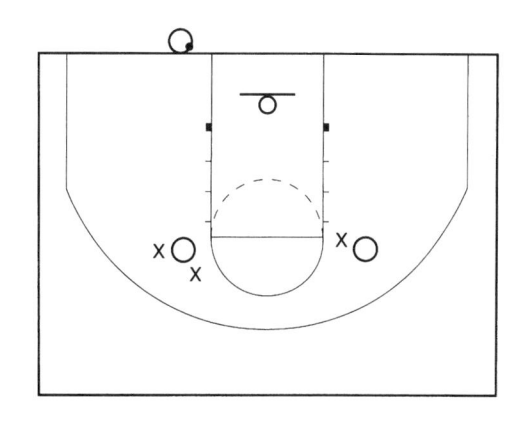

图 15.19　3 对 3 紧逼防守练习："黑色"紧逼防守的站位阵型。

在练习开始时，应指定好运用哪一种紧逼防守的方式，然后全力进行攻守对抗直到球成死球。这是一个帮助队员建立新的防守概念的关键练习。由于队员可以进行全场3对3攻防对抗练习，因此他们必须学会根据3名进攻队员的得分方式去选用紧逼方式（是在篮下得分，还是外围得分）。该练习还能提高堵截掷球入界时的侵略性，尤其是当防守队员进行黑色紧逼防守时。另外，队员能够快速地领会保持球在视野之内的必要性，以及如何根据不同的形势采取相应的行动。

4-4-4式练习

4-4-4式是一种非常好的攻防练习，队员4人一组分成A、B、C三组。开始练习的队形如图15.20所示。

首先A组在后场罚球区弧顶持球进攻B组。B组两名队员一前一后在篮下防守，另外两名队员分别站在中场线和边线的相交处，只有当进攻队员将球传过或运过中场线时方可进入球场。当球传过中场线时，两名追防的防守队员必须先触及中场线才可以进行防守。

这个练习是以比赛的形式进行的。如果A组投篮不中，B组就抢篮板球，然后对C组进行快攻。同样，C组在球场另一端有两名队员一前一后在篮下防守，另两名队员在中场界外处站位，这两名防守队员参与防守的规则同上。

如果A组在初次获得球权后投篮得分，就立即将球传给B组，然后根据自己是在限制区内得分还是跳投得分选择进行白色或黑色紧逼防守。

A组可以只防守B组到中场，然后C组接着防守。由于这个规定，A组在进行紧逼时可以尽最大努力进行侵略性地防守。

如果B组破掉紧逼，C组就对B组的进攻进行防守。当B组将球传过中场时，C组的两名队员要先触及中场线再防守。同时A组在刚才所进攻的半场安排两名队员在界外，另外两名一前一后站位，准备防守刚才所进攻的球篮。

我们一般是进行临场练习并确定一定的得分目标，然后让获胜组休息而失败组跑步。

有时候这种练习是很随意进行

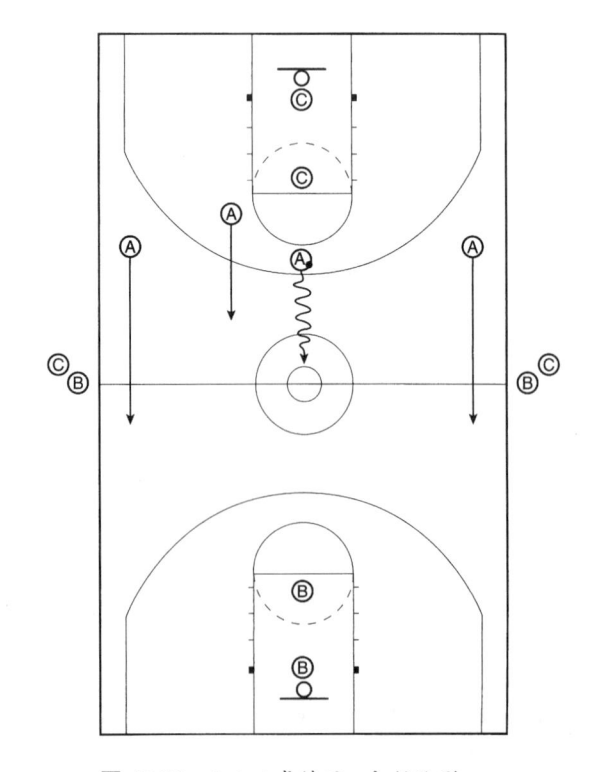

图15.20　4-4-4式练习：初始队形。

的，而教练员则要勤于调整，不断地在进攻和紧逼防守原则间寻求平衡。

结　语

　　许多教练员在运用紧逼防守时普遍犯的一个错误是，在对手取得一两次轻松得分后就感到气馁并换用其他的方式进行防守。每一种防守都有弱点，不要因为全场紧逼的缺陷而动摇决心。如果决定采用全场紧逼防守，就必须接受该防守会不时地被对方轻松得分这一不利因素。当然，在比赛中运用全场紧逼是因为它的优势大于缺陷。如果希望队员充分地接受全场紧逼，教练员首先要坚信自己的防守理念。

　　采用全场紧逼这种防守方式，要求队员在整场比赛中都要全速跑动，因此就要比对手有着更好的身体状态。总之，队员必须要具备防守性体能，即长时间屈膝，从而能够在防守时快速滑步，在换防时趋前防守。如果队员缺乏防守性体能，全场紧逼防守很难获得好的效果。

第十六章　防守策略

德尔·哈里斯（Del Harris）

为了使队员在防守端保持信心，当为球队制定防守策略时，要做好以下三个方面，即比赛前的策略和比赛中及比赛后期的策略调整。

我们不可能仅靠这一章就能对防守的每个方面进行深入的阐述，但会对赢得比赛的关键议题进行概述，希望以此激起教练员对这些问题进行深层次的思考。

赛前计划

首先，教练员必须确定所采用的主要防守是人盯人防守还是区域联防。无论选用哪一种防守方式，我都会建议教练员应对其他方式的防守进行训练，以便在比赛中需要变换防守方式时，能够换用第二套防守方案来防守，这其中还包括紧逼防守。虽然许多成功的教练员无论比赛胜负都坚持使用一套防守方案，但用棒球比赛中的术语来讲，就是在进行最高水平的比赛时需要有多种投球技术。反之，如果有人认为自己的球队可以将各种防守练到最好，那也是片面的。

运用某种防守作为基本的防守方式，并预备另一套防守方案以备在特殊情况下使用。我在执教达拉斯小牛队时，多年来运用多元的防守方式是基于以下两个因素：

1. 由于比赛中必须要对抗不同形式的防守，做到有备而战，所以要对这些防守进行练习。如果通过消极的防守方式来练习进攻的话，其效果也会很差，因为在比赛中不会有那样的防守强度。因此，就要让队员对人盯人、区域联防以及紧逼防守等形式进行练习，以保证进攻练习的有效性。

2. 当队员掌握并能够相当好地运用主要的防守方式时，就要不时地练习一下备用的防守方法。例如，当主要的防守方式对抗某支球队效果较差时，变换比赛的节奏就能够使对手感到慌乱，并影响其进攻的流畅性，队员就可以利用这段时间重新摆好防守阵势防住对手，赢得比赛的胜利。

确定防守对象

假定多数优秀球队更喜欢运用人盯人防守作为基本防守方式，事实上，大概90%的情况的确如此。当缺少天才球员、大个子队员或竞技水平不如对手而难以运用人盯人防守赢得比赛时，就会运用其他的防守方法，并且这一决定对于一名教练员来说是很容易接受的。多年来小牛队曾换用联防替换盯人防守的方法赢得了许多场比赛。

在运用基本的人盯人防守时，有几个需要考虑的防守策略，首先是如何确定防守对象。虽然中锋防守中锋、组织后卫防守组织后卫等这样的防守对位很容易做到，但这并不总是最好的防守策略。这种防守方法的优势在于简单，在攻防转换时对位防守比交叉对位防守更容易做到。但是，交叉对位并不是不可逾越的防守障碍，如果做到它经常会给球队带来优势。在理想情况下，要有一名能够在2～3个位置防守的外线防守队员，可以直接让其防守对方最出色的外线队员，或者让其换防在做完挡拆后向篮下移动的进攻队员，或者在比赛的最后一节再让其上场以避免犯规过多的问题。

个子小、速度快的组织后卫能够使许多球队暴露出问题，常规的做法就是让小个子队员防守他们，从而能够跟上对手的速度。但如果对手的速度仍然比我们快，这样的防守对位是没有用的。在这种情况下，就要尝试让一名高个子队员防守他，并与其保持足够的间距以遏制对方，同时利用身高积极封盖对方投篮。

如果本方大个子队员比对手瘦弱或速度慢，同样难以防住对方强壮的大个子队员，不过时不时地让一名速度更快的小个子队员对其进行防守也能收到很好的效果。例如，身高6英尺7的埃迪·纳杰拉就在某次重大比赛中长时间地限制住大个子姚明，从而帮助球队获得了比赛的胜利。在那场比赛中纳杰拉就是利用速度堵截姚明接球，并将姚明挡出内线，不让其靠近球篮。

并不是每一次在小个子队员防守大个子队员时都能够收到成效，但是在某些比赛中就需要尝试运用一些非常规的防守方法来赢得当前的比赛。当一个防守策略收效不大时，可能会对另一种防守策略的效果也产生顾虑，但多数大个子队员不喜欢被小个子队员防守确是事实，因为对方会限制他们的移动，对其进行绕前防守、将其挤出内线等。同样，在以小防大或绕前防守对方大个子队员时，如果对手试图进行高吊传球的

在这场特殊的比赛中，埃迪·纳杰拉负责防守高出自己近1英尺的姚明。有时候这种交叉防守对位在某些特定的比赛中，是防守拥有明显优势的进攻队员的最好方法。

267

话，本方大个子队员也有时间上前协防。

有许多种交叉对位的防守方法能够打乱对方的进攻，使比赛的形势转向对自己有利，甚至有时候这就是赢得比赛的关键。

紧逼防守的调整

另一个比赛计划就是要决定如何、什么时候以及在哪个位置实施紧逼。在比赛中，多数情况下可以运用全场紧逼并赢得比赛的优势，而有时则是为了削弱对手的优势。例如，可以运用全场人盯人紧逼消耗对方的进攻时间和对手的体力，提高自己防守的侵略性或加快比赛的节奏。另一方面，可以采用相对柔和的区域紧逼限制对手的进攻速度。

如果对方某个出色的控球队员能够过于轻松地运球向前场推进，就要采用全场人盯人或区域紧逼对其进行包夹，以期成功抢断球。如果这名队员将球从包夹中传出，主要负责防守该队员的防守者就要阻止其再次获得球。就此而言，当对手准备掷界外球，防守掷球入界的队员在其身前进行防守时，就要在该优秀控球队员身后防守以堵截其接球，以迫使另一名队员接球。一旦对手成功地将球掷入界内就停止包夹，但是，防守对方优秀控球队员的防守者要一直堵截该队员接球。

如前所述，运用紧逼防守所能收到的意外效果是，一支球队可以利用诸如2-2-1等形式的紧逼防守降低或加快对手的进攻速度。在得分或失去前场篮板球后进行2-2-1紧逼防守十分容易，尤其是已经练习了该防守方法后，这出乎很多教练员的意料。如果一支球队想要降低对手的进攻速度或比赛节奏，可以迅速在球场的3/4处采用2-2-1区域紧逼并选择性地进行包夹，同时也要利用包夹来打乱对手的进攻平衡。通常只包夹一次，然后回到半场进行人盯人防守或区域联防（区域联防往往更有利于限制对手的进攻速度）。

如果希望加快比赛节奏，可以从对手开始进攻时就一直采取侵略性地包夹战术。我年轻时执教厄勒姆学院时（1965—1974年）就大量运用全场紧逼防守，以场均得分超过101分的成绩获得NAIA第六名（当时有超过700多所院校参赛）。若干年后，我们以不同的队员、不同的目的进行紧逼防守，最后取得了第六名，且最大限度地限制了对手得分。两支球队都运用了大量的紧逼，但是风格和结果却完全不同。

防守挡拆配合的策略

在赛前的准备会上，必须决定如何应对对手的主要进攻配合。例如，当与善于打挡拆配合的球队比赛时［挡拆在NBA比赛中十分流行，在NCAA（全美大学体育协会）第一区的比赛中也越来越流行］，就要决定如何防守对方发动挡拆配合的五个区域，即弧顶区、两翼区、高位区（罚球区弧顶和罚球线延长线之间的区域），以及罚球区两侧的肘区。

如果对手沿边线这个角度做挡拆配合，就可以用相同的手段进行防守（也可以根据教练员的决定不这样做），如果希望成功地将对手防下，弧顶和两个肘区往往需要用不同的防守方法（这五种基本防守挡拆的角度还可以细分出其他诸多可能的角度，在此不逐一赘述）。

在决定采用何种策略防守挡拆时，有多种方法可供选择。我们建议要有一个最擅长的防守方法，然后当此方法不起作用时能够用另一种方法顶替。

在 NBA 比赛中，许多球队通常会运用 4～5 种方法应对某种特定的比赛情况，但是，防守实力一流的球队只有一套基本的防守方案，并最多准备 1～2 个备选方案。因为他们清楚大多数球队不具备针对多种防守方法的进攻战术。另外，在这里运用的一个原则是，如果你试图要在各方面做的都很好，那么你在各方面都做不好。下面就是一些防守挡拆配合的选择标准。

协防 – 回防。 有些教练员称之为堵截或伪装防守。就是指防守掩护队员的防守队员以指定的角度对有球队员进行协防，以此来破解掩护，然后两名防守队员恢复防守自己最初所防守的队员（在理想情况下），不过情况也会有很多变化：

● 硬协防（即以大角度进行协防）。防守掩护队员的协防队员要一直等到对方将掩护做好后，快速上前以大角度（面对边线成 90°）封堵控球队员的进攻路线。这样就使控球队员进入防区，避免其利用掩护"渡过难关"，并迫使其不得不放弃自己的进攻角度或造成其带球撞人。这样，控球队员的防守者就能够把握好移动到协防队员的下面、掩护队员的上面的空间和时机重新防守控球队员，然后协防队员回防掩护队员，除非掩护队员拉开的距离过大且其他队员不得不补防该掩护队员，此时他就到限制区防守其他获

每位教练员或球队都需要有自己首选的防守掩护配合方式。在本图中，根据控球队员的位置和方向，防守队员要对遭遇掩护的队友进行"软协防"，直到其重新恢复防守位置。

得空位的进攻队员。在"硬协防"中，协防队员要一直紧跟控球队员，直到自己的队友恢复防守位置、控球队员将球传出或者与对手保持1~3步的距离。

这些就是基于对手的实力，以及对手利用挡拆配合得分的方式（掩护后切向篮下、快速向外拉出、控球队员投篮或突破并向弱侧的投手或策应队员转移球）而采用的防守策略。

● **软协防**（即以小角度进行协防）。协防队员可以进行小角度的协防（以45°角或更小为宜），以利用防守堵截中路。防守挡"拆"意味着掩护队员的防守者要随着"防守阵型"沿着罚球区强侧略成直线后撤，在罚球区对控球队员进行像区域联防那样的防守。防守有球队员的防守者在对方做掩护时必须要继续紧紧追击。这种防守方法的进攻性稍弱，但能防止对方摆脱，这样就使对手只能跳投而不是发挥其向篮下切入或突破的特长。

无论采用何种防守方式，都要告知针对有球队员的防守队员要及时移动到自己的掩护队员前面或后面。这个决定是基于两个因素，即掩护设置的距离和控球队员利用掩护投篮与突破能力的比较。对于设置较远的掩护和投篮能力不强的对手，倾向于移动到掩护的下面；对于设置较近的掩护，应上前对擅长投篮的队员进行干扰。

包夹。一种更具有侵略性的防守方式是同掩护队员的防守者一起对控球队员进行包夹。最具有侵略性的包夹是掩护队员的防守者在对方设置掩护之前就对控球队员进行包夹，不过常规的方法是当控球队员利用掩护摆脱时进行包夹。当然，两种具有侵略性的防守都要承担一定的风险。如果控球队员将球传给快速拉出或切向篮下的掩护队员，最靠近球篮的防守队员就必须换防该接球队员。X_5快速上前包夹①，当X_4看到①将球传给⑤，球在空中飞行时X_4就换防⑤；X_5到限制区对另一侧处于空位的进攻队员进行防守，正常情况下会是④；X_3要在X_5补到防守位置之前进行协防。有时X_5不能及时移动到该防守位置，就让X_5对位于弱侧的③进行防守（图16.1）。

换防。换防是协助回防最简单的方式之一，也是防守同等身高的对手做挡拆配合时最常用的方法。然而，多数NBA球队会在比赛的最后阶段运用4名甚至5名防守队员进行换防以阻止对手轻松得分，特别是投3分球。

需要注意的是，比赛后期的换防是保持领先的一个关键策略，同样也是在进攻计时剩7秒时很好的防守策略。空位投篮，尤其是空位3分球对一支球队的打击是致命的。由于换防造成错位防守所导致的威胁远比让一名优秀的投手空位投篮小的多，因此要让队员提高进行快速错位防守的能力，或练习在出现错位防守时如何进行包夹。也就是说，当一名小个子队员被一名大个子内线队

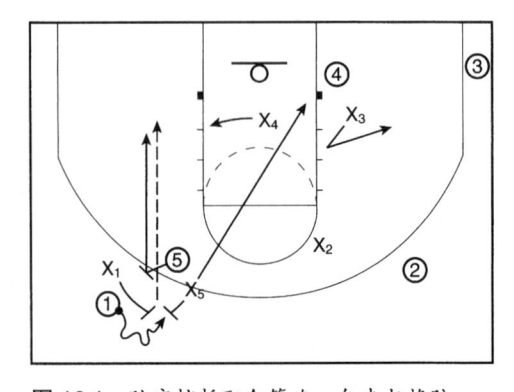

图16.1 防守挡拆配合策略：包夹与换防。

员单吃时，本方大个子队员要协助队友对其进行包夹，如图16.2中的X₄。

当大个子队员追防对手的快速突破时，小个子队员在此紧急时刻必须轮转到大个子队员的防守位置进行换防，正如图16.3中X₃为X₅所做的那样。进行错位防守的队员现在来到弱侧去防守空位对手，即X₂防守③，X₁防守②（图16.3）。

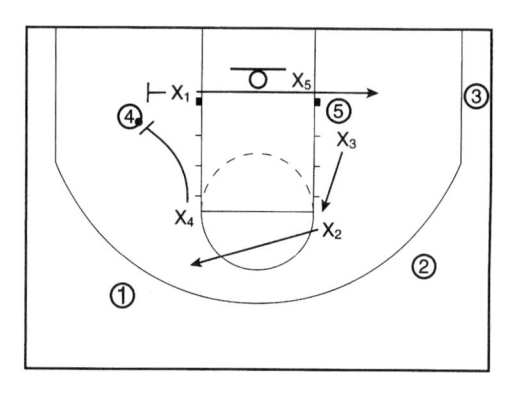

图 16.2　防守挡拆策略：交换防守。

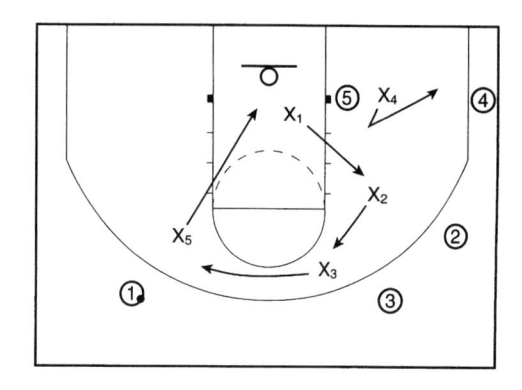

图 16.3　防守挡拆策略：小个子队员同大个子队友轮转换防。

沿底线绕前防守。另一个常用的防守方法是逼迫控球队员向底线运球。为了达到这个目的，当防守方看到攻方要做掩护时，掩护队员的防守者要立即喊出防守的信号（通常是喊一种颜色，或仅仅是喊一声"下！"），然后在掩护队员下面2~3步、防守队员一定会逼迫对方运球的方向占住位置，并且防有球队员的防守队员必须要凶狠地进行绕前防守，迫使控球队员（向"下"）朝底线运球进入掩护队员防守者的防守之中（图16.4）。这是在球场两翼或底角防守时经常用到的防守策略。

在弧顶也可以运用逼迫对方向底线运球的防守策略，但运用时效果不是很好。掩护队员的防守者根据自己所希望将控球队员逼迫到的位置，喊"右下！"或"左下！"，然后防守有球队员的防守者在外侧逼迫控球队员朝向掩护队员的防守者运球（图16.5）。

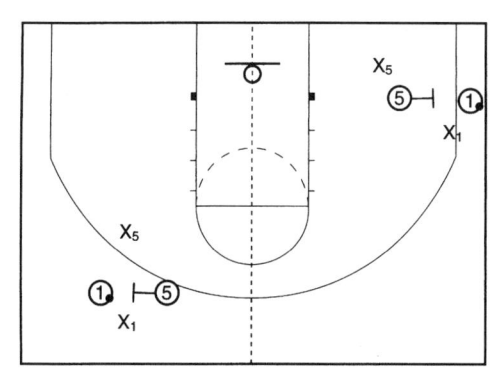

图 16.4　防守挡拆策略：绕前防守以向底线逼迫对手。

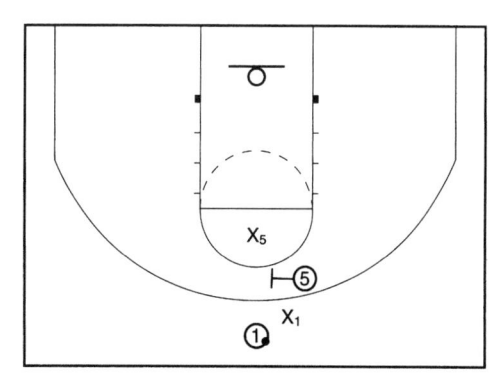

图 16.5　防守挡拆策略：掩护队员的防守者喊"右下"或"左下"。

在两种情况下，X_1 必须要保证与控球队员的身体接触以避免对方快速从自己和 X_5 之间摆脱。在防守边线挡拆配合时，必须决定是希望 X_5 撤回来防守⑤以阻止其接球，还是希望其他队员换防⑤（图 16.6）。如果此处战术设计的比赛情境是队员⑤在距离球篮 15~17 英尺时投篮很准，X_2 就换防⑤。如果 X_5 不能及时撤回，X_4 就在⑤切向篮下时换防⑤，然后防守队员（X_5）穿过半场到弱侧去防守出现空位的进攻队员，在此处是④（图 16.7）。当在弧顶防守挡拆配合时要做出同样决定。

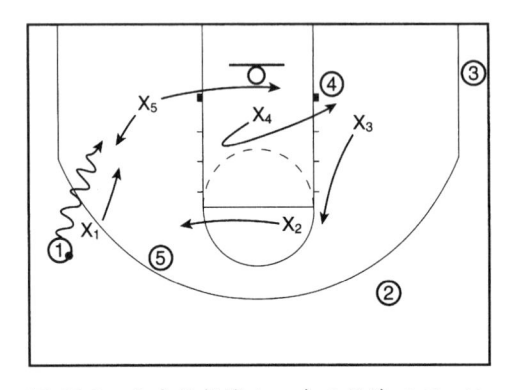

图 16.6 防守挡拆策略：在两种情况下，X_1 要与控球队员保持身体接触。

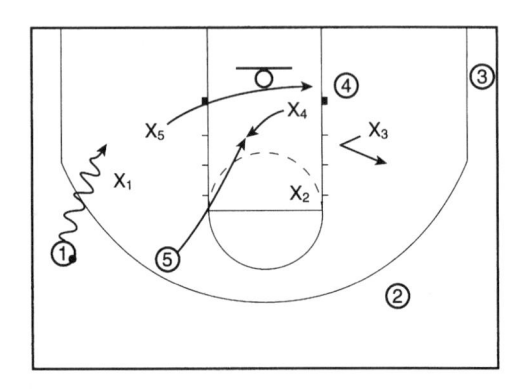

图 16.7 防守挡拆策略：如果 X_5 不能及时回防，X_4 就换防⑤。

防守策应的策略

赛前计划的另一个内容是如何较好地做到防守策应。要对抗一支具有一名或多名强势低位中锋的球队时，最好的办法应该是人盯人防守，并且在对方接球后或者向罚球区内突破时要为在低位防守的队友协防，以及当对手做高吊传球且球在空中飞行时，对全部或部分内线对手进行绕前防守，或从弱侧进行协防。另一种选择是对内策应区里的某一进攻队员进行包夹，目的是将其逼向端线同时干扰其他对手，直到对手将球带到一个极其靠下的位置。还有一种可能，就是利用区域联防对付策应能力较强的球队。此处介绍的主要内容不是如何执行包夹与轮换防守，但也要像对防守挡拆一样做好防守低位中锋的准备。

防守拉空单打的策略

有些球队具有 1~2 名喜欢拉空一侧防守进行 1 对 1 单打的队员。如果你是一名教练员，你就要决定是对该队员进行一对一对抗、在弧顶包夹，还是将其逼到底线后再进行包夹。在图 16.8 中，控球队员在 X_2 的影响下向中路移动，而 X_1 上前对拉空的②进行包夹，此时 X_3 和 X_4 要相应地进行换防。

在图 16.9 中，防守队员逼迫控球队员将球运向端线，X5 上前参与包夹，其他防守队员随之进行换防，即 X4 防守⑤、X3 做 V 形回切防守④。

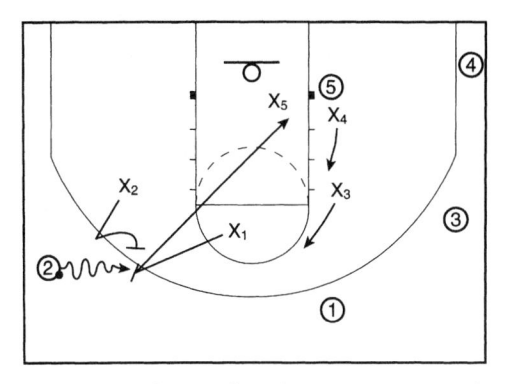

图 16.8 防守拉空单打策略 1：将控球队员逼到中路并进行包夹。

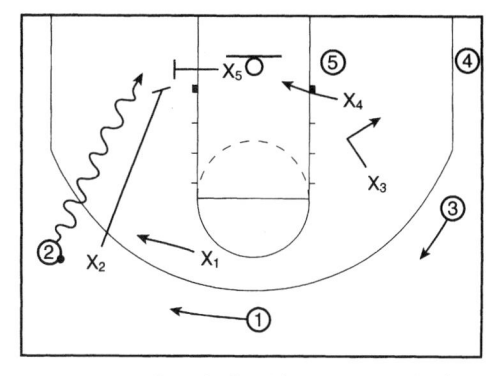

图 16.9 防守拉空单打策略 2：迫使控球队员向端线移动，X5 与 X2 对其进行包夹，同时其他防守队员进行换防。

当一名进攻队员在某个位置拉空防守需要对其进行协防时，也可以将防守变换成区域联防，一般是 2-3 联防。其他 4 名防守队员要在有球队员的防守者附近按联防的阵型落位，准备协防或突破对方进行包夹。图 16.10 中防守队员在 X2 附近按联防落位对拉开单打的进攻队员②进行 2-3 联防。当然，变换成这种防守形式之前队员必须要有所准备并进行口头提醒。

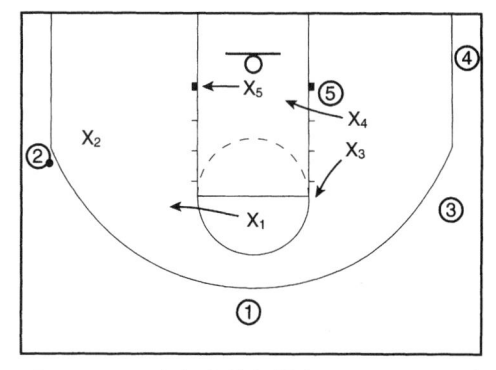

图 16.10 防守拉空单打策略 3：运用 2-3 联防。

换防概念的理解

球队在进行人盯人防守时明白换防的准则十分重要。有些教练员从不喜欢换防；有些教练员会在情况紧急时，如某个防守队员被摆脱时才换防；而有些教练员主张只要时机合适就立即进行换防。上述做法（以及其他类似方法）都曾被教练员运用过且获得过冠军。在这个问题上没有唯一的答案，最重要的是要让队员对所选择的防守策略不断地进行练习，并保证始终进行交流，从而在换防时机出现时能够毫不迟疑地进行换防。要实现这个目标，就要求队员共同努力进行练习。

防守对手核心战术的策略

这部分可概括为，不仅要在防守时做出正确的防守对位，有防守对手一般性进攻手段的策略（如挡拆配合、内线策应、拉空单打等），而且还必须研究对手 2～5 种进攻配合，并清楚如何最大程度地限制这些对手的发挥。很难将一支球队所采用的每一种战术配合研究透彻（在 NBA 比赛中，有些球队所运用的战术不下 60 种），但对手总会有自己最擅长运用的战术配合，所以必须对这些战术有所准备，如运用包夹、换防或绕前防守等限制对手战术的发挥。

千万不能忽略对手的掷界外球战术。助理教练员要有一个对手在双方比分接近和比赛即将结束时所采用的掷界外球战术图表，同样要根据对手是在边线、对方篮下还是在全场掷界外球来提供相应的防守战术。

防守边线掷界外球策略。我们在防守小牛队掷界外球时的基本防守策略是阻止对手直接将球从界外传到低位或强侧底角（这样会留给对手快速向低位做短传球或在外线投 3 分球的机会）。图 16.11 显示的就是 X_3（要做到手疾眼快）在对手向底角传球的路线上进行防守，X_5 封堵⑤接球。

在防守边线掷界外球时，运用人数上的优势制定防守策略：

- 将防守方式转换为区域联防。
- 对手在第一传将球传到罚球线以下时进行包夹。
- 当对手将球传到弱侧时进行包夹。
- 对某个或全部队员进行换防等。

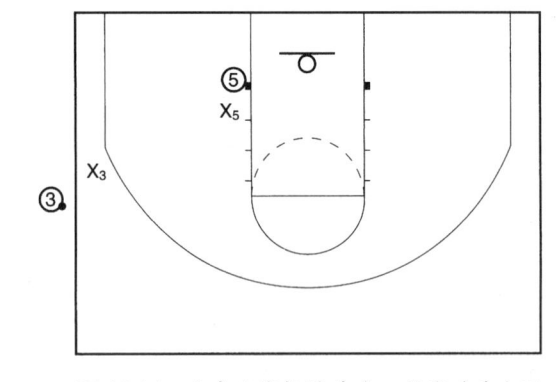

图 16.11 防守边线掷界外球：封堵对手向强侧底角或低位传球。

在上述情况下，暂停之后进攻方通常会布置一套战术，而防守方就应该针对防守阻止对手轻易地实施该战术。在对手进行第一次传球入界时进行包夹是非常危险的，尤其是当负责掷界外球的队员是一名出色的投手时，因为在传球后该队员无论是进入球场接球投篮，还是向里切入都非常具有威胁。我们常用的一个方法是紧逼掷界外球队员 2 秒、甚至 3 秒后快速防守球场上其他 4 名接球队员中首先出现空位的队员，并阻止其接球。然而，如果对手成功地将球掷入界内，防守队员就必须快速地回防所负责的队员。在其他时候，我们会让防守掷界外球的队员在封堵其向界内传球 2 秒后，快速找到我们最不希望其接到球的那名队员，如科比·布莱恩特这样的队员。此外，如果界外传球的队员成功将球发出，防守队员就要迅速撤回对掷界外球队员的防守。

有些球队喜欢让一名（甚至是两名）队员在对手发球后 5 秒钟内一直紧逼防守掷界外球的队员。这种方法在对手进攻时间剩余 1~2 秒且需要传高吊球时最为有效。因而很有必要派一名手疾眼快的高个子队员防守掷界外球队员。

防守端线掷界外球策略。我们一般采用人盯人防守，同样也强调防守对手两种轻松得分的方式，即直接掷到篮下的传球和在强侧底角轻松地接球投篮。比赛最后时刻我们也会对端线掷界外球进行联防，但采用这种方法防守顶级球员时较为冒险。在高中和大学的比赛中联防仍然很有效，但无论任何水平的比赛，球员的技术水平越高，运用联防时篮筐受到的威胁就越大。如果进攻队员在端线进行以多打少或在吸引中路防守后，当一名进攻队员切入空位时，一次小的失误就能留给对方快速上篮的机会。

我们采用人盯人防守，并要求防守掷界外球的队员朝篮下移动，以协助队友防守，防止对手直接将球传到篮下。以此防守方式站位，这名队员就可以看到球和球篮附近的情况（图 16.12）。该队员必须做到手疾眼快，通常他在这个位置也可以阻止对手轻松地向弱侧底角传球。

以下是为阻止对手轻易在强侧底角接球投篮的策略选择：

• 让队员上前逼防自己所负责防守的队员，仅在紧急情况下进行换防。

• 让一名小个子队员在对手重叠站位或掩护的外侧防守，另一名队员在限制区防守，然后再进行换防。在外侧的防守队员并不一直跟防首先切入到内线的队员，而是放对手切入，再重新到底角进行防守（图 6.13）。

有些球队在防守掷界外球时会首先让防守掷球的队员在限制区中部进行防守，然后再到底角进行防守。在限制区内的防守队员 X_3 要到 X_1 的位置进行防守，但在做出这些行动之前，X_3 与 X_1 要有所准备或做好沟通

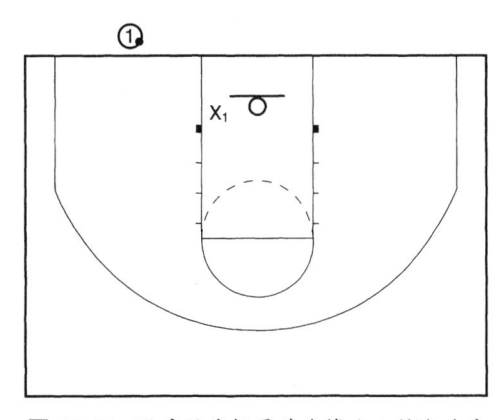

图 16.12　防守端线掷界外球策略：封堵对手向篮下或弱侧底角的传球。

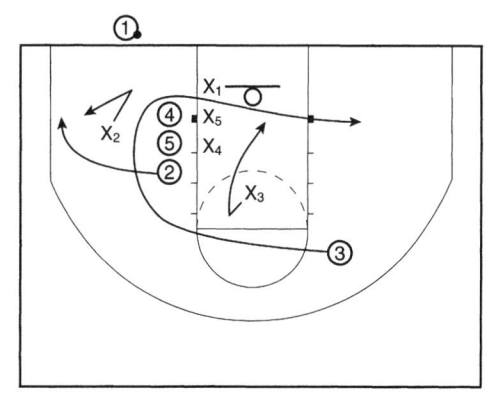

图 16.13　防守端线掷界外球策略 1：让一名小个子队员在重叠站位或掩护队员的外侧防守，另一名队员在限制区防守，然后再进行换防。

（图16.14）。如果运用合理，这个防守策略将会收到很好的效果，但同样也很冒险。

防守全场掷界外球策略。在比赛过程中，一支球队紧逼防守的理念支配着队员防守全场掷界外球的方式，它体现为多种形式。在某一节比赛所剩时间不多时，一支球队无论是采用全场人盯人、区域紧逼还是半场落位防守，建议防守掷界外球的队员回到中场附近对"球场腹地"进行防守。这名队员要注意观察球的走向，并在对方长传后参与协防接球队员并封盖其投篮。如果对方在掷球入界时短传球，就不上前协防，一旦对手做长传球，当球在空中飞行时就上前参与夹击接球队员。或者，如果接球队员试图快速向前场运球突破并投篮，该防守队员就要对其进行协防。

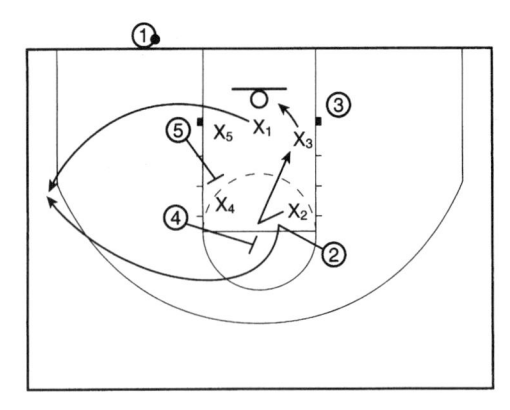

图16.14 防守端线掷界外球策略2：在限制区中部布置一名防守队员，然后再到底角防守。

有些球队喜欢通过干扰对方的传球视野、封堵传球路线对掷界外球队员进行紧逼，虽然这种防守策略很有效，但我们还是更喜欢进行中场防守。

比赛中的调整

比赛中策略的调整，需要注意的三个要素是：比赛态势、比赛节奏和防守对位。作为教练员，当比赛中注意到这些要素时，就会了解是否要对比赛中的策略进行调整。

比赛态势

比赛态势决定着大多数比赛的成败，它可分为有利、不利和对等，即双方都有机会争取三种。比赛中当态势对本队有利时，要尽量避免比赛局面发生改变，如保持场上阵容、防守策略不变并尽量避免叫暂停。当比赛态势处于对等时，尝试利用布置某一战术、一次关键换人或调整防守激发比赛的态势。当然，比赛处于不利态势时，应注意在防守对位、场上阵容、进攻或防守方案等方面做出调整。一般来讲，防守策略的调整更有利于改变比赛的态势。将盯人换联防、联防换盯人、盯人换紧逼，以及包夹对方核心队员或换用其他的防守方法等在激发比赛势头的同时，还能干扰对手的进攻，甚至在比赛势头不利的情况下，完全放弃当前所运用的防守方式。缜密的策略调整能够压住对手的比赛势头，并且清晰透彻，易于执行。不要由于惊慌而草率地做出调整，但也不要过于固执而坚持不做调整。

比赛节奏

大多数球队能够打出自己所擅长的比赛节奏，尽管发现对手也喜欢并更擅长于同样的比赛节奏时，仍然会坚持以此节奏进行比赛。教练员可以通过记录球队在一节比赛中的控球时间判断自己球队的最佳比赛节奏，也可以利用队内练习赛观察每节比赛中控球时间较长和较短时各有什么效果。平均每分钟控球在 1.75 次以上时，标志着比赛节奏较快，而低于 1.75 次则表示较慢（尽管这一指标不甚科学，但至少是我们的经验）。以这种方式记录直到对方获得球权时才算我方控球结束，即在这种记录方法中，如果对方将球碰出界外，我方掷进攻界外球，仍然以我方控球来计。在对方控球之前都算作是我方的控球时间，这就是我们记录控球时间的方式。

比赛态势和节奏判定的策略

我们发现，最好不要完全相信自己对比赛态势和节奏的"感觉"。评价比赛态势和节奏最好的方法就是参考包括多方面数据的控球图表，而图表内容的具体设置由你自己确定。记录人员可以用图表记录多方面的细节信息，包括每次球权是如何获得与丢掉的、谁投的篮、谁抢到了篮板球、谁进行的抢断，或者是谁的失误、采用过何种战术配合等。如果需要，还可以记录其他更多的细节，但图表的关键要素是能够体现比赛态势和节奏。表 16.1 和表 16.2 显示的就是两种记录图表的方式。表 16.1 是一个简单图表，而表 16.2 是一个复杂且信息量较大的图表。

表 16.1 简易控球表

本 方 球 队
1	2	3	4	5	6	7	8	9	10	11	12	13	14	15	16	17	18	19	20	21

对 方 球 队
1	2	3	4	5	6	7	8	9	10	11	12	13	14	15	16	17	18	19	20	21

图表为说明比赛节奏提供了具体的依据。如果球队得分，图表记录员在本次控球次数编号上画圈，如果没有得分，就画 × 号。每一节比赛都要有统计图表。这种图表看起来似乎无足轻重，但细看表上的内容，就能显示出比赛的真实性。了解节奏对比赛非常有帮助，例如，如果球队喜欢打快攻和频繁出手投篮，你就会希望了解自己球队在比赛过程中的控球次数。如果你希望球队平均每分钟获得两次球权，而队员在 5~6 分钟后才获得 8 次控球机会，那就是比赛节奏出了问题。反之，如果你希望限

制对手整场的攻防节奏，那么，该场比赛的控球数据就应该是平时节奏的一半。如果球队不善于打慢节奏的比赛，你可以尝试对某次进攻或防守进行调整，从而将比赛节奏加快。当然，如果打快节奏的效果不是很好，也可以将比赛节奏降下来。

当球队连续 4 次进攻没有得分，或者对手连续 4 次进攻得分时，数据统计人员就应该告知教练员或助理教练员（此数字带有主观性，你也可以选择 3 次），使他们了解当前的比赛态势。当首次看到这个信息时，你也许可以不叫暂停或做出调整，但如果消极的比赛态势仍然持续下去，做出某些调整就显得十分必要。

作为主教练，我经常会问数据统计人员：“我们获得了多少次球权？”在球队席附近的人可能会不明白我的意图，但是对于一名教练员来说，做出调整与否对比赛有着很大的影响。

表 16.2 所显示的是一个较复杂的统计图表。这个图表事实上就是对比赛的一个概览。图表显示我队是在跳球后获得的球权（jb，即 jump ball），然后 14 号队员出手投篮（如果投篮得分，就在其号码上画圈，如果投失，则不画圈）。我队采用的战术是 3 up 且在低位投篮得分。如果 14 号队员得分，就备注"高吊传球"，假定是 5 号队员的助攻，就标注（Ast-5）。当因为 5 号队员抢断而再次获得球权时，就标注（st-5）。然而，如果是因为在打快攻时 44 号队员带球走步而失去球权，就标注（tr-44）。如果第三次获得球权是因为对方 13 号队员投篮得分，就标注（fg-13）。如果 20 号队员投篮未进，然后自己通过抢得进攻篮板球后投篮得分，就标注（orb-20）。

出色的数据统计人员通过技术统计为教练员提供所需要的细节。当我多年前在厄勒姆学院执教时，我的经纪人约翰·史夫特几乎能将全场比赛的数据全部统计出来，现在他已经是一名成功的公关理事和作家。当我执教高中球队时，有一位卖车的朋友曾帮我统计过比赛数据，因此并不一定是教练员才能胜任这项工作。

表 16.2　较复杂的控球图表

	HBO	FGA-FG	FTA-FT	HBL	Play action	Ast.	FB	SEC	Comments
1	jb	14			3up,low post	5			lob pass
2	St-5			Tr-44					
3	Fg-13	20–20			4 down			Orb-20	
4									

注：HBO，如何获得的球权；FGA-FG，出手投篮队员的号码，投中画圈；FTA-FT，记录罚球中篮或罚失情况；HBL，记录为什么失去球权（对方在本队得分后获得球权无需记录）；Play action，记录比赛中用到的战术口令；Ast.，记录助攻及助攻队员号码；FB 和 SEC，快攻或二次快攻成功次数；Comments，两支球队中需要提及或改进的成功的或稍显不足的战术行动，也可以用于记录时间和得分，或防守形式的变换及队员的替换情况。此表也可以根据自己的需要，制作成缩写的统计数据图表体系。

改变防守对位

显然，当一名教练员最初采用的防守策略收效不大时，就可以改变防守的对位。有时候打"小个子阵容"能够有效地加快比赛节奏，提高防守的强度；而有时候换成"大个子阵容"或许打策应将会效果更好；也许某一套阵容更适合于联防，而另一个阵容更适合于紧逼等。此外，有时以小防大会效果较好；有时间断地进行以大防小能够迫使对手用远端手投篮，从而成功地将对手防下。

调整比赛的其他方法

我并不认为教练员应该以技术统计作为评价球队、个人以及决定比赛策略的标准，但毫无疑问，技术统计是教练员可以在比赛中聪明理智地利用的工具之一。既然如此，我们就希望队员在比赛中能有出色的技术统计。助理教练员会在每一次暂停时收到比赛的统计数据，而这是我们进行半场评价的重要依据。对于球队来说，图表信息中最有用的除了控球统计数，还有下述内容：

- 挡拆配合统计。本队在防守挡拆配合时做得怎样，以及运用的战术配合是如何成功。将战术分解，弄清楚参与挡拆配合的队员以及掩护所设置的位置——弧顶、侧翼、场角、肘区或高位侧翼。记录在防守挡拆配合时是如何换防的。希望每次防守能将对手得分命中率降低一个百分点，如果不能实现这一目标，就改变防守策略或换上另一名队员进行防守。
- 盯人与联防对比。本队在对手获得球权时用过多少次盯人和联防，以及有多少得分没有防下。另外，可能会用到的紧逼防守、混合防守等防守形式，例如，四联一盯，三联二盯，以及在某次防守过程中将盯人换联防或联防换盯人。
- 低位攻防统计。本队让对手将球传到低位的次数，以及对手在低位接球后结果如何。统计是否进行包夹、掏球、一防一，以及每次对手在低位控球时各有多少分没有防下。这个统计结果决定本队是否要增加或减少在低位防守战术配合的策略。
- 快攻统计。详细记录在攻防转换中，打快攻时如何被对手拦截，同样，本队在快攻中的得分，以及防守快攻的成功率。
- 突破统计。应注意在前场被对手带球突破的次数。如果遭到对手多次成功突破，就采用松动盯人防守或换为联防，尽管联防可能也同样遭对手突破。如果某个队员很难将对手防住，就将其换下或采用对摆脱防守的队员进行包夹。

虽然值得我们探讨的细节还有很多，但以上所述是主要方面。这些数据能够表明是在下半场开始时，还是在比赛进行中就开始采用某一策略。

混合防守和变换防守

本章我们无法展示这部分所谈及的防守技术的动态过程，但通过改变常规防守方式确实可以使比赛的进展对自己球队有利。但是，当用基本的防守方法就能够限制对方的进攻时，不建议乱用过于非常规的防守手段，此类方法更适合于处于劣势的一方使用。有时，尤其是在高中或大学水平的比赛中，当常规防守策略不奏效时，运用下面的一些防守策略就能使对手陷入慌乱：

- **四联一盯**：它是 4 名队员进行 2-2 或 1-2-1 联防，再留下一名防守队员盯防对手绝对主力以阻止其接球的防守方法。在 60 年代末 70 年代初，我执教大学球队时曾用过"四联一盯"防守作为对位区域联防和人盯人防守的完善，即负责联防的 4 名队员按照对位防守的原则防守 4 名进攻队员，另一名防守队员负责盯防对手最具威胁的进攻队员。

- **三联二盯**：它是四联一盯防守的变化形式。在这种防守中，两名防守队员负责盯人防守。

- **联防换盯人防守**：它是在比赛中对手将球传到高位、从球场的一侧转移到另一侧边翼，或将球传到底角时的某个关键时刻，队员先以联防站位然后再换为人盯人防守的方法。如此防守的优势是让对手以进攻联防的方法进攻人盯人防守，而攻联防的进攻方式比进攻人盯人更容易防守。

- **盯人换联防**：与刚才所描述的变换防守的方法相反，它是在对手进攻人盯人防守的效果较好时所运用的。当对手将球传到某个计划好的区域或某个特定队员的手中时，就换用区域联防，这个调整能够有效地防下某些挡拆配合，尤其是防守善于单打的队员，对抗对手的低位进攻也同样很有效。

- **交替变换防守**：变换防守方式能迫使对手猜测你将做何防守，并能够将其富有成效的进攻瓦解。我们曾在比赛进行中（而非暂停的时候）多次变换防守方式而使对手不知所措。例如，当对手带球过半场时（在对手没有打快攻的情况下）我们以人盯人防守站位，并根据防守位置选择防守方式——在球场右侧可能就做人盯人防守，在左侧就换成联防。同样，当对手将球转移到弱侧或将球传到某个区域或传给某个队员时，我们也会将联防换成盯人。我们曾运用过根据自己球队上一次进攻后是否得分，或总得分是偶数或奇数时决定是否变换防守方法。切记，这些战术主要是给在比赛中处于劣势的一方，或当球队比分落后且常规的防守策略不奏效时替换用的。这不是强队开始比赛就运用的防守方式，只是用于战术调整。

比赛后期的防守策略

一般情况下，要提前设计比赛后期的防守策略，以避免在某场重大比赛后期压力之下做出冒险、轻率的决定。下面是一些事先深思熟虑的，而不是在比赛最激烈的时候考虑的防守策略：

• **当比分落后，需要采用犯规战术时**。比赛水平越低就要越早地利用犯规来停表。也就是说，一位明智的教练员在传授如何进行侵略性防守的同时，也要教会队员如何采用犯规战术。有时，当一支球队运用侵略性防守以挽回局面时，裁判员可能在队员进行抢断或迫使对手失误后，放宽判罚的尺度而没有吹犯规。无论怎样，比赛的水平越低，在比赛最后时刻出现咬紧比分罚球的可能性就越小。如果可以利用对手的技术统计获得对方队员的信息，那么就能知道最应该对谁犯规以及最不能对谁犯规。在NBA比赛中，我们球队曾运用过被人们所广为传扬的"砍鲨战术"，即有目的地对沙奎尔·奥尼尔，以及其他罚球命中率较低的队员犯规，迫使他们罚球而不是扣篮得分。

当然，在这一情况下要考虑的主要因素是自己的球队落后多少分。当球队比分落后，分数在10分以上、7~9分，或6~1分时作出分别在何时犯规的决定。比分落后得越多就要越早地去犯规停表，以延长比赛时间。落后6到1分时，只需要一两次对球控制的进攻机会就能追回，这时何时作出犯规的决定与大比分落后时有着很大的不同，所选择犯规的时间也要根据比赛的水平以及对手的罚篮能力而定，但重要的是要提前制定一个犯规方案。在NBA比赛中，如果球队落后10分或更多，倾向于在比赛结束前3分钟犯规；落后7~9分时，在比赛结束前90秒时犯规；在两个回合就能追平比分时，在比赛剩30秒或更少时犯规。不过，无论何种情况，在犯规前都要努力对对手掷界外球进行抢断。

• **领先3分时的犯规时机**。许多人争论，在比赛最后时刻对正在做3分投篮的对手进行犯规，而不去冒险让对手投3分球将比赛打平，这种做法是利还是弊。当我在达拉斯小牛队执教时，老板马克·库班最喜爱利用技术统计数据来说明很多比赛中的一个剖面问题，即根据统计显示，在比赛时间剩6秒或更少时，即使对手的罚球命中率高达90%，对其犯规仍会有利于自己球队（虽然不是特别有利）。在得到这个数据之前，我们倾向于在比赛剩余5秒或者更少时犯规，并收到了较好的效果。无论在此情况下作出何种决定，都要提前做好解决方案，并让队员对其进行练习。

• **换位以防守对手投3分球**。在比赛最后时刻要保持比分领先，就要更加重视防守对手投3分球。当在比赛最后时刻对手需要投3分球时，好的防守换位至关重要，此时要将个子大、速度慢、防守能力差的队员换下，派上能够快速换位防守的阵容。如果能够防下对手投3分球，那么就能赢得比赛，但要提醒队员不要按照常规防守策略去做，如后撤防突破、在低位包夹或对投手犯规等。本能地后撤以防守运球突破，就会留给对手在突破后向位于外线的3分投手传球的机会，致使对手流畅地接球并投篮。要控制这种出于本能的防守欲望需要在练习中强化并重复训练。

在比赛最后时刻，有三种可以击败防守、追平比分方法：
- 投3分球，这是追平比分最快捷的方式；
- 快速投两分球，这种方法只需要极短的进攻时间，或者
- 抢得进攻篮板球后补篮，这是一种在落后1~2分时采用的独特方法。

当比赛时间剩余一分钟或更少时，如果球队落后5分且还有两次进攻机会，通常要先快速得2分，然后再争取投一个3分球，因为如果在投篮命中率不高的队员将3分球投失后进行犯规，对手再得两分就需要3次进攻才能追平比分。因此，虽然必须告知队员要准备好防到3分线，在对手做挡拆配合时能换防就换防，但要始终遏制对手快速得分，并提醒队员要挡开对手以防止对方抢得篮板球后补篮得分。

很多情况下，尽管一支球队在防守端做得很好，却仍然输掉了比赛。因为对手没什么失误，并且所有队员都积极地争抢篮板球做二次进攻。当然，在比分相差2分时，对手很有可能将比分追平，但如果对抢得篮板球的队员犯规，或该队员将球传给位于3分线外的队友时，依然有输掉比赛的可能。粗心地对正在投2分或3分的对手犯规，也可能导致球队输掉比赛。

当比赛所剩时间不多，对手需要投3分球追平比分时，所有队员都要到对手的近球侧进行防守（图16.15），并堵截对手向强侧底角的传球。要让队员对这种情况进行练习——在后面的练习中，对此提出一些相关的建议。

若对手做挡拆配合，队员在进行换防时必须要交流。一个可以在这种情况下运用的防守策略如图16.16所示，但首先要进行练习，使5名队员在3分线外排成一排进行防守。

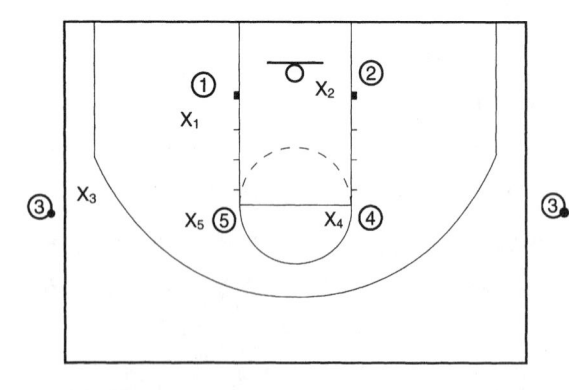

图16.15 比赛后期防守对手投3分球：所有队员都要在自己所负责防守的进攻队员近球侧进行防守。

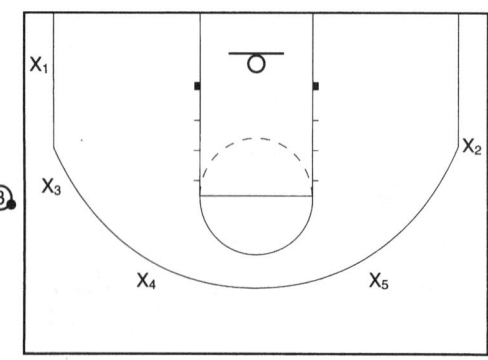

图16.16 比赛后期防守对手投3分球：所有5名防守队员在3分线外呈弧形排列进行防守。

切记，对手只有投 3 分球才能将比分追平，当比赛剩余时间不到 6 秒时还可以去犯规，但在犯规时一定不能让对手快速作出投篮动作并获得 3 次罚球的机会，如果让对手获得打 4 分的机会，情况会更糟。

防守策略的练习

在比赛最后时刻，如果想要保住领先优势并赢得比赛，就必须通过训练使队员能够适应在最后时刻防守对手战术策略的压力。以下是培养这种能力的训练方法，你可以利用这些简单的练习内容来制定自己的训练计划。

• ***从不同掷界外球处进行 1~3 次一组的攻防练习赛***。从边线外、端线外、全场、全场 3/4 处，以及在前场底角沿端线等不同的掷界外球位置开始掷界外球。在练习中要将练习赛的时间调整为剩余 20 秒、10 秒、5 秒和 1 秒。在这个练习赛中，每次进攻都是以掷界外球开始。

• ***两分钟练习赛***。就像足球运动员常年所进行的练习一样，篮球运动员也能够从 2 分钟练习中得到提高。这个练习有多种形式，例如，可以按正常比赛的形式进行，用计分板计分，打完整场比赛；采用所喜欢运用的练习形式进行练习：保持整个 2 分钟练习的情境不变，也就是无论哪一方负责进攻，防守一方总是以落后 2 分开始，这样，在每一次交换球权时，获得球权的进攻方要努力保持领先优势，负责防守的一方要努力将比分追平，在这种情况下，练习中唯一变化的就是比赛时间在不断地减少。通过这种方式的练习，在球队领先或落后 2 分时，就知道应该如何处理。当然，也可以变换情境进行练习，如领先或落后 3 分、领先或落后 1 分、领先或落后 5 分等。

• ***7 次或 9 次攻防练习***。前面已经对一些战术进行了不设防守的练习，而现在这些练习的情境由防守的形式决定，双方都控球进攻 7 或 9 次，练习的形式可以是：

全场掷界外球进攻人盯人紧逼防守；

折回来时，全场掷界外球进攻区域紧逼防守；

全场 3/4 处掷界外球进攻人盯人或返回来采用区域联防；

全场边线掷界外球进攻人盯人防守；

在需要得分情况下，采用阵地进攻对抗人盯人防守；

在需要得分情况下，采用阵地进攻对抗区域联防。

另外，还可以额外加上两次进攻，例如，在边线或端线掷界外球进攻区域联防、在半场掷界外球准备投 3 分球，或者在比赛时间仅剩 5 秒时掷界外球。

• ***进攻—防守—防守三次攻防练习（攻—防—攻）***。由主教练负责设定比分及比赛的时间。进攻方按照教练员指示的位置进行全场、边线或端线掷界外球，或者以抢得篮板球或抢断开始进攻。如果进攻队员投篮中筐，就记进攻方得 1 分；同样，如果防守队员成功将进攻防下，记防守方得 1 分，然后双方交换攻防角色，向球场的另一端以同样的方式进行第二次攻防对抗，最后，最初负责进攻的一方再以同样的条件进行第三次进攻。在三次进攻后就会有一方获胜，如比分为 2 比 1 或 3 比 0。获胜的球队准备进行下一个练习赛，教练员再为其设定新的练习赛情境。

- **设定一系列比分相差 1 分、2 分、3 分、4 分或 5 分的情境**。一些基本情境如下所示：

  落后 1 分且对手正在进行两次罚球；

  落后 1 分且对手要在边线掷界外球；

  领先 1 分且对手在篮下控球；

  领先 1 分且对手在后场端线外掷界外球。

- **进行与比分落后 2 分、3 分、4 分或 5 分时同样的练习**。现在进攻方以比分领先的情境进行练习赛。在练习赛中，要不断将比赛剩余时间从几秒到 1 分钟之间变化。

- **制作描述各种比赛情境的卡片**。制作描述比赛情境的卡片，然后将卡片混在一起让队员来抽，抽到哪个比赛情境，就以卡片所描述的情境进行练习赛，甚至抽卡片的那名队员要充当教练员的角色并要指挥战术行动。另一方也一样，要抽卡片且"执教"自己的一方，然后看哪一方在两次攻防对抗中能够制胜，最后再对哪里做得好、哪里做得不好进行讨论。

我们的主要目标是能够在比赛中运用多种防守策略，并在训练中尽可能多地练习这些策略。康涅狄格州大学的教练员吉姆·卡洪在每次练习时都会对其中的 9 项情境进行练习，因此他所执教的球队总能做到有备而战。

第六部分

执教要点

第十七章　高效训练方法

劳伦斯·弗兰克（Lawrence Frank）

篮球界有这么一句谚语：空有得胜之心而不为之准备是毫无意义的。在一个漫长的赛季中，一支球队想要始终表现出高水准的战斗力，就必须在训练中投入足够的时间和精力来培养队员良好的训练习惯。

准备工作绝不仅仅是训练。在常规集训期前后，队员的技术水平也同样可以提高，例如，让队员观看比赛录像、力量与体能训练、和队员单独谈话或让教练组其他成员与队员进行单独或集体地交流，以及通过网络向其他教练员学习新的战术打法等都是赛前准备的内容。

为了取得比赛胜利，包括教练员在内的每一名球队成员都必须在赛前准备中心甘情愿地为球队付诸努力，否则在比赛中球队就很难有出色的表现，道理就这么简单。在比赛日调动球员和教练员的积极性很容易，但是，如果在日常训练和其他准备活动中没有积极投入就很难有好的比赛结果。队员的日常训练和赛前准备情况决定着他们在赛场上的表现。

训练理念与计划

一支球队要有自己的训练理念与计划，并且要得到每一位球队成员的认同。训练理念是训练计划的基础，训练计划的实施是在具体的训练准备中实现的。绝不能为了训练而训练，要先在心中设定一个目标。赛季初期训练目标就是要使所有队员都明白你的执教理念。当他们明白了你的训练目标和训练计划，他们就会在球场上将其付诸实践。教练员的执教热情是极富有感染力的，热情地实施训练计划，热情地对待整个赛季，队员也会被你的热情所感染。

总训练日程安排

教练员首先要做的就是列出一个贯穿整个赛季的总体训练日程安排，并标记出训练日、比赛日和休息日，列出所要掌握的技能以及每天、每周、每月要达到的训练目标。

这些训练目标主要包括队员个人技能的提高、整支球队（进攻与防守能力）的提高、特殊比赛情境的应对能力以及每天要掌握的信息。总体训练日程计划一旦建立，就要开始草拟个人训练计划，每次练习都要有具体的目标。在综合性的训练计划形成之后，要优先考虑团队配合的训练并安排足够的时间。

教练员在每次训练时都要有一个详实的训练计划。我有幸从篮球史上最优秀的教练员之一——鲍勃·奈特那里学习到了许多知识，他让我懂得了赛前准备和训练纪律及组织是成功的关键。无论在集训期，还是在赛季中的某次投篮练习中，都要有一个将训练任务精确到每一分钟的详细训练计划（表17.1）。这些计划能够使训练井然有序地进行，使教练员和队员有所准备地面对训练的每一部分，并使得训练以紧张、高效的节奏进行。

表 17.1　训练计划样表

第 24 次训练	2007 年 11 月 7 日	时间：10:00—13:00
9:30—10:00	技能练习之前的预练习	
10:00—10:15	集合、讨论、粗略演练	
	1. 收集当天的信息	
	2. 讨论利用规则的犯规	
	3. 单节比赛末的打法	
	4. 内线背身策应单打（间距的把握、传球后切入）	
	5. 介绍阵型站位	
10:15—10:35	拉伸 / 热身 / 迎前防守练习	
10:35—10:45	投篮（3 人 / 两球）、行进间投篮练习	
10:45—11:00	不设防守 5 人进攻演练	
	1. 到另一侧做练习	
	2. 内线背身策应单打练习：各种代号的战术练习	
	3. 挡拆配合练习：各种代号的战术练习	
	4. 接球投篮练习：各种代号的战术练习	
11:00—11:15	"绿色"战术练习	
11:15—11:30	轮换投篮 / 防守练习	
	1. 防守横切反掩护	
	2. 防守折区进攻	
	3. 防守边路挡拆配合练习	
11:30—11:45	5 对 5 进攻练习	
	1. 内线背身单打练习	
	2. 由内到外的挡拆配合练习	
	3. 到球场另一侧做练习	
	4. 突破分球及站位练习	
11:45—12:00	用交谈的方式讲解 2-3 区域防守	
	1. 防守打法：各种代号的防守练习	
	2. 防中路进攻和近底角的练习	
	3. 防运球突破站位间隙的练习	

(续表)

第 24 次训练	2007 年 11 月 7 日	时间：上午 10:00—13:00
12:00—12:15	各位置的技术练习	
	1. 后卫：培养挡拆配合意识、利用挡拆拉到外线	
	2. 前锋：标志性技术练习	
	3. 中锋：内线背身单打练习	
12:15—12:25	罚球练习	
12:25—12:30	集合 / 练习后期评论	
12:30—13:00	复习 5-0 半场进攻练习	

在练习之前，全体教练员通过会议共同制定训练计划。作为主教练，我会在会议中根据当天的训练目标提出一个较好的想法，但这一想法要得到其他人的同意，并在必要的时候作出调整。要尊重彼此的观点，即使在会议上可能会有不同的看法，但在球场上应始终保持团结一致。

重复练习及在比赛中的稳定发挥

实践证明，要想在比赛中有不凡的表现，就必须一次又一次地重复练习各项技能。在训练期间，教练员必须尽力传授和强调队员需要掌握并在比赛中运用的技能和心理素质。每次练习都要有目标并且绝对不能脱离比赛实际。如果球队是一支善于奔跑、紧逼、打快节奏的队伍，就要设计高强度的训练内容以使队员在球场上长时间地奔跑，并只用少量的时间休息。请相信，有什么样的训练风格，就会有什么样的比赛表现。

教练员平时怎样要求队员训练，他们就会在比赛中怎么样表现。如果希望自己的队员能够坚持不懈、意志顽强，就要在日常训练中找到一些方法来逐渐灌输这些思想。如果平时的训练松懈而散漫，在比赛中队员也会将这些毛病带到赛场上。如果训练安排得详细而周密，队员在比赛中也会有相应的出色发挥。

执教方法

在训练过程中，要运用多种执教方法来实现训练目标。我们很喜欢运用"分解—完整练习法"，即把某些具体的技术分解或独立出来进行练习，然后再将它们组合起来练习。无论是主教练带领的 5 对 5 训练，还是助理教练员对球员个人进行的分类技术训练，主要目的都是要队员掌握这些技能并将其正确地运用到实际比赛中。运用不同的方法来实现训练目标,有时采用观看录像展示需要达到的目标,有时需要队员观看队友是如何做的。对于有些队员,需要助理教练员单独进行指导。我们发现,队员掌握技能的最佳方式是让他们参与练习并实践。

训练计划的要素

要根据预先制定好的计划训练,但是,由于一些预料之外的变动或为了更好地适合队员,可以对训练内容灵活地进行变动。谨记,在长时间、高强度训练与过量训练之间是有界限的,要清楚地了解自己的球队,保证队员能够拥有足够的恢复时间。在训练过程中对球队进行调整很重要。任何一支球队都希望通过高强度训练,使队员在比赛中精神饱满、体能充沛。有时 90 分钟的短时训练要比极度消耗体力的 3 小时训练更为有效。通过整个赛季的训练效果来评定自己的训练计划,并在需要时及时作出调整,而在下个赛季我们会一起讨论训练计划的主要部分和影响训练计划执行的各种因素。

训练规定

我们有一些最基本的训练规定。例如,要求所有人(包括教练员)将球衣和短裤的拉绳塞好。无论在集训伊始,还是在赛季的帷幕已经拉开 4 个月后,每一次训练前都要求全体队员在中场列队集合,然后拍手鼓掌。队员以圆形列队,不允许任何人躲在队友身后。迅速集合后谈论场上场下正在发生的与篮球有关的事。

无论哪个队员过生日还是谁当了爸爸,都是全体队员聚在一起互相了解、培养队友之间友谊的大好机会。整个赛季中的每一次训练、会议、旅行和比赛都是与队友待在一起而不是陪在家人身边,所以培养队员之间的团队感对于球队来说至关重要。

无论是在职业还是大学水平的球队,抑或是高水平的球队中,可能都有一些来自异国他乡的队友。他们会思念家乡,他们或许正经历人生中最困难的时光,此时正需要我们将他们当做一个团队或家庭中的一员,不管大家是颔首微笑,还是开怀大笑都可以帮助他们走出人生的低谷。

一旦体会到其中的乐趣就可以一起讨论之前的收获。在集训时,会谈论当前的训练情况;在赛季中,探讨前日比赛的情况。实践证明,让队员明白自己是为什么获胜或失败是非常重要的。无论结局如何,都要谈及自己的优势与不足;尝试性地指出积极的表现和努力,以及期望再次达到的目标。训练前讨论会的时间不宜过长,以保证队员能很快地进行训练。

训练模式

球队的训练要有自己的模式，但不必每天以同样的模式进行。有些教练员喜欢每天按照惯例进行训练，而有些则会尽量避免单调的训练方式。要了解自己的球队并根据情况制定最适合本队的训练模式。

在集体训练开始之前，我们会对特定的队员进行训前技术指导，可能是单独地、小群体地、或对全体队员进行指导。日常的技能训练对于我们来说非常重要。

在训前技术指导之后，我们倾向于运用不同于其他球队的训练模式进行训练。许多教练员喜欢在训练开始时首先让队员放松然后拉伸身体，而我们每天在队员身体拉开之前就开始教授某种技能。这个环节可以是简单的交谈或演练一下某个技术、概念，也可以是介绍、回顾或提高战术打法。在集训期，我们通常会利用这个环节来教授如何实施基础进攻与防守内容、特殊情况的应对策略及演练。

我们发现，如果开始时仔细地讲解并简单地演练一遍要教授的技能，随后的正式训练就会变得十分流畅顺利。例如，如果在前一天晚上的比赛中，在防守对手边路挡拆配合时做得不好，就会在训练开始之前演练一遍针对这种情况所作的战术调整。这样，当进行防守边路挡拆训练部分时，就不需要中断训练来回顾当时比赛的情况，因为队员已经明白了自己怎样去做，所以只要给队员稍做提示就能使他们正确地投入训练。某个时候，我们会讨论或演练在训练中将要涉及到的内容，包括新的训练内容、比赛最后时刻的防守以及压迫式进攻等，这些内容都会在训练之前进行讲授，在训练到该部分内容时进行演练。

热身活动

在训前技术指导结束之后，用接下来的20分钟时间使队员做好训前的热身。里奇·达拉特里是球队优秀的力量与体能教练员，他会让队员做一系列带有移动和拉伸动作来使他们做好训练准备，如普拉提、瑜伽、固定自行车和运动拉伸等多种方法使球员热身。在热身的最后5分钟安排一些防守步法和站位的练习。

持球训练

当队员完成热身和拉伸练习后，通常以3人两球投篮训练开始，要求以比赛中的速度和节奏进行。在整个赛季都会安排投篮练习。在投篮练习之后，会进行全场5-0不设防守模式的进攻演练。要求队员在进攻练习中要融入战术体系中，并认真对待练习的细节。在练习中要强调进攻时机的选择、间距的控制、组织的形式、强行切入、合理的掩护角度，以及传球的及时性与准确性。

希望队员在战术演练中能够一直处于跑动状态，因为只有这样才能使进攻战术在比赛中执行得更加流畅。这样不仅能够使队员更快地落位，从而更快地形成进攻阵型，而且也能使他们更好地理解球队所要达到的战术目的。

在 5-0 进攻演练中，不仅要给队员战术指令，而且还会详细地告诉他们如何完成某个特定的战术。我们会练习多种进攻战术，并让队员发掘其中不同的战术打法，也会在战术配合的最后加入运球突破，而非总是以接球跳投练习结束该战术。例如，当做侧翼挡拆战术配合的练习时，并不总是让控球队员利用掩护摆脱防守然后跳投，而是会在该战术配合中加入尽量多的进攻方式。我们可能会让控球队员将球传给球场另一侧的队友做突破分球配合，此时不仅练习进攻战术配合，而且还加入了练习突破分球的内容。

提高投篮技能

投篮技术对于我们是如此的重要，以至于专门设一位专职投篮教练员来指导队员的投篮技术。在每天训练前后，他都会和队员在一起投入于投篮技术的练习，通常他会运用投篮录像片段来帮助队员提高投篮技能。

训练的节奏与流畅性

如上所述，希望队员在训练时快速跑位，以快节奏参与练习（尽管在必要时我们也会灵活地减慢速度来强调练习的重点）。当队员放松的时候，希望他们保持轻松状态。在训练过程中是不会有间歇的，一项练习结束后会立即进行下一项内容，各项练习都是以高速度、快节奏进行的。如果在一侧半场练习集体配合要进行下一项练习时，就快速跑到另一半场继续练习。

为了节省时间，我们为每一项或者每一部分的练习制定了一个特定的代号。这样，当第二天重复这项练习时，就不需要重新解释它了，只要说出它的代号，队员就会明白要练习的内容。

灵活执行训练计划

总体训练日程有助于把握整个赛季球队的训练计划。例如，在整个漫长的赛季中，每次训练不可能达到 3 小时，因此会根据赛季后 1/3 的训练目标，并结合总体训练计划实施短时间的积极训练计划。随着赛季的进行，考虑到某些队员在前一天晚上参加比赛时间的长短，根据具体情况进行一些短时而高效的训练来代替长时间的练习。

绝大多数球队都不得不面临的一个事实是，并不是大名单上所有的队员都有机会获得很长的上场时间，有些队员在比赛中并不会获得和其他队员一样多的上场比赛时间。所以在制定训练计划时要将这种情况考虑在内，让替补队员额外再进行3对3对抗练习或一些个人技术练习。不然，他们的状态就会因为训练时间的缩短而下滑。希望能有一个针对每名队员的具体训练计划，所有不能正常上场参加比赛的替补队员也要同样做好上场和轮换的心理准备，必须随时准备上场为球队效力。

助理教练员的职能

值得庆幸的是我们有一个出色的教练员团队。助理教练员做得相当优秀，这也是球队获得成功的重要因素之一。教练组成员都清楚自己的角色和职责，每名教练员都根据自己的责任范围为队员制定了详细的训练计划。

即使贾森·基德这样经验丰富的老将也能够在投篮技术的单独指导和练习中得到提高。

助理教练员不仅是球队的良师益友，而且还密切把握着球队的动态。他们用足够的时间赢得队员的信任，对队员的心理状态有着敏锐的洞察力。因此，在制定或调整训练计划中他们起到了重要的作用。例如，某个助理教练员会提醒我，队员训练都很刻苦、很努力，可以适当地降低一些训练强度。由于和队员之间的关系密切，助理教练员可以预料到队员可能出现的一些问题并在这些问题初露端倪时就将其解决掉。

我们的助理教练员花费了大量时间对队员进行一对一指导。因为NBA的整个赛季是如此之长，在整个赛季都要不断提高对于球员来说是至关重要的。无论是在练习挡拆意识、背身单打、投篮技术、防有球进攻，还是练习控球，助理教练员都始终奋战在提高队员水平的最前线。

实战演练

实战演练是练习中必不可少的内容。要确保在练习中所强调的内容就是队员在比赛中所需要的技能，并通过实战演练的方式加以巩固。像绝大多数教练员一样，相信实战演练是使练习中的情境在比赛中再现的最好方式。以下是我们在常规训练中经常使用的一些实战演练内容。

助理教练员在训练中起着十分重要的作用，因为他们能够指导队员练习并保证训练内容的合理、清晰。

防守演练

演练的核心就是球队防守的薄弱环节。球队极其重视全队的集体防守。每天都致力于练习由攻转守和防守背身单打、防守挡拆、防守有球队员、防守底线掩护，以及迎前防守、卡位和保护篮板球等。

我们每天进行的核心防守演练之一可能会与其他球队所进行的相似，即防守轮换练习。从基本落位开始，队员从第一天起就要明白需要控制球场中路、保护三秒区、封堵投篮、卡位以及拼抢篮板球。在整个赛季的防守轮换练习中我们会针对每一种进攻演练防守。同样，也会练习防守挡拆配合，以及练习防守对手在做挡拆配合时所可能选择的各种进攻方式。

迎前防守练习一

队员 X_1 从篮底左侧开始，在保证中路防守质量的前提下快速移动到罚球区右角，然后沿罚球区右侧滑步防守到篮下右侧，同样在保证中路防守的前提下再快速移动到罚球区左侧，最后以防守姿势滑步到练习开始的位置（图17.1）。这就是一组练习，每个队员要做 3 组。

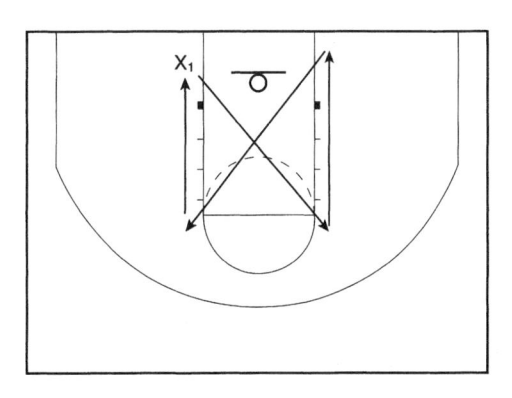

图 17.1　迎前防守练习一的训练内容。

迎前防守练习二

队员 X_1 持实心球背对篮筐从球场左侧底角开始，以防守姿势向位于罚球区左角外侧的第一个锥形标志物做滑步，当移动到那里时立即放下实心球朝着位于篮圈下的标志物滑步，在篮下拿起另外一个实心球并以防守姿势朝着位于罚球区右角外侧的锥形标志物滑步，到达之后放下实心球以防守姿势滑步到球场右侧底角（图 17.2），这又是一组练习，一共要做 3 组。两名教练员在 X_1 放下球后负责将球捡起来放回底线供下一组练习时使用。在练习中队员要保持防守姿势，两脚不能并在一起，要降低重心，短而快地滑步。

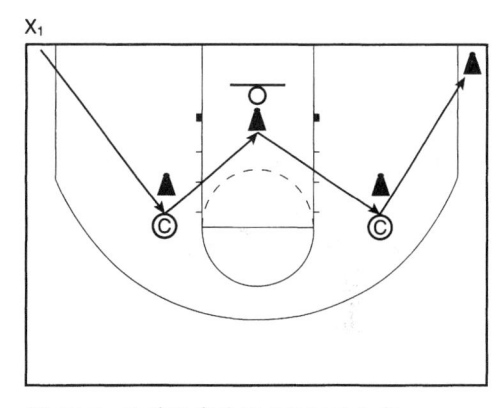

图 17.2　迎前防守练习二的训练内容。

轮换投篮练习

在轮换投篮练习中，我们将队员分成 3 组，每组 4 人（如果需要替补队员也参加），但是在练习时为了不让未参与练习组的队员在场下闲着，我们安排他们到球场的另一侧跟一名教练员进行投篮练习，通常称这个练习部分为轮换投篮练习。这是我从迪恩·史密斯教练员那里学来的。将第三组组织起来做投篮练习，就不会有哪个小组会因为没事可做而停下来休息。每个小组都按照先进攻、再防守、再到球场另一端进行投篮的轮转顺序进行练习。第一轮练习从开始到结束每个部分用 6 分钟，第二轮练习用 4 分钟。最后每个小组都进行了两次进攻、两次防守和在另一端进行两次投篮练习，这些一共要用 30 分钟。在一侧半场进行 4 对 4 轮换投篮练习，在另一端留一人传球、一人抢篮板，其他队员站成一路纵队准备接球投篮（图 17.3）。

"绿色"练习

绿色是我们用于绕前防守篮下背身单打的颜色代号。练习以典型的 4 对 4 上述练习的落位开始，两名后卫在三分线外，两名前锋在三分线外的罚球线延长线上。

当两名后卫来回倒球时，防守者要像上述练习时那样，到相应的位置进行协防。与上述练习内容不同之处在于，当后卫将球传给前锋时，另一名后卫斜线切到强侧篮下，他的防守者必定会立即进行防守，阻止其切入后接球，然后就进行"绿色"防守。当切入的后卫遭遇"绿色"防守时，弱侧的前锋要立即进行盯防，他必须在三秒区内堵截对方高吊传球。

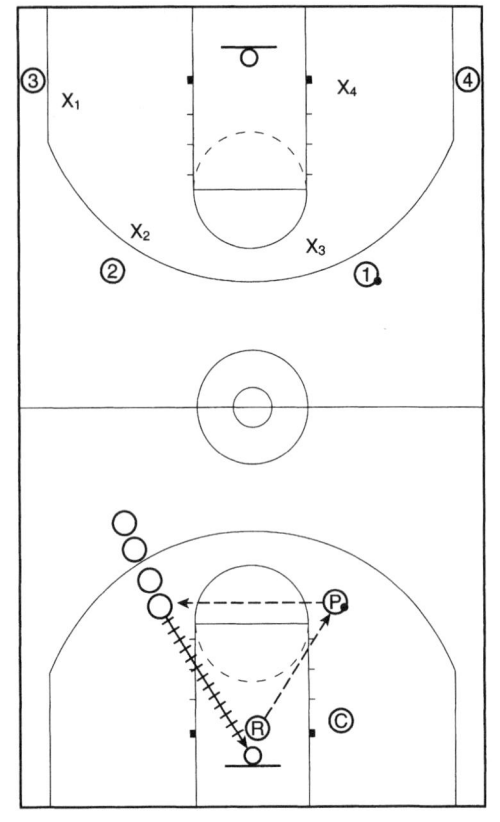

图 17.3 轮换投篮练习。

如果需要，弱侧前锋要一直跟随准备背身单打的进攻队员来回移动以保证不会被吹防守三秒违例。防有球队员一定要通过用近侧手的不断随球移动限制对方的传球视野来给对手施加压力。在弧顶近球侧的防守者，注意防守肘区并准备协防控球队员向中路突破，当球转移到球场的另一侧时，进攻队员要进行轮转补位并做到分散站位。

现在再从球场的另一侧进行练习以使防守队员能有不同位置的防守体验。这样就能够保证 4 名防守队员都进行"绿色"防守并对对方内线队员进行盯防。进攻队员①和②在三分区外平行站立，③和④分别在两侧底角平行站立，队员①持球。X_2 到罚球区附近防守，X_3 上前协防。①传球给④，②切入内线，此时 X_2 就进行"绿色"防守，X_3 盯防向篮下切入的进攻队员。此时 X_2 降低重心、高举双手并大声喊："绿色！绿色！绿色！"。X_4 要严防持球队员，堵截其向中路的运球突破或向篮下的传球。X_3 处于很好的协防位置并大喊："盯防！盯防！盯防！"，并尽可能地留在三秒区内进行防守（图 17.4）。

在队员④持球后稍停顿，等候 X₂ 进行"绿色"防守时，④再将球传给① （当④将球传回至弧顶，③再向弧顶移动）。传球后，X₃ 移动到罚球区附近，②移动到弱侧底角，X₂ 上前协防（图 17.5）。①传球给③，③再将球传给底角的②。

队员①快速切入到篮下，再重复以上的练习。这样每名队员都对切入内线的队员进行了防守练习（图 17.6）。

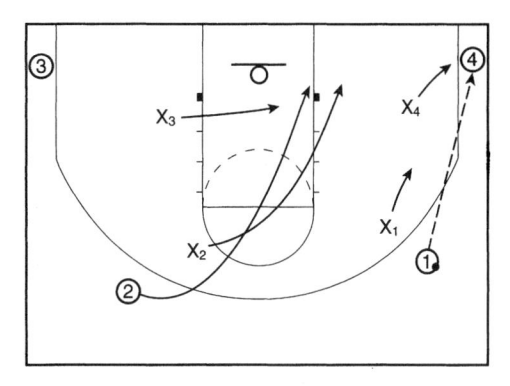

图 17.4 "绿色"防守练习：后卫——前锋之间的传球；弱侧后卫切到篮下，然后遭到绕前防守。

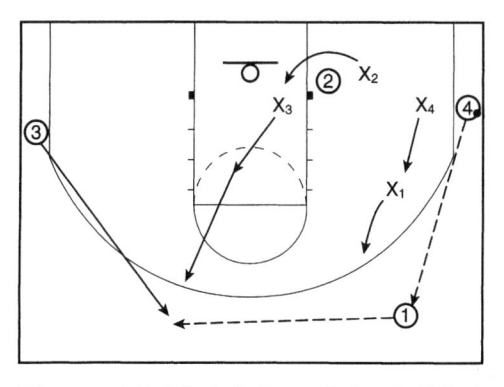

图 17.5 "绿色"防守练习：将球从侧翼转移给后卫，后卫再将球传给遭到绕前防守的弱侧后卫。

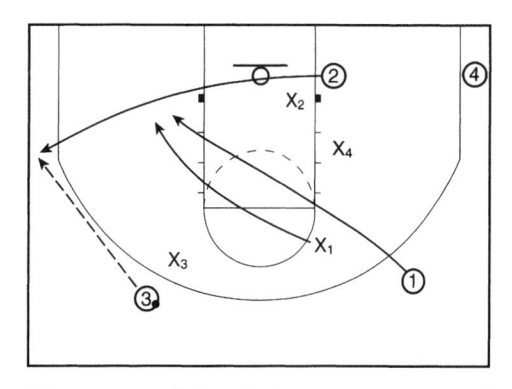

图 17.6 "绿色"防守练习：弱侧后卫切入到篮底，重复该练习。

<u>5 对 4 混合攻防</u>

4 名防守队员成菱形站位对抗 5 名进攻队员，3 名进攻队员在外线，两名在内线，要求进攻队员必须在进行 5 次传球、3 次运球之前出手投篮。因为进攻方占优势，所以要迅速、高质量地出手投篮。在防守端，防守队员要在高防守难度下封堵对手投篮、轮换防守空位进攻队员并保护三秒区。开始时防守端只有 4 名菱形站位的防守队员，但在球场的另一端还有一名防守队员（图 17.7），一旦进攻方投篮得分或者防守队员将球防下时，第 5 名队员就参与进来并且可以传球给他，这样就迫使进攻队员① 和②以最快的速度回防，接着就在球场的另一端进行 5 打 5，然后再攻防转换回到练习开始时的半场 5 打 5，然后结束，期间要提示防守端保持积极防守。

5对5攻防转换练习

开始是5对5攻防练习,当教练员喊"交换"时,进攻队员放下球并迅速撤回后半场进行防守,而刚才的防守队员开始进攻并寻找得分机会,要求防守队员不能防守上次他所防的队员。只要进攻队员一捡到球,就必须将球传给位于球场另一端标记处(三分线弧顶切线的延长线处)的教练员(图17.8),这样就迫使防守队员以更快的速度回撤防守。

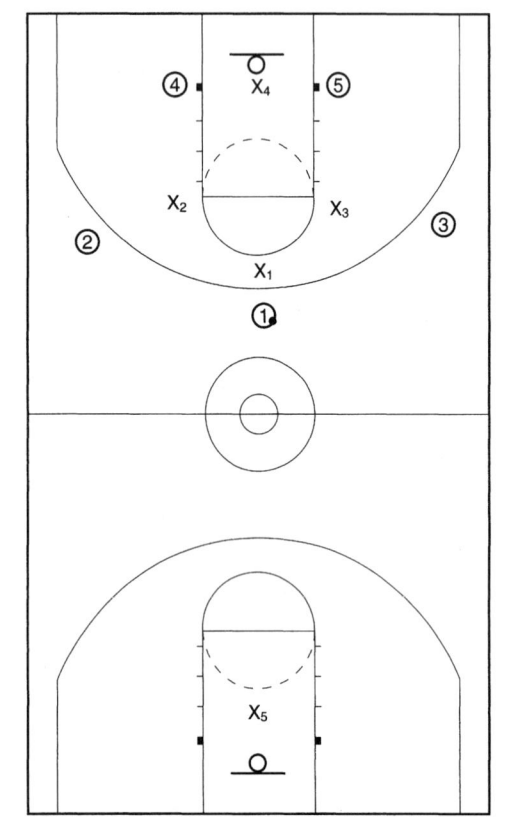

图17.7 5对4混合攻防训练。

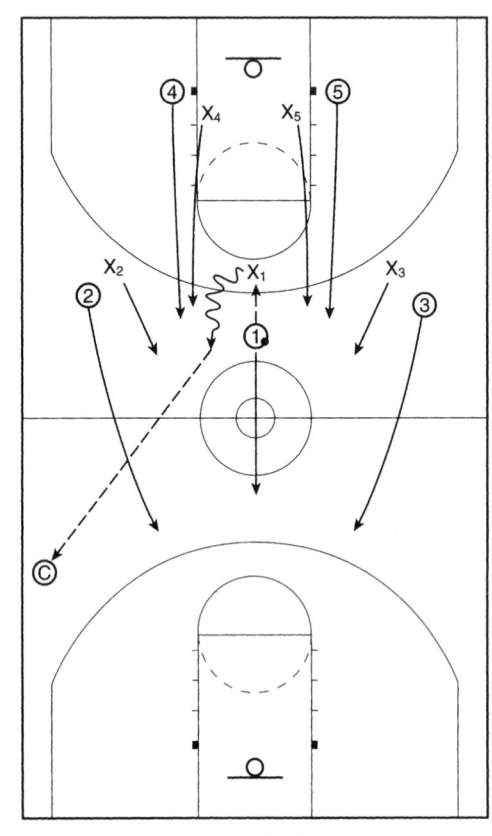

图17.8 5对5攻防转换练习。

2对2协防与回防练习

这个练习以进攻队员①在罚球区弧顶持球开始,队员②在三秒区顶角外侧,而教练员在另一侧翼。①传球给教练员后迅速移动到强侧的罚球区角,同时②向三秒区移动,当教练员将球回传给①时,防守队员 X_2 趋前堵截,X_1 为队友 X_2 进行协防。然后①快速向右侧肘区突破,当①传球给②时,处于协防位置的 X_2,回撤继续防守②(图17.9)。攻防两端都要打得灵活。

2 对 2 协防与回防中路突破的练习

这个练习以进攻队员①在罚球区顶部开始，队员②在三秒区顶角外侧，首先①传球给教练员，然后快速移动到强侧的罚球区角，②向三秒区移动。当教练员将球回传给①时，X₁趋前堵截，X₂为队友X₁进行协防。然后①将球转移给②，②接球后快速向中路突破，X₁就进行协防，然后撤回防守①（图17.10）。攻防两端都要打得灵活。

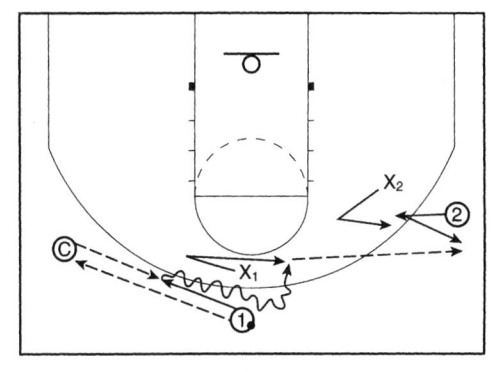

图 17.9 　协防与回防练习。

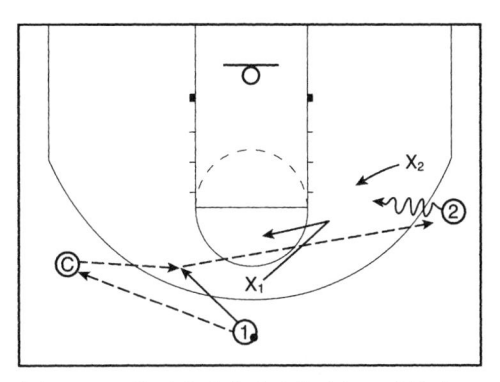

图 17.10 　针对中路突破的协防与回防练习。

进攻演练

NBA比赛中的一大看点就是进攻队员持球突破后分球给拉开空位的队友，而这项技能需要外线队员通过无数次的练习才可以掌握。事实上，成功地运用这项技能不仅需要控球者作出努力，而且还需要场上接球队友的积极配合，接球队员必须要有移动到合适位置并为持球突破队友创造传球空间的能力。我们会根据队员在比赛中遇到的不同情况分别进行演练，通常是以接球队员接球投篮后结束练习。

突破分球系列练习（3名队员在外线，2名在内线）

在中路突破分球练习中，3名队员在外线，2名队员在内线。队员①持球向三秒区的任意一边发动进攻，然后将球传给队员③并继续移动到强侧底角，接着③向中路运球突破，然后将球传给向三分线弧顶移动的队友②，分球后顺着自己的移动路线移动到球场底角（图17.11）。接着队员②同样向中路突破，然后分球、跑位。练习时，持球队员必须至少运两下球并使其双脚都在三秒区

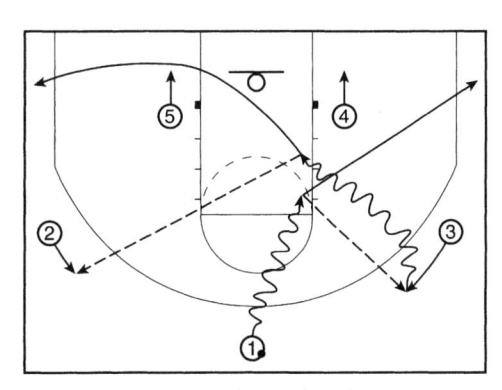

图 17.11 　突破分球系列：中路突破。

内，④和⑤向底线移动。该练习在球场两侧都要进行，每次由后卫在不同的位置开始，最后由任意一名队员投篮结束。

底线突破分球练习（上提接球）：控球队员①传球给队友③，③接球后快速向底线突破，队员④上提到罚球区肘部，随时准备接球。紧接着⑤在三秒区中部发现空位后快速切入，②下底线，①向弱侧肘区移动，然后③传球给上提接球的队友④（图 17.12）。

底线突破分球练习（寻找空位接球的大个子队员）：队员①传球给③，③接球后快速向底线突破，④上提到罚球区上角，随时准备接球，⑤寻找三秒区内的空位，队员②下底线，①向弱侧肘区移动，然后③传球给切入三秒区内的⑤（图 17.13）。

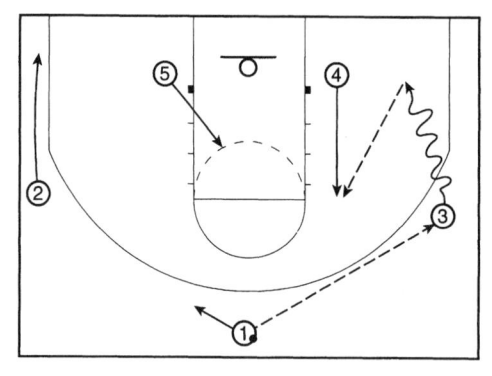

图 17.12　突破分球系列练习：向底线突破（上提接球）。

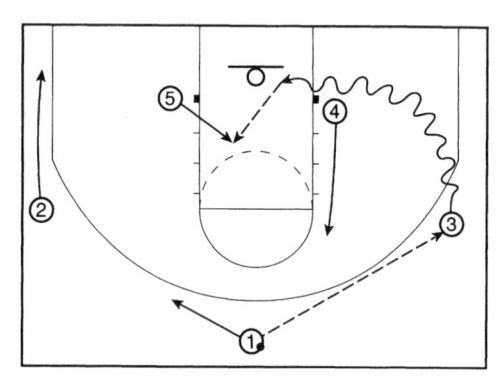

图 17.13　突破分球系列：底线练习（寻找空位的大个子队友）。

底线突破分球练习（下底线接球）：队员①传球给③，③迅速向底线突破，④上提到罚球区的肘部，随时准备接球，⑤切入三秒区的空位，②下底线，①向弱侧的肘区移动。③传球给下底线的②（图 17.14）。

底线突破分球练习（跨场传球、二次突破、分球）：队员①传球给③，③接球后快速向底线突破，④上提到肘区附近，随时准备接球，⑤切入三秒区中部的空位。①向弱侧肘区移动，③将球传给另一侧的①，①向防守不严密的地方迅速突破，将防守者 X_2 吸引过去，然后将球传给②，②空位接球后跳投（图 17.15）。

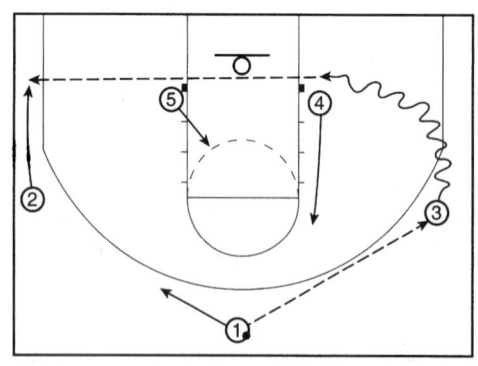

图 17.14　突破分球系列练习：底线练习（下底线接球）。

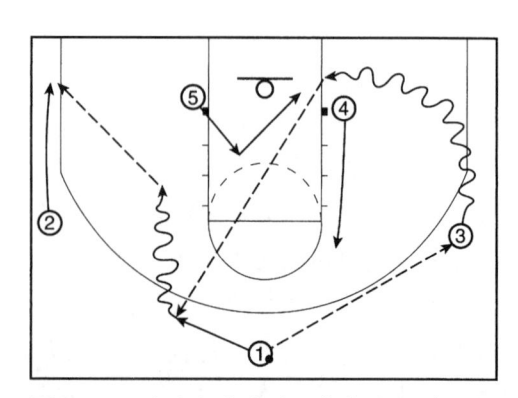

图 17.15　突破分球系列：底线练习（跳传、二次突破然后分球）。

55 秒投篮练习

在这个练习中涉及到 3 名队员：一个投篮队员、一个抢篮板球队员和一个持两球的传球队员。队员①迅速移动到翼侧进行接球跳投，接球时要用内侧脚为中枢脚着地（用两步急停接球），然后①再快速移动到球场底角进行第二次接球投篮（图 17.16）重复做这个练习 55 秒钟，留 5 秒钟进行投篮队员变为抢篮板队员、抢篮板队员变为传球队员、传球队员变为投篮队员的转换。

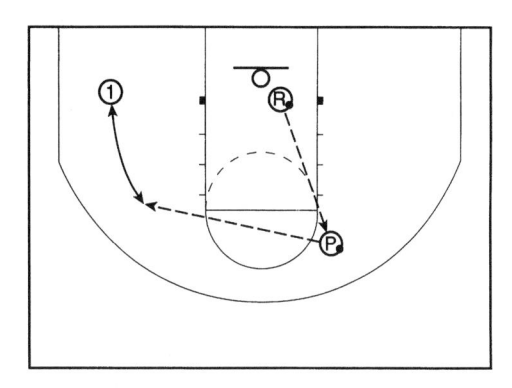

图 17.16　55 秒投篮练习。

结　语

成功由良好的准备开始。每一天进行怎样的练习决定了比赛时会有怎样的表现。越注重训练细节，球队在比赛时越有可能表现得更好。要充分利用训练时的每一分钟，这就意味着事先要做大量的组织准备工作。如果没有一个总体训练日程，那么就找一个其他的方式来替代训练计划，这样才不会浪费时间并能使队员的技术水平得到大幅度提高。在篮球运动中取得成功的途径有很多，但大多数成功都源于计划准备。

第十八章　赛前准备

麦克·邓利维（Mike Dunleavy）、吉姆·艾恩（Jim Eyen）

在 NBA 联盟的每支球队中，无论是首发还是在替补席上都不乏有着异常篮球天赋的队员。在某个比赛夜，任何一支球队都有战胜对手的可能。为了在这种高水平的篮球梯队中获得一席之地，你必须发现和利用任何一个有利条件。事实上，在 NBA 比赛中两队竞争，胜败之间平均仅仅只有 4 分之差，比赛往往在最终时刻才见分晓。因此，赛前准备是特别重要的一个环节。本章对比赛的侦察程序以及每个工作人员的职责进行了概述。首先，详细说明赛前侦察所起的作用、比赛计划的准备，以及对科技和录像的运用。其次，陈述为准备比赛而进行的日常训练内容安排。另外，还会对比赛当日、赛前、赛后的例行常规进行研究。读完本章后，你就会对赛前准备的逻辑思维过程有更加深刻的认识。

在职业水平的联赛中，天赋和技能是赢得胜利的首要因素，但是准备工作在很大程度上能够弥补这方面的不足。教练员做赛前准备的目的就是使自己的队员优势得到最大程度的发挥，并尽可能地限制对方队员的发挥。科技手段和可利用的资源能够汇集有关未来对手的大量信息，关键在于传达给队员的恰当信息量，即一支 NBA 球队在每次比赛前必须准备的且队员在短时间内可以领会的信息量。作为教练员应该有掌握信息越多越好的意识，作为队员应该明白相关信息会使自己在球场上有出色的表现而不会乱了阵脚。在 NBA 球队中，用在赛前准备上的时间从几小时到几天不等，但是每支球队都必须根据赛程来安排赛前准备的时间。有些教练员总是感到他们能够用比实际中更多的时间来进行准备，然而，联赛的机制并没有给我们无限准备的时间。由于比赛胜负的平均分差如此之小，所以永远不要低估周密、有效的赛前准备对比赛结果的影响。

赛前侦察

在这个视频技术发展成熟的年代，有些人主张现场侦察应该被观看比赛视频所取代，但我们对此持不同观点，因为临场观察一支球队的表现是无可替代的，我们更喜欢侦察对手最近参加过的那场比赛。一般来讲，我们会侦察对手的两场比赛，其中包括与我们交战之前的最近的一场比赛。随着赛季的进展，当面临的对手是一支我们之前交过手的球队，我们只会再额外地侦察一次，不过这个决定会根据这场比赛在整个赛季中的重要性和我们交手的时间有多早来做出调整。我们雇用两名球探，一个在东部赛区，一个在西部赛区，整个赛季他们会日夜奔波，经常是连续多个晚上到几个不同的城市去观察比赛。有时如果赛程允许他们会跟随球队一起出行，但往往是比我们先到某个城市。侦察似乎是一项出力不讨好的工作，很多教练员都做过侦查工作，深知其艰辛，并且高度重视侦察在赛前准备工作中的重要作用。

首先，球探的任务是要设法获得对方在比赛中的代号，并将其记录在工作表上（图18.1 侦察员工作表）。在棒球比赛中，教练员总是在偷垒信号上消耗大量的精力，因为提前知道什么时候一个跑垒员要去偷垒或击球员什么时候要去触击是很有好处的。在篮球比赛中也是同样道理，当你听到对方教练员或某个队员喊出代号（或看到手势）的时候，就会知道对方的将采取何种战术行动，这将会在比赛中占有很大的优势。当然，代号是教练员（有时是某个队员）对队员表达自己意图的方式。例如，我们想将球传给位于篮下的卡蒂诺·莫布里（我们的2号位队员，即得分后卫），组织后卫就喊："2号位，下！"或者伸出两个手指并向下示意，然后队员就会按照指令执行进攻。

有些教练员会拉开彼此之间的距离并隐藏或掩饰他们的代号，然而有些教练员看起来似乎是恨不得让别人偷听或偷看到自己的代号，有些教练员故意喊假口令，有些则故意做出两个或更多的手势来摆脱球探的侦察。球探的工作做起来并不简单，一个高水平的球探可以一边观察教练员，一边观察球场上的组织后卫，辨别对方口令或手势的真假。如果指令是口头的，就必须仔细辨听，这样做通常是因为赛场上喊声震天并且距离对方较远。因此，球探就要凭借其最实用的技能之一，即根据对方的口型来判定口令的能力。球探经常会由于做记录而错过观察场上某一部分或整个战术的执行过程，在这种情况下，他会记下计时钟上显示的时间，然后，回去通过回放比赛视频来确定当时那个口令下执行的战术配合。

拥有能够预判对方什么时候、在哪儿、如何做出指令是球探不可或缺的能力。除非在摄像机刚好捕捉到教练员或队员发出指令的动作，否则指令很难通过观看录像而获得，这就是为什么球探要亲自到现场观看比赛的原因之一。有关临场观战的其他好处还有，观察对手的替补队员、场上队员的身体语言、队员与教练员之间的互动以及无球队员的行为表现。有时这些镜头之外的一瞥，就会使你了解到对方全队所处的状态。

侦察报告

侦察报告就是对每一场比赛侦察结果的汇编，其内容的深度和广度完全基于主教练的侦察理念。有些教练员认为侦察报告要包括对手的每一个细节，而有些则认为只要记录对方的基本行动倾向即可。我们需要的报告内容和格式介于二者之间，这是基于多年来与一些球队合作的基础上设计出来的。虽然我们的侦察报告可能只记录了对手几个特定方面的行动倾向，但我们觉得信息量还是越多越好，它包括以下三个方面：
- 对手的防守倾向。
- 对手的进攻倾向。
- 对手已实施的打法。

防守倾向包括某支球队所采取的进攻防守的形式，即全场紧逼、半场紧逼、区域联防、防守挡拆计划等。这些战术所有的球队都会用到，但是，在某些特定情况下，很多球队会用到比之更多的防守战术，这正是我们想要得到的信息。例如，若某支球队特别重视包夹我们在侧翼的挡拆配合，那么了解到这个信息在我们准备比赛的时候，就非常有用。

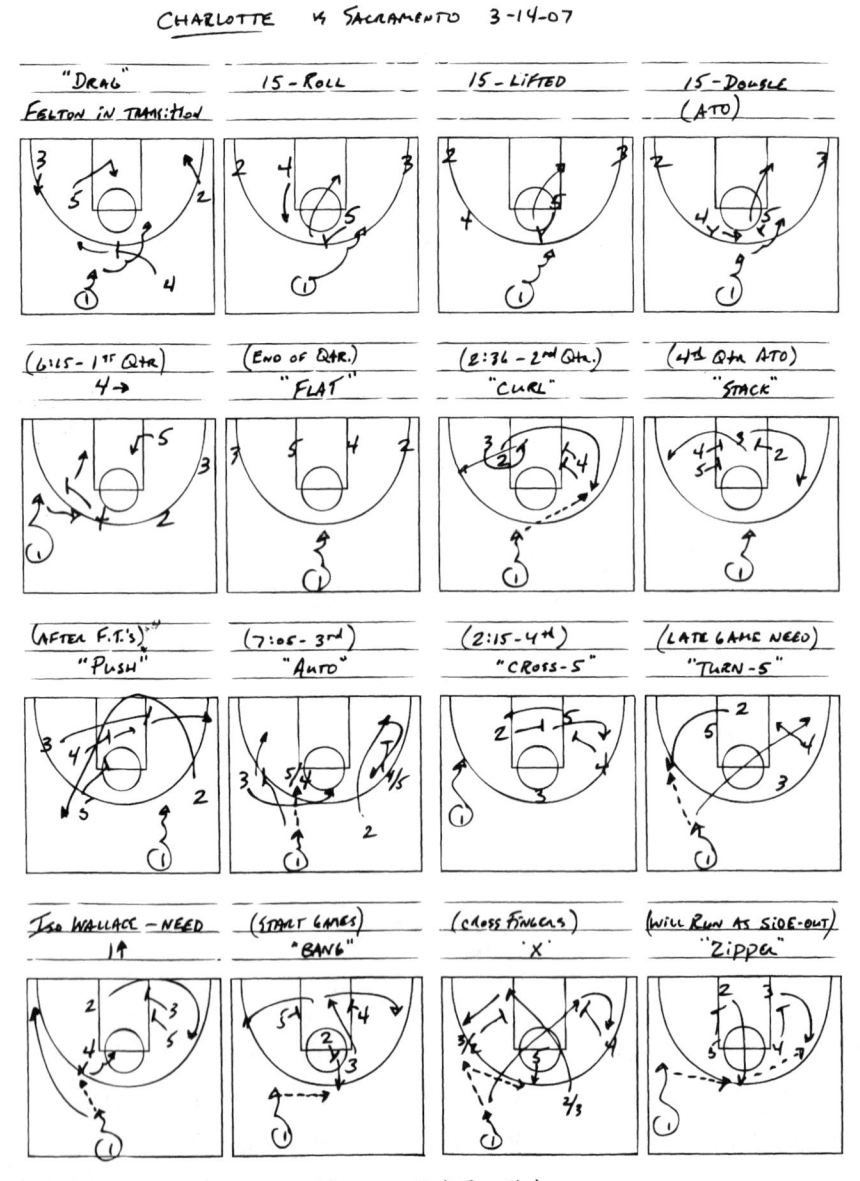

图18.1　侦察员工作表

就进攻倾向而言，我们希望了解对手倾向于集体的移动进攻还是更多的个人进攻、他们做何种类型的挡拆配合、低策应的效果如何等。需要再次强调，虽然绝大多数球队在某些甚至各个方面都有自己的特长，但我们还是要发现对方特有的长处、弱点和最终的倾向。例如，在比赛最后阶段的特别情形，如果我们能预先判断对方的某些打法或行动，这将会对防守的准备大有裨益。

你不能过于肯定对手的计划，但使自己熟悉对手的主要动向十分重要。例如，如果知道即将面临的对手攻防节奏快，善于快攻，我们就会在训练时花时间进行布阵平衡和快速回防的练习。同样，如果对手的进攻形式主要包括挡拆配合，很明显我们会投入更多的时间和精力来练习涉及防守挡拆的内容。

侦察报告的最后一项内容是记录对手的组织打法，这是最详细的部分且特别重要。不同的球队战术风格各异，有些教练员有很多的战术打法方案，但只使用其中的少数主要战术；而有些则会在整个赛季中逐一训练他们的核心战术打法，让你去猜他们会运用哪种打法。但是，再次强调，我们关注对方行动倾向，关注对方在某种情形下经常使用的特定打法。

视频和相关技术

视频剪辑人员和其他同事在整个比赛计划准备中都起着十分重要的作用。他们投入大量的时间录制比赛，裁减视频并进行分析。一天下来，视频剪辑人员就像球探和教练员一样对对手了如指掌。

对比赛录像的分析已经在各项体育比赛中广为应用。在整个赛季教练员都需要观看对手和自己球队的比赛情况，数码技术的出现改变了人们的做法及其应用，虽然我们还是很喜欢看比赛录像，但比赛实况已经不再被制成胶卷或录像，我们会通过笔记本电脑或 DVD 来观看和分析比赛，这种方法在自己观看或给队员展示的时候更有效和方便。通过运用特殊的编辑软件，我们立即就可以将特定的比赛片段合成起来。剪辑后的视频可以是整场比赛模式也可以仅仅是进攻，可以是挡拆战术配合也可以是个人单打。根据需要来剪辑合适的视频是教练员重要的执教技能之一。

什么是"分类"和"剪辑"，每一场比赛都会被视频工作人员分解成许多次单独的攻防视频，再把每次攻防分解成进攻、防守、特定打法、失误、进攻篮板球等。只要将比赛输入计算机程序，就能得到比赛中我们想看到的任何部分。例如，当我们准备和菲尼克斯太阳队比赛时，视频剪辑人员就会将最近比赛中史蒂夫·纳什所参与的挡拆配合剪辑出来，然后教练员就可以展示给队员看，也可以给一名或几名要防守纳什的队员观看。视频技术是一项多用途的执教工具。

我们会在训练之前给队员播放将要和我们进行比赛的球队的视频。通常，播放 10～15 分钟的有关对手 20～25 套固定战术。在观看完对手的进攻战术实例后，我们会对他们的进攻倾向做一个简短的讨论，然后开始训练。

在比赛日的早上，在赛前演练和投篮练习之前，我们会观看另一个剪辑的视频。这个视频分为5类内容：

- 对手由守转攻的打法。
- 对手的阵地进攻。
- 对手的边线掷界外球战术。
- 对手的端线掷界外球战术。
- 对手的防守战例。

在正式比赛之前，队员会观看一段10～15分钟有关对手的视频。这个视频包括除了更多有关对手最近的比赛片段外，还有上次与该球队比赛中出现的、本次比赛应该注意的问题。例如，要对战菲尼克斯太阳队时，播放的视频剪辑应该包括有关我们防守纳什挡拆的实例，或者是双人包夹斯塔德迈尔的片段，还应包括太阳队对我们进攻采取的防守形式，尤其是在暂停之后克里斯·卡曼出现在篮下或对方进行区域紧逼的情况。

无论是在办公室、路上还是在家里，我们手边的侦察报告、数据统计和比赛视频都使得赛前准备更加方便、有效。

比赛结束后，完整的录像以及分解的视频就会送到教练员和队员手里。在赛后分析中，我们经常参考比赛录像分析球队以及队员个人表现的基本情况。比赛录像是赛后进行讨论的重要材料，尤其是在大家持有不同观点的时候。正如一句谚语所言：影像本身不会说谎。

比赛计划

作为一名教练员，备战将要到来的比赛的首要任务就是收集有关对手尽可能多的有效信息，在这方面我们会依靠球探和视频剪辑人员的帮助来获得这些信息。这个过程通常会在下一场比赛到来之前的较长时间就开始了。事实上，当自己的球队在与其他球队进行某场比赛的时候，某个助理教练员就已经开始准备在较长时间之后才会到来的下一场比赛了。

我们通过将联盟中的29个对手分配给3名助理教练员来实施比赛计划，并且每一名助理教练员都有责任对自己所负责球队的情况了如指掌。随着比赛的临近，他就必须观看对手之前的比赛，完成侦察报告并开始分析对手的统计信息。在你为备战一支球队而训练的同时又要为备战另一支球队作准备，NBA 的赛程安排就是这样，其比赛日程的安排使我们不得不在一场比赛结束后，就去准备下一场比赛。助理教练员在这一系统中的义务就是满足这些需求，使得主教练和队员可以直接着手准备下一场比赛。所有的有效信息——侦察报告、录像（剪辑和比赛录像）和建议性的比赛计划——这些都要在前一场比赛结束时准备好。图 18.2 给出了一个建议性比赛计划的例子。

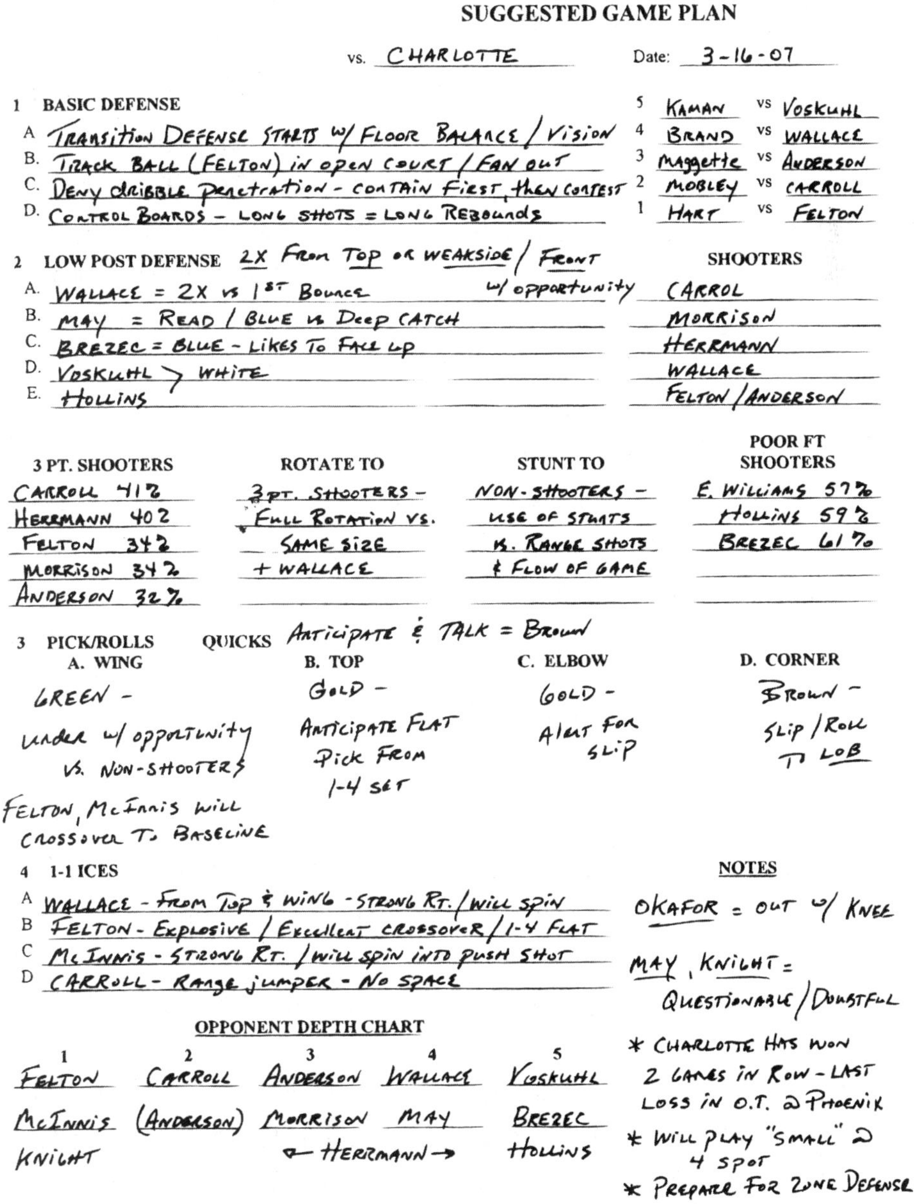
SUGGESTED GAME PLAN

vs. CHARLOTTE　Date: 3-16-07

1 BASIC DEFENSE
A. TRANSITION DEFENSE STARTS W/ FLOOR BALANCE / VISION
B. TRACK BALL (FELTON) IN OPEN COURT / FAN OUT
C. DENY DRIBBLE PENETRATION - CONTAIN FIRST, THEN CONTEST
D. CONTROL BOARDS - LONG SHOTS = LONG REBOUNDS

5 KAMAN vs VOSKUHL
4 BRAND vs WALLACE
3 MAGGETTE vs ANDERSON
2 MOBLEY vs CARROLL
1 HART vs FELTON

2 LOW POST DEFENSE 2X FROM TOP OR WEAKSIDE / FRONT W/ OPPORTUNITY
A. WALLACE = 2X vs 1ST BOUNCE
B. MAY = READ / BLUE vs DEEP CATCH
C. BREZEC = BLUE - LIKES TO FACE UP
D. VOSKUHL } WHITE
E. HOLLINS

SHOOTERS
CARROL
MORRISON
HERRMANN
WALLACE
FELTON / ANDERSON

3 PT. SHOOTERS
CARROLL 41%
HERRMANN 40%
FELTON 34%
MORRISON 34%
ANDERSON 32%

ROTATE TO
3PT. SHOOTERS - FULL ROTATION VS. SAME SIZE + WALLACE

STUNT TO
NON-SHOOTERS - USE OF STUNTS VS. RANGE SHOTS & FLOW OF GAME

POOR FT SHOOTERS
E. WILLIAMS 57%
HOLLINS 59%
BREZEC 61%

3 PICK/ROLLS　QUICKS ANTICIPATE & TALK = BROWN
A. WING: GREEN - UNDER W/ OPPORTUNITY VS. NON-SHOOTERS
FELTON, MCINNIS WILL CROSSOVER TO BASELINE
B. TOP: GOLD - ANTICIPATE FLAT PICK FROM 1-4 SET
C. ELBOW: GOLD - ALERT FOR SLIP
D. CORNER: BROWN - SLIP / ROLL TO LOB

4 1-1 ICES
A WALLACE - FROM TOP & WING - STRONG RT. / WILL SPIN
B FELTON - EXPLOSIVE / EXCELLENT CROSSOVER / 1-4 FLAT
C MCINNIS - STRONG RT. / WILL SPIN INTO PUSH SHOT
D CARROLL - RANGE JUMPER - NO SPACE

NOTES
OKAFOR = OUT W/ KNEE
MAY, KNIGHT = QUESTIONABLE / DOUBTFUL
* CHARLOTTE HAS WON 2 GAMES IN ROW - LAST LOSS IN O.T. @ PHOENIX
* WILL PLAY "SMALL" @ 4 SPOT
* PREPARE FOR ZONE DEFENSE

OPPONENT DEPTH CHART

1	2	3	4	5
FELTON	CARROLL	ANDERSON	WALLACE	VOSKUHL
MCINNIS	(ANDERSON)	MORRISON	MAY	BREZEC
KNIGHT		← HERRMANN →		HOLLINS

图 18.2　建议性比赛计划

在对其他比赛准备体系进行尝试之后，我们发现上述方法是最有效的。虽然每一位助理教练员都要着手准备每一场比赛，但是每一支球队都有专门的教练员负责是很有必要的。在整个赛季过程中，他们十分熟悉自己所负责的球队，这种对对手特别的了解和专门的评价对我们十分有利。

比赛技战术统计信息是我们作出许多决定的基础。对手的数据统计（包括投篮命中率、罚球命中率、场均抢得篮板球数、失误次数等）能够清楚地描绘出对手的优势与弱点。

这是规划比赛计划的纯客观部分。例如，要对对手篮下的核心队员进行双人包夹之前，我们就需要弄清楚对方其他队员的三分球命中率，不然我们就会因包夹篮下后为对手留下外线空位投篮机会而付出惨痛的代价。

我们通常利用对手 5 场比赛的技术统计分析对手最近的比赛状态，其信息内容与赛季累计统计数据相同，只是仅包含对手最近 5 场比赛的相关数据（表 18.1 和表 18.2）。

另外，对于对手的个人技术统计，我们不仅要近 5 场比赛的数据，还要累计比赛数据。这些数据会显示出谁最近表现抢眼、谁最近状态低迷，以及其他方面的倾向。例如，如果一名队员在比赛中失误数据较高，我们就意识到他是个容易出现失误的队员，当防守他时我们就会倾向于给其施加更大的压力；如果一名队员最近有 10 次三分球入账，毫无疑问我们就会在外线对其加强防守。需要再次强调，技术统计并不能完全说明问题，但这是制定比赛计划时必不可少的一部分。

随着递交侦察报告、比赛录像和技术统计，助理教练员还会递交一份建议性比赛计划。这个计划是全体教练人员作出有关防守对位、防守范围和整体防守计划的基础。我们就像工作人员一样讨论眼前的问题，然后在看完比赛录像后进行练习（如果时间和安排允许），然后再讨论并形成最终的比赛计划。

比赛日的准备

我们的大多数比赛都是在晚上 7:30 开始的，但正常情况下，我们从当天早上 8:30 就开始准备。首先是教练员会议，接着是观看比赛录像，然后是上场演练和投篮练习。教练员会议是以有关对手最近的信息开始（伤病情况、最新技术统计、球队消息等类似内容），接下来会观看对手最近一场比赛的录像，然后根据对方特定的打法商讨防守策略；预览将会给队员看的视频剪辑，并制定出当晚将要运用的防守方式和策略。我们同样会进一步预览对手替补队员（在各个位置上可以参赛的队员）的安排计划，从而预测出对手的替换阵容以及他们对我们的攻守转换效果将会有何影响。我们的教练人员会顺便提供队员伤病的大致情况，以及一切长期存在问题的情况，然后暂不考虑防守问题，而是商讨他们如何防守我们，以及我们应如何去进攻他们的防守方案、包夹和防守范围。

第十八章 赛前准备

表 18.1 夏洛特山猫队近 5 场比赛的场均数据

队员名单	参赛场数	场均参赛时间	命中球数	出手次数	场均命中次数	场均出手次数	投篮命中率	3分球命中	3分球出手	3分球命中率	罚中球数	罚球次数	罚球命中率	场均进攻篮板	场均防守篮板	场均篮板球数	场均助攻次数	场均个人犯规	场均抢断次数	场均失误次数	场均封盖投篮次数	场均得分
Wallace	5	39:09:36	38	81	7.6	16.2	46.9	6	11	54.5	30	38	78.9	3.2	5.6	8.8	3.4	3.6	1.6	2.4	1.0	22.4
Felton	5	32:44:12	29	71	5.8	14.2	40.8	8	24	33.3	20	25	80.0	1.2	1.8	3.0	6.0	2.4	1.4	2.2	0.4	17.2
May	3	27:24:00	20	35	6.7	11.7	57.1	2	2	100.0	5	8	62.5	1.3	5.0	6.3	2.0	4.3	1.3	0.7	0.3	15.7
Carroll	5	26:45:00	20	42	4.0	8.4	47.6	9	19	47.4	13	14	92.9	0.2	2.0	2.2	1.4	1.8	0.8	1.4	0.0	12.4
Anderson	5	25:44:24	19	36	3.8	7.2	52.8	9	17	52.9	9	10	90.0	1.0	1.8	2.8	4.0	2.2	1.4	0.8	0.2	11.2
Morrison	5	23:48:24	18	49	3.6	9.8	36.7	5	16	31.3	3	3	100.0	0.6	1.4	2.0	1.2	2.4	0.4	1.6	0.0	8.8
Knight	4	20:57:30	10	25	2.5	6.3	40.0	0	2	0.0	8	10	80.0	0.5	1.8	2.3	5.0	2.5	1.3	0.5	0.0	7.0
Voskuhl	5	26:00:00	15	29	3.0	5.8	51.7	0	0	0.0	4	8	50.0	2.0	5.4	7.4	1.2	3.6	0.8	1.4	1.2	6.8
Hermann	3	9:55:20	7	9	2.3	3.0	77.8	4	4	100.0	2	2	100.0	0.0	1.0	1.0	0.0	1.3	0.0	0.7	0.0	6.7
Brezec	5	16:45:48	15	28	3.0	5.6	53.6	0	0	0.0	3	6	50.0	0.8	1.6	2.4	1.0	3.4	0.2	0.8	0.2	6.6
Williams	1	7:41:00	2	3	2.0	3.0	66.7	0	0	0.0	0	0	0.0	1.0	0.0	1.0	0.	2.0	0.0	1.0	0.0	4.0
Hollins	2	10:09:00	2	3	1.0	1.5	66.7	0	0	0.0	2	7	28.6	0.5	0.5	1.0	0.0	1.0	0.0	0.0	0.0	3.0
McInnis	3	15:29:20	3	9	1.0	3.0	33.3	0	0	0.0	0	0	0.0	0.0	0.3	0.3	3.3	1.0	0.3	1.0	0.0	2.0
Okafor	0	0:00:00	0	0	0.0	0.0	0.0	0	0	0.0	0	0	0.0	0.0	0.0	0.0	0.0	0.0	0.0	0.0	0.0	0.0
Harrington	0	0:00:00	0	0	0.0	0.0	0.0	0	0	0.0	0	0	0.0	0.0	0.0	0.0	0.0	0.0	0.0	0.0	0.0	0.0
Team totals	5	1152:00:00	198	420	46.3	95.7	47.1	43	95	45.3	99	131	75.6	12.3	28.2	40.5	28.5	31.5	9.5	14.5	3.3	123.8

表18.2　近5场比赛结果

日期	主场	客场	结果	比分
3/5/2007	夏洛特山猫队	犹他爵士队	输	95∶120
3/7/2007	夏洛特山猫队	菲尼克斯太阳队	输	106∶115
3/10/2007	夏洛特山猫队	孟菲斯灰熊队	输	107∶115
3/12/2007	夏洛特山猫队	奥兰多魔术队	赢	119∶108
3/14/2007	夏洛特山猫队	萨克拉门托国王队	赢	111∶108

在队员观看录像时，我们会提供对手的概要和他们的攻防倾向，并详细指出对手整体以及个人的优势与不足。我们会告诉首发队员如何对位防守，鼓励队员提出关于各个方面的见解、问题或根据自己所预计到对手的防守方案的建议。在观看完15～20分钟的录像剪辑后，再讨论一些相关问题，然后到球场进行练习。

此时我们会简单排练一下如何应对对手临场可能用到的战术打法，虽然每支球队战术风格各异，然而平均下来最常用的包括边线和端线掷界外球在内的战术也就8～10种。我们已经确定这些就是对手最常用或最重要的战术打法。我们会演示如何应对这些打法，有时候会另外准备一套备份方案以防万一。再次强调，我们十分重视队员的意见，因为他们得到重视后就一定会尽力。我们会预览对手针对我们的核心打法所采取的关于紧逼、包夹和其他可能的防守计划。有时我们会演练一部分进攻战术以提高战术实施的成功率，或者对现有战术做细微调整。

我们在早上练习投篮和罚球，投篮练习是以从战术中分离出来的形式进行的。大多数情况下我们将大小个队员分开，分别在球场两端进行练习。比赛日的练习或刚才提及的投篮练习，往往会在我们将要比赛的场地上进行。因此，只有两个球篮可用。在最短时间内进行尽可能多的投篮练习是最有效的练习方式。进行完规定的罚球之后是休息时间，但教练员还会留在场上指导附加练习的队员，同时这也是新手和老队员练习的大好机会。

球队会在傍晚重新集合开始做赛前例行的练习。教练组会在下午4:30～5:00到球场，队员一般是5:00开始到场。大多数情况下，早早到场的都是年轻的新人，不过有些资深的老队员也会提前到场。在到球场训练之前，队员先到训练室对脚踝进行包扎、处理和准备其他的训练所需。在最后几分钟，教练员也会陪同队员观看赛前的个人录像，他们通常与队员坐在一起简要地观看这些特别剪辑中对手在当晚的防守对位，在这个过程中我们会尽量保持内容简单但球员要精力集中。

在距比赛还有45分钟时，全体队员进入更衣室，从5:30开始，我们就会在大屏幕上为那些需要观看录像的队员播放上次与之交战对手的全场比赛视频。这时队员开始仔细观看临近比赛最后时刻才能看到的白色战术演示板，由于NBA更衣室对媒体记者和其他一些得到允许的人开放，因此演示板上的战术注解在比赛开始45分钟之前，更衣室的门对外人关闭之后才可以看到。稍后，我们的队会就开始了，就像前面所描述的那样，以一段 10～15 分钟的比赛剪辑开始球队会议。然后我们会将比赛计划的要点过一遍，并且再次强调早上演练防守配合时所强调的对手的优势和弱点。

接下来我们将注意力转到白色战术演示板上。在战术演示板上所呈现的绝大部分信息与我们的基本防守方案相一致，其内容是针对某一特定对手的某些方面而设计，但基于对手挡拆配合和篮下单打的策略可以在一夜之间进行调整，如果我们面对的是挡拆高手史蒂夫·纳什或擅长打低位策应的蒂姆·邓肯，我们就必须制定出具有针对性的防守策略，否则我们将会度过一个难熬的夜晚。只要一看到纳什做挡拆就对其进行包夹，只要邓肯一接到球就进行双人夹击。一般说来，除非对方有需要特殊盯防的队员，否则我们的防守会保持始终如一。我们会在战术演示板上阐明对方一系列的基本打法，然后再次简要地讨论各个进攻战术和防守方法，也会根据对手的技术统计在战术演示板上进行分析，例如，三分远投能力和罚球命中率。如果某个队员在罚球线附近的投篮命中率特别低，我们就要十分注意。在解决完所有问题并宣读励志名言后，队员就到球场进行大约 20 分钟左右的热身。

在教练人员还未全部到场的某一时刻，官方记分员会公布在更衣室中每支球队派出的先发队员名单。90% 的情况下这是可以被预测到的。然而，如果对手的先发阵容突变，教练组会进行商讨并决定如何作出相应的防守调整。

当比赛开始时，我们就依靠详尽的准备来应对比赛，除了极个别情况外，我们已经对各种防守组合、可预料到的对位，以及有可能用到的备用防守选择进行了演练。由于我们有备而战，所以在暂停、每节结束甚至在比赛进行中我们都可以作出相应的调整。

在中场休息时，大家可以在一起做简要的总结，队员也可以处理一下个人问题并与教

在跳球或比赛暂停结束之前，最好是尽可能精确、详细地向队员讲解涉及到的战术和打法。

练员交谈等。14分钟的间歇时间很短，所以教练员之间的谈话也要很简短。基于对上半场队员表现的观察，我们商讨做何种变化与调整，如果有必要可单独对队员进行指导，通常我们会做一些形式如图18.3所示的比赛记录。

比赛一结束，所有教练员聚在一起进行赛后感想交流，然后再将队员聚集在一起进行赛后评价。在接下来的训练中，我们会根据训练的计划安排深入地进行赛后分析。虽然我们可能会花费几分钟或几小时来分析在过去某场比赛中的表现，但是有一件事却已成定式——无论对昨天的比赛如何念念不忘，我们也要开始准备很快就要到来的下一场比赛。

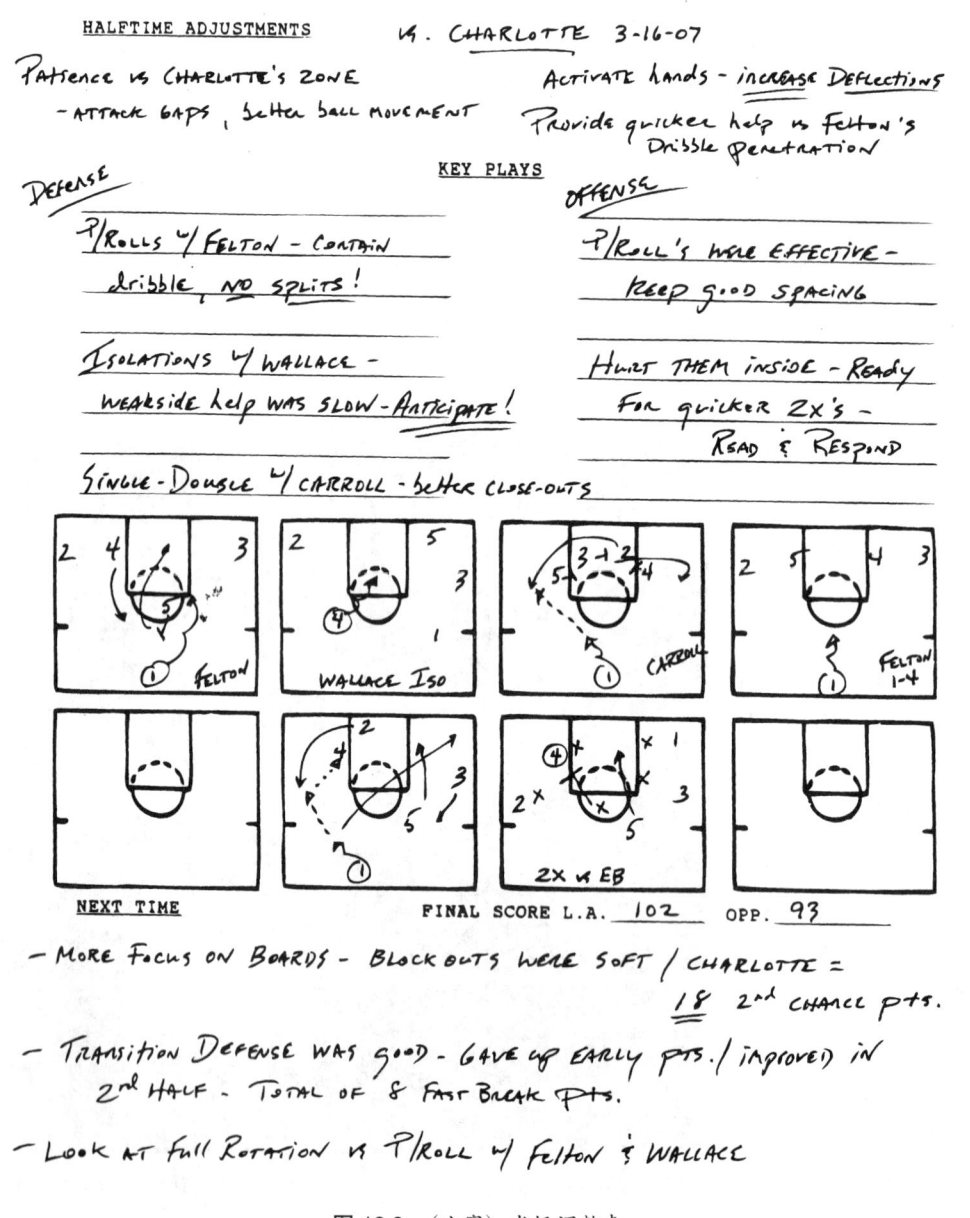

HALFTIME ADJUSTMENTS   vs. CHARLOTTE 3-16-07

PATIENCE vs CHARLOTTE'S ZONE   ACTIVATE hands - increase DEFLECTIONS
— ATTACK GAPS, better ball MOVEMENT   Provide quicker help vs Felton's
                                                Dribble Penetration

DEFENSE   KEY PLAYS   OFFENSE

P/Rolls w/ FELTON - CONTAIN   P/Roll's were EFFECTIVE -
dribble, NO SPLITS!   keep good SPACING

ISOLATIONS w/ WALLACE -   HURT THEM INSIDE - READY
WEAKSIDE help WAS SLOW - ANTICIPATE!   FOR quicker 2X's -
                                            READ & RESPOND

SINGLE-DOUBLE w/ CARROLL - better CLOSE-OUTS

NEXT TIME   FINAL SCORE L.A. 102   OPP. 93

— MORE FOCUS ON BOARDS - BLOCK OUTS WERE SOFT / CHARLOTTE = 18 2nd CHANCE pts.

— TRANSITION DEFENSE WAS GOOD - GAVE UP EARLY pts. / IMPROVED IN 2nd HALF - TOTAL OF 8 FAST BREAK pts.

— LOOK AT FULL ROTATION vs P/ROLL w/ FELTON & WALLACE

图18.3 （比赛）半场调整表

第十九章　队员的提高

凯文·伊斯特曼（Kevin　Eastman）

如今，比赛侦察技术是如此成熟，以至于你的对手就像了解自己球队一样对你的球队的进攻特点了如指掌。因此，当你的一套战术不再奏效怎么办，你有没有球技精湛的队员能够掌握比赛的局面。这是每一层次的球队在比赛中都会遇到的情况，关键的问题是，你是否使队员具备完成关键性进攻所需要的技能与动机。

一个合适的队员提高计划将会帮你解决这些问题，但仅有一个好的技术提高计划是不够的，你还必须要让队员明白自己是不完美的、尚有提高空间的队员，即使在球队中许多队员都明白要不断努力训练，你仍然要在日常训练中想办法激励、教育他们。每一名队员都可以做到每天练习自己的球技，但真正的提高需要做到两点，即知道自己需要练什么，以及坚持不懈地练下去。

教练员和队员必须要有共同的责任感。队员必须明白提高是一个过程，它不可能在一夜之间完成。他们必须要明白篮球技能的"二元理论"，即教练员用两分钟讲解的某项基本技能，需要队员用两周时间的练习才可以基本掌握，但如果要熟练掌握并在比赛中较好地发挥该技能，他至少需要练习两个月时间。所以，提高是一个过程，而这个过程需要花费大量的时间。

教练员必须每天都要"强调"该理论。重要的是，教练员每天都要积极热情地投入到技能训练中。队员对富有热情、精力充沛并真心实意地希望他们能有所提高的教练员更有好感。简单地说，就是队员喜欢和他们并肩奋战的教练员。

做充分准备

队员必须要刻苦训练，同样，教练员也应负责任地深入研究训练内容并了解自己的球队。在制定队员提高计划时，教练员要考虑不同的问题与情况，如队员在训练中需要投多少次篮、什么样的训练内容更适合球队等。

你在分析训练的情况，记下训练内容并记录队员的投篮次数，如最好的队员在训练中一共投了多少次篮（不包括专门的投篮训练）。我发现，队员的实际投篮次数远远少于应该练习的量。投篮是一项技能，而技能掌握需要反复练习。

要让队员记住在赛季外的小比赛中他们所进行投篮的次数。我发现在每局打7个球的小比赛中，每名队员平均需要投3.2次篮，每局比赛大概要15分钟，由此可得出预测结果，即队员在一小时内共投了12.8次投篮。这个数字是远远不够的。

在技术训练中要有一个"精炼"的指导方法体系，即用二三个能够快速阐明的教学要点的词讲授某一基本技术，下面就是一个案例。

在投篮练习时要确保队员做到：

- 双脚开立、屈膝、举起双手准备接球。
- 脚步动作干净漂亮，每次投篮时都是如此，并且
- 出手后手臂舒展，并一直保持到篮球接触到篮圈。

确立各个位置队员所要掌握的重要技能，并让内线和外线队员明白各自所需要掌握的技术。每一名队员都必须掌握一套自己所属位置的必备技能，因此就需要设计一些适合训练这些技能的方法。

要让队员全身心地投入训练，这一点非常重要。但如今许多队员对下面三个概念的认识还不够深刻：

- 刻苦训练。这是队员参与篮球运动和提高篮球技能必须要做的。
- 顽强拼搏。这是不让一名队员妥协让步的态度，也许我们不会取得成功，但要为此付出所有的努力。
- 持之以恒。持之以恒是一种坚持不变的态度。队员不仅要保证自己技能的不断提高，还要保证为了球队的胜利而努力，并在饮食、力量、调节、治疗和康复，以及球队的胜利等方面照顾好自己。持之以恒要求队员长年致力于为自己和球队的提高作出力所能及的努力。

教练员都乐于执教像凯文·加内特这样的资深队员，因为他们总是要求自己自觉刻苦训练并领会教练员的意图，使自己的技能水平达到一个新的高度。同样，他们也是年轻的、低水平队员的榜样。

建立认同感

激发当今篮球队员的训练积极性并非易事。所有教练员都必须想办法让队员全身心地投入到自己的训练体系中。如果队员相信教练员所要求他们做的事情有利于其提

高，他们则会积极地参与。以下是5种促进队员全身心投入训练体系中的方法。

1. 详尽全面地研究比赛。教练员应使队员相信其能掌控比赛的一切，知识能赢得他们的敬重。

2. 深入全面地研究你的训练体系。让队员明白在你的训练体系中他们需要怎样付出努力才能获得提高。

3. 善于发现优点。如果队员知道你对他们有信心，他们将会更加全力地投入训练。

4. 要明白，不仅是你所掌握的，还包括你在训练课中表现出来的知识技能，以此建立队员对你的认同感。让队员看到并感受到你的活力、热情、职业道德和你对他们的关注。

5. 让队员了解真相。他们可能不太喜欢这个，但他们需要知道自己处于什么水平以及表现怎么样。要采用讲解、视频展示，以及通过统计数据等手段支持你的意见。通过沟通告诉他们，你对他们的兴趣爱好很在意。

高效队员训练计划要点

要以等同或快于比赛的速度进行练习。队员必须以比赛的节奏练习技能，有时在某种情况下甚至要快于比赛节奏（例如，在同时用两球进行练习或运用抛球机辅助练习时）。

队员的提高需要三步过程：
- 保证充沛的体能；
- 进行有效的练习；
- 实现技能的提高。

队员要提高技能就必须进行有效地练习；要做到有效的练习，则需要队员有良好的训练状态，因此要提高技能就要有良好的体能基础，消除"训练杀手"即疲劳和厌倦。要逐步提高队员的体能状况，并为同一项基本技术设计多种训练方式以避免训练枯燥乏味。

制定书面日常训练计划。要了解队员需要完成的训练任务，并且每天要有体能、运球和控球、投篮这三个方面的练习内容。

绘制图表——要让队员看到自己在进步。他们可能在周一练习12次投篮，而在周四提升到16次，要让他们清楚地看到自己在提高，以此业鼓励他们坚持刻苦训练。

组合训练要点

在将练习内容结合到一起时，队员必须清楚自己所需要考虑的内容。除了进行常规内容的练习（如投篮、运球、体能、力量训练等），还要考虑如下内容：

- 提高弱侧手。高水平的对手会逼迫对方使用弱侧手控球，因此所有队员都要保证自己的两只手都能熟练的控球。
- 脚步动作与身体的平衡。在做每一个技术动作或投篮时都要注意身体的平衡，脚步动作应该尽可能地有效。
- 在训练中加入对抗。队员必须能够在与对手对抗中打成战术、做出某个动作，甚至进行投篮。在训练中利用搭档为队员提供真实比赛中对抗的感觉。
- 在比赛环境中练习投篮。在比赛时，教练员都希望自己的队员能够获得空位投篮机会，而队员在投篮时却总会有一名防守者上前封盖其投篮。因此要在比赛环境中练习投篮，并告诉搭档要积极地进行防守。

投篮训练：最受队员喜欢的训练

无论你现在执教何等水平的球队，队员总是想要练习投篮，到目前为止，投篮是训练中队员练习最多的单项技术，但教练员必须明确队员是否在进行富有成效的练习。以下是进行高质量投篮训练的7个要点：

1. 将接球和投篮动作合并进行投篮练习（空位接球）。
2. 合并切入、接球和投篮动作进行投篮练习（切入后接球投篮）。
3. 将运球和投篮动作合并进行投篮练习。
4. 在训练中力求做到完美（完美的脚步、完美的随球动作等）。
5. 置投篮练习于比赛情境中（用一只手封堵投篮队员的视线）。
6. 在比赛场地内以比赛的速度和强度进行投篮练习。
7. 记录投进和投失的个数（要让队员看到自己的进步）。

训练中的基本要点

队员提高计划的大部分内容是针对进攻技术的提高，但在执教过程中要运用各种各样的训练手段来提高队员的进攻技能，在指导队员训练时要拥有一些适用于任何训练内容的基本要点。以下是指导队员进行训练时需要考虑的要点。

第十九章　队员的提高

注意细节。要注意每一处细节，例如，如果在投篮练习中加入掩护配合，那么就需要让被掩护队员在利用掩护摆脱时肩并肩地紧贴着掩护队员走，如果与掩护队员间距过大，防守队员就会进行抢过防守。再如，如果一名队员要利用试探步突破防守队员时，就要直线突破防守队员而不是弧线突破。

运球要有力。强力运球就是用力使球重重的击地并弹回的运球。越快越用力地运球，手掌控球的机会就越大，控制球就越容易。

降低重心做动作。篮球运动是一项快速、精确的运动。如今的篮球队员个子更高、速度更快，在篮球比赛中要注意降低身体的重心，即每名队员都要屈膝降低重心为下一个动作做准备。准备投篮时，要做到屈膝、调整脚步准备接球，一旦接到球就立即投篮，不能浪费任何时间，因此队员必须要降低重心，做好接球准备。

注意肩部动作。要获得速度、爆发力和力量就必须注意肩部动作。例如，做掩护配合时，切入队员的肩部要低于掩护队员的肩部，从而使其能够以低重心借助掩护摆脱。在篮下，进攻队员会降低肩部以获得力量和爆发力。简单地讲，肩部压得低的队员往往更有优势，这就是"肩-髋同高"原则，即在突破对手时要使自己的肩部与对手的髋部处于同一高度。

先动脚，再放球。无论是在篮下还是在外线，进攻队员都可以利用脚步的移动取得主动，要做到先处理好脚步动作然后再放球。当进攻队员利用试探步突破对手时，先使自己的脚超越对手的脚，然后再放球。利用脚步获得先机，再利用运球与对手拉开距离。要让队员明白：运用手和前臂可以获得空位（尤其是在篮下），但脚步的移动却是得分的关键。

调整好脚步再投篮。脚步动作是影响投篮质量的关键因素之一，通常脚步动作的质量决定投篮的质量。投篮队员的脚步动作应该在每次投篮时都是一样的，无论是空位接球投篮、切入后接球投篮或者运球后投篮。告诉队员在投篮时要"脚趾正对篮筐"。投篮时要保证双脚正对球篮。

对于那些技术全面的球员，他们的提高有时并不明显，但克里斯·保罗却能一直保持学习新的知识、新的技术以及领导才能，从而使自己和球队更加出色。

研究比赛

在当今的篮球比赛中，队员比以往更高大、更强壮、速度更快，他们不仅体格健壮，而且更早地接受专业的训练。这两个事实意味着一名队员要想达到目标仅仅依靠在球场上和健身房里的努力是不够的。获得成功的队员对提高都有着让人难以置信的渴望，他们会寻找任何可以利用的资源来提高自己。

观看比赛对队员的提高很有益处，但必须是主动地、聚精会神地观看。学习场上队员是如何胜任自己的角色，并思考某个特定的战术打法应如何实施才最合理。在观看自己球队的比赛录像时，要坦率地评价自己哪里做得比较好，哪里需要提高。

与此同时，队员还要通过观看录像来提高自己需要改进的方面。只要能从中发现一种新的训练方法或一个新的教学要点就是收获。队员已经知道了自己所需要知道的东西，现在就要找出自己所不知道的。因此他们还要阅读一些文章或与其他队员进行交流。队员也可以通过其他队员的言行和思维方式学到很多东西。观察优秀的队员是如何在训练中提高自己的，即他们要练多久、他们一天投多少次篮、他们是如何做运球练习的。

训练的坚持与激励

同每天需要催促才去训练的队员相比，教练员更喜欢积极上进的队员。但需要清楚的是，即使是任何一名队员都会有状态不佳的时候，而那时就需要教练员的协助。每天教练员都需要激励队员，所以我们可以从多种途径激发动机，包括教练员的言行和更衣室里激励性的事物。

作为教练员每天都要受到很多人的关注，当然这其中就包括自己的队员。他们会注意你的行为、言语和某些看起来对你很重要的事。无论他们是否意识到，事实上他们一直在对教练员进行评价。既然这样，一名优秀的教练员就要尽可能地运用各种有利条件来激励自己的队员。

不能低估那些常见事物在激发队员时的作用。有时有些事情看起来是如此明显且不言而喻，以至于你根本不会对其很在意，但是，有的人却会再三地对其进行观察和思考。例如，挂在更衣室墙上的海报标语，它们仅仅是海报，对吧！其实未必。很简短的一句话有时会使一名队员产生巨大的改变。我仍记得我们更衣室里的海报，一张是"如果你的爸爸、妈妈、老师，或者你的球迷看到你今天的表现，他们是否会为你感到骄傲"；另一张是"如果今天一名NBA教练员看到你的训练表现，他会怎么看你"。你会张贴什么类型的海报来影响你的队员？你是否还能用其他一些小方法来使

第十九章　队员的提高

队员受到较大的影响？

　　与队员交流时你要时刻保持满腔的热情，这样做确实很有成效。与队员在一起时不要表现出很不耐烦的样子，如果让队员感到你在训练时就是在跟他们消磨时间，那么他们就不会完全地投入训练。要利用你的眼神、言语和动作展示你对篮球以及指导他们训练的激情。

　　提高是一个花费时间的过程，但并不是每一个人都有耐心去坚持。教练员比其他人更清楚不懈努力的重要性，而且必须让队员明白坚持不懈地练习的重要作用。队员的年龄会影响他们每周训练的次数和时间，但对于某些队员，尤其那些非常具有天赋的年轻队员，他们有时并不认为坚持训练能够就使自己有所提高。其实他们是有提高空间的，而提高是需要时间的。如果你是一名教练员，一定要时常问自己如何才能开导队员以使他们得到提高，并对不同的队员，采取不同的方法以达到目标。

　　要不断寻找和创新训练方法的思路和机会。在观看比赛、观察队员训练时，都可以寻找到能够在训练中用到的东西，训练要富有创新，如今的队员更容易对训练内容产生倦怠，因此经常变换训练内容十分关键。要把新的训练形式融入到常规的训练中，在训练中寻找多种方法来练习同一项技能。

　　最后，要与你的队员建立信任与相互尊敬的关系。你很难在不受信任的情况下成功地激励队员去努力投入练习，如果队员不信任你，认为你对他们是否有提高并不在意，那么你的训练效果就会很差。

当教练员与队员一起做练习时，要像要求队员那样对训练要富有激情并付出同样的努力。

提高队员技能的训练

这部分的训练具有两个作用，一是提高队员技能，二是刺激你设计出更多的训练方法。你会注意到有三个训练用到了椅子，队员从椅子上拿球然后投篮。这种练习有助于队员集中注意力并使他们在投篮时降低重心。

热身训练

环形传球练习

5名队员在三分线外站成一行，队员A持球。3名队员在三分线内，包括在篮下持球的对应队员Ⓐ，队员Ⓑ和Ⓓ分别在其左右侧。练习开始，位于三分线外的Ⓐ传球给位于自己右侧的Ⓑ，同时三分线内的Ⓐ传球给自己右侧的Ⓑ，然后两个Ⓐ迅速换位，继续进行练习（图19.1）。

这个练习的内容是一名队员给位于自己右侧的队员传球，然后迅速与自己对位的队员换位，即位于三分线内的Ⓑ与位于三分线外的Ⓑ换位（图19.2），Ⓒ与Ⓒ，Ⓓ与Ⓓ重复练习若干组或持续练习一段时间。

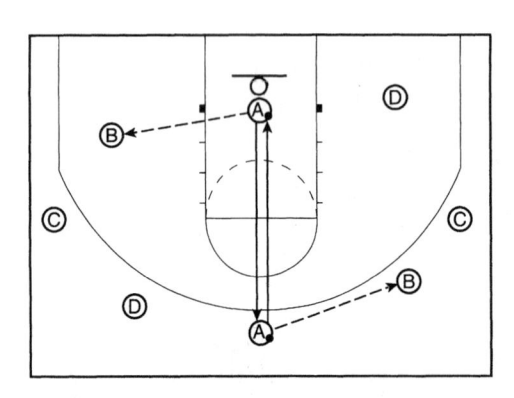

图19.1 环形传球练习：队员Ⓐ传球给队友Ⓑ，然后迅速跑动换位。

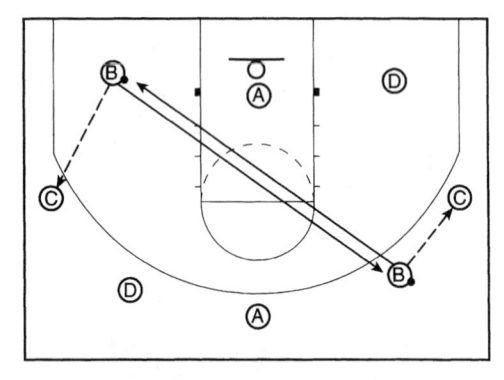

图19.2 环形传球练习：队员Ⓑ传球给队友Ⓒ，然后迅速跑动与对面的队员换位。

轮转、换位和突破练习

队员持球在半场左翼列一路纵队，一名队员站在同一半场的中场，另一名队员在右翼。左翼队列中的第一名队员传球给位于中场的队员，传球后立即跑到中场接替中场队员的位置；中场队员接球后传球给位于球场右翼的队员，然后跑到右翼接替右翼队员的位置；球场右翼队员接球后迅速向篮下突破（图19.3）。重复练习若干组或持续练习一段时间，然后再到半场的另一侧做练习。

轮转、换位和投篮练习

这个练习同图19.3，但在此处位于右翼的队员接球后进行跳投。这些热身练习，队员要注意每一处技术细节，同时教练员要纠正每一处错误。

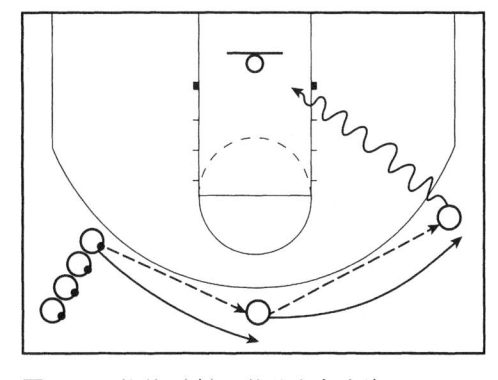

图19.3 轮转（球）、换位和突破练习。

基础训练

上下跑位投篮练习

两名教练员各持一球，一人在端线外，一人在半场中部；两名抢篮板球队员在限制区内；队员①和②一人在半场底角，一人在侧翼。练习开始，①和②迅速跑动，交叉换位接教练员的传球后跳投（图19.4）。重复练习若干组或持续练习一段时间，然后再到半场另一侧做练习，并且要在模拟比赛的环境中进行跳投练习。

图19.4 上下跑位投篮练习。

折区练习

一名教练员持两个球站在半场中部。一名队员从低策应区开始，先做一个向限制区切入的假动作，然后向上到罚球区的肘区接教练员的传球，投篮（图19.5）。投篮后再切入到限制区后做假动作，在罚球区的另一侧肘区接球，投篮。重复练习若干组或持续练习一段时间，要注意从假动作切入到跳投每一处细节的精确性。

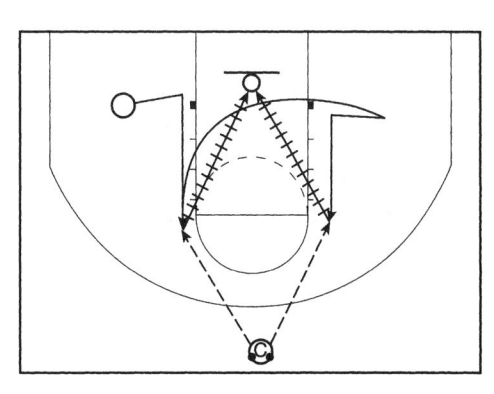

图19.5 折区练习。

"Pin down" 练习

这个练习基本与图 19.5 相同，但在此处队员从限制区外开始，在三分线内或外投篮都可以。此练习队员模拟的是借 pin-down 掩护切入后接球投篮的过程（图 19.6）。

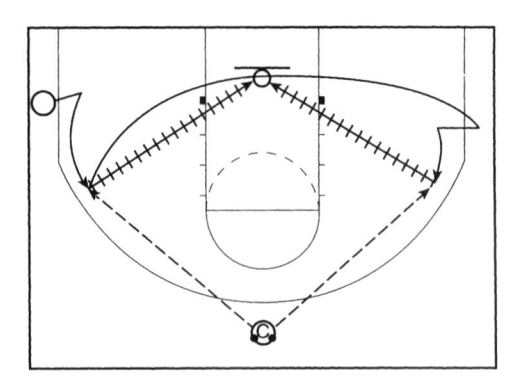

图 19.6 "pin-down" 练习。

快速调整投篮姿势练习

一名教练员持球站在半场中部三分线外，一名队员站在三分线内面对教练员。教练员传球给队员，当球在空中飞行时喊："右！"或"左！"如果教练员喊"右！"，该队员就以右脚为轴转身面对篮筐，投篮（图 19.7）。重复练习若干组或持续练习一段时间。当旋转和转向球篮时，该队员要降低重心并持球于下颚与肩部之间（右手队员在右边，左手队员在左边），投篮手的手腕后屈。

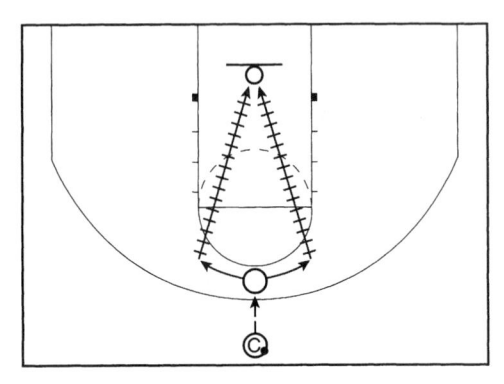

图 19.7 快速调整投篮姿势练习。

快速转身正对球篮，接交叉步运球练习

这个练习与图 19.7 十分相似，但在此处队员转向球篮后做投篮的假动作，然后做交叉步运球后跳起跳投。重复练习若干组或持续练习一段时间，但要注意那些假动作做得不逼真的队员。在做交叉步运球时，要确保快速将球从胯下推放到体侧，并使球用力弹击地面从而迅速弹回手中。

肘区跑位投篮练习

一名教练员持球站在篮下，一名队员站在左侧肘区。教练员传球给这名队员，该队员接球后跳投，然后迅速移动到另一侧肘区重复这个练习若干组或持续练习一段时间（图 19.8）。

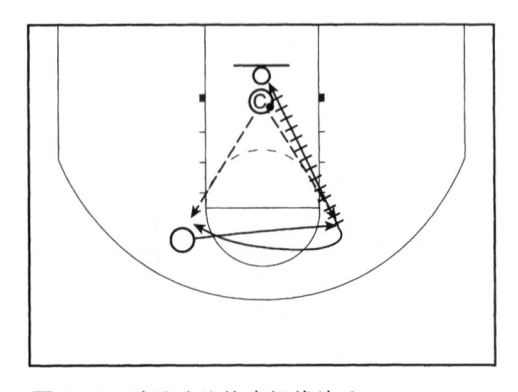

图 19.8 肘区跑位接球投篮练习。

"椅子"训练

大强度上篮练习

在左右肘区各放置一把椅子，每个椅子上放一个球，一名抢篮板球队员站在篮下。一名队员从球场中间开始从椅子右侧外切，然后从椅子上拿球上篮。上篮后该队员再绕另一把椅子从限制区内切出，拿球从左侧上篮（图 19.9）。这个练习的目的在于使队员在 15 秒钟内做 4 次上篮。抢篮板球队员负责把球放回到椅子上。

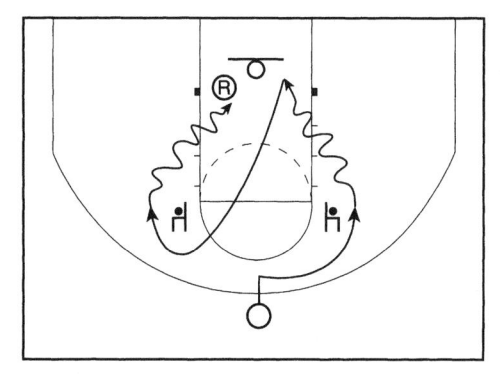

图 19.9 大强度上篮练习。

肘区跳投练习

这个练习与图 19.9 十分相似，但在此处队员要先向左做摆脱然后切向右侧的椅子，从椅子上拿球后调整投篮姿势，跳投（图 19.10），投篮后该队员继续到另一侧做同样的练习。重复若干组练习或持续练习一段时间。

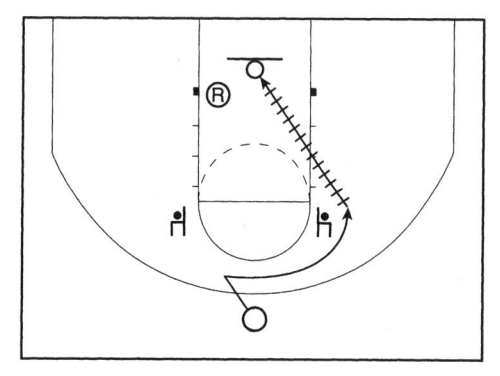

图 19.10 肘区跳投练习。

肘区反跑拿球练习

这个练习与图 19.10 相似，但此处队员切入到椅子的右侧并超越椅子，然后停下做一个转身，再移动到椅子的另一侧拿球，投篮（图 19.11）。做完后再到左侧做同样的练习，重复做若干组或持续练习一段时间。

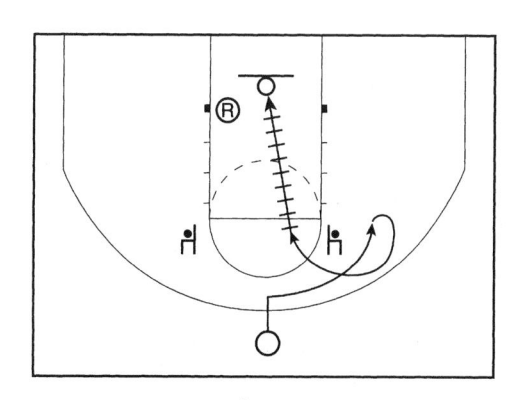

图 19.11 肘区反跑拿球练习。

四把椅子辅助练习

在靠近端线的三分线内放置两把椅子，在肘区外放把椅子，每把椅子上放一个球，一名抢篮板球队员站在限制区内。一名队员从低策应区首先切向并绕过 1 号椅子，拿球转身调整投篮姿势，投篮（图 19.12a）。然后该队员继续如此绕切 2 号、3 号和 4 号椅子做同样的练习（图 19.12b）。

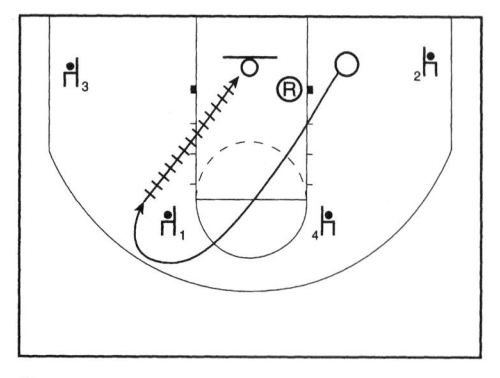

图 19.12 四把椅子辅助练习。

"pin down" 拿球跳投练习

在半场中区侧翼和罚球弧顶处各放置一把椅子（椅子上各放一个球），一名抢篮板球队员站在限制区内。一名队员在低策应区先假装向内线切入，然后快速向侧翼的椅子移动，拿球，跳投。投篮后迅速移动到中场，一只脚触及中场线后迅速向另一把椅子移动，再一次拿球转身调整投篮姿势，跳投（图 19.13）。重复练习若干组或持续练习一段时间。

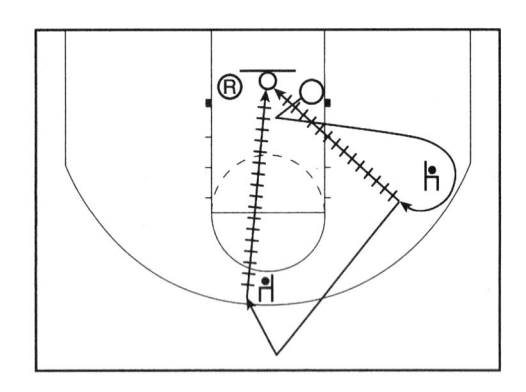

图 19.13 "pin down" 拿球投篮练习。

运球突入练习

在罚球弧内外放置 3 把椅子使之呈一个紧缩三角形，一名抢篮板球队员站在限制区内。一名持球队员从三分线外开始，快速运球到 3 把椅子之间做两步急停（控制住身体），然后跳起投篮（图 19.14）。在球场两端都可以进行这个练习。

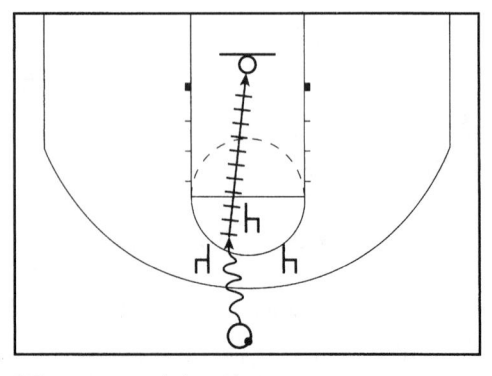

图 19.14 运球突入练习。

切入接球投篮练习

在肘区外左侧放置 3 把椅子，一名教练员持球站在三分线外，一名抢篮板球队员站在限制区内，另一名队员在对面。该队员先假装向篮下切入，再向椅子内切入，接教练员传球后做一个两步急停，然后跳投（图 19.15）。完成 5 组练习后到球场的另一侧做同样的练习。

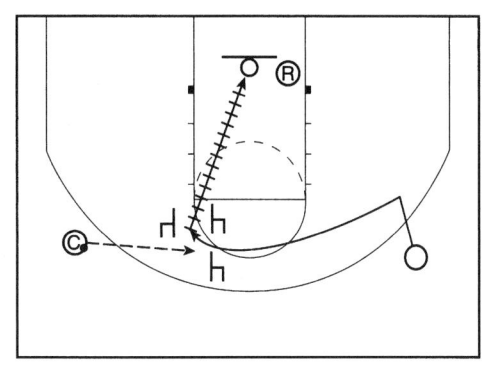

图 19.15 切入接球投篮练习。

8 字形跑动投篮练习

在右侧肘区外放置一把椅子，另一把放在三分线内靠近底线处，每个椅子上放一个球，一名抢篮板球队员站在限制区内。一名队员从三分线外、两把椅子的中间处开始，向位于底线附近的椅子绕切，拿球转身正对篮筐后跳投。投篮后绕过这把椅子迅速向另一把椅子移动，然后再次拿球转身正对篮筐后跳投（图 19.16）。重复进行这种 8 字跑动投篮练习若干组，或持续练习一段时间，然后到球场另一侧做同样的练习。

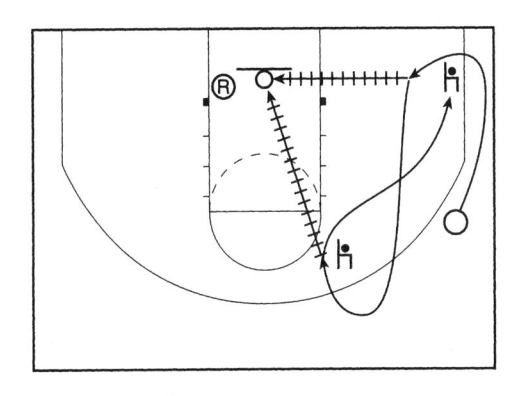

图 19.16 8 字形跑动投篮练习。

快速横向掩护投篮练习

在球场右侧三分线内放置两把椅子，每把椅子上放一个球。一名抢篮板球队员站在限制区内。一名队员从球场中场开始，借助假想快速横向掩护移动到第一把椅子附近，拿球转身正对篮筐后跳投。投篮后该队员继续向另一把椅子快速移动并完成投篮（图 19.17）。做完后继续重复练习若干组或持续练习一段时间，然后再到球场的另一侧做此项练习。

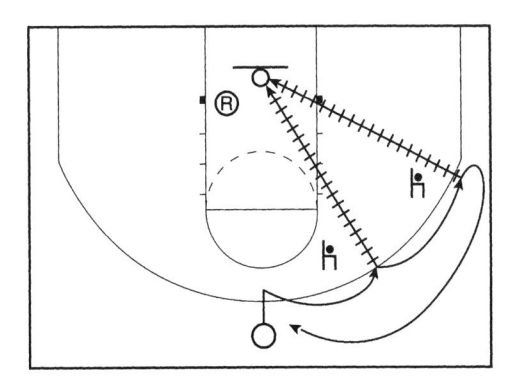

图 19.17 快速横向掩护投篮练习。

325

1对1对抗训练

1对1触底线练习（外线队员）

队员①和②在站在罚球线中间，教练员持球站在其后。当教练员喊"走"时，两名队员迅速朝底线移动，用脚触底线，然后向外切出到球场侧翼，首先跑出来的队员接球与另一名队员进行1对1单打，直到投球中篮或防守者控制球（图19.18）。

1对1触底线练习（大个子队员）

在限制区中间放一把椅子，上面放一个球。两名大个子队员分别站在罚球线两侧。这个练习和图19.18相似，但此处是队员在内线进行对抗。

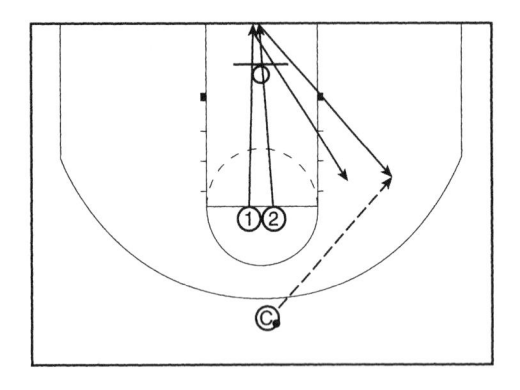

图 19.18　外线队员1对1触底线练习。

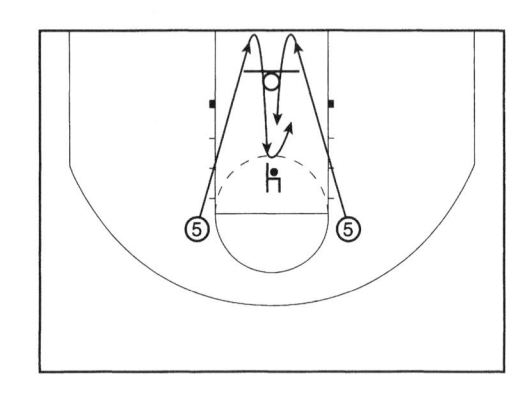

图 19.19　大个子队员1对1触底线练习。

1对1半场进攻练习

在距离中场线几英尺的地方放置两把椅子，一名队员持球靠近底角，一名防守队员在限制区附近。当教练员喊"走"时，进攻队员迅速向椅子运球，然后绕过前面的椅子再折回向篮下突破。而防守队员绕过另一把椅子，然后努力防守想要突进内线的进攻队员。这样1对1直到进攻队员进球或者防守队员得到球。

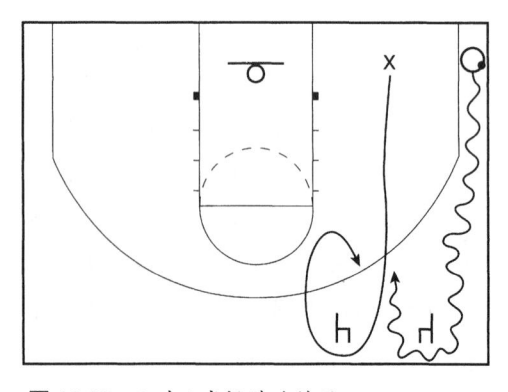

图 19.20　1对1半场进攻练习。

结　语

在球场上是教练员说了算，但必须铭记，主角是队员而不是教练员。无论你执教何等水平的球队，你的使命都是最大程度地发掘队员的潜力。虽然仅有极少数队员可以成为下一个科比·布莱恩特或勒布朗·詹姆斯，但我们希望，在队员朝着目标努力的时候，作为教练员必须在技术上和精神上给予他们帮助。

对于一名教练员来说，没有什么能比看到队员做到了以前他们认为自己做不到的事情更感到高兴——然后发现，你还能为他们做得更多。这就是教练职业如此受人尊敬的原因之一。

第二十章　队员和教练员的激励

斯科特·斯凯尔斯（Scott Skiles）、约翰·巴赫（John Bach）

篮球运动绝不仅仅是简单的攻防对抗，它还是一项智力运动，是一项需要激励的运动。运动员在比赛中凭借坚强的意志力坚持征战的例子不胜枚举。回想曾经带伤上场的威利斯·里德为了帮助尼克斯队获得1970年NBA总冠军而在球场上一瘸一拐地坚持比赛；再想1997年迈克尔·乔丹拖着病痛的身体在总决赛第5场拿下惊人的38分，从而率领公牛队又一次夺得NBA总冠军；你是否还记得在2006年近乎濒临溃败的达拉斯小牛队下半场在落后24分的情况下将多伦多猛龙队拖入加时赛，这些例子在各种水平的比赛中屡见不鲜。

当然，积极的心态可以鼓舞人心，而消极的心态同样可以影响士气。长时间投篮命中率过低、教练员与队员之间的不和谐、伤病，以及运动员在职业生涯中所经历的其他挫折，都会消磨个人意志并从精神上给球队带来巨大的打击。

本章将与大家分享意志品质对篮球比赛的重要作用的案例，以及在队员和教练员激励方面的见解。当你读完本章，你会充分认识到在篮球比赛中心理因素与技术、战术、谋略是同等重要的。

对球队的激励

球员要懂得自我激励，而职业球员更应如此。毕竟，作为一名球员或教练员，我们都曾经在某些方面动力十足，否则就不会取得如今的成绩。以我们现在的水平，无论是队员还是教练员都不能缺少竞争的动力和努力做到最好的动机。

对球队的激励需要做到提升所有队员的热情和活力。这是一件比较困难的事，尤其是当球队状态低迷时。许多教练员因做不到激励球队团结而最终离开。曾经有一位教练员说过，"如果你能在执教的过程中找到激情，那么就努力地进行下去；如果你不能从中获得激情，那就不要当教练员了"。教练员有责任给队员灌输对篮球运动的热爱之情，从你踏进训练场的第一天开始直到整个赛季结束，都要让队员感受到你对篮球的激情。如果其间你丧失了对篮球的激情，你也就失去了整个球队。

在与每名队员建立良好关系的同时，也要努力做到与球队所有队员之间也融洽相处。我们的目标之一就是享受工作的激情，并为获得为整支球队作出贡献的机会而感到快乐。如果喜欢这份工作就会为其竭尽全力，并且享受每一天所做的事情。一流的球队都在以自己的方式证明着这一切。

比赛习惯的培养

一支球队对比赛的激情和团结拼搏的精神是不能伪装或强迫的，它必须是情感从心底的自然流露。篮球比赛中队员高水平的表现来自于训练中获得的良好习惯。高水平的表现不会是与生俱来的，除非队员在比赛习惯上接受过教练员的专门指导和训练。好的技术和社会习惯需要培养，我们将在下文对其阐述。

技术习惯

走进更衣室，你会看到黑板上写着"习惯（Habit）"二字。我们会跟队员说："大家看到这个由5个字母组成的单词了吧，习惯就是重复去做某件事，后来再做时就自然而然地了，就不需要再去思考该怎么做，它已经成为比赛和生命中的一部分。注意，如果我擦掉H，仍有'a bit'（一些），如果我擦去A，我们仍有'bit'（一点），如果我擦去B，'it'（它）仍然和我们在一起，我所强调的就是一旦某种习惯养成了，它就会长时间和我们在一起——这就是为什么队员要养成好的习惯，因为坏习惯会一直缠着你。"

一支球队必须培养良好的习惯。通过常规训练课使队员掌握和保持脚步移动、传球、抢篮板球等基本技术。队员要获得比赛的胜利，除了要具备卓越的篮球智商，还要能够在比赛中自动的、习惯性地、不需要思考地去运用各种篮球技能。没有优良、扎实训练习惯的球队是不会在比赛中取得成功的。由于越来越多的队员在比赛中依靠力量和弹跳能力而不是基本功，因此基本技能的运用在比赛中越来越不多见了。但是，无论队员变得多么高大强壮，篮球永远是一项技巧性的运动。篮球比赛需要柔和、精准的跳投；恰到时机的篮下切入；在队友拉到外线时及时地为队友分球等。其技术的运用有很多细节，我们必须每天练习这些细节直到它们变成习惯，而这样的练习需要激励。激励队员最好的方法之一，就是通过比赛训练法练习基本技能，直到它们成为习惯，直到全体队员都能在比赛中流畅地运用这些技能。如果你是一名教练员，你一定明白我所表达的意思。在训练一开始效果可能会较差，但最后，通过在训练中不断地练习，队员完美地掌握了恰当的掩护角度与时机，掌握了精准的罚球和在接到精妙传球后的跳投，以及将抢篮板球的对手不断地、有方法地从篮下挤开等。久而久之，曾经蹩脚的练习内容为队员在赛场上的精彩表演。

肖恩·巴蒂尔集努力奋斗、优良品行、无私和体育道德于一身，这使得他在球队以及联盟中美名远扬。

社会习惯

无论是篮球运动还是其他集体性运动，最重要的社会习惯之一就是要守时。遵守时间代表着对队友和教练人员的尊重。在平时的训练中，一定要要求队员准时到场，认真地准备训练。如果队员很晚才到训练场，训练的质量也就不会很高，因为迟到会打乱你精心准备的训练计划并影响球队的训练动力。

时间观念不强也是球队其他纪律问题的标志，因此要杜绝训练时迟到的现象。一支纪律松散的球队也能时不时地赢得几场比赛，但是保持长久的胜利需要对球队进行约束、限制，并要保证有好的训练秩序。绝不允许明星队员在训练时有迟到现象发生，如果你允许他比别人晚到，接下来他就想提前结束训练。要准时开始训练，有计划地完成训练内容，然后根据你的要求结束训练。有序地从一个训练阶段过渡到另一个阶段，有助于严肃球队纪律并在比赛中养成良好的习惯。

严格要求训练

教练员应该清楚训练时间远比比赛时间重要。一支球队就是在训练中打造出来的，优秀教练员是不会接受队员的消极怠慢和坏习惯的，并且一旦发现立即纠正。当教练说，这已经是第三次失误，我们不能再失误了。所有人站成一列做几组冲刺跑。与仅仅对他们进行口头提醒相比，这样做更能使队员留意自身出现的问题。要在训练中合理地运用冲刺跑，因为它除了有利于队员体能外，还有助于培养球队的团队精神并促使队员去思考自身的问题，他们会认为教练是对的，我们的失误太多了。所以，这样一来，球队就得到了提高。如果教练员对队员放任自流，那他们将什么也学不到。严格训练的结果就是能使一支球队越来越团结，能使队员尊重自己、对手和周围的人们。

有些教练员每天都会在更衣室里宣读一句格言，然后在当天的训练中要求队员背诵。如果某队员不知道这句格言，那么所有队员都要罚跑步。有的教练员不会惩罚那名忘记格言的队员，而是让其在一边看别人被罚跑步。激励队员的方法有许多，找出对球队最有效果的方法，然后合理地运用。要始终严格地进行训练，总有一天队员会感激你的。

协调努力、高效和热情地训练能使队员在在整个训练过程中积极参与，专注训练。

向"激励大师"学习

从那些"激励大师"的案例中可以发现，钟爱自己的职业并且语言、动作丰富的教练员通常都善于激励自己的球队。

菲尔·杰克逊就是一位"激励大师"。如果他的队员在 1~2 天的防守训练时默不作声，他就称这一天为"无声训练日"——在当天训练时不允许队员发出任何声音。你可以想象一下在球队中运用这种方法的效果。队员都想知道这是为什么，而他却并不解释这一原因——目的是让队员自己去思考这是为什么。杰克逊希望看到自己的队员不断地成长，他不会在每一次暂停或者在训练暂停时立即进行指导，因为他坚信如果什么都由他做决定的话，队员永远不会得到提高。他会在许多次暂停时问："你们认为应该怎么做？"他把问题抛给整个球队，而不仅仅是明星队员们。

杰克逊运用的另一个技巧就是在练习传球时，如果效果较差，他就会将球场的灯关掉，让队员在昏暗中练习。虽然会有些许光线，但队员在练习传球时就会非常留心。他不会告诉队员为什么会把灯关掉，而是要队员自己去思考这是为什么。他虽然运用了不寻常的训练方法，但这些方法都有详细的计划和清晰的目标，因为他清楚自己希望队员怎么样——让他们团结一致，而不是各自为战。

激励中的因人而异

作为教练员你可以读任何一本关于激励队员的书，但必须让其转化为执教技能的一部分。你需要时常问自己是什么使自己得到了激励，这能表达出来吗，能展示出来吗，能阐明它吗。如果你在训练或在做球队日常工作的过程中死气沉沉，或因训练日程安排，以及球队的战绩而情绪低落，你就可以想象"激励"将会对球队产生怎样的影响。在球队获胜时激励球队并非难事，难的是在球队处于最差状态的时候，此时你就要想出激励队员的好办法——有时可能是短时间的训练，有时可以是长时间的训练，有时可以让队员穿着随意地参加球队会议，有时还可以是一次短短的交谈或者什么也不说。个别情况下，你需要用一些非正统的方法使球队走出困境，或让他们感觉到新的开始——即使是球队正在连续地遭遇失利。

无论在何种情况下，无论执教的球队是何种水平，你都要关心自己的队员。要清楚哪名队员需要停训休息一天，哪些队员需要受到关注，有时需要你走过去搂着某个队员的肩膀说："表现不错。"NBA中优秀的教练员就是这么做的，他们知道队员同其他人一样富有感情。在比赛中，公众关注的压力会影响队员的场上表现，此时就要体谅他们。执教的秘诀之一就是清楚自己什么时候应该表现得强硬、什么时候温和，不要认为队员已经是成人而不再需要悉心照料，很多时候队员需要的不是宠爱，而仅仅是理解和尊重。

NBA各球队的不同之处并不仅仅在于队员的特点，还包括他们的激情和对球队的服从程度，他们还会问自己："我能为球队做什么？"显然，你不能只关注球队中的一流球员，例如，如果某个队员不愿意或不乐于接受自己在球队中担当的角色时，你就要让他们明白自己能为球队做什么，以及这么做对球队的价值。你可以通过鼓励或给他们上场的机会来激励一些队员，但有时需要做的远不止是这些。你要诚心地跟他们交谈，让他们对自己的角色有信心，让他们知道自己的贡献。你应该这么告诉他："你是我们的替补中锋，你的上场时间可能不会如你所愿或不能得到很多的拿球机会，但你在球队中的角色很重要，我们的球队必须要有一名替补中锋。"

文斯·隆巴迪是一位足坛的传奇人物，同时又是一名优秀的篮球教练员。他曾经说过："在球队中有些队员没有其他队员所拥有的经历与责任感，所以我会花时间帮助这些真正需要帮助的队员。"这句话阐明了一个道理：就是你需要给普通队员以信任从而使他们感觉到自己很出色、很重要，然后他们就会通过在比训练和比赛中的努力来回报你。

执行队规

曾经帮助金州勇士队夺得 NBA 冠军的球员阿尔·阿特尔斯，对 NBA 球员的心理有极好的了解。他并非科班出身，也曾进入 NBA 打球，所以他很清楚如何对待队员的问题。阿特尔斯只在意个别的队规，其他小的细节或次要的队规他并不在乎。他总是说："我有队规，但它简单明了。我相信如果完全按照队规要求去做，队员一定会守时，一定会尊重队友和教练人员，承担自己所应承担的义务。"因此他和队员们一直保持着不错的关系。

也许，你像阿特尔斯一样，也是一位不需要很多队规的教练员。但你必须执行已有的那些队规。你制定队规是因为你相信它们有用——所以要执行它。如果队员违反了这些队规，你就要着手处理这一问题。你可能要用一场或几场比赛的时间让他们坐冷板凳来处罚他们，或要求他们为队友买早餐。处罚的方式取决于球队的水平和队员违反队规的严重程度。

保持冷静

执教球队需要保持头脑冷静，不应该有过激行为。你不必立即去解决所有的事情，但要思考和观察，保持冷静，不要对什么事都很敏感。例如，有时过快地对球队遭遇的失败作出回应对球队是不利的。许多教练员在比赛后无论球队是赢是输、打得是好是坏，都会尽量简单的地用这句话跟队员说："明天训练时见，到时候再谈。"然后离开球场。你要注意自己在比赛后情感的流露，特别是在你情绪低落或生气时，因为你很可能会说一些对球队产生不良影响的话，队员可能需要几天甚至几周时间才能从这些话的影响中解脱出来。所以，建议教练员在比赛结束时少说话，等到第二天训练时再说。

教练员必须要扮演多种角色以处理各种事情，并且要尊重和适应不同队员的个性。有些队员喜欢你在背上轻轻地拍他，而有些就不乐意让人去碰他。教练员需要灵活把握自己的行为并做好自己与队员之间的角色平衡。如果你已经有好几个赛季的执教经验，你很可能已经懂得如何做到平衡——在力所能及的前提下，尽可能地为球队付出。

在比赛中裁判员很可能会有吹错哨的情况，但作为一名教练员必须明白自己队员失误的次数要远比裁判员的失误多很多。教练员与裁判员之间应该互相尊重，不要表现得没有教养。队员的表现反映了教练员的表现，如果你想让队员尊重裁判员，就要在裁判员出现一次误判，或者其讨论某个对自己球队很重要的问题时，不能一味地去与其争执。你必须控制好自己的情绪，为队员树立榜样。

理智地对待队员的情绪和状态，能使教练员与队员无论在场上还是场下都保持良好的关系。

与助理教练员合作

每名工作人员都有自己独特的经验与视角。不要找那些只会听从吩咐办事的好好先生做你的助理教练员，你需要他们忠诚，但同样需要他们协助你思考问题。菲尔·杰克逊会听取每位助理教练员的意见，无论对方年长还是年轻。在比赛暂停时，他常常会离开球队席足足20英尺，从而给助理教练与队员讨论的机会。他会不断地向助理教练员询问替换队员的建议，或者在某个特定情况下应做何行动，然后再作出最终决定。

教练人员不仅要在比赛暂停时相互交流、相互尊重，而且在执教的其他方面也需要交流与互重。

比赛暂停时的激励

比赛暂停对于教练员来说不仅是布置战术的时间，而且也是激励队员的好机会。由于暂停时间较短，因此你要用简短、针对性的话语来做出提示，如"抢篮板，我们需要更多的篮板球，你们能做的更好！"此时语言要简练、明了，不能说那些带有挖苦或消极负面的话，因为现在不能让事情变得复杂。你需要让队员明白你想让他们做什么和怎么做，表述要简要。

在向队员布置战术的同时，你要充分利用这短暂的时间提高队员的信心，让他们相信自己，坚信自己可以打好比赛。不要忘了队员已经很累了，意志可能处于濒临崩溃的边缘，场边还有20000甚至更多的观众在观看比赛，巨大的噪音、背景音乐，当然还有令人难以想象的压力。如果你对队员做到了应有的了解，你就会清楚采用什么方法来激励队员，帮助他们抵抗外界干扰将注意力集中在比赛上。

有时教练员会在暂停时离开球队席，菲尔·杰克逊就是这样做的，他会留给队员时间，让他们自己镇定下来并找出自身存在的问题。教练员不要在每一次暂停时都为球队拿主意，否则队员就会完全依靠教练员而不自己去思考问题。那些在暂停时整齐地在球队席听从指导的球队往往都不是强队。有时（虽然不总是或不通常是）队员必须自己处理自己的问题，他们来到球场自己面对问题，并提出解决这些问题的办法。

所有教练员都懂得利用替换队员来激励自己的队员。传奇教练员亨利·伊巴曾经说过，场外指导的原则之一，就是当着队员的面告诉他，如果你表现不好，那么你就会被替换掉。这句话的意图很明确，即谁也不要去争辩，教练员不会让表现良好的队员坐板凳。当一名队员不够努力或犯一些最基本的错误时，教练员一定会将其替换下场并告诉他，"坐下来，控制一下情绪，然后再给你上场的机会。替换能激起好胜心强的队员的斗志，他们由此进行自我激励。

担当责任

当球队获胜时大家都能受到赞扬。但是，如果球队比赛失利，作为主教练就必须承担责任。永远不要在失败后解释说："今晚是队员表现得不好。"应该说："我们是失败了，但明天我们会取得胜利的。"为球队站出来，勇于担当责任，这样队员会以忠诚和努力来回报你。

媒体工作人员都非常精明，他们会发现教练员和球队的问题并在报道中一一指出。教练员要明白，这是作为主教练必须经历的一部分，即使是球队在最鼎盛的时期，他们也能找出问题来，如果输了球报道就会铺天盖地、不绝于耳。教练员必须从报纸、广播中了解这些。可以想象一下，你每天去工作时将会听到老板、媒体、球迷甚至是你的朋友说："你的球队到底怎么了，你打算怎么带领球队走出低谷？"

他们的言行看起来似乎是你不曾考虑过这些问题。当球队的表现不尽如人意，甚至是当你意识到一些队员还在学习如何才能同队友打好配合时（这个需要很长时间），这些消极的因素都会使队员情绪低落。你要将这些看做是你向人们展示你有多么强大的机会，不要失去耐心，要保持微笑、冷静并努力使球队变得更强，不要再让其他的损失使自己和队员产生隔阂。保持这种态度并告诉队员："比赛已经结束，让我们为明天的比赛而奋斗，要努力避免今天比赛中出现的失误。"大部分球队都在发展提高的空间，很少有球队做到尽善尽美，如果他们达到那样的水平时，你一定会有所耳闻，那一定是人们关注并熟悉的球队。在每一支获胜的球队或团队的背后，必定有一支在失败中拼争的球队，只要每次努力地做得比上次好就不会出现难堪。

结　语

　　这一章我们向您展示了执教中的一些经验。我们曾经执教过一些很出色的球员并曾与很多优秀的教练员合作，我们一直在努力向他们学习——无论在技术方面，还是在激励方面。就像每支球队一样，每名教练员也需要学习和掌握如何与队员建立并保持良好关系。

　　如果有人要问在篮球运动中什么最重要，是技术还是动机，我们会说它们都很重要。无论你执教何种水平的球队，在训练与比赛是二者同样重要。我们曾无数次看到一支天赋并不如对手但拥有强烈求胜欲望、顽强意志的球队在比赛中战胜对手。

　　最后，建议教练员尽量多地参加培训，多看训练与比赛以提升自己的篮球专业知识，并形成自己的执教理念，但千万不要忘记篮球运动人性化的一面。要学会了解队员的心理，从而意识到在争取比赛胜利的过程中，对队员的激励与防对抗同样重要。篮球运动是一项人性化的运动，它是由有血有肉的队员参加的比赛，如果忘记这点而过多地关注比赛的技术层面，就会对队员造成极大的伤害。

第二十一章 现代体能训练方法

里奇·达拉特里（Rich Dalatri）

篮球训练的方法很多，如果你在读这本书，我想你一定对我的专长感兴趣——篮球专项素质训练。为了获得良好的力量素质并打造坚实的身体基础，我们推荐在训练时以大运动量、低运动强度开始，持续一周之后逐渐减少运动量、提高运动强度，从而使球队在赛季开始前几周内的训练强度接近比赛的强度，所有的训练安排都要遵循这一原则。

我们的训练内容从一般性慢跑练习过渡到快节奏的篮球专项练习。在负重训练时，用队员所能承受的 40%～60% 的量开始，每组做 10～15 次，随着赛季的临近，逐渐减少重复练习的次数而增加负荷的重量。这一基本原则要根据队员的经验和力量水平作出相应的调整。

如果训练对象是一名新手，要强调其跑动练习、技术练习和负重练习中的基本动作技术。在跑动时，两臂合理地摆动幅度和步长特别重要。在步法和场上技术的练习中，协调性反映了队员是否能够有效地调整重心、合理地启动与急停。进行负重训练时，要尽量从涉及到多组肌群的练习内容开始。

高水平队员体能训练方法

本章着重讲授高水平队员体能训练的方法，打造良好的身体基础一直是体能训练的主要任务。正如前面所提到的，以长距离慢跑开始训练，在负重练习时要以多组数、低强度开始。练习开始时的运动量，应以队员以前各方面的表现而定；本次负荷强度要高于上次强度；下次负荷强度要高于本次负荷强度。

首先，进行热身活动和柔韧性练习，然后进行移动技术练习、有氧和无氧运动能力的练习。进行跑动练习时，以一般性的慢速、长间歇的跑动开始。然后进行更加专项化的加速跑、急停和变向跑。当队员的身体肌肉已经完全活动开以后，再进行大强度的功能性力量练习，从而使肌肉承受更大的运动负荷。

热身活动

任何高质量的练习或训练都是以高质量的热身活动为前提。热身活动使身体温度

第二十一章 现代体能训练方法

升高并增加肌肉的血流量，因此身体就能够充分地完成动作并做出各种移动。热身活动的内容可以是篮球专项热身或其他热身活动，只要能够活动在训练中所要用到的关节和肌肉即可。

我们常常持球做篮球专项热身活动，并以训练中的内容进行热身。以下为常用热身练习，我们称之为 X 形移动接抛球上篮练习。

并不是每名运动员都可以练就像德怀特·霍华德那样的体魄，但遵从于科学的体能训练计划并坚持实施，就能够充分挖掘个人运动潜能。

X 形移动接抛球上篮练习

一名队员从球场底角开始，快速跑到罚球线延长线处做迎前防守动作，然后斜向滑步到底线和限制区边线的交点，再从这里快速跑动到肘区，最后再斜向滑步到起点。此时，教练员（或队列中的下一名队员）向前抛球，该队员追上球后运球在球场另一端上篮（图 21.1）。在另一半场，这名队员再做一次刚才所做的练习，从而重新回到开始时的半场。

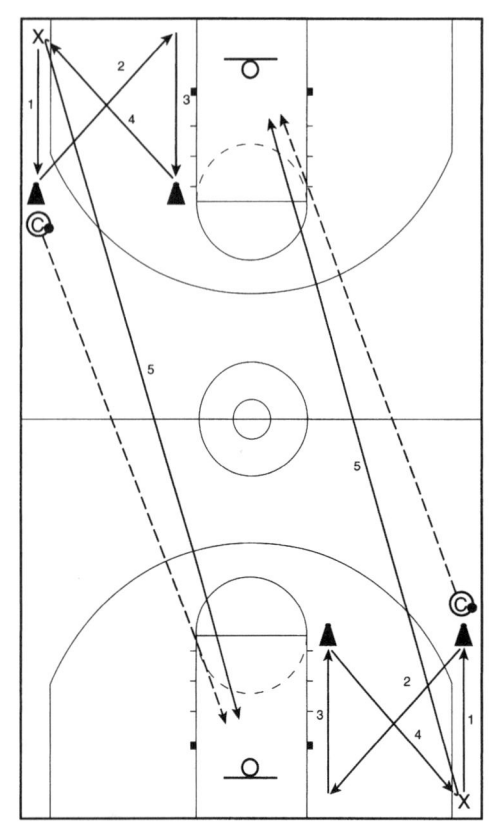

图 21.1　X 形移动接抛球上篮练习。

柔韧性

柔韧性一般是指运动时关节的活动范围。柔韧性能降低运动员急性损伤或劳损的风险。一般情况下，任何球队都会在热身活动中进行柔韧性练习。对于运动员来说，柔韧性练习也要体现专项性，如篮球运动员就要求能够在各个方向上活动自如，并能够在高速移动中改变方向。所以，在全身柔韧性练习的基础上应重点练习髋部、背部和腿部的柔韧性。

移动技术

当提到篮球移动技术时，首先想到的是第一步——因为在篮球场上无论做什么，都是第一步决定着是否能够获得领先。

步法练习能提高脚步动作的协调性和平衡性，并能使队员的脚步更加适应在高速移动中改变方向。步法练习要以全速做 6～10 秒钟，并且要避免身体感到疲劳和动作速度变慢。这些练习能够使神经肌肉系统更强壮、反应更快。

以下是从一个平面内的固定练习开始，只向前后或左右移动，并借助胶带划出辅助线条进行练习。

横跨三线练习

这个练习如图 21.2 所示，队员从三条线的一侧开始，内侧脚先踏进第一个间隔，然后第二只脚也踏进来，两只脚都踏入间隔后再向外踏出，直到两只脚都跨出第三条线时练习结束。要求双脚不能交叉并且要用最快速度来回做此横向移动练习。

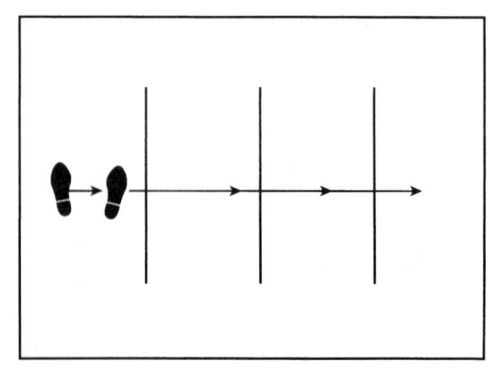

图 21.2　横跨三线练习。

滑步转身跨线练习

图 21.3 是这个练习的直线布局，有些线条竖直设置，而有些则呈 45°角设置。练习时队员滑步经过这些间隔，并且做到两只脚都进入间隔后再滑出。在经过 45° 斜线时，做一个转身面向相反方向并保持滑步。练习时前脚抬起的速度要尽可能地快。

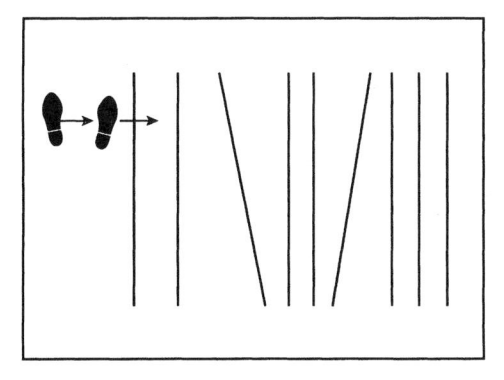

图 21.3 滑步转身跨线练习。

滑步接前进步练习

队员滑步通过这些直线，并做到两只脚都进入间隔后再滑出。当队员要跨过面前的横线时，双脚向前上步，然后再退回到方形间隔内，继续不停地跨完剩下的直线（图 21.4）。

通过两个或多个平面移动练习后，就可以进行预定的篮球专项移动练习。上述练习要在训练刚开始时进行，从而保证之后的练习能够以最快的移动速度进行。

队员通过这些练习就能够适应比赛中遇到的多种情况。高质量、高强度地完成这些练习，能够使神经肌肉系统更快地在比赛环境下做出反应。为了能够逐一地对比赛中所遇到的各种情况进行练习，我们将这些内容从比赛中分离出来设计成练习的形式，下述"弱侧协防练习"就是例子之一。

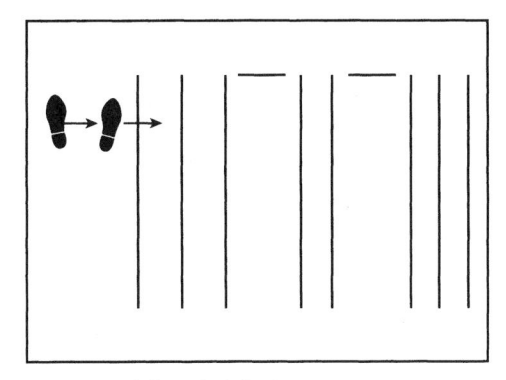

图 21.4 滑步接前进步练习。

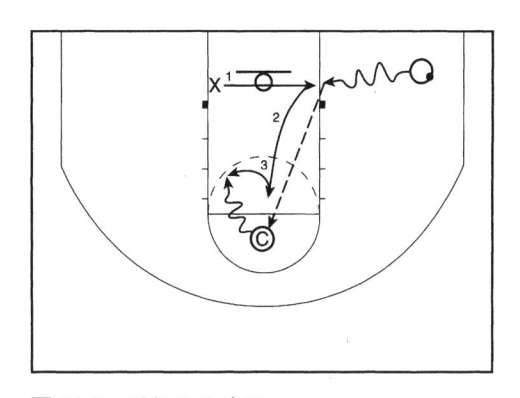

图 21.5 弱侧协防练习。

弱侧协防练习

一名队员从球篮的弱侧开始，另一名持球队员在另一侧三分线内靠近底线处。当持球队员向篮下运球时，弱侧队员迅速向其移动，迎前防守，迫使运球队员作出决定。这时持球队员将球传给位于罚球线处的队友或教练员。当球被转移到罚球区弧顶时，防守队员转身快速向在罚球区弧顶的教练员或队员移动，迎前防守。此时持球教练员或队员向左侧或右侧突破，而防守队员要封堵其向篮下突破的路线（图 21.5）。

有氧和无氧训练

为了能够充分地、最高水平地发挥出技术水平，篮球运动员必须要对有氧和无氧运动能力进行训练。正如前面所提到的，我们会在休赛季进行长间歇、低强度的训练，然后每周逐渐缩短间歇、加大强度，并逐步增加专项性练习。当临近赛季时，我们就会以比赛强度练习比赛中主要运用的肌肉和供能系统。

功能性力量训练

为了提升篮球专项的功能性力量，我们会选择一些在比赛时经常用到的动作进行练习，而且要求超负荷进行一定量的练习。超负荷练习后立即采用零负荷将该动作精确地再现。这种先超负荷练习再零负荷运用的方法能够将神经肌肉系统刺激到一个很高的水平。

在做超负荷练习时，肌肉所承受的运动强度要远远大于正常强度，因此队员必须更加用力地去克服并适应这种强度。肌肉适应超量负荷后，在不负重情况下仍然可以为超负荷对抗做好准备，因此在超负荷练习后，肌肉所展示出来的力量效果远比之前要好得多。事实上，在零负荷状态下，经过超量负荷练习后的肌肉所能展示的力量比未进行超负荷练习要大得多。

这种类型训练的关键是不能使肌肉过度疲劳，从而使队员的肌肉在负荷练习后，能够以更大的力量、更快的速度进行之前的练习。通常我们会做2~4组，然后不负重做1~2组。这是一个非常高质量的训练方法，不能因为让乳酸在体内堆积而影响练习动作的速度。

这种类型的力量训练，在篮球运用中的例子就是一名队员在篮下，手持一个12~16磅（6~8千克）的实心球，用伸展的那只手去向篮板托球，托3~5次并尽可能快速地往高跳。完成最后一次托球后，立即将实心球换成篮球，然后在篮下尽可能爆发性地进行扣篮或投篮。

另一个例子是在队员的腰上缠一个弹性带，从肘区持球开始，由队友或教练员拉着弹性带，该队员要克服阻力向篮下运球，做完后尽可能快地回到起点，连续做3次。当第4次练习时，将弹性带子去掉，让该队员以最快速度向篮下运球上篮。

体能训练

体能训练的负荷要根据执教球队的层次及其体能水平而定。与低水平球队相比，一支有经验的球队能承受更长时间、更高难度与强度的训练。

第二十一章　现代体能训练方法

我们所做的大部分体能训练都在篮球场内进行，而这些体能训练的大部分内容又由进攻、防守以及攻守转换形式组成。少数情况下，我们在器械上进行训练，或者遇到队员有伤病时则会安排他们在跑步机上、跑道上或水池里进行训练，但多数情况下都在球场上进行训练。

在球场上进行训练时，我们会以精确的速度和练习方式训练在比赛中所要用到的肌肉，甚至是腿部和脚部的小肌肉群也在做起动、急停和变向练习时得到了锻炼。

同样，在球场上训练可以避免队员在草地或跑道上训练时可能出现的身体问题，如胫纤维发炎、足底筋膜炎和肌腱炎等。

在体能训练的过程中，对技术原理的强调能够集中队员做练习时的注意力。当队员感到疲劳时，必须集中精力完成当前的训练任务，这样队员在专注于练习的同时既提高了体能，又磨炼了其意志品质。在这些训练中，技能训练由于结合了超负荷训练，其效果在各方面都受到了比赛实践的检验且清晰可见。

以下我们成功使用过的一些体能训练的例子，即快速跑、接球、投篮练习和进攻—攻守转换—防守练习。

快速跑、接球、投篮练习

这个练习的重点是进攻技能。一名队员从底线开始，快速跑到前场侧翼接球投篮。投篮后转身快速跑到另一半场，重复做此练习。然后再次快速跑到前场侧翼，接球后运1～2次球投篮，做完后在球场另一端重复做此练习。最后一组练习时该队员快速跑，接球并向篮下突破，然后扣篮或上篮。

进攻—攻守转换—防守练习

这个练习是模拟比赛情况下的进攻与防守，以及攻守转换的练习。一名队员从底线开始，快速跑向前场接传球，然后在三分线内任意一点投篮。投篮后该队员立即快速跑到另一端限制区做4～10秒的防守性动作，防守动作可以是限制区内滑步也可以是复杂的协防和回防动作。之后，该队员向球场另一端快速跑动进行攻守转换，然后接球，在运球或不运球的情况下投篮（图21.6）。

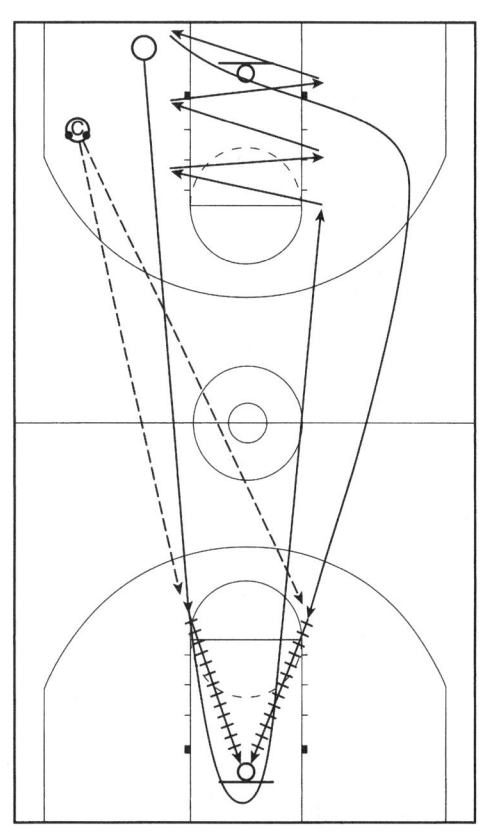

图21.6　进攻—攻守转换—防守练习。

练习中所做的进攻动作可以是在进攻中涉及到的动作，也可以仅是随机的跳投。该队员按规定持续做此攻守转换练习若干组，通常练习 4~6 组。

负重训练

我们训练内容的最后一部分是负重训练。针对篮球运动员进行负重训练时，切记训练内容必须有助于队员篮球专项能力的提高。因为我们不是在训练举重运动员，而是要让队员在比赛中有更好的表现。许多教练员过于注重负重练习，从而导致队员的灵活性与柔韧性降低，或者过于注重身体肌肉而培养队员高水平的移动与灵敏能力，进而影响了队员的场上表现。

负重训练的内容必须要保持平衡，不能过分强调负重。篮球运动是一项靠髋、背和下肢主宰的运动，绝大部分动作，如策应单打、移动、投篮、防守背身单打、抢篮板球和保持良好的姿势等都涉及到这些部位。上肢对于身体平衡至关重要，并且无论是进攻还是防守都可以抑制对手，但比赛规则对上肢的限制较多。

力量练习

我们通过各种训练方法对腿部进行训练，这些方法包括负重深蹲、台阶练习、分腿深蹲等。

负重深蹲

练习者双脚以起跳时的姿势开始，双脚脚尖稍外展，将杠铃放置于肩上颈部位置，双手在肩膀附近握住杠铃，这样可以使肩部、胸部和背部保持外展。背部绷紧，练习者由此姿势开始下蹲并时刻保持肩部、胸部和背部外展。练习者在整个练习过程中要保持脚跟着地，同时两膝不能超过脚趾，而小腿要保持与地面垂直，当达到深蹲后起立，在最低点起来时不要有弹跳动作。

▲ 训练要点

为了使队员保持良好的发力姿势，身体重心应落在足中段，双脚稍开立，脚趾稍外展。为了保持背部正直，可以在队员的脚后跟下垫一个小圆盘，或垫一块 2 英寸 × 4 英寸的木片。

台阶练习

练习者双手持哑铃（或杠铃置于肩上），一只脚完全踏在一个 24~30 英寸（61~76 厘米）的箱子或台阶上，另一只脚踏在距箱子或台阶足够远的地上，从而使抬腿前伸的距离和跑动时一样。在上下过程中，练习者背部保持正直，肩部向后张。由后脚蹬地开始，然后使身体向上，当踏上箱子时腿要抬得像上篮时一样高（图21.7），然后另一只脚也踏上去。接着通过与之前完全相反的动作下台阶，这就意味着在踏回地面时也要很好地控制身体。

▲ 训练要点

为了在踏下的动作中增加难度，可以在开始做动作时翘起后脚脚尖，由此姿势向上踏，这样做可以避免利用腿部的惯性做动作，从而增强前腿的动作难度。

分腿下蹲

练习者双手持哑铃（或杠铃于肩上）开始，一只脚在另一只脚前稍错开，不要处于一条线上。前脚向前伸得足够远从而使身体充分下蹲，脚跟着地，小腿垂直于地面，膝关节不能超过前脚。后脚要放在一个高12英寸（30厘米）的箱子上，腿部微屈（图21.8）。当向下做动作时，髋部前移，后腿尽量保持伸直。当向下使前腿屈成90°时恢复到起始姿势。动作完成要慢并控制好身体。

▲ 训练要点

如果将后脚放在箱子上让人感觉很不舒服，也可以将脚放在箱子的边缘，脚面置于箱子上，将脚指空出。身体向下降时必须保持肩部后张，从而保持背部直立和髋部向前。

图21.7　台阶练习。

图21.8　分腿下蹲。

阶进式力量训练

在力量练习的最初几周，我们会以低负重、多重复的方法进行。随着练习的进展会增大负重量，减少重复练习次数。训练计划的安排见表21.1所示。

表 21.1　力量训练计划样表

周次	组数×重复次数	重量 %	爆发力 重复次数	重量 %
1	3×10	60	3×6	60
2	4×10	65	4×6	65
3	4×8	70	4×5	70
4	4×6	75	4×4	75
5	5×6	77.5	5×4	80
6	5×5	80	5×3	85
7	6×5	82.5	6×3	87.5
8	6×3	85～87.5	3×3，3×2	85、90
9	8、6、4、2、2	60、70、85、90、95	6、4、3、2、2	60、70、80、90
10	8、6、4、2、2	60、70、85、90、95	6、4、3、2、2	60、70、80、90

当具备良好的力量基础后，再进行利用具有爆发性速度的动作扩展腿部的练习，例如，先做一些深蹲练习，然后立即做几组跳箱练习（指的是跳上箱子然后下来）。

做这一顺序练习时，让身体或肌肉进行超负荷负重并做相应的动作，然后立即在无负重状态下做同样的动作，此时身体仍处于准备超负荷状态，躯体能量激增并引发肌肉更强有力的收缩。当然我们还会进行其他有关发展腿部力量的练习。

爆发力练习

爆发力练习可以模仿刚才所做的负重练习。爆发力是篮球运动力量的主要部分，我们在训练计划的许多方面都进行爆发力练习。我们会在健身房采用类似竞技比赛中的方式进行举重训练，以此提高队员的爆发力。

以下是我们所做的一些负重练习。这些全身性的动作依靠下肢、髋和腰部（之前已经提到过，这些部位是篮球运动中最重要的身体部位）强有力的推动和伸展来完成。这些练习都会用到快肌纤维，而快肌纤维的收缩是产生速度和爆发力的关键。

提铃屈肘上翻练习

练习者两手在膝关节两侧略高于膝处握住杠铃，两脚开立与肩同宽，挺胸，两臂充分伸展。从这个姿势开始，练习者通过同时伸展背和髋部，以及膝关节和踝关节，并紧贴身体向上提拉杠铃。当身体充分伸展时，继续依靠肩膀和两臂的力量提拉。最后，在放下杠铃之前，要屈膝、屈髋并将杠铃提拉起来，与此同时翻转手腕并向前提肘，借助肩膀力量扛住杠铃，笔直站立，完成动作（图 21.9a、b）。

图 21.9 提铃屈肘上翻练习。

▲ 训练要点

队员下放杠铃的速度要和向上提拉时一样快。因为杠铃向下坠,所以向下放得越慢,完成提拉就越困难,因此当队员完成提拉时,必须要立即向下放杠铃。

抓举练习

这个练习的开始和提铃屈肘上翻练习一样,如图 21.9a 所示。练习者从图示姿势开始,通过伸展背部、髋部、双腿和踝关节伸展身体。当身体充分伸展后,再用两臂和肩膀提拉杠铃,在将杠铃贴近身体直立提拉的同时,肘部随之向上伸展。此时,身体通过屈曲充分伸展双臂,肘部固定将杠铃举过头顶。此时杠铃稍位于肩部之后,大致和后脑处于同一条线上。

▲ 训练要点

为了在练习开始就获得正确的抓握姿势,练习者应五指并拢置于杠铃的正中央,然后沿着杠铃搁放两臂,使其与杠铃平行,肘部触及杠铃的位置就是用手抓握杠铃杆的地方。当队员获得更多经验时,可以慢慢地将握点变宽。

借力推举练习

练习者从与肩同高的杠铃架上持握杠铃,将其置于肩上。从这个姿势开始,稍屈膝、屈髋,紧接着蹬脚向上推举杠铃,通过两臂和肩部的持续发力将其举过头顶。当杠铃经过下颚时,下颚要向胸部内收,从而做到不抬头、不后仰,这样就避免了腰部负担过重。开始推举时双腿要适度弯曲,以得到推举时起动和向上的力量(图 21.10a 和 b)。推举必须充分但不能过度,以保证上肢正常发力。

图 21.10　借力推举练习。

▲ **训练要点**

练习者将杠铃放在前三角肌处以保持两肘的高度，如果在向上推时没有触及队员的肩部，杠铃就有可能先下降再向上，因而减慢动作速度。

提铃屈肘上翻并推举练习

练习者开始先做提铃屈肘上翻练习，如图 21.9 所示，当杠铃到达肩部时，稍屈膝后将其举至两臂伸展。要靠全身协调用力完成这个动作。当队员向上推时，头部摆正，不向上看（向上看会造成肩部后移，后背拱起），然后有控制地将杠铃降到肩部，再降到大腿处。

▲ **训练要点**

队员在做提铃屈肘上翻的最后、推举之前，必须要控制好动作，保持平衡。在做完推举向下放杠铃时，臀部要稍向后，以保持承受的重量通过身体的重心。

发展上肢力量

为了发展上肢力量，我们会做一些常规的负重练习，例如，卧推、斜板推和肩推，或借助高拉训练机、复合划船机和后三角机等辅助性器械进行负重练习。我们也做掷实心球、引体向上或利用弹性带牵引进行练习。

在力量练习的过程中，要特别注意强调负重练习的三个部分在重复练习中的重要性（同轴的：向上；等轴的：保持；不同轴的：向下）。在负重练习前一定要进行专业技术指导从而减少受伤的可能。我们不但利用普通杠铃，也用哑铃进行练习，不仅对单一上肢或下肢进行单侧练习，也同时对两上肢或下肢进行练习，练习时要不断改变对神经肌肉系统的刺激。

核心部位肌肉力量的提高

核心部位肌肉力量的训练是力量训练中不可忽视的部分。"核心部位肌肉"包括腹部肌肉和斜肌，它们支撑着腰部，使身体在篮球比赛的对抗中更加稳定。虽然核心肌肉会因动作的角度和发力不同而不同，但我们尽量在各个水平和运动形式上进行练习，从而使身体更好地适应篮球运动中激烈的对抗。

核心部位稳定性循环练习

核心部位稳定性循环练习，是一系列通过不断改变身体基本姿势和四肢的姿态来提升身体核心部位力量的练习。练习的关键是在练习过程中尽可能地保持身体伸长和伸直。通过不断变化身体位置改变姿势的重心，从而使周围的肌肉得到加强。以下是一些提高身体核心部位力量的练习。

核心部位练习1

练习者面部朝下趴在地板上，身体尽量伸展。前臂在肩膀下方着地，依靠前臂和脚趾支撑身体重量，身体尽量伸直。保持臀部与身体在同一高度或高于身体水平面，以避免因臀部下落而使背部拱起，最好使臀部抬起成桥的姿势（图21.11）。保持这种姿势3~10秒钟，然后膝关节着地进行休息。

图21.11　核心部位练习1。

核心部位练习2

以与练习1相同的姿势开始。一只手臂抬起向侧伸展，在保持向侧伸展3~5秒钟后，再用相同手臂向前伸展保持3~5秒钟，然后再换另一只手臂。练习过程中保持身体与地面平行，不要随着伸出的手臂而扭转身体。

图21.12　核心部位练习2。

核心部位练习 3

以相同的准备姿势开始。抬起一只脚并保持这条腿伸直 3~5 秒钟，然后再练习另一条腿（图 21.13）。保持身体与地面平行，不要随着伸出的腿而扭转身体。

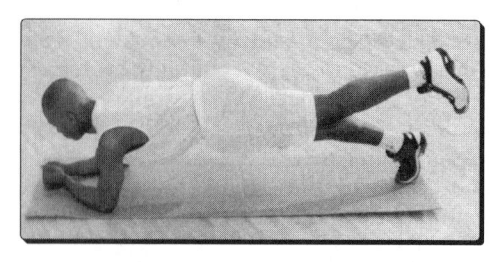

图 21.13　核心部位练习 3。

核心部位练习 4

以相同的准备姿势开始。向前伸展一只手臂，同时对侧脚抬起，保持 3~5 秒钟后换另一侧手臂和脚进行练习（图 12.14）。尽可能地伸展并伸直身体，不要使臀部下落。如果臀部稍拱起练习效果会更好。

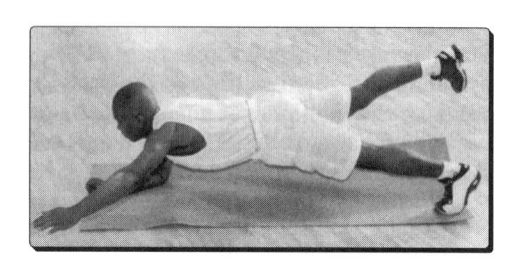

图 21.14　核心部位练习 4。

核心部位练习 5

伸直双腿侧躺在地板上，一条腿叠放在另一条腿上，上肢依靠在臂肘上。将臂肘置于肩下给肩部稳定的支撑和保护，臀部抬起离开地面，靠肘部和同侧脚支撑，并使身体直立侧卧。保持这个姿势 3~5 秒钟后将上侧腿抬起 6~12 英寸（15~30 厘米），然后恢复开始时的姿势，做 3 次（图 21.5a 和 b）完成后继续练习身体的另一侧。

图 21.15　核心部位练习 5。

普拉提腹部循环练习

普拉提是一种利用一根木棍或一种被称为"改革者"的器械进行的身体练习形式，它由 20 世纪 20 年代移民到美国的德国人、正当防卫教员约瑟夫·普拉提发明。研究表明，普拉提练习能够提高人体大部分核心部位的力量，其每个动作都包含了身体的同步练习，而不仅仅专注于某一个特定的肌肉群。虽然队员在做动作时，核心部位是主要发力部位，但每个动作都需要协调全身的其他部分。

以下是众多普拉提练习中的5个例子，器械可有可无，每种练习可重复做6~10次。

普拉提练习1

练习者仰卧在地板上，一条腿抬起伸直，另一条腿放在地板上。双手在头上握住木棍，保持上臂伸直，然后抬起上体和手臂，此时两腿上下交换，当上臂和上体下降时，两腿继续上下交换。以此重复练习这个动作。

图 21.16　普拉提练习1。

普拉提练习2

练习者仰卧在地板上，一条腿的膝盖了向胸部弯曲，另一条腿伸直，双手在头上握住木棍，保持上臂伸直。抬起上体和手臂，当上臂向上抬起时，伸直的腿要向胸部屈膝，弯曲的腿伸直。这个练习可以连续不间断地进行，双腿像骑自行车那样来回运动。

图 21.17　普拉提练习2。

普拉提练习3

练习者仰卧在地板上，双腿分开抬起与地面成45°，双手在头上握住木棍，两臂伸直。向上抬起上体，当两臂向上抬起时并拢双腿，当两臂向下放时张开双腿。这个练习可以连续不断地做下去。

图 21.18　普拉提练习3。

普拉提练习4

练习者仰卧在地板上，双腿抬起与地面成45°，两脚踝之间夹一个篮球。双手在头上握住木棍，两臂伸直。双腿保持此动作不变，两臂在伸直的前提下不断抬起、放下，然后重复进行练习。

图 21.19　普拉提练习4。

351

普拉提练习 5

此练习的开始部分同练习 4。当两臂向上抬起时，双腿也向上抬起大约 6 英寸（15 厘米），当两臂放下时，双腿恢复到开始时的姿势，然后重复进行练习。

图 21.20　普拉提练习 5。

训练内容的设计

当设计训练内容时，要详细制定出每日、每周、每月的训练计划，其内容必须能够使队员得到提高。制定训练计划的第一步就是要评估每一名队员的水平，不能每天毫无目的地训练、不能没有明确的阶段训练目标，与此同时，还要清楚如何才能实现训练目标。训练计划也称为训练周期化，制定训练计划时要考虑高负荷训练日，低负荷训练日和休息日，从而使队员能够得到恢复，在训练中必须注意量和强度的调整。

不能指望仅依靠一套训练方法就能使队员得到较大提高。开始阶段队员确实能够有所提高，但经过一段时间之后就会停滞不前，队员表现为倦怠并感到过于疲劳，之前的提高不再继续，甚至某些时候表现更糟。队员的身体要依靠不断变化的刺激来获得提高，因为人的神经和肌肉系统，在通过量与强度不断变化的训练刺激中才能有更好的提高。

例如，在休赛期采用每周 4 天的训练计划，即周一、周二、周四和周五，也就是将整个一周的训练计划分到 4 天里，每天进行不同的训练内容。我们将每周的训练任务看做是 100%的量，然后根据每天要完成的训练量，把每天的训练任务分配如下：

周一，32%；
周二，22%；
周四，27%；
周五，19%。

如上所述，由于人的身体不能每天承受繁重的训练，因此我们设有高负荷训练日、低负荷训练日，以及周三、周六、周日三天的休息日。如果队员需要可持续地进行训练，就要在高负荷训练后降下训练量，调整休息。

队员的身体会在低强度训练日后得到恢复（周二和周五），但在较小的训练量和强度下队员仍然会有提高。在训练的许多方面我们都会遵循周期化原则（体能训练、负重练习、技能训练、步法练习，以及功能性力量练习等）。

结　语

合理全面的力量和体能训练应包括如下特点：
- 所进行的训练内容与练习方式具有篮球专项性。
- 训练负荷与队员的身体承受能力相一致。
- 不断变化训练和练习内容。
- 要使队员由长期、缓慢的进步过渡为短期、快速的进步。
- 由低强度多次重复练习过渡到高强度重复次数少的练习。
- 强调速度和爆发力。
- 训练要周期化。
- 要平衡训练内容的各个方面。

在漫长的赛季征程中，身体训练是一支球队获得胜利的重要因素。如果按照本章所陈述的方法进行训练，对于任何一名队员或球队都大有裨益。

版权声明

书名：NBA Coaches Technical and Tactical Skills

Copyright© Human Kinetics, Inc.

All rights reserved. Except for use in a review, the reproduction or utilization of this work in any form or by any electronic, mechanical, or other means, now known or hereafter invented, including xerography, photocopying, and recording, and in any information storage and retrieval system, is forbidden without the written permission of the publisher.

版权合同登记号：图字01-2006-7252

图书在版编目（CIP）数据

NBA教练员训练指南：技术、战术和教学要点 / (美) 乔治欧·甘多尔菲主编；郑旗，王玉峰译. -- 北京：人民体育出版社，2012（2020.12.重印）
书名原文: NBA Coaches Playbook Teachniques, Tactics,and Teaching Points
ISBN 978-7-5009-4275-7

Ⅰ.①N… Ⅱ.①乔… ②郑… ③王… Ⅲ.①篮球运动—运动训练—美国—指南 Ⅳ.①G841.2-62

中国版本图书馆CIP数据核字(2012)第104386号

*

人民体育出版社出版发行
北京新华印刷有限公司印刷
新 华 书 店 经 销

*

787×1092　16开本　23.5印张　496千字
2012年9月第1版　2020年12月第6次印刷
印数：22,001—25,000册

*

ISBN 978-7-5009-4275-7
定价：60.00元

社址：北京市东城区体育馆路8号（天坛公园东门）
电话：67151482（发行部）　　邮编：100061
传真：67151483　　　　　　　邮购：67118491
网址：www.sportspublish.cn
（购买本社图书，如遇有缺损页可与邮购部联系）